秋雨麥粒

秋雨之福
成都回憶

COPYRIGHT

书名 Book Title in Simplified Chinese 秋雨麦粒
英文书名 Book Title in English: Soaring Seeds
副标题 Subtitle in Simplified Chinese: 回忆成都秋雨之福
副标题 Subtitle in English: Blessings of Early Rain Fellowship in Chengdu

中文简体字增补 12-9 秋雨教案周年纪念版
Commemorative Edition; the Early Rain Church 12-9 Persecution Incidents

著者 Author: 林鹿 Lin Lu
版权所有 Copyright © 2022 Lin Lu 林鹿

Scripture quotations are taken from The Holy Bible, Used by permission. All rights reserved worldwide.

Copyright notice: No part of this book may be reproduced in any form or by any electronic or mechanical means, including information storage and retrieval systems, without permission in writing from the publisher and the copywriter, except by reviewers, who may quote brief passages in a review.

国际标准书号 ISBN: 978-1-950531-06-6
全彩插图完整版 Full color illustrations
封面 / 内页油画插图版权 Cover/Internal oil painting Copyright by 林鹿 Lin Lu;
  注：油画均由作者林鹿创作

商标设计 Logo design by Peter; 书法题字和印章 Calligraphy inscription/seal engraving by 孟凡
编辑 Editor by 罗晓义
设计 Designer by 徐思远 Siyuan Xu
书评收集 / 索引 Book review collection/ Indexer by 徐炎
版次：2022 年 12 月初版 First Published in December 2022.
Copyright 2022 by Kernel of Wheat Publishing House （美）麦粒出版社

免责声明 Disclaimers:

I have changed 5 interviewees' names to protect their privacy at their request, and all other interviewees agreed to use their real names. I have obtained consent from the interviewees, including permission to publish, and got authorization to use all related stories and articles. The information in this book was correct at the time of publication, but the author does not assume any liability for loss or damage caused by errors or omissions. From my perspective, these are my memories, and I have tried to represent events as faithfully as possible.

Kernel of Wheat Publishing House （美）麦粒出版社
130 king street, Northumberland, PA 17857.
www.linlustory.com
linluatory@gmail.com

林鹿 LinLu

献 辞

主是最初的独一无二的麦粒

主耶稣说：
"我实实在在地告诉你们，
一粒麦子不落在地里死了，
仍旧是一粒．
若是死了，
就结出许多的籽粒来。"
——《约翰福音》12章24节

他们经过流泪谷，
叫这谷变为泉源之地；
并有秋雨之福，
盖满了全谷。
——诗篇84:6

1 画名：《一粒麦子》，布面油画；40x30in，2018

目錄
CONTENTS

目　录……………………………………………………………… 2
献　辞
序1 每一个链条都是必须的…………………………………… 15
序2 他们"成了一台戏，给世人观看"………………………… 18
序3 生活在上帝之书中………………………………………… 19
张伯笠推荐：我看着这本书会流泪的………………………… 20
冯君蓝牧师 推荐……………………………………………… 22
自　序 从一粒麦子，你望见麦浪滚滚………………………… 23

第一章　麦浪滚滚…………………………………………… 27
普渡大学参加中国基督教与文学艺术研讨会
飞机上读署名王怡的文章
拜访作家冉云飞
97 路公车站相遇
澄清回忆的聊天：王怡是否曾经被地下家庭教会拒绝过？
神的怜悯降下来
澳洲墨尔本的尼哥底母分享会特别节目中忆秋雨

SOARING SEEDS
BLESSINGS OF EARLY RAIN
FELLOWSHIP IN
CHENGDU

成都的团契——华西坝基督徒学生聚会

某一个阶段，我成为一座隐形的属灵传承的小桥

第一次聚会

团契取名

正式查经聚会，《创世记》12章

查经《约翰福音》：水变酒

第一次洗礼

黄维才的回忆：那年中秋

《那年中秋》

特别请求王正方老师授权

王正方文：快乐小天使降临丁克家庭

第二次洗礼

王怡的信主见证：三句话

一碗"勾魂面"

第二章 樱桃梦 57

2018年12月20日冬天的早上,想她

蒋蓉师母的黑白照

蒋蓉访谈摘录

时间差、代沟以及我的自闭

2007年5月11日王怡为我写推荐信

泼了一盆冷水

我的樱桃梦

不签名,还是签名?

关于"林鹿姊妹签名一事"更正申明

我从不喜欢签名

蒋蓉送我的丝巾

大卡车方向盘

他们在里边一个月了,没有新消息出现

他成为一本行动的书

我不懂什么是监视居住

爸爸的死亡,与被抄家

妈妈不会笑了

我的家庭树

第三章 蒋蓉的电瓶车 ································ 83

蒋蓉从后台走到了前台

看望王怡和蒋蓉

王正方:感受王怡诗歌朗诵会

李亚东:"在这个冬天,我们靠一些词语取暖"——我读王怡的诗,

一、"主人，现在我只剩下语言"

在这个时代，你必须写一首涉嫌犯罪的诗

六、"六月是最残忍的月份"

小史诗：早餐

七、《小史诗：二十八年》批评现场

请给我几分钟难过的时间

我不怪刘弟兄

蒋蓉骑电瓶车载我

张国庆（基督徒媒体人）：蒋蓉是才德妇人（摘要）

- 1 -

- 2 -

- 3 -

- 4 -

- 5 -

"那些我用心血去爱的人，怎么一下子变成了敌人呢？"

六个保镖跟随小书亚理发

王怡的母亲亚雪：为儿，孙，媳，我必须坚强！

2020年1月9日

2020年1月10日

2019年1月20日

2020年1月13日

2020年1月17日

2020年1月20日

王正方文：庆贺爸爸妈妈的红宝石婚（结婚40周年）

王怡的父亲王正方写的一篇公开道歉信

王怡父亲王正方老师写的公开道歉信摘录

公开道歉信的"公开"这两个字抓住了我！

父亲节卡片——读王怡父亲写公开道歉信后的题外话

迟到的感动
王怡《我与父亲》
王正方《一口旧皮箱》
看见他狱中戴着锁链的照片
服侍这条路太难了！

第四章 鲜花与哀伤疗愈 ………………… 135

陈中东受洗后分享信主经历
陈中东辞去长老职务
陈中东弟兄的追思会
以鲜花陪伴海文
"眼泪中确信你在天堂"
安息信，告别信
2006年10月秋雨之福团契举行婚姻更新仪式
2022年11月5日海文受浸礼时的见证

第五章 尼哥底母查经班 ………………… 151

与冉云飞的交往渊源
怀念我的学生赵红：她走了，去水中
别人把她当成病孩子
秋雨之福团契第三次受洗，冉云飞发表观礼感言
去冉云飞家"尼哥底母查经班"查经
冉云飞：以信求知之四：对简．亨特《优雅的福音》一书的分析评述
邀请中学同学张晓青去冉家
1989年5月的成都

菲律宾庄氏俩姐妹
记录片《火种》
彝族小学老师写给姐妹俩的感谢信
    感谢信1
    感谢信2
    感谢信3
    感谢信4
    感谢信5
2020年6月12日，爱义62岁的生日纪念日
停止聚会的损失
家庭教会带领人郭静娴阿姨
郭阿姨："天天背起你的十字架跟随主"
"好的，以后我不拖堂"
太升北路江信大厦聚会
与冉云飞微信交流
冉云飞信主见证：《一个不肯对自己绝望的罪人》
九十犹侠半醉翁：《张思之为冉云飞辩护记》
愚人：《从猖狂作家到谦卑的工人冉云飞》
2020年冉云飞写给王怡的诗
    《只做兄弟是不够的》
    《木狗不是宠物》
    《哥林多前书》十三章的眼泪

第六章 "为星辰而激动"画展 ……………… 187

送画是陪伴他们的方式
"那个人是便衣"
油画，一次邂逅促成的心灵日记

画画：一次美丽的邂逅
作画，一次心灵的旅行
画展：源于无知的勇敢
为星辰激动——解读林鹿油画 / 周晓明
蝴蝶飞来 / 肖肖
心事浩茫连天宇 / 吴茂华
我所认识的侯老师 / 何大草

第七章 家庭教会与馨香的没药 ………………… 205

老院子里的承老师
菲律宾两个姐妹又回到成都
南开大学的四年，没有留学生给我传福音
承老师借给我两本《属灵人》
或此或彼的选择
金河大酒店受洗
与承老师重逢
西南民族学院的留学生宿舍
学习谦卑地接受恩典
美国夫妇 Daniel 和 Jean
唱一首自己听不懂的歌

第八章《如果我能开口唱一首歌》…………… 219

1999 年，我去了菲律宾
脑瘫画家黄美廉作词的《如果我能开口唱一首歌》
以后，我要当祖母画家

第九章 秋雨之福初期令人难忘 ······ 225

与亚东的对话
烧日记
吴茂华 回忆团契初期历史

第十章 怜悯的秋雨 ······ 235

麦妹分享信仰见证
"我们在主里彼此饶恕"
陈姐妹离开前写给蒋蓉的信
教会的权柄与自我的顺服
爱，是无端的怜悯
约翰福音 8 章《有罪的女人》

第十一章 保持沉默的个人解读 ······ 247

与小曾姐妹通邮件
和小曾的微信聊天
接受《纽约时报》记者张彦电话和邮件采访
对秋雨教会的关注
我软弱无力
属灵意义上的犹太人
在主的爱里胜过惧怕
秋雨之福团契彰显的神性荣美
一把名叫"秋雨之福"的扇子
邀请王怡主持婚礼被拒绝
我为何不走学者路线

"如果卢云不愿重新接受要理问答的学习"
2019年12月，写在蒋蓉46岁生日
保持沉默的个人解读
华盛顿秋天的倒影

第十二章　不要只风闻有你 ………………… 275

廖亦武与王怡（摘录片段）
王怡与廖亦武，不同的维度
王怡：廖亦武的肉体意义（摘录）
身在监狱，灵魂无法被捆锁
竹子笔筒上刻字：穷德见恩，藉信称义
王怡《相会》谈柯志明教授
柯志明教授12-9纪念文字：兄弟
柯志明教授："王怡的战争与袍泽"
王怡：写作在我生命中的意义
　　第一：生养与治理
　　第二：启示与见证
　　三：敬拜与偶像
　　四：哀歌与赞美诗
　　五：在中国文化中表达如下主题
王怡蒋蓉夫妇喜欢唱的一首歌《不要只风闻有你》
2006年8月，临行前，借钱与一包花椒

第十三章　5-12汶川大地震 ……………… 291

2008年5月12日，母亲节的阵痛
512汶川大地震灾情通信
　　FROM 李亚东

FROM 麦妹
FROM 晓斌弟兄
FROM 深白色
FROM 思思
FROM 小曾
FROM 晓静
FROM 小菲
FROM 冉云飞
FROM 贝贝（我的儿子）

王正方："5.12"地震成都亲历记
512大地震彻底转变王怡
"他们伤害不了我们"
我羞愧没有和你们同在
亚东的回信：林鹿好
2008年5月3日，温晓莉和陈敏一起受洗
《永远的怀念，温晓莉老师生平与信仰》节选：
"你在哪里？"范美忠谈庄子，吃干锅鱼
2018年5月重逢
是文化还是生命？
2020年6月18日，范美忠的微信朋友圈
捉迷藏的始祖
为什么这颗星星在这里，那颗星星在那里？
每一步棋子都没有浪费

第十四章 王怡狱中流出的诗歌 327

自王怡牧师入狱，仅流出一张照片、三首诗，以及一段话
一段话

《思子》，2019年12月28日开庭前两天所写

王怡《快乐王子的眼泪》

王正方：我家有个小亚亚

  "你就是这么来到世上的"

  "飞机有没有盖盖"

  "爸爸是皮鞋"

  亚亚是个小车迷

  孩子也需要道歉

  颇有创意的亚亚话语

王怡牧师的狱中诗歌《思亲》

王正方：八旬仰望天花板

王怡牧师的狱中诗歌《与妻》

小弟弟写了公开信：想念书亚哥哥

"王怡，我现在知道他就是为这个事（福音）而生的。"

书亚宝贝，今天是你十二岁的生日

第十五章 秋雨教会的良心犯家属事工和上访者团契记事 343

张国庆分享关心良心犯家属基金的事工的历史（林鹿根据录音整理）

  内心中呼喊：一定要做这项事工

  我担不起这个责任。还是私下里做吧！

  怎么区分良心犯？

  我们就是这样来做的！

  事工的目的

  不接受非基督徒的奉献

  做这个事工，会受逼迫

  物质上的逼迫，但主要是精神的逼迫

良心犯家属事工之一：仰华牧师家的上帝蓝图
  仰华：从悖离到笃信
  身无分文的婚宴
  生养：死亡线上的神迹
  那家叫活石的贵阳教会
  束手无策的祷告
  上帝在前面，跟我们走吧！

经不起推敲的正义：上访者福音事工

与上帝不期而遇

1989年：那个生命中刻骨铭心的中秋

信仰见证：请警察蜀黍吃顿饭

札记：恩典将逼迫化为奇妙的祝福

上访者纪事：福音是苦难时代的恩典
  社会暴烈与牧师隐痛
  上访者福音团契震撼心灵的调查报告
  福音事工见证奇异恩典
  一位苦毒老弟兄的平安微笑
  这是一场社会救赎运动
  逼迫是化妆的祝福

我与王怡牧师有个生死约定 / 张国庆

张国庆授权使用他的文章

附录 1 林鹿：斑斓色彩二十年……………………386

附录 2 本书相关时间线索（感谢徐炎整理）

附录 3 部分人物背景

附录 4 书评
  赵刚 / 基督教神学教师：《看见背后那做工的》
  郭暮云（中国大陆家庭教会牧师）：《难得的史料》
  朱久洋（画家）：《林鹿的行为艺术》
  黄庆曦 / 基督教研究者：《恩典是必然而至的雨》
  徐炎（基督教研究学者）：《一群知识份子精神和信仰转向的心灵史》
  阿信（独立学者）：《行了当行的路》
  郭海波（秋雨圣约教会会友，律师）《这份情谊弥足珍贵》
   这本书，我是边读边回应
    "秋雨之福盖满了全谷"
    "樱桃梦"与往低处行
    从作者自己开始公开化
    陈中东"要走正确的路"
  戴志超（秋雨圣约教会传道）读到了这本书，是一个惊喜

编者的话（罗晓义）《还原此时此地》……………………… 414
后记 三十三年了 / 林鹿 ……………………………………… 416
跋： 秋雨来了个贾弟兄 / 贾学伟 …………………………… 419

秋雨纪念相册 ………………………………………………… 428

林鹿原创日记油画索引 ……………………………………… 442

宗教历史学者，从事中国基督教及当代中国政教关系研究多年，现任香港中文大学崇基学院神学院院长。香港中文大学文学学士、哲学硕士、哲学博士

序·一 每一个链条都是必须的

邢福增

张彦（Ian Johnson）在《中国的灵魂》一书中，记述了王怡及其太太蒋蓉的信仰历程，以及"秋雨之福"教会成立的情况：

"余杰给了蒋蓉一本书，作者是一位美籍华裔女性，她因为基督信仰而获得拯救。现在这位女作家正在成都访问，蒋蓉给她打了电话。他们开始定期聚会……

他们这样算是一个家庭教会，而他们想要知道，该怎样称呼这个团体？有一位教友提到他最喜爱的一段《圣经》章节，那是《旧约·申命记》第11章第14节。他们读了这一段章节，并且按照其中的一句，为这个新教会起名："他必按时降秋雨春雨在你们的地上，使你们可以收藏五谷、新酒和油。""

这里提及的"女作家"就是本书的作者林鹿。

《秋雨麦粒》是林鹿的回忆录，其中纠正了传闻的误会，原来的实际情况是，2005年12月25日王怡在众人面前接受水礼。王怡受洗之后，认为应该为团契命名，林鹿想起《让爱走动》中的一首诗歌《秋雨之福》，自此便称为"秋雨之福"团契。

全书以她与秋雨之福团契有关者的相遇为主轴，一方面向读者敞开自己的生命轨迹，另一方面也呈现她与秋雨教会有关人物的生命交错，特别是王怡牧师及蒋蓉师母的一些片断，以及在"12·9秋雨大搜捕"

后，蒋蓉师母的一些近况。

回忆录是个人的生命史的整理，但读者藉此也可窥探出宏观历史的痕迹。林鹿是在1989年5月在成都因同学的邀请开始接触基督教。信仰无疑是个人生命的抉择，但那一年的伤痛，在当代中国基督教发展史上，却吊诡地成为许多中国知识份子寻索信仰的起始点。

林鹿参加的家庭教会，带领人的名字是郭静娴阿姨。郭阿姨不是显赫的名字，但她的经历却是受苦教会与中国基督徒的真实写照。成长于基督教家庭，火红的革命年代被迫停止聚会，及至文革后重新恢复，是典型家庭教会的缩影。同时，林鹿姊妹又认识了两位在成都的菲律宾宣教士姊妹。在信仰群体中，她经历到爱，并引领她寻找到耶稣基督。

不过，没多久，她的信仰生命却停顿了。后来，其生命也历经波折，特别是1995年的婚姻离异……但这伤痛，让她再次重拾信仰，并于1997年受洗。

1999年，林鹿到了菲律宾进修教育管理，同时又在福音电台任义工。她开始研习神学，并从事绘画创作。2003年完成学业后回到中国，在北京曾参与余杰家的聚会。2004年，就在北京到成都的航班上，她读到王怡的文章《赵燕只是赵燕一个人》，"王怡"的名字，第一次与其属灵生命接轨。

2005年，余杰到成都演讲，王怡任主持人。林鹿参加了这次活动，首次与王怡见面。彼时两人均在成都大学任教，林在中文系，而王怡则在法律系。未几，两人在学校再遇，她将自己新出版的书送给蒋蓉，书名是《母爱星空雨》，主要谈母爱之情。书中许多基督徒母亲的生命故事，令蒋蓉产生兴趣，特别是信仰真的可以在患难中带来平安吗？

自此，林鹿与蒋蓉有更多互动，多次在公园见面，有时蒋蓉的同事也在一起。当时蒋蓉因王怡关系，已承受不少压力。每次见面，蒋蓉均默默地流泪，但也借着交流而得着平安。

后来，王怡更邀请她们来家中查经。首次聚会在2005年4月1日，王怡也一起参与。同年夏天，蒋蓉受洗。

在回顾自己与王怡的认识时，林鹿说"每一个链条都是必须的"本书正好将这些交错的链条"疏理出来。无疑，上主的拣选有其时间，这位引领蒋蓉认识基督信仰，并孕育了秋雨之福团契的林鹿，在独定的时空中，完成了她的使命。

2006年8月，林鹿离开中国赴美，自此便离开了秋雨团契的服事。2008年，王怡成立教会后，林鹿曾不讳言指出她不认同王的"公开化"路线。因着过去家庭的背景（文革期间父亲的经历），林鹿一直回避政治。她与秋雨之间，仍是"灵里的亲人"，但却保持若干距离。

2018年12月9日，却改变了一切。这一天，中国当局经过近半年的严厉打压后，正式进行"秋雨大搜捕"，王怡及蒋蓉被捕，传来的罪名是"煽动颠覆国家政权罪"。远在彼岸的林鹿，再次与秋雨连结起来……

后来，蒋蓉获释放。但林鹿提醒我们，不能忘记蒋蓉。她指出，"这个世界常常忽略蒋蓉独立的个体性，她的个体身份，总给她一个附属的标签。""她是个体，不是她与丈夫的关系，是独立的这一个！"

她将两人的关系勾划出来："2005年，我曾是她属灵生命的小保姆；2019年，她是我敬重和思念的师母！"她想起2005年流泪的蒋蓉，后来生命充满了笑容。但是，对外在的政治压力，还有教会内部的问题，却一直持续。2018年，林鹿曾回到成都，那时蒋蓉流着泪对她说："那些我用心血去爱的人，怎么一下子变成了敌人呢？受伤之后，谁以后还敢再去爱呢？"

林鹿笔下的秋雨，是真实的信仰群体，内里有眼泪、有伤痕、当然也有不完美的地方……她仍想念初期的团契，但经历了各种考验与挑战后，她也看见上主对王怡及秋雨的带领：

"王怡是这个世界上不配有的人！看见王怡生命中被神深雕细刻的印记，是圣灵的工作，在耶稣基督里造成的！王怡是谁的作品？秋雨之福是谁的作品？版权归属于主，作品盖有圣灵的印，'荣耀'这个词是唯独属于神的。"

她再次肯定"公开化"对家庭教会的意义：

"教会公开化是秋雨之福对中国家庭教会最突出的贡献。

目前国内很多家庭教会仍处于'地下'状态，当初王怡夫妇慕道时，曾经被拒绝，不容易找到能接受他们聚会的地方，家庭教会顾虑安全，惧怕带来麻烦，我想，回溯这种被拒绝的经历，对后来王怡坚持公开化是有推动的。"

2019年12月，王怡牧师被判刑9年。这是王怡为中国教会背起的十字架。

"我们可以做什么呢？"林鹿以生命书写，为中国教会留下一段珍贵记录。回忆录的名字是《秋雨麦粒》，她引用了《约翰福音》中耶稣的话："一粒麦子不落在地里死了，仍旧是一粒；若是死了，就结出许多子粒来。"（约翰福音12:24）

今天，面对秋雨黑夜，我们仍可以做什么呢？读毕《秋雨麦粒》后，这需要我们来回答。

序·二　杨凤岗

他们"成了一台戏，给世人观看"

普渡大学 Purdue University 社会学教授、环东宗教研究中心主任 Center on Religion and the Global East

2019年春天，在普渡大学"圣火灵风"的会前会中会后，我第一次看到了作者的绘画，第一次听到了作者的分享。如今，更加丰富、更加斑斓地展现在这个诗画的书卷之中。

在本书中，你可以瞭解到秋雨教会的诗意缘起，王怡、蒋蓉以及秋雨教会开创时几个人的碰撞火花，以及现今景况的点点滴滴。

2008年，汶川大地震，催生了秋雨之福教会。他们这群人，因着上帝，突然就"成了一台戏，演给世人观看"（参 哥林多前书 4:9），供人们指点和评说。

秋雨之福是一首温馨的歌，歌声浸润了成都的一个角落，并且由此飘向远方。

秋雨之福是一首激情洋溢的诗，声情并茂地冲击了神州的城乡，并且激荡了那国的厅堂。

秋雨之福註定是中国家庭教会的一个重要篇章，标誌着公开化和公共化的一个飞跃。

2020年，新冠大瘟疫，随后而来的必将是圣火灵风席捲神州。

> 博士、批评家、圣经学者，《人文艺术》主编，四川大学道教与宗教文化研究所基督教研究中心教授。

序·三 生活在上帝之书中

查常平

上帝为人创造了六本书，即语言、时空、自我、自然、社会、历史之书。但是，所有这些作为世界因子的受造之书，都是植根于上帝关于自身、关于祂的创造本身的启示之书，植根于作为书中之书的《圣经》。

根据艺术家周斌的行为作品，如果把《圣经》每页中的人称代词你、我、他、她抠出掉，我们从中能够阅读到什么呢？

那被抠出的每个孔洞，象征着每个人作为个体生命的坟茔。

在生活中，我们每个人都是作为你、我、他、她的身份孤独地存在着，但我们依然存在于上帝创造的书中，存在于它们的彼此共融中，同时有意识或无意识地更新着它们的内容，由此形成了每个人的世界图景。

无论怎样，人都是生活在横向的种种关系中，生成于纵向的人神关系中，存在于上帝的怀抱中。人和永生的三一上帝既绝对相关又绝对差别。正是这样，人的生活才获得了本真的价值与意义。相反，如果作为你、我、他、她的人对于人神关系采取否定的态度，进而拒绝接受源于神人关系的在上光照，人就必然会遭遇虚无的袭击、无奈的辖制。

林鹿所著的《秋雨麦粒》，将"秋雨之福"在21世纪初期团契中的每个个人如何把自己嵌入于上帝的永恒之书中的经历记录下来，描绘他们的眼泪与哭泣、痛苦与喜乐、恐惧与悲伤，以及上帝因着他们而充满的无上荣耀！

书中的许多事件，在夜深人静时阅读让人潸然泪下、在清晨静谧中浏览使人喜从心来。

"秋雨之福"的基督徒十多年来所经历的这一切，难道不是华夏同胞自1840年中英战争以降、从封闭走向开放、从俗世走向神圣的心灵史的象征？三千年以来，华夏族群留下的典籍卷帙浩繁，其中关于你、我、他、她的故事若非指向永恒之在，其"悲欣交集"不过是枉然！

张伯笔推荐 | 我看着这本书会流泪的

林鹿是我的老朋友，认识很多年了，她是基督徒画家。林鹿的画，主题都是神，和人，我很喜欢她的色彩。她是南开大学的高材生，文笔非常好。

林鹿出版了一本书《秋雨麦粒》，回忆成都秋雨之福。林鹿参与了中国家庭教会很重要的一段行程的建造，她与成都秋雨之福教会有很深的渊源。

我拿起书，就放不下，姐妹的书设计得非常美。我先误以为是林鹿的画册，因为书中收集了林鹿近一百幅画。后来才发现，原来是写秋雨之福教会的建立和一批秋雨教会最早的同工怎样信主，面对逼迫的经历，其中也包括林鹿个人生命成长。

《秋雨麦粒》写了中国文化界许多很有影响的人物，写到余杰，刘敏，冉云飞，廖亦武等。记录了秋雨之福的弟兄姐妹走过的路，是一批知识分子归主的集体见证。

我看着这本书会流泪的，我在美国，平安，出入自由，我的王怡弟兄在国内坐牢，没有自由。我们都是走的一条路，但在不同的国家地区境遇不一样，顺境中的人，要想起在逆境中，被逼迫中的弟兄姐妹们。

秋雨之福教会被逼迫，被政府拆散，王怡牧师被判刑坐牢九年，海外的基督徒非常牵挂他们，圣诞节我们写了几百张卡，送给在坐牢的牧者同工，弟兄姐妹。有的收到了，有的被退回。

2005年5月，我认识王怡的时候，王怡还不是基督徒，请他和余杰在我家里吃饭。2008年12月，在旧金山，因为王怡要奉献自己，辞去成都大学的教职，神对王怡的呼召非常清楚，蒋蓉有忧虑，蒋蓉非常贤淑，话不多。我们谈了一个小时。我蛮心疼蒋蓉的，她柔弱的肩膀，担这么重的担子，有很多的难处。

当年我说：这条路是要付出代价的，我的话在十年后的2018年应验了。

听说蒋蓉想去探望王怡，不让她探望，中国政府要她出示结婚证，但她的结婚证被抄家抄没了，简直不讲理。

王怡，大学教授，是 50 个最有影响力的知识分子，他受过美国总统的接见，他完全可以继续做他的大学教授，法学专家，他为什么选择做牧师？

王怡批评中国的宗教政策，公开批评习近平："你要悔改，你若不悔改，你必灭亡。"王怡在讲台上讲出这句话时，我知道政府要收拾他了，但王怡已经做好准备。

秋雨教会是中国家庭教会很重要的一个代表，中国教会处在特别的转折点，在一个国际社会发生很大变化的时候，教会需要自己去记录。

我看过秋雨教会的章程，秋雨教会在文字上做了很多贡献，秋雨之福教会是走向公开化的教会，早晚会被中国政府铲除。城市基督教会现在和未来都面临难处，2018 年 12 月 9 日之后，是隐藏式聚会，连孩子妈妈们在公园聚会都不被允许。

王怡 14 岁的儿子小书亚，上学都被警察监控，我看着挺心酸。

有一天我和余杰在一起，我说："要不要把王怡的儿子接到美国来？大家帮他，不然他在学校里都抬不起头。我很担心这个孩子，一个孩子在这样的环境长大的话，心理会受伤害。"

余杰转述王怡说的："我们全家要在一起，不要把孩子送到美国去。"

我们为秋雨之福教会感到骄傲，这个城市中的中国家庭教会，是由一群知识分子按照圣经的原则建造的教会，非常稳健。

一大批知识分子接受上帝对他们的拣选，听闻了上帝的呼召，付出了岁月静好的代价，他们是另外一个世界的人，是这个世界所不能容忍的一批人。

如果你们读《秋雨麦粒》，一定爱不释手，开卷有益，这本书有历史收藏价值。

冯君蓝牧师推荐

冯君蓝牧师：台湾中华基督教礼贤会牧师，艺术家

读林鹿姐妹的《秋雨麦粒》，让我们透过她亲切深情的生命见证，得以窥探延续自使徒行传在当代中国的一条支流……。

主后第一世纪中叶，尚不成熟的初代教会，更饱受犹太人的诬陷逼迫。通过使徒保罗的同工路加医生向提阿非罗大人的证词，为后世勾勒出基督耶稣复活升天、五旬节圣灵降临，之后的福音传播和初代教会事件；主线则聚焦在使徒彼得与保罗的信仰转折、宣教经历。

如今藉着林鹿的回忆坦露：她与王怡牧师、蒋蓉师母，以及秋雨之福教会众肢体的交往经历，同样向我们见证了三一上帝的恩手，如何持续在更广阔世界範围的光照引导，见证了即使在集权高压政治和世俗主义洪涛的冲击底下，于中国四川萌芽的福音之子，他们的蒙恩蒙召，以及为坚信奋勇受苦的血泪挣扎。

自序

从一粒麦子，你望见麦浪滚滚

林鹿

2018年12月9日，王怡及秋雨圣约教会的100多名成员遭到传唤逮捕，随后教会被官方取缔。2019年12月30日，四川省成都市中级人民法院在其网站公布王怡因煽动颠覆国家政权罪和非法经营罪获刑9年，剥夺政治权利3年，没收财产5万元。

2018年12月9日之后，我开始回忆。

我的名字出现在秋雨早期的历史中，没有下文。自我隐藏，12-9之前，是谦卑低调。若在12-9之后，就是爱的淡漠了。

回忆中，我常会为缺乏个人关怀的记忆而怅惋哀伤，为人与人之间交往的空洞说教而纠结。缺少个人关怀的细节，人与人之间关系就很空洞。

那我就边回忆边疗愈。

为何总是挣扎着删除个人回忆？

我写下在2008年的北加州，我曾给王怡买过一双旅游球鞋，他马上就穿上了；我出国之前的那个夏日午后，顶着烈日，王怡陪着我去银行，他们夫妇借给我钱，琐碎小事，回忆中的珍珠，却往往缺少。

冉云飞和我曾去寻找赵红，这是一颗记忆的珍珠，只有我才有这个回忆，其他人没有。几次从初稿中取出来，又放了回去。她太快撤离，一定导致愤怒，被亲密的人拒绝，藏着他长久飘流在外的深层原因，他自己不一定清楚，我是姐姐，所以知道，这是特殊关系。若删除了，是对个人历史不尊重，无法还原人的本来历史面貌——我们都是需要被怜悯的残破不堪的罪人。

真实，诚实，竟然障碍重重。要拿捏得当，没了锋芒，没了棱角，成了平面的假面人。若回忆细节被疏忽，被抹去了，不再实实在在，仿佛是塑料花，没有了芳香。这是不应该发生的事。

我不虚构，我平实记录，不去修饰，不去装点，有就有，没有就没有。

王怡是孤独的。他是诗人，敏感，他是有血肉的普通人，找到同理心，普通人是需要被理解，被支持，被关怀！不应把他"非人"的英雄偶像，把他架空了，消灭了平等肉身的切肤痛苦，成为理念化的空洞人。

我从回忆的艰难中，看见了善待和珍惜的不足。

我们本可以爱得让回忆细节密密实实，因为主耶稣说："我赐给你们一条新命令，乃是叫你们彼此相爱；我怎样爱你们，你们也要怎样相爱。你们若有彼此相爱的心，众人因此就认出你们是我的门徒了。"（约翰福音 13:34-35）

为何只有当王怡到了大墙里面，我才意识到在该爱的时候不好好地爱，在该珍惜的时候没有珍惜，留下了遗憾，留下了惆怅？

麦粒，也是你和我。

麦粒分为皮层和胚，胚乳，糊粉层。生命蕴含在胚里，如不突破皮层，胚胎就不可能成为新的生命！胚要突破皮层，生命要透过死亡，经由死亡的隧道，盼望要在信心中先埋在地里，复活早已包含其中。

你早已经破碎自己，你是源头。你先看见，你先走来，你先呼唤，你先引导，你是启动，你是首先，你是第一，除非你动，一切都是死的，你的手指一触，点化了石头，石头就软化如棉。你的柔软，让我柔软，遇到你，就是化境。

你从创世的最初，一个意念，就催生了万物，里边就包含了核。

让你久等了，你注视着那枚小小的麦粒，你望见麦浪滚滚。核早已经在你里边，早就浸泡在你里边，灵魂和灵魂，透明重叠。

意念在一切之前。意念从你而来。你的牵引，你的点触，你的安排，众天使在服侍。

恋人没有错过彼此，是因为你在其中导引，你在开恋人的眼。

人与人的错过，是常有的，人与人不错过，是不常有的。纯洁度要多纯，才有望一望花园的机会？

已经在花园之中了，花香扑面，却也可能在一瞬间就出来，全在于是看你，还是看自己？

2 画名:《麦子的舞蹈》,布面油画;24x36in,2018

第一章
麦浪滚滚

以前，我回避讲秋雨之福，2018年12月9日之后，我不再回避了。他们在受苦，沉默是爱的窒息。我内心被搅动，我发声，是因为他们已付出了代价。

画名:《新月和两个孩子》,布面油画;24x36in,2019

普渡大学参加中国基督教与文学艺术研讨会

2019年5月2日,租车,开了10个小时,运送我画的几幅《秋雨之福》主题油画到普渡大学,参加中国基督教与文学艺术研讨会(Purdue University Center on Religion and Chinese Society——Chinese Christian Art and Literature)。

在每天的会议室内,摆着我的一组画。范学德进门说:"一看就知道是林鹿的画。"

轮到我上台,我讲述当天清晨的梦:不知是谁打开水龙头,水漫出了水池,流到了地板,流出了门口,流到大街上。

这梦与秋雨教会有关。以前,我回避讲秋雨之福,2018年12月9日之后,我不再回避了。

他们在受苦,沉默是爱的窒息。我内心被搅动,我发声,是因为他们已付出了代价。

王怡分析过,"家庭教会的主体是非常软弱的,甚至是非常惧怕的。就像参战的士兵,如果战争中的目标成了避免牺牲、要自己活下来，那么这个军队必然是很软弱的。这就有些类似近年来中国家庭教会的状况。"

第一次，我公开讲起了秋雨之福团契的背景故事。

飞机上读署名王怡的文章

2004年6月，从北京回成都的飞机上，我翻阅一本杂志。

署名王怡的一篇文章《赵燕只是赵燕一个人》，看见作者在成都大学工作，我也在成都大学工作，微妙的感动，让我想认识作者。

文章中有一段话让我印象深刻：

"如果赵女士能拿到500万美元，我只会替她高兴，绝不会心生觊觎。但声称要赔偿是为了民族的尊严，就有些令我动心了。赵燕若是以她个人的名义去打官司，便以她个人的名义去拿钱。若是要求舆论以民族尊严的名义支持她，按我的推理，赵女士大概就是打算把将得到的赔偿金拿给大家分了。但遗憾的是她至今尚未作这样的表示。于是从一个比较庸俗的角度理解，我只能把赵女士这句话当作一句谎言。这句话也可能仅仅出于一种习惯。就是动辄把个人的际遇或言行，和一个抽象的共同体的名义捆绑起来。"

虽然我和王怡在一个大学，也不是我想认识就认识的，需要有桥梁。

我回成都后，在两所大学教书。每周5门课，教书工作量大，咽喉反复发炎，嗓子失声。一晃半年过去了，见到冉云飞时，我又想起了王怡。

拜访作家冉云飞

我问："你认识王怡吗？我想认识他。"

冉云飞说："下个星期天，在成都火车北站附近有一个讲座，讲员是余杰，主持人是王怡。你跟着我们一起去听讲座，你就能见到王怡了。"

2005年春节前后的一个午后，冉云飞一家打计程车，带我去了北门那家茶馆。

我去北加州工作前，王怡写过一封推荐信，他回忆，是余杰亲自介绍我认识了王怡。

2003年冬天，有一牧师和师母来北京旅游，给我电话。我请牧师为我介绍家庭聚会。牧师给我一个董弟兄的电话。

一个傍晚，我参加董弟兄家的祷告会，遇见晓斌弟兄，一见面，灵里很欢畅。

晓斌弟兄说："主日，我带你去余杰家聚会吧。"

我说："好。"

我从阜成门，到西直门地铁站，要换两次地铁，再坐公共汽车，才能到中央美院附近的余杰家。

在路上，我唱着歌："主啊我要回到你身旁。"

好不容易找到了北京方舟家庭教会，我兴奋不已。

余杰家门口很多拖鞋，刘敏在为大家斟茶倒水。我坐的沙发面前，就是那些水杯。

刘敏是白领丽人，我在聚会中巧遇了施玮。聚会后，大家留下听余杰分享他的近期写作。

我忘记北门那家茶馆讲座的内容，却记得身后座位上坐着两个男士，一个是老廖，一个是亚东。

当年不经意，15年后回头，就有深意，值得回味。每一个链条都是必须的，关系的佈局是奇妙的，脉络泾渭分明。

关系如同种子，会继续生长。

茶馆讲座之后，冉云飞款待大家吃火锅，女士们一个火锅，男士们一个火锅。

我和刘敏、蒋蓉、黄唯才四位女士在一起吃火锅。吃完了火锅，大家散开。

临走前，刘敏对我郑重地嘱咐："王怡的妻子蒋蓉和黄唯才目前在慕道，交给你来跟进哦。"

---

* 冉雲飛，作家、雜文家。人稱"冉匪"，自稱"一個碼字的鄉下蠻子"、"大學本科，監獄碩士"。"2008年度百位華人公共知識份子"之一，"民間教育家"。

"感谢主,你尽管写,愿神使用你的笔使用你的心意为那受冤屈的弟兄姐妹做见证。愿神赐福你在国度上与我们的同工,愿神纪念你从他而来的爱。"
——舟云飞问安

4画名:《舟云飞》,布面油画; 16x20in, 2020

97路公车站相遇

我在成都大学的中文系教书,王怡在法律系教书,我在一楼上课,他在二楼上课。

2005年3月的一天下午,我下课后,在成都大学大门口等97路公车,巧遇王怡下课后要返回城里,正等车。

我第一次在校门口遇见他,这是我们第二次见面。

我主动招呼他。上车了,车上有一个座位,我没去坐,我和他站着聊天,周围都是学生。

正好我包里有本我写的书《母爱星空雨》。我请王怡转给蒋蓉,借给她看,以书架起连接彼此的桥梁,还书时就可以再见。

蒋蓉看《母爱星空雨》后，真的开始问我一些问题，我邀请蒋蓉来家里喝茶聊天。

我和蒋蓉多次去百花潭公园喝茶，因为她就在附近的一家川剧演出公司做英文节目的主持人。

有时蒋蓉会带着同事一起喝茶聊天，一对一，或一对四个朋友。针对她和朋友的问题，我结合自己的经历，用对方能够懂的话回答，我们重在交流。我分享自己的亲身经历，她们主动询问时，我就开口，该停住的时候就停住，不抢时间，也不着急。我不过是器皿，是管道。

每次分别之前，蒋蓉的手扶着自行车，还有很多话要说，蒋蓉默默地流泪。

我不知道蒋蓉的心事。那时她会收到恐吓信，包括威胁电话，她没有安全感。

我看见她默默地流眼泪，知道圣灵在触摸她的内心。

王怡看蒋蓉心中越来越有平安，有一天，王怡主动提出："你们以后不用去公园了，可以来我们家里查圣经。"

以前王怡在外地，曾经想去两个家庭教会了解情况并听道，但被拒绝了，因为王怡作为公众知识分子和律师，他的行踪会被监控。（注：这段和繁体字版相比，有了更正，特此注明。）

蒋蓉说："我们要先提前告诉你，你也要考虑一下哦。"

那时，我已经离婚10年，单身一人。我是主的使女，没有二话。

秋雨之福教会也是从成都大学开始的，一位叫林慶的姊妹，她和我都是这所大学的老师，我们在校门口遇见，她在公车上给我传福音。

——王怡牧师

（2018年在秋雨圣约教会成人主日学课堂录音整理）

澄清回忆的聊天：王怡是否曾经被地下家庭教会拒绝过？

"我一信，就去了马来西亚夫妇家的聚会，并没有别的拦阻，没有被他们拒绝。"

"我指的是最早我以前参加过的家庭教会,不是指马来西亚的牧师家。马来西亚夫妇是外国宣教士,他们家的聚会不算是国内家庭教会。我和两个菲律宾姐妹宣教士的交往,就被国内家庭教会拒绝了,让我非此即彼地二选一。

'我们要先提前告诉你,你也要考虑一下哦。'听你这样说之后,我有过挣扎。因为我们聊天时,你会哭,当时你有被匿名信恐吓。你说你们被监控跟踪,让我慎重考虑一下。是否我混在一起了!?"

"这个提醒是有的。混起了的可能性比较大,被恐吓的事跟被教会拒绝没有关系。我有记得,曾经向你提出去你主日去的那家教会,你好像回答说:不适合。好像跟我说是一些老妈妈的聚会。是不是他们不接纳我们?我们当时和现在都不知道你聚会的那些人是谁。记得你说你聚会的那家教会很传统很保守。"

"1995年8月,我在离婚后,承老师带我去的是在黄伯伯家聚会,桂王桥街红砖楼二楼,都是老年人的。直到1997年初,菲律宾姐妹从西藏返回成都,我开始和菲律宾姐妹交往,承老师说:让我二选一,是选黄伯伯家,或者菲律宾姐妹,只能选一个。

我选择了菲律宾姐妹,停止去黄伯伯家聚会。当年我不懂教会历史,以为基督徒都一样。我简单,又顺服,不难受,我很高兴和菲律宾姐妹们一起。她们俩单身,我离婚之后也单身,她们和我很融洽和谐,交往的主要是大学生。

"你觉得有没有可能,是我问了你可不可以去你聚会的教会去聚会,你问了以后,觉得不适合,然后记成了我们被拒绝?是不是把这个混成我的经历了?"

"也许,既然当年家庭聚拒绝我,也会拒绝你的,只是那时你们刚刚慕道,我不方便对你们说明。我应该是问过,结果不行。

即使到了2018年,我回成都,主日我想要去参加某姐妹家里的聚会,那里有很多我认识的弟兄姐妹,为了不要成为不速之客,我先给红姐妹打电话,请她帮我问一下带领聚会的姐妹,征求她的同意,红姐妹回复我:带领姐妹说:主日上午,她讲的信息不适合我,下午是大家交通的时间,我可以去交通。这是一种委婉的拒绝,下午我没有去,我不要给他们添麻烦,很遗憾,也很无奈,但我也理解。

当初,你想去我聚会的老妈妈的地方,我觉得确实不合适!封闭,唱诗歌要很小声,不要被邻居听见,人数要在12个人之内,我每次去都跟搞地下活动一样。当年,我不方便告诉你们,慕道朋友不容易理解,也不造就初信主的人。

我也没有告诉菲律宾姐妹,怕她们被伤害。这本书是第一次公开提到。

天使说:"你不可在这童子身上下手。一点不可害他!现在我知道你是敬畏神的了;因为你没有将你的儿子,就是你独生的儿子,留下不给我。"

5画名:《亚伯拉罕献祭》,纸板油画;22x28in, 2001

家庭教会有政治恐惧症。当年我接受了这样教导，这两年，直到12-9之后，我才突破了政治恐惧。

"我当年想请你带我去你上午的聚会，你说，都是一些老妈妈，不适合。你确实是在保护我。当时我在慕道，我是很有激情的，恨不得多去几个聚会，那时即使在我们家聚会，我还去了马来西亚夫妇家里很久。从家庭教会史来看，可以理解他们。我很喜欢马来西亚夫妇的聚会，非常喜乐。"

"马来西亚夫妇和菲律宾姐妹是一样的聚会风格，马来西亚夫妇的聚会很适合你。我和承老师在黄伯伯家里聚会，我若想提问，我的心都会紧张得蹦蹦跳。"

"我记得你跟我提过，他们总提醒你要留长发？"

"我那时头发短。"

"你书里只说了承老师，是很好的，一点负面的都没有。在我心目中，她们是敬虔而保守的（或者有点神秘）。王怡以前讲家庭教会史，讲过持守基要真理的传统家庭教会，被称为基要派。你明白了，也就不难受了。"

"某姐妹出于爱她的小羊，特别怕外来人抢她的小羊，对宣教士带的小羊有些不认同，我不属于她的小羊，我和她从没有走近。比如，我买特蕾莎修女的书，在母亲节送人，某姐妹会说：'只需要读一本圣经，就够了。'她小时候曾躺在床上，因类风湿之类的病不能行走，她的父亲刘本耀牧师进监狱后，她的妈妈带着三个孩子回到老家，她成天只能在炕上，但因为北方天气干燥，炕上暖和，她慢慢地可以行走了，这是神的祝福！2003年，我从菲律宾回来后，开始在清江东路马阿姨的家里聚会，在开始秋雨之福团契以前，我每次都会留下来，与马阿姨吃饭聊天。秋雨之福团契查经聚会开始后，主日马阿姨家的聚会一结束，我马上就离开，坐公共汽车去你们的家。"

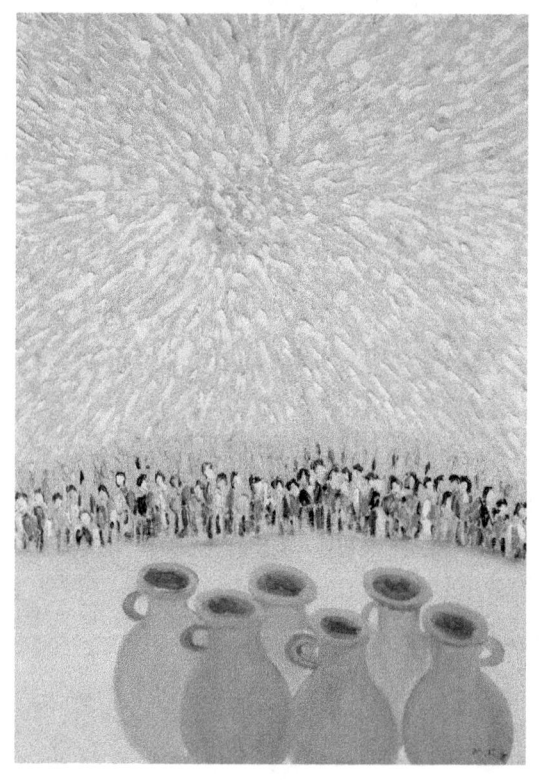

6 画名:《水变酒》,布面油画; 20x24in, 2005

"合你的性格,神总有预备,一切都是神的方法。"

神的怜悯降下来

神怜悯我,如一道闪电,我一下子想起来了。那句被两间家庭教会拒绝的话,是王怡对我说的!王怡曾经与朋友要去两间家庭教会,当时为了观摩,并不是为信仰,被人委婉拒绝了。具体是哪两家家庭教会,反正不在成都。我不会编造的,我没有必要去杜撰。回忆有模糊性,我绝不会虚构。本着我的记忆,我写下我能记得的话。细节澄清了,被两间家庭教会拒绝的经历,是王怡的。

"我当然知道你不会编造,当然没有必要去杜撰,这一点我绝对相信。
我也知道回忆会有模糊性,就像在关于福音书四卷内容的差异上,也有此原因。

我用画记录了第一次洗礼。画面上，左边的一棵树，叶子已经干枯成褐色。有一片叶子落下，蒋蓉本来如枯树上的一片落叶，入水受洗穿越了十字架的死后，出水的她成为一个新人。十字架的另一面，是一棵嫩绿树叶的树，象征蒋蓉的出死入生了。

——林鹿

7 画名：《蒋蓉受洗纪念，2005 年 8 月》，布面油画；24x 24in，2005

正是人的局限，让我们需要倚靠神的无限。"

2022 年 5 月 31 日，我在澳洲墨尔本的尼哥底母分享会特别节目中忆秋雨

王怡讲教会史说："从文革开始，家庭教会肉身的传承，产生于一批"父老"。而城市新兴教会的意思，就是没有父老的教会。像我这代的传道人，中间有断层，没有跟随过父老。

我们是通过阅读、视野的扩大，是吃百家饭长大的。很多海内外的牧师都牧养过我，对我有很大影响。包括唐崇荣牧师，我跟他只见过几次面，没有深谈，但在属灵上我仍将他视为我属灵的父亲。不过在具体的信仰生活和牧会中，我是摸黑成长，缺乏被父老门训的经验。这不仅是我自己，而是整整一代传道人的情形。

八年前，福音派教会的一批中年牧者，想去寻找父老。那时文革坐过监的父老大多离世归天了。后来，袁伯、林伯、杨心斐阿姨、谢模善、李天恩，都在过去十年内被主接走了。这批中年牧者就往西北去，找西北灵工团的后代，赵西门的妻子还在。他们就把一批经历过文革火炼的父老找来。和他们一起聚会，在属灵上去"认父"，承认这是家庭教会的父辈。这个'属灵的认父'是有意义的，表达了新一代家庭教会的自我认知，让我们知道自己是谁。"

1989年之后，在流亡知识份子群体，和国内中心城市的知识群体中，出现了第一波的城市福音化浪潮。

自1979年以来的一个心灵释放、思想启蒙、情感医治和信仰寻求的过程被打断，整个民族重新在文化心理上积累苦毒的力量。1989之后，中国出现了1949年后的第一波向着城市和知识份子宣教的福音运动。这一波从乡村和海外向着城市两厢包围的福音运动，成为90年代末和21世纪初中国城市教会复兴的基础。并直接影响了90年代的基督教文化热。这一从六四开始的，因着制度的罪恶和腐败，上帝在人心中所作的松土，是今天教会复兴的重要的时代背景。

成都的团契——华西坝基督徒学生聚会

王怡提到："成都的家庭教会，是在1971年的文革晚期出现的。家庭教会的前辈叫刘本耀牧师，他跟郑惠端姊妹一样，都是49年前后来四川的。刘牧师从陕西来，好像读过华西的神学院。然后在成都服事，1958年被打成右派，坐牢。文革后期就出来，开始秘密聚会。"

当年华西坝基督徒学生团契的主日崇拜，基本上都由郑惠端姊妹和刘本耀牧师担任讲员。

1949年9月，郑惠端姊妹从重庆来到成都。她是受基督徒学联总会的委托，前来西南看望四川、贵州、云南、广西等地各大学团契弟兄姊妹的。聚会，由韩戈登、郑惠端、刘本耀分别担任上下午和晚上的讲员。

　　王怡对刘本耀牧师的情况不了解，因为资料奇缺，甚至我在网上找不到一张刘本耀牧师的照片，我也通过两个仍和刘牧师的孙女有联系的人询问，孙女回复说她也没有爷爷的照片，因为她的父亲当年曾经与进监狱的爷爷划清了界限，没有来往。后来，她的父母悔改了，也和父母重新和好，儿媳从外地回成都探亲，甚至和刘妈妈睡在一个大床上，在主里有美好的佳话。我经过搜索，找到了以下的回忆录资料，在此补充和更正。

　　团契的另一位带领者刘本耀牧师，是山西洪洞县人，年幼时他的父亲（牧师）就把他奉献给神，但是他在二十岁以后才悔改得救。得救后圣灵催逼他对土道有极大的渴求，曾自己关门认真读经祷告叁个月。然后到北京在属灵长者王明道、宋尚节那里受教三个多月，又到山西侯马灵工团杨绍唐那里学习几个月。他清楚神的呼召，要他出来事奉主，于是回家乡在晋南地区内地会传。1947年到了成都，受到内地会的接待，和徐松龄、云登等传教士同住在金马街宿舍，并在内地会、圣公会、清洁会、神召会、卫理公会、浸礼会等教会讲道，有时也到成都附近的灌县、彭县、新都、新津、邛崃以及远到重庆的教会传讲信息。

　　1958年，刘本耀牧师在成都被捕。关押期间政府曾多次动员他放弃信仰，并告诉他这样可以提前出狱，早一点出去照顾妻子和尚年幼的七个孩子。刘本耀牧师说他所信的是又真又活的神，怎么能在这原则问题上得罪神呢？刘本耀牧师坚定地守住了自己的信仰，并认为为主的道受逼迫，原是神给他的福分。刘本耀牧师在狱中和劳改营里被关了21年，直到1979年才被释放。出狱后刘本耀牧师继续为主做工，到西北华北各地探望并坚固信徒，带领聚会。刘本耀牧师仍然拒绝到三自教会去讲道，认为作为一个神的仆人，按照政府和不信派领袖的要求讲道，不符合圣经原则，灵里面无法通过。触怒了三自和宗教事务局。

　　1984年1月11日的早上，又被公安人员逮捕（同一天被捕的，还有他的儿子，以及在重庆带领家庭教会的张安廷和尚志荣两位弟兄）。逮捕的理由，据说是怀疑他们与香港的特务组织有关系，接受从海外运进的大量圣经。这次在狱中被拷问受折磨，刘本耀牧师身体受到很大的亏损，以致在第二年便在狱中瘫痪。

　　经家人反覆艰苦地四出奔走，1985年的年底释放。第二次刘本耀牧师被捕，在狱中整整又关了两年，所受的肉体和精神上的摧残，远超过第一次。虽然释放回家，刘本耀牧师却已经不能说话了，只能清楚地唱诗歌。刘本耀牧师出来之后直到去世的三年多时间里，他都没有说过一句话，所以无法知道刘本耀牧师在狱中遭遇的一切。1989 年 6 月 18 日，刘本耀牧师安息主怀。

https://www.cclife.org/View/Article/679《全国各大学基督徒学生联合会在成都》作者李长华，《生命季刊》第 24 期 2002 年 12 月

某一个阶段，我成为一座隐形的属灵传承的小桥

以前，我从不提我从前所在的成都家庭教会，不是我有意不提，而是当年历史还在逐渐发展的进程中，每个当事人都被自己的时间和地点所局限，还看不出一盘棋的每一步，现在是复盘推演，才会看见局部与整体之间的联系。

我没研究中国家庭教会历史，没将历史中的前因后果的线索串联起来。王怡和蒋蓉都不知道我当年在家庭教会的历史背景，这样的补充一直缺乏，直到我 2020 年出版繁体字版《秋雨麦粒》的回忆录，才被研究教会史的专家们发现了。

1989 年，是厦门的杨心斐阿姨把菲律宾的宣教士姐妹介绍给郭静娴阿姨和刘本耀牧师的家庭。杨希伯传道的姑姑杨心斐、父亲杨元璋传道。杨怀德牧师的孙辈杨心斐（1928－2011）和杨元璋（1931－2011），杨心斐坐监 16 年，杨元璋坐监 6 年。文革后，二人被释放。1977 年，他们在巡司顶巷 5 号恢复了教会的主日聚会。（2019 年 5 月 31 日厦门巡司顶教会遭官方取缔。）

我在某一个阶段，成为一座隐形的小桥，唯有上帝的手在安排和带领。

从宣教士姐妹在郭静娴阿姨的家庭聚会中带领我信主后，我就进入了成都的地下家庭教会。

我本人没有亲自见过刘本耀牧师，因为我 1989 年 5 月 15 日信主，刘本耀牧师在 1989 年 6 月 18 日安息主怀。

那之后，我去过刘牧师的家聚会，我认识刘牧师的妻子刘妈妈和他的大儿子和小女儿。

当年没有互联网，刘本耀牧师的殉道史少有人知道，他的儿女们也甘于沉默，不张扬是家庭教会的传统美德。

从成都刘本耀牧师入狱，到王怡牧师的入狱，历史背景不同，时期不同，但是，被迫

害和为主殉道的灵魂是一致的。

就像即使我们不知道祖先的姓名，我们每个家庭都有一个家庭树，这是一种历史事实。属灵的家庭也有属灵的家庭树，不是凭空从零开始，属灵的传承也是一个事实。

有人在寻找属灵的父亲，如今秋雨教会更为年轻一代，已经把王怡作为他们的属灵的父亲。

以上是特别为秋雨教会年轻的弟兄姐妹而补充的，为了使你们能看见我现在才看见的属灵传承的历史轨迹，在2022年秋雨教会建立17周年的纪念会上，我才特别把在成都的前后这两位牧师叙述出来，他们都为信耶稣而入狱，历史是有关联的，虽然是蜻蜓点水，挂一漏万，至少提供线索，秋雨教会的出现不是无根的浮萍，有先辈的殉道和殉道者的血在前面流淌。

刘本耀牧师的27年监狱生涯，他殉道生命彰显了上帝的荣耀，如今，王怡牧师继往开来。

第一次聚会

每个主日，上午我在马阿姨家的家庭教会聚会，下午一点钟，我到王怡家带查经。

2005年4月1日星期五。查经班除了我，都是慕道友，查经聚会形式自由，不拘形式。

王怡邀请他的朋友们来他家里查经，人多，我都不认识。一个朋友会介绍另一个朋友，我简单，放松，自然；分享也没有章法，散文似的。因家庭教会里教导女人不能讲道，我带领查经时，只说是分享，我从没有觉得自己是带领人。

2018年，亚东说，起初王怡邀请他去他家参加查经，他先没去。

王怡又邀请他，加了一句话："带领查经聚会的是写《母爱星空雨》的林鹿。"

亚东听说后，来查经聚会了！

亚东又告诉海文和中东，海文先来，中东后来，而且，渐渐地，聚会改换到中东海文租的房子里。

范美忠告诉了麦妹，说有一个人的画，有梵古的风格，写了《母爱星空雨》，麦妹也来了。

冉云飞自己没有来过聚会，但他鼓励他的妻子王伟来。

后来，王怡邀请邻居周茂建和陈理来查经。

吴茂华老师也带着小曾来了……

团契取名

聚会开始，我带来一张音乐光碟《让爱走动》，大家跟着唱。

不是只唱一两首就停下，是随心所欲地跟着唱。

大家乐在其中，歌声直指人心。

歌词大都取自于诗篇，这些文化人，对歌词之美，很敏锐。

《秋雨之福》是光碟中的一首：

"主耶和华，我愿常住在你的殿中，

我虽经过流泪谷，你使它为泉源之地，盖满秋雨之福。"

2005年年底，王怡想到应该给团契命名，我建议用这首歌名。

王怡说，好。

就定下了。

正式查经聚会，《创世记》12章

从旧约圣经《创世记》12章开始，几节经文，查了一个月。

我带查经，用启发式。

大家对一句经文会有不同的看见和回应，比如"人要离开父家"，我请每个人联系到自己：你的父家指的是什么？有什么是你很难离开的？什么是我们文化上、情感上的父家？

每个人都会联系自己，不急着向前赶路，这些词都有很深的寓意，大家把领悟的分享

---

* 文革时期的地下文学「野草詩社」創辦者，1964年出版《落葉集》

"关押我的人,终将被天使关押。审问我的人,终将被基督审问。想到这一点,主使我对那些企图和正在关押我的人,不能不充满同情和悲伤。"
——王怡《我的声明:信仰上的抗命》摘录

8 画名:《暗与光:吃蜜得饱,诗人王怡》,布面油画;24x36in,2020

出来,如滚雪球一般,越滚越大。这不是常规的查经,没有特别的时间限制,我的随意和随性,不拘束的查经风格,自成一体。我随流而下,让大家参与、互动,每次都会意犹未尽。

参与查经的大都是知识人,大家首先感受到圣经经文无穷的魅力和智慧,内心沁润在经文的深邃中,被神的话陶醉和滋养了。

查了《创世记》12章,只查了几个段落,我就跳到了《约翰福音》。

大家对我的随性也没有异议。

我说过以后想查《但以理书》,我等合适的人带查《但以理书》,心中知道我这话是指着王怡而说,虽然王怡当年查经时很安静。

查经《约翰福音》：水变酒

2005年4月，为查《约翰福音》中"水变酒"的神迹，我画了六个水缸。

六个水缸象征天然的人。

七是完全的数位，六是不完全的数字。

六个水缸，象征犹太律法的不完全，需要恩典的福音为新酒。

不经酿酒，直接将清水化为美酒。婚筵喝不了420-480公升的酒，丰盛的酒，表示恩典超越人所需的。

神迹是记号，是媒介，神迹的存在是要"显出他的荣耀来"（参《约翰福音》2:11）。

我画天上四射的光芒，有数不清的手正举手赞美、仰望。这个场景，呈现出从黑暗进入光中的孩子们。

第一次洗礼

2005年夏天，蒋蓉和黄唯才姐妹表示愿意受洗。

正巧苏文峰牧师和郑期英师母从洛杉矶来成都旅游，给我打电话。

我邀请苏牧师夫妇到青城后山周老师家附近，为蒋蓉和黄唯才姐妹施洗。

临行前，我特意把几件大T恤衫放入一个藤编的袋子，心想万一王怡临时改变主意，也要受洗的话，还有可换的衣服。

蒋蓉入水之前，我怕错过机会，又特别问了王怡："如果你也想要和蒋蓉一起受洗，而顾虑没有带换洗衣服的话，我这里有大号体恤衫哦！"

王怡当时没有准备好，但他很支持蒋蓉信主受洗，还为找合适受洗的水源跑来跑去。

我用画记录了第一次洗礼。画面上，左边的一棵树，叶子已经干枯成褐色，有一片叶子落下，一个女子本来如枯树上的一片落叶，入水受洗穿越了十字架的死后，出水的她成为一个新人。十字架的另一面，是一棵嫩绿树叶的树，象征她的出死入生了。

黄维才的回忆：那年中秋

黄维才当年是和蒋蓉同时受洗的，也是第一批秋雨的会友。如今，刚刚过完70岁生日的她回忆起当年的点点滴滴，仿佛就在昨天。

2020年5月初，她透过微信和我分享……

年代确实有点久远，我经历的事情也太多，当初好多事情我也记不太清楚了。

有件事我记得很清楚，就是刘敏把你介绍给我们以后，我和蒋蓉专门约你到浣花溪给我们讲福音，你还约了一个从菲律宾回来的学生王瑄，他当时正好从北京来成都看望你，我们一边喝茶，你一边给我们讲了好多，还举地球仪的那个故事，那次对我们的帮助很大。

我和蒋蓉受洗，是你联系《海外校园》的苏文峰牧师给我们施洗的，在青城阳光社区的游泳池里受洗的。

那次去了好多人，你还带了好几件T恤，说王怡有感动的话，他也来一起洗，但王怡一直没有同意。

我们受洗，我有照片，我当时写过见证。《那年中秋》，是以当年我在信主前的真实经历为题材而写的。

《那年中秋》

那年中秋，没有月明星稀，没有轻风送爽，只有冷雨淅淅沥沥地下个不停。孤零零的她，坐在窗前，虽然看上去是静悄悄的，心情却在翻江倒海，就好像散落一地的鸡毛，无从拾起，也无法拾起……

身后的桌面上，精心烹制的那一桌菜肴已经香气散尽，冷透冷僵，红酒未曾开瓶，蜡烛还未点燃，两双筷子静静地躺在那里，再也等不到被欢欣地举起……

她不能明白，也无法想像：为什么？为什么？事情会是这样的结局？她不知道，也不愿相信，到底是命运还是那个男人，在今天将她抛到了绝望深渊的谷底？

那个男人，是她在情感久经跋涉之后想尘埃落定的最后一个停泊港湾；那个男人，她也曾想与他"执子之手，与子偕老"。但因着她的骄傲与偏执，她却不愿走进那一个婚约。她曾对那个男人说"我们就这样相爱相守，直等到其中一人要离开这个世界的时候，我们再去办结婚证吧！"她想效法的是画家罗丹与他生前情人罗斯在离世前才举行婚礼的浪漫故事，想赌上自己的后半生去编织一个"特立独行"的美丽爱情童话。

为此，在她与这个男人俨然以夫妻面貌同居和出入于亲朋好友之间时，她总是竭力地扮演一个贤慧聪明能干的"妻子"。两人相聚的日子里，她把"家"拾掇得窗明几净，温馨雅致，经常烹茶煮酒，製作各种菜肴招待宾客；闲来一同驱车出遊，踏青访友，收获一串串欣慕的目光。当他独去海岛，天涯相望时，她与他之间频频的鸿雁传书也不知累坏了多少只青鸟。每逢她独坐书房，翻看她与那个男人徜徉在青山绿水间相依相偎的照片，或是摞在书柜里越来越高的来自遥远海岛的那个男人的绢秀书信，常常陶醉于信中的各样赞赏和山盟海誓，仿佛看到心中供奉的那尊断臂女神在向她招手。让她觉得自己"精诚所至，金石为开"，从此可以"安心"地守住这段"美好姻缘"了。

谁知，当她正心畅意舒，其乐融融的时候，命运的打击却骤然而降，让她猝不及防。

就在这个中秋前夕，男人从海岛归来。千里风尘还未洗净，"金风玉露一相逢，便胜却人间无数"的喜悦还未过去。当她正喜滋滋地欲与男人讨论计画着怎样过一个丰富多彩的中秋节时，她却突然感到分明有一种什么隔了她与那个男人之间。他过去老喜欢凝视着她的目光不再专注多情，此刻却有些闪烁、躲藏，顾左右而言它。敏感的她潜意识中已经阴霾升起，却还是强作镇静，温言相讯。虽然略显艰涩，男人最终还是向她一一吐露了埋藏在心的困惑与搅扰。

他说前妻已经与有过的男人分手，因着孩子的缘故向他提出了重婚。他说想到前妻以前对他的可恶他真的不想原谅；想到她对他的好也不想对不住她，但想到孩子心里还是有些动摇……面对这意料之外可又在情理之中的诉说，她能说什么呢？她也十分清楚，面对一颗要远离的心，她是毫无回天之力的，与其纠纠缠缠，不如洒脱转身。

她被好强的骄傲支撑着，虽然心里已经冰寒彻骨，却也硬逼着自己强装大度高尚。

记得她对男人说"能够重婚是好事啊，为了你们的孩子，我支持你，我愿退出。我会尽快把租出去的房子收回，哪怕支付违约金，我也会紧赶着搬走的……"这个时候，虽然她心中的维纳斯雕像已轰然倒坍，但她还想仰仗自己的自尊自强自信自立傲然于世。

在等待搬走的这段日子里，她每天都像行走在刀尖火海上，虽有锥心刺骨的痛，她的自尊却不容她去向男人哭闹。她只有自虐，狠劲地苦待自己的身体。为了能守住自己的美好形像，她温婉地对男人提出了最后一个要求：让我们忘掉一切，美好地度过这最后的一个中秋节吧！

男人好像被她的这片用心所动，搂着她不知说了多少动情的话，说以后她就是他最亲爱的妹妹。

所以今天他前妻来电说要商量孩子的什么事情时，她还催着他快点过去。犹记男人临走前还频频许诺说他不到天黑前一定会回来的……

可是，可是！当她精心准备好了过节的一切，时间却在等待中一点一点过去。现在已是黑夜已深，白昼将近。她在等待中变成了冰雕，孤寂、冷清、凄凄惨惨戚戚。被人"弃之如敝履"的屈辱感铺天盖地将她吞没，支撑她生命的自尊自强自信自立那几根柱子也被连根拔起。啊，她怎能相信，怎能面对，人是何等善变，就这两天，难道他都等不及了吗？命运啊！怎么这样无情！她敞开心扉想迎接的是青鸟，怎么扑进来的却是一堆蝙蝠？！这群黑色的怪物在她眼前翻飞着，似要把她的灵魂吸向一个幽深的黑洞。

万念俱灰中，她心中升腾起一股难以抑制的恨意，她不甘！不服！不忍！她要向那个男人报仇！

冥冥中，一个声音向着她说："去吧，死是对他最彻底的报复！"这让她想起安娜·卡列宁娜生命的最后在车站那决绝的一跃，那红殷殷的一片，血肉横飞沾满铁轨车轮的惨烈情景，从此成了渥伦斯基心中挥之不去的黑色梦魇，让他生不如死，永远活在悔恨的地狱里。

啊，是的，只有这样的报复才最彻底！她只要打开窗子，向外一跃，她就会把那个男人也永远拖入万劫不复的人间活地狱。

被这快意复仇的想像鼓涌得她像疯了般地要扑向窗口时，身子却被一股巨大的力量拽住了。耳边好像听到儿子一声久远的、童稚的呼唤"妈妈！妈妈！"。蓦地一惊，她醒过神来，心胆俱裂地后怕。她在干什么！为了一个男人，她要将还未懂事的儿子，年老的妈妈，体弱的姐姐还有爱她的那么多亲人朋友们都弃之不顾吗？

啊！不能！不可！但这满腔的悲愤，满腔的仇怨还在心里嘶咬折腾，让她无力无奈也无法收拾！泪眼模糊中，她环视将要离别的这个屋子，突然书橱里一本不起眼的小书《迎向光明》牵住她的视线。

想起来了，这是一个来自北京的基督徒姐妹送给她的。记得当时关于基督信仰，她问了好多懵懂无知的问题，姐妹的回答诚恳又耐心，具体说的什么她都不太记得了，但有一番叮嘱，却在此时特别清晰地响在耳边："遇到难处向主祷告吧，神是个灵，无处不在，纵然全世界的人都遗弃了你，这位神还是爱你的！"

啊，真的有一位神吗？他真的知道今天晚上发生在她身上的一切吗？他会听我帮我吗？喃喃自语的她忽然有一股抑止不住的冲动，她想祷告，却不知如何开口，只有不管不顾地坐在电脑前敲起了键盘。

顿时，如大坝决堤，她心中翻江倒海的一切都借着指尖倾泄了出去。

委屈、哀痛、绝望、苦毒、悔恨、悲伤……她哭着，写着。渐渐地，她感到有一双温暖的手抚在她千疮百孔的心上，一点点拿走了那些乱七八糟的东西，身心都得到一种莫名的舒解和轻松。

突然间，她仿佛被一种神奇的力量攥住，灵魂向上飞升，人却不由自主地跪倒在床前，平生第一次喊出了"我的神，我的主，我的阿爸父……"

窗外，东方既白，晨曦初露，那个中秋夜，惊魂动魄，刻骨铭心。

虽然她还不太明白自己身上发生的一切，但她确切地知道，她死去又活过来了。面对明天，面对那个男人，她心中有了一份坦荡，一份从容，一份可以好说好散的心情。这种变化，当时令她也惊诧不已。

以后当她在一首歌中听到"每次的打击，都是真利益，如果你收去的东西，你以自己来代替"时，她才真正明白，那个中秋夜，她得到的，远远超过了这世上所有最最珍贵的一切。

那年中秋，已成往事，但在她的生命中，她永远铭记，她永远感恩！

当初我和蒋蓉一起信主，蒋蓉比较单纯，刚开始接触她，还听她说，她曾经去信佛教，摸了顶的。但她一旦信了基督教以后，真的是很笃信，也很虔诚。听说蒋蓉原来还在工作的时候，蒋蓉在家里还是比较强势的，因为她钱挣得比王怡多。后来信了主以后，她在顺服这方面真是操练得很好。

王怡一直坚持不要生孩子，蒋蓉和王怡的爸爸妈妈其实都非常想要，但他们一直也都没有强逼过王怡。

后来，是王怡自己想通了，有一天突然对蒋蓉说，我们还是要个小孩吧。

蒋蓉一听到以后，当时就哭了。

教会刚开始，各样杂事我都在管都在做，很忙，我和王怡蒋蓉接触也不是很多。

蒋蓉当师母很不错，她和王怡做了新家庭辅导。她是师母，教会的姊妹出了什么问题，她也要管的，虽然没有具体的职务。

我搞家庭养老的阳光之家，她专门来探访过老人，蒋蓉还送了一只鸡，也带着大家祷告。

蒋蓉穿衣服的风格，比较庄重得体，因为她要引导教会的姊妹穿衣方面守规矩。我觉得她穿什么都好看，你看她穿着这些衣服和王怡在一起照的相，很有师母风范，温婉又大气。

特别请求王正方老师授权

亲爱的王老师：平安！津津有味地享受着您写的美文，我想读您写的故事。特别请求您的授权哦！另外，我想在我的书中引用您的这几篇美文，也申请您的授权！感恩节（11月24日）快到了，感恩有您！爱您的全家！想引用有以下几篇：1）我家有个小亚亚；2）八旬仰望天花板；3）感受儿子诗歌朗诵会；4）《快乐王子的眼泪》；5）儿子媳妇举起酒杯，热情庆贺爸爸妈妈的红宝石婚。《小天使降临丁克家庭》这篇文章没有看到，不知还找得到吗？林鹿

"谢谢您对拙文的阅读和赏识。您将使用的几篇拙文皆为记录生活琐事，尽管引用就是。《小天使降临丁克家庭》一文，我用邮箱发给您吧。再读一遍，又读跟帖，又沉浸在那些难忘的日子里了……正方问安和祝福您及全家！" 2022年11月22日

王正方文：快乐小天使降临丁克家庭

随着一声婴啼，我们家的快乐小天使、我们的小孙儿书亚，降临人间了！其时是3月9日上午11时13分。书亚的爸爸和奶奶早已在产院等候；当我这个爷爷赶到产院时，孩子已经平安降生了，母亲也平安无恙。

说他是快乐的小天使，真还一点不假。不是么，当奶奶从婴儿浴室抱出孩子的时候，我们听到的不是通常的婴啼，倒是他几声清脆娇嫩的欢笑，尽管欢笑的声音很微弱，但我们已经分明地感觉到了；我们第一眼看到的他的小脸，不是初生儿常看的哭相，倒是一副甜甜的稚嫩的笑容！使我们感到格外欣慰的是，从此以后，孩子很安静，也很健康，我们

很难听到他的哭声,倒是看到他时常露出甜甜的微笑来。她的妈妈高兴得不知道什么叫疼痛(是剖腹产),爱不释手地欣赏着她的作品;他的爸爸高兴得不知道什么叫劳累,还把自己正在使用的笔名"王书亚"送给他;他奶奶更是高兴得不辞辛劳,里里外外忙个不停;只有我这个大老爷们帮不上忙,只管自个儿在一旁高兴着。……你说,这孩子不是我家的快乐小天使么?

我们的儿子王怡与媳妇蒋蓉买了住房以后,他们便有了自己的两人世界,我们为他们有了自己独立的小家庭而感到高兴。距离不远,相互照应也十分方便,我们也很满意。但有一点我们却一时难以接受,这就是:他们突然在网络上和报刊上公开宣言,他们不要孩子,要过丁克家庭的另类生活!

儿子在文章中说:"很多人对丁克者通常的指责说不要子女是缺乏责任心。这是一种误解。""责任是从生养中诞生出来的,无生命即无责任。"又说:"我选择丁克,并认为我不要子女的勇气,其实胜过了出走之后的娜拉。"(《丁克家庭与创世记》,收入王怡散文随笔集《不服从的江湖》,上海三联书店2003年8月版)这里他用了一个外国典故。娜拉是挪威作家易卜生的戏剧《玩偶之家》的女主人公,在剧里,被描写成一位觉醒的女性。鲁迅曾经写过一篇《娜拉走后怎样》的杂文。鲁迅先生对娜拉的出走,产生了疑问,说走了以后,"有时却也不免堕落或回来。"又说失去原先的经济保障,能否过得好呢?儿子媳妇居然要胜过娜拉!可见他们对将来的一切,已经有了充分的考虑与思想的准备,已经是铁了心的了!

后来我们又看到一篇报道:"冉云飞说,王怡对父母和妻子充满爱和感激。可是,他却是一个丁克主义者,……当然,这仍然如他的饮食观,是按王怡的方式延伸了自由主义的逻辑。"(《南方人物周刊》2004年9月8日7期22页)看来,儿子已经把他们的丁克主义远播四方了。

他们已经30多的人了,晚育也已经到了尽头。我们劝儿子说,你要想到,女人如果终生不育,到时间她是会后悔的,那时你将怎样弥补她心灵的缺陷呢?我们又劝媳妇说,没有做过母亲的女人,是一个不完整的女人。结果,都没用。我们的朋友同学石鑫璧先生与王宇凡女士也一再地说服他们,但还是没用。看来他们的丁克观念,是已经坚如盘石了。

我们做父母的并非有传宗接代的固有观念;同时,我们是无产者,也并没有资产要子孙继承下去。儿女生育的事本来就是他们自己的事,我们何必要过多地操心呢?还是因其自然吧!慢慢地,我们也想通了,释然了,我们不再过问这件事情了。

去年暮春的一天,儿子从美国回来,与媳妇一道请我们到街上进火锅餐。席间,他们郑重地向我们发布一条最新新闻：他们准备怀孕了！

这突如其来的转折，叫我们很惊诧，又不解，是什么力量一下子转变了他们那坚如盘石的丁克观念呢？

儿子媳妇笑着说："是上帝！"

我与老伴不信上帝，但是我们知道，上帝创造亚当与夏娃，总是希望人类的生命延续下去，因此生育应该是十分自然的事情。儿子媳妇都是基督徒，儿子在美国又参加了一些基督徒的宗教活动。看来，他们的丁克主张在上帝那里最终没有获得通过。

真没有想到，我们已经接受了他们的丁克，现在他们自己又不丁克了！不丁克就不丁克吧，因其自然就是了。可以说，我们这样地为人父母，应该说是很开明很开通很前卫的了吧！

孙儿书亚百日，朋友石先生与王女士来祝贺，石先生是优秀的摄影家，他给孩子拍了许多照片，张张照片都拍得喜气洋洋。大家都说，书亚真是一个快乐小天使！

这小天使，这新生命，是未来的象征，是希望的象征，是前途的象征；他就像早晨才露头的太阳，给我们全家带来了满天的朝霞和温暖的晨光。

同时，我们又为他感到幸运，因为他是21世纪的新生命。如果说人类的20世纪是一个战乱与苦难的世纪，那么我们可以期待，人类的21世纪应该是一个和平和谐与繁荣的世纪。降生于21世纪的新生命，将会拥有20世纪人类所没有的崭新的生活和广阔的世界；因为我们自信，如果不发生意外的话，21世纪的人类，将不会再愚蠢地重复20世纪人类的深重苦难。

让我们为21世纪祝福吧，为人类，为我们，也为我们的小书亚！

2007/7/15 于锦里西宅

（2007-08-22发于雅虎网"王正方的博客"。08-23又发于子归原创文学网散文版。08-28"王怡的麦克风 [福音版]"全文转载。）

第二次洗礼

2005年12月25日，王怡等共有8位弟兄姐妹受洗。

陈革介绍温江县芙蓉古城别墅内,有室内温泉游泳池,我们提前一天去看场地。

余杰从北京带来9件白色衣袍,晓斌和受洗的8个弟兄姐妹都穿着白色衣袍,排成一排站在游泳池一边,逐个地进入水池接受洗礼。

海文是淋水洗。

晓斌施洗时,我们都站在水池边,高声唱着《爱,我愿意》,一遍又一遍地重复着:

"十字架上的光芒,温柔又慈祥.

我的心不再隐藏,完全地摆上;

愿主爱来浇灌我,在爱中得自由释放……"

晓斌弟兄给王怡施洗,大声说:"天父啊,你的这个寻找真理的孩子,今天终于回家了!"

王怡水中闭目流泪。许多观礼的朋友,如诗人陈墨在水池边站着哭,又蹲下来痛哭;范美忠很激动。

之后,在茶室领圣餐。王怡在个人受洗见证分享中又流泪了,他握着蒋蓉的手,说:"以前我很亏欠妻子。"

蒋蓉在一旁跟着流泪。

王怡的信主见证:三句话

2008年王怡写下了他信主和三句话有关。

第一句话:若你们的父不许,一只麻雀也不会掉在地上。(参《马太福音》10:29)

2005年4月,在我家里开始一个聚会,我参加聚会一两个月之后还没有信,从来没有一个人开口祷告过,也没有一个人唱过歌。

有一天我登上高梯子去拿我家书架上最上面一层的书,从梯子上摔下来,我躺在地上血流不止的时候开始一个人祷告,忽然想到圣经里的话语:"若你们的父不许,一只麻雀也不会掉在地上!"

我当时祷告说:"神啊,我一两百斤,相当于好几百只麻雀呢,如果一只麻雀掉下来都有你主权的掌管,我掉下来到底是什么意思呢?"

这是我悔改信主的开始。

第二句话:他们的喉咙是敞开的坟墓。(参《诗篇》5:9)

有一件让我觉得很羞辱的事情一直在我的记忆里。有一次有上访者约我到成都市高级法院门口要递材料给我,当我拿到材料要走时,他一招呼上来一大群人,那个人对他们说"这个人可以帮你们"。当一大群人围在我身边的时候,我吓呆了,连忙推脱说"我帮不了你们,你们找别人吧",然后我就落荒而逃。

这件事情让我对以前引以为豪的"知识份子"这个身份悔改。

诗篇里的一节经文让我的悔改达到最高峰,记载在诗篇的 5 章 9 节:"他们的喉咙是敞开的坟墓。"这句话让我对知识份子这个身份产生最彻底的破碎。

我写了超过 200 万字的文章,我祷告:"神啊,如果我这辈子卖 200 万斤猪肉,我的罪没有这么大,但是文字是会影响人的灵魂的,我在不知道真理的情况下写了 200 万字,不知道会误导多少灵魂。"

2008 年的 5·12 地震,让我彻底转变。地震的发生让我经历到末世感。

那个下午,我的家像船一样在摇,我走到床边为我一岁多的孩子按手祷告:"父神,如果今天你要带我们去见你,那是好得无比的,但是求你怜悯这座城市!"

那是我有生以来最接近死亡的时候,但是我从来没有那样得平安。

当时我从楼上下来以后,看到整个城市就是一个难民营,所有人都在恐惧当中,所以我叫出来的第一句话是:"主啊,我们要怎么交帐,你在四川的儿女,你在成都的教会要怎么交帐?"

我给教会的弟兄姐妹发了短消息,我知道所有的人都在恐惧当中,我要去安慰他们。

第三句话:你们在军中当兵的不要被事务缠身,好叫召你当兵的喜悦。(参《提摩太后书》2:4)

我省察自己的情形时看到自己虽然在军中当兵,但是还是偷偷跑出去做点小生意。

我在过来参加"一代人福音大会"的前几周,向我工作的成都大学提交了辞职报告,求神带领我前面的道路。

我也特别感谢在我信仰的道路当中给过我帮助的弟兄姐妹和一直支持我、鼓励我的妻子！

秋雨之福成立之后，王怡曾写过一份声明或是宣言，是家庭的信仰实践：

我们决定，从今天开始，使用王怡和蒋蓉的家庭共同邮件。以前王怡和蒋蓉的个人邮件，从今日起停止使用。若有弟兄与王怡有个别的交通分享，或姊妹与蒋蓉有个人的分享交通，请在标题上注明"给王怡"或"给蒋蓉"（for jiangrong only）。我们家很高兴收到您的邮件，为我们跨越时空的交流感恩，对两个文科生来说，每封 email 都是一个神迹。对两个基督徒来说，这是上帝亘古之前为你和我们预备的恩典。

王怡和蒋蓉问安

王怡长老：秋雨之福教会传道人、作家
蒋蓉姊妹：全职太太，教会家庭事工
王书亚小朋友：我们的儿子，神託付的产业
我们家庭的异象：至于我和我家，我们必定侍奉耶和华（约书亚记24：15）
我们家庭的目标：靠主恩典，活出盟约式婚姻、基督化家庭，培育敬虔后代，委身弟兄姊妹，祝福朋友至亲。
我们的教会：成都秋雨之福教会（Early Rain Reformed Church in Chengdu）太升北路56号江信大厦19-7

一碗"勾魂面"

2017年9月14日，我曾画王怡和蒋蓉。

蒋蓉那甜美的酒窝难倒了我。即使画得不像，我也敢发给蒋蓉看。

蒋蓉笑着回复说："我就照着你画的样子去长吧！"

零星的回忆文字，如同羽毛，化成了携带着爱飞翔的翅膀。

回忆中跳出一碗面的名字。12年前，我从成都大学坐公共汽车，一起去王怡家聚会，终点站附近，有一个"苍蝇馆"，王怡说这里的面很好吃。

四川话叫丢魂面？还是勾魂面？

蒋蓉半夜回复："当年是有个叫'勾魂面'的，曾经在四川各地流行。"

"我想这个面的名字想得我好苦啊！"

蒋蓉捂着嘴笑了。

我总是尊敬地称她为"师母"。

有一次，亚东听见我一声一声地叫蒋蓉师母，惊讶是否太疏远了。

但我和蒋蓉之间，怎么称呼她，她都不会恼，也不会纠正我。她总是在那边呵呵地笑着。

耶稣受了洗,随即从水里上来。天忽然为他开了,他就看见神的灵仿佛鸽子降下,落在他身上;从天上有声音说:"这是我的爱子,我所喜悦的。"(马太福音 3:13-17)

9 画名:《耶稣受洗 天开了》,
布面油画;24x36in,2005

第二章
樱桃梦

不管是桃子，还是樱桃，都谐音"逃"。
"樱桃"的谐音——应逃。
逃跑，是我本人内心的潜意识影像。

她个人站立在上帝面前，她有个人性，不在于她与丈夫的关系中，蒋蓉是独立的"这一个"！

这个世界常常忽略蒋蓉独立的个体性，她的个体身份，总给她一个附属的标签。她独立承受着和丈夫一样的罪名。丈夫无法代替她。

——林鹿

10 画名：《蒋蓉独自面对上帝》，布面油画；24x36in，2020

2018年12月20日冬天的早上，想她

十二月里，想着她和他，又有什么用呢？愿天使显现，环绕，添加恩典和力量，超过人的所求所想！

她被惩罚，是恶意的安排，这是对女人心理和情感进行的精准的摧残和虐待，超出了他的预期。他曾盘算着独自来承担，甚至用几十年来准备。但恶要以她来伤害他，恶把母亲和12岁的儿子分开。

她不怪他，他是至真的诗人，他和她是从幼稚园到高中的同学。他会流泪！

惆怅揪心，以前没好好地爱她和他！蒋蓉，我能做的就是画你，思念你。

蒋蓉师母的黑白照

蒋蓉被送到她一位哥哥家监管居住，除至亲外暂无人能见。

2019年12月30日，基甸发了一张蒋蓉的黑白单独照片。我问基甸照片出处，基甸说是在网上下载的。

感谢不知名的摄影师捕捉到这一时刻的蒋蓉。

背景隐去，会众隐去，王怡也不在旁边，儿子也不在身边。她个人站立着，面对着她个人的上帝。这不是摆拍。

照片中的她，仿佛有种说不出来的歎息和忧伤。欲哭感，疲倦感，深度哀悼，表情真实，心事重重，无人可以言说，内心深处汹涌澎湃，但有大光照在脸上。

她在仰望看不见的主，她能跟谁倾诉呢？赤露敞开的忧伤和心事，仰望的视角，令人心动。

她主动退隐和失去声音，她"美得也惊动了中央"，安静中隐藏着痛。她长久担惊受怕，她无法改变什么，她跟随着丈夫，背上了他的十字架。丈夫一直是她的十字架。

在公众场合和私下里，她柔弱又顽强。长久以来，她听着迫害的风声，她的精神、情感、健康，都承受着不为人知的压力。

王怡说：真正的个人主义是在面对最后的审判时显现出来的！

在诗人的世界，今日会被推到末日，他是以诗歌来思维和生活的人。

结婚戒指在进派出所时被取下来，即使最亲密的人，有一天会牵不到她的手，唯有主永远不会与他分开。

最后审判前，灵魂深处的个人主义的决绝。

朋霍费尔在监狱中，会与未婚妻通信。思念未婚妻，想念亲人成了朋霍费尔生存获得力量的支柱。人性的光芒仍然穿透监狱之孤独，亲情是上帝的礼物。魔鬼知道他的软肋，就是妻子和儿子。所以,蒋蓉单独地被监视居住了。半年后,她出来,却仍没自由。

为何我偏爱这张照片?

如同预言般,看见她个人站立在上帝面前,她有个人性,不在于她与丈夫的关系中,蒋蓉是独立的"这一个"!

这个世界常常忽略蒋蓉独立的个体性,她的个体身份,总给她一个附属的标签。

她独立承受着和丈夫一样的罪名。她被监视居住,丈夫无法代替她,他甚至不知道她在哪里。

2005年初,我认识了蒋蓉。印象深刻的是,每次我们见面结束,临分开时,她手推着自行车站着,将离未离之际,她都会流泪。

我没去问她为什么哭?那是圣灵的感动,圣灵在用说不出的叹息替她祷告。她的眼睛会说话,神能听见她的心里话。

看见这张照片,我内心甚至有些责怪王怡。主让丈夫要爱妻子,但你好像更爱公义,甚至不顾自己的小家庭了。

她会为丈夫辩护,她认为这是主的呼召,他是为此而生的,他有使命。

听说她半年内瘦了20斤,她是被迫失去自由的。她被绑架,被连累。

当年,她并不知道她丈夫会服事上帝,他自己也不知道。那时谁会知道呢?

这时,我听见了那首歌:"马利亚你起初知道你的儿子有一天会上十字架吗?马利亚你亲吻你新生婴孩的脸时,你知道你也在亲吻神吗?你知道你的心有一天会被刀剑刺透吗?"因为她爱他,更爱上帝。

我听见马利亚的心声:"我心尊主为大,我灵以神我的救主为乐,因祂顾念祂使女的卑微。"

蒋蓉师母——她顺服,被动接受,忍耐,等候,无奈,委屈,隐藏自己,越发成熟稳重内敛。

她为丈夫的担心成为家常便饭。事实上,从我认识她的时候就已经这样了。

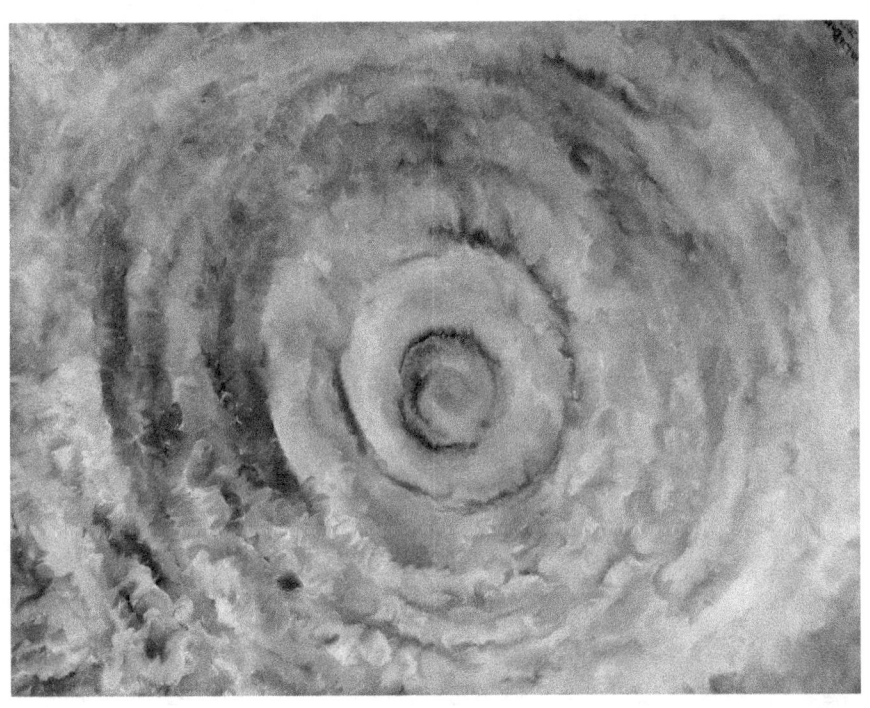

洪水泛滥之时,耶和华坐着为王。耶和华坐着为王,直到永远。(诗篇 29:10)

11 画名:《海啸漩涡》,布面油画;24x36in,2017

蒋蓉访谈摘录

2018 年 7 月,蒋蓉在一篇专访:《基督是主、恩典为王,背负十架、遵行福音——秋雨圣约教会专访》中说道:

"在 2018 年 5 月 12 日、5 月 28 日、6 月 4 日,以及在后续持续的压力和逼迫的过程中,我最大的感受就是紧张。

6 月 4 日,我也被带走过一回。作为师母,我更多地是对丈夫安危的关注。对孩子而言,这是很重要的信仰教育的过程。对于我家儿子来说,这么多年他是一直慢慢地和我们一起经历和成长的。

书亚大概六、七岁的时候，我们一家在六一儿童节发福音单张时，在社区楼下被员警拦住了，员警当着孩子的面对他爸爸说'早晚我要弄死你'这样的话。

那时候书亚不太明白，比较惊恐。在那以后，我们就跟书亚有很多的分享。

书亚在教会的学校上学，有时候警员也会到学堂去，警员频繁来教会的时候，学堂的孩子也都知道，老师们会带着孩子们一同祷告。所以，在信仰群体中，孩子们的惧怕、担忧是被释放和分担的。对于他的爸爸做的事情是否合乎圣经，书亚自己也有基本的判断。

2018年5月11日那天晚上，员警到我们家，把他爸爸带走，那次的事件比以往都要激烈，甚至要住到我们家里来（半夜我还是把他请走了）。睡前我在书亚房间祷告，那天晚上书亚睡得很好。

第二天早上起来以后，我就跟书亚说这次可能跟以前不一样，爸爸可能要走很久很久很久，我说我们都得有这种预备。

我说如果想爸爸了，你就可以开始在日记里每天写一篇给爸爸，有什么你就写什么。然后我就让他去找一个新的、厚一点的日记（因为不知道要写多少），把任何想和爸爸说的都可以写下来，甚至也可以把祷告也写在日记本里。

2018年5月12日那天，我们被堵在家里出不去，书亚11岁了，自己可以从神的话语里面得力量。6月4日我也被带走了，当时书亚还没放学，我就跟书亚的老师说帮我看一下孩子。那天晚上书亚去了老师家，几个孩子在一起做作业、读经、祷告，很轻松地过了一晚上。书亚已经到了可以去信靠神的时候了。书亚在一个圣约群体中和信主的弟兄姐妹在一起去祷告、去经历，没有惧怕，很平安地在老师家住了一晚。后来，我们回来了，书亚也很高兴。"

"作为王怡的妻子，很多年来，我一直担心他在肉体上承受许多痛苦。王怡写到'直到我的健康和心智被摧残的时候'……曾经是我最大的担忧。虽然我还是会惧怕、担忧，也感觉到逼迫地越来越深了。"

时间差、代沟以及我的自闭

王怡蒋蓉夫妇比我小十来岁，有一种时间差，或者叫代沟。

那时，我的医治疗愈之路还在远方。

当年，我没打开自己的内心，心理的那堵厚墙，导致交流的屏障。我看不到自己的自闭，也没意识到要逾越屏障。

在学问上，我与王怡无法对话。对有关宪政法学，我是隔膜的，是绝缘的；他在学术领域的探索和造诣让我望而生畏。

我在家庭教会，受到反智倾向的影响，认为唯读圣经就够了；甚至我买特蕾莎修女的书送人，也会被提醒。

于是，我不做学问，不研究，不懂法律，也不涉及政治。

我和王怡的关注点不同，个性不同。当年，他送我他的诗集，我没心境和时间来读。那时我忙着教书，没能与他的灵魂有深度交流，也没有交心。

因我是离婚，单身，我有意只与姊妹们交流。即使有什么事情找王怡，也会间接地找蒋蓉帮我转达。

2018年，我读了李亚东*所写的《在这个冬天，我们靠一些词语取暖——我读王怡的诗》一书，仿佛真正走近作为诗人的王怡，他真实的内心和生命。我喜欢王怡是诗人，欣赏他丰富滋润的心灵。情感上，我与写诗歌的王怡，比作为学者的王怡更近。

我不复杂，他比我深厚，但一定在某个地方，我们都是单纯的"孩子"。

而那个地方是人灵魂的核，属于质，属于超越。

2007年5月11日王怡为我写推荐信

2006年8月25日，我离开了成都。2007年，我要去某传播协会工作，王怡为我写了推荐信。他写道：

2005年1月，在一次聚会上，通过余杰夫妇，我认识了林鹿女士。几个月后，她带领我和妻子，及其他几位基督教慕道友，在我家开始了一个查经聚会。一年之后，逐渐成为

---

* 2005年8月，李亞東參加「秋雨之福」查經團契。同年11月，決志信主。從此關注基督教文學和藝術。李亞東於1962年生於甘肅甘谷。現在四川師大文學院教中國當代文學。中華全國美學學會、獨立中文作家筆會會員。2017年6月到8月，寫作《「在這個冬天，我們靠一些詞語取暖」——我讀王怡的詩》。2018年2月到4月，寫《地下文學的「深水魚」——〈落葉集〉考釋》。

一个家庭教会的团契，定名为"成都秋雨之福团契"。林鹿女士一直是这个团契的主要带领人。

我与林鹿女士在同一所大学任教，也在教会中一直同工。对林鹿女士有深切的瞭解。她是一位虔诚的基督徒，一位热心的家庭教会同工，也是一位尽责的教师，和一位有成就的画家。2005年10月，她在成都举办了一次画展，因为作品涉及到基督教和圣经题材，而受到政府干预，中途被撤展。

近一年来我们所在教会也开始受到压力。尤其是我于2006年5月访美，作为三名家庭教会的基督徒维权人士之一，在白宫与布希总统会面。回国之后，使我们的教会受到特别的关注。今年3月，成都市宗教事务局和公安局一处（国保大队），在我们主日崇拜的时候，以"非法宗教活动"为名，闯入私人场所，干扰我们的聚会。之后，公安人员通过间接方式，向我们所租界场地的主人施加压力，对他们的正常工作和在社区的出入进行非法的骚扰。迫使我们在一个月前离开。在重新寻找聚会地点之前，我们目前在几位基督徒的家庭内坚持聚会。

林鹿女士在2006年秋季，前往美国一所大学任教。在美期间，曾参与製作福音纪录片的工作。继续以她的方式，服事于中国的家庭教会。

王怡
2007-5-11 于中国成都

泼了一盆冷水

2008年7月15日，王怡来北加州看望我。他谈到他要辞职，全职服侍主。

那天，我们聊了6个小时。他告诉我他得到的呼召，要奉献自己全时间服侍主。

我听了，给他泼冷水并提醒他不要草率。当年，他不知道我为什么会没有积极支持他全职服侍。

也许，和那时我的经历有关——我刚在服侍中经历挫折、被攻击，从全职服侍中主动辞职，预备去洛杉矶读神学院。

那天，我们谈了很久，但我没告诉王怡我在服侍中经历的打击，因为老板让我要保密，不要把同事攻击我的事外传。我刻意隐瞒我当年的"十字架"。

我说的话是有当时被伤害的处境的画外音的，担心居多，偏向消极，不是积极地鼓励他。
我给他一些提醒，王怡安静地听着，没有和我争论。
我给他打预防针。当时我正撤退，而他正要突进，我们没有踩在一个节拍上。
临走前，我送了王怡一双球鞋。他试穿，合脚，说："我现在外出旅行，穿这双鞋会更舒服。"

我的樱桃梦

2007年3月9日，王怡蒋蓉的儿子书亚出生了；7月，蒋蓉给我发来婴儿书亚的照片！
我梦见王怡说他头疼，我买桃子招待王怡和蒋蓉。
3个桃子不好看，我就买樱桃。
不管是桃子，还是樱桃，都谐音"逃"。"樱桃"的谐音——应逃。
逃跑，是我本人内心的潜意识影像。
CHERRY是樱桃的英文，发音类同"CHERISH"，珍惜！

不签名，还是签名？

2009年，又发生了一件事。
2009年5月25日，施玮来到我宿舍旁边的麦当劳喝咖啡，她说看见网上有我的签名。
我很诧异——什么签名？我从没有签名啊！我去冯渤那里，电脑上，我果然看见了我的名字。
傍晚，我打电话给王怡，他说："你找张前进弟兄问情况。"
张前进弟兄承认是他的错误。2009年5月26日上午，我的名字撤了下来。
张前进弟兄在发给我的邮件里说：
"林鹿：对不起，我将刘姐妹的英文签名误看成你的了，我当时想当然地就把这个签名

12 画名:《蓝碗里的红樱桃》,布面油画;24x24in,2013

看成是你的了,不是有意的。对不起,我马上让他们更正。我将这次事件所作的申明发给你,你看有什么地方需要修改的?等你觉得满意以后,我再发到网上去公佈,以消除对你造成的不良影响。再次道歉。

关于"林鹿姊妹签名一事"更正申明

由于本人的粗心,没有仔细核实,匆忙间将5月11日电邮中的英文名字误译为"林鹿",并公佈在"华人基督徒关于六四20周年的宣告"的签署人名单里,在网路上广为传播。今天才知道我搞错了。在此我向林鹿姊妹公开道歉,并将林鹿姊妹的签名从签名名单里删除。

由此给林鹿姊妹造成的不便,我深表遗憾。

张前进弟兄

5月27日,我回复他:

"造成的不便,改为:我客观上不尊重和伤害林鹿作为个人的人权自由,愿对误签产生的不良影响承担责任,出于对基本事实的尊重与整体签名见证的真实性。——林鹿"

张前进弟兄回复说:

林鹿:

如果这次误签造成你工作上的不便和回国的困难,我深表遗憾,但不知你是否能提供一些书面的材料来证明这件事,如果有这样的事发生,我愿意为你作证并和你一起捍卫你的基本人权。否则我也不知道如何来承担我的责任,如果你因此回国被捕或者被公司炒鱿鱼,那你觉得我应该如何赔偿你呢?请明示。

张前进弟兄

张前进弟兄:

我原谅你。不需要你在网上公开申明了。主知道前因后果,主让我安静。

主耶稣在船上平息风浪,对风浪说:止住吧!

主的话极有权柄,我顺服主。

——林鹿

我从不喜欢签名。

神让我安静。像以利亚被神藏在溪水旁,黑色的乌鸦还是来喂养了我,我在大浪中画玫瑰花。

这件事是一个小插曲。当张前进弟兄把我名字放上去，我也可以置之不理，将错就错。但我让张前进弟兄撤下来。

我一向选择不进入公共领域。我是在国内家庭教会信主，没有提倡过家庭教会的公开化。

我不签名与王怡个人并没有关系，却和王怡平常宣导的公开化立场也没有站在一起。

为何我不签名？我不愿意公开化。我沉默，我都不予置评！

在我的生命当中，一直有一个坎儿，我以前没触及，就是政治！我从来没有想到自己应该站出来说什么。

这与我的原生家庭有关。我父亲被害时，我才5岁。

我的原生家庭，我童年的记忆，我根部的伤口，牵一发而动全身。妈妈是沉默的，我们躲避政治。我内心有纠结和反思，良知微声低语。

我内心有一堵墙。回避或找藉口，都是一种怯懦。

我没签过名，显明我和王怡不在一个页面上。

王怡从不提及这事，我也渐渐淡忘了。我没真正重视这事，但它是一个分水岭。

我畏惧、谨慎、小心。我从没有说出伤害他们的话，但我也没有说过特别关切支持和理解他们的话。

我不合适说什么话，我根本就没有资格，我不在国内，没有在场，没有和他们一起经历狂风巨浪。

当有人问我，我沉默，或搪塞过去，我语焉不详，说不出什么。我划出禁区，不想介入，我没有资格介入。

我一直没有说什么，神的仆人，有神对他的个别性的带领。

以利亚在山洞里，听见了微小的声音。

若有人问我怎么看王怡，我会说：他是主的人，主会带领他。

当年，我还没有去反省自己的惧怕。我直觉到危险，但不直接面对黑暗，我绕开了。我有我的逃城。我回避、绕行、隐藏。我留在了彼岸。

随着王怡名望越来越大，我回避了真正的交流。他所坚持的公开化，恰恰是我有意无意中回避、躲避和逃避的，不是谁对和错的问题。他在国内，我在国外，处境不同，无法对接，鞭长莫及。

他选择全身心服事教会委身教会，十年来，他不断深根建造。

王怡说："传福音的内容和方式都是十字架，是以放弃的方式，复活的能力是透过受苦来彰显的。"

我认准的是：无论何时何地，我和秋雨之福团契的人见面，仍是灵里的亲人。

蒋蓉送我的丝巾

2008年12月在三藩市，2013年12月在巴尔的摩，我们两次在冬天见面。

2008年，我和蒋容一起观看纪录片《十字架》。

有个眼瞎的小男孩，去团契作见证时问大家："你们有没有为你的眼睛能够看见而感谢过神呢？"

蒋容说："我从前还真没有为眼睛能看见感谢过神。"

蒋蓉每次见面都会送我一条丝巾。

蒋蓉选的丝巾是美丽的，温暖的，我一直珍藏。看见丝巾，就看见了蒋蓉，保留着蒋蓉对我的温暖和关爱。我也几次将治疗痛风病的偏方资讯，发给蒋蓉参考，我的关心如微风。我把丝巾披在一个门诺会的少女身上，我画少女的照片，发给蒋蓉看。

她回复："这么多年了，你还保留着啊！"

丝巾在非冬季会被闲置着，如同我们在彼此的生活中缺席。

2006年8月25日之后，我再没直接参与秋雨之福团契的服侍。

2008年，秋雨之福教会成立之后，我是局外人。

在北美，神体谅我的软弱，带领我走过这些年的医治之旅，主没有责备我。

2014年和2018年，我两次回到秋雨之福教会，我都是悄悄地去，默默地离开，不是公开化的。

我旁观着禾场的丰收。直到2018年12月9日之后，我才重新关注。

> 蒋蓉每次见面都会送我一条丝巾。丝巾是美丽的、温暖的,看见丝巾,就看见了蒋蓉。蒋蓉说:"这么多年了,你还保留着丝巾啊。"
> ——林鹿

13 画名:《门洛少女丝巾》,布面油画;18x24in,2017

大卡车方向盘

2019年1月8日,我做了一个梦。

我坐在大卡车座位,想驾驶大卡车,但发现座位超大超宽,我的手根本够不到方向盘,脚也踩不到刹车。我说:"我无法驾驶大卡车!"

我无法驾驶大卡车,我掌握不了方向盘。这个梦显示着我的软弱无力的尴尬。

2018年7月的一个梦中,我梦见自己盯着手指,看见手指开始肿胀,变得越来越粗,长了白斑,黑发上起了白霜,皮肤连绵成块的白霜,我惊讶:我得白癜风了!

我跪下开声祷告,认罪的祷告,白斑消失了。神医治了我,教会是罪人的医院……

我不要动一根指头,不要去触摸。手指头会指着别人,神却让我看自己的罪。向内,看自己的问题。

麦妹曾经问我怎么看,我也回避,怕自己"丢石头"。

12年来疏于交流沟通,需要敞开,要等神的时间。

主说:我的时候还没有到。

他们在里边一个月了，没有新消息出现

2019年1月1日，梦见我和小书亚，他的爷爷奶奶排队，有人发枪支。

淋浴室内，有很厚的布簾遮掩，看不见里边。爷爷射自己，从腿部开始，任血流淌，直到把地染红。

桌上放着形状各异的油瓶子。我用手把油抹在身上，头上，衣服上。突然意识到，我身上有了油，别人开枪，打在我身上，即使我自己不开枪，火会燃烧，会起火，我会被烧得体无完肤。若火燃烧了，我无法控制。

我赶快离开，换到了另一个地方。

看见一排排人正坐着，没有色彩，女人是黑色服装，在前头读着经文。

一侧有3个门，一扇大门两扇小门，大门关上了。

大门开了，我跑出去，有几个人跑出，有一个人回到大门里，他去报告？

我跑得离大门远一些，是否就安全了呢？其实，那是监狱！

王怡曾经说，"如果进去了，当是去非洲宣教。"

铁栏杆内外，一个在里面，一个在外面。双手穿越铁栏杆，彼此相握，象征性留影，离别的预感。

楼上房客的另一只靴子早晚会掉下来。

十多年前，他们还没预备好。他们被拣选，是为了现今的机会。没有什么能让神惊讶，一切都在主的手里，出于祂至高的旨意。

"被召的人多，选上的人少。"（马太福音 22:14）

亚伯拉罕献以撒为祭的摩利亚（MOUNT MORIAH）高山，恐惧与颤慄。

小大卫面对歌利亚。从地上看天上的事情，必然摸不着头脑，会误判，会怀疑别人的动机。

拣选是一个奥秘，肉体承受不了。那是战争，是战场，需要全副装备。

外边的人正蹲在看不见的"监狱"，监狱里的人享受着外边的人看不见的"自由"。

他成为一本行动的书

这是圣诗,是敬拜,是这个世界上不配有的爱情,绝美爱情和圣洁寓意。

她早期带领诗班,他唱歌时高举双手,汗水湿了衣衫。

王怡从书架上摔下来,我去看望,他躺着微笑。他摔过一次,知道天父若不允许,一只麻雀也不会掉在地上,折损半根美丽的羽毛。

他喜欢读书,搬家公司的人严格按照书的分类,很专业,每一箱书沉得吓人。

如今,他无法读书架上的书了。他成为一本行动的书。他的行为,大音希声。

我感慨:"王怡是这个世界上不配有的人!"该珍惜的时候,已经太晚了。

我不懂什么是监视居住

我以为蒋蓉仍住在家里,外边有人守着,门从外面上一把锁。

我突然想到,我的爸爸在1968年文革中曾经去学习班,不准爸爸回家了,妈妈也无法探望。

对爸爸的逼供信,发生在工厂一幢楼房的一间屋子里。原来,我的爸爸也曾经被监视居住过。

王怡蒋蓉当前的遭遇,使我的记忆瞬间被拉回到我父辈的那个年代中。在一种结构性的恶中,每一个时代的个体,或者为某种使命和理想殉道,例如王怡;或者遭受被无辜迫害的命运,例如我的爸爸……

爸爸的死亡,与被抄家

1968年10月16日,去学习班的前一天傍晚,爸爸骑自行车带着小哥,小哥坐在自行车大梁上,在新都子弟学校的操场上转了一圈又一圈。小哥很奇怪,不断地回头看着爸爸。

爸爸沉默，他知道凶多吉少。

第二天，爸爸就进学习班了。学习班，全称是"毛泽东思想学习班"。文革初期，毛泽东说："办学习班，是个好办法，很多问题可以在学习班得到解决。"

11岁的小哥不懂什么是学习班。在大操场，爸爸骑车载着小儿子，那是爸爸和小哥的告别。

1968年10月17日，爸爸正患重感冒，咳嗽着。爸爸有心事，隔一会儿，总朝窗户外面看一阵。

爸爸说："我要去厂里看一看。"

大哥觉得奇怪：爸爸怎么感冒了还要去？爸爸临走前，第一次给大哥2块钱，让大哥以后需要什么可以自己买。

那时，2块钱相当于现在的200元。当时一个人每月平均生活费是6块钱。可想而知，2块钱对大哥来说是天文数字。没想到，这是爸爸第一次给大哥钱，也是最后一次。

爸爸喜欢吃四川锅盔，进学习班后，妈妈嘱咐大哥去给爸爸买几个锅盔。

妈妈带上锅盔，从水碾河的五栋走到双桥子的厂里，步行至少要走40分钟。

厂区里，妈妈进了一栋红砖楼，爸爸被关在里边。妈妈声音很清亮，看守的人不让妈妈见爸爸的面。这时，楼房深处传来爸爸的咳嗽声，爸爸给妈妈回应。妈妈至少知道爸爸还活着，留下了酥肉锅盔，怅然离开。爸爸的咳嗽声，竟然是爸爸在世上留给妈妈的最后的记忆。

1968年10月23日傍晚，我们被抄家。

抄家的人来家里，说要搜一个小箱子。什么小箱子？是国民党特务用的发报机。

抄家的人喝斥妈妈："一定是你把小箱子藏起来了！"

大哥说："你直接叫爸爸回家，爸爸会告诉你藏在哪里，不就行了！"大哥当时不知道爸爸已被打死了。抄家的人上来就要踢大哥。

妈妈护着大哥说："小孩子不懂事，你冲着我来。"

很多人在窗外围观。妈妈不敢哭，哥哥姐姐也不敢哭，只有5岁的我站在厨房的窗框上，手抓着铁栅栏大声地哭。

耶和华施行公义,为一切受
屈的人伸冤。
(诗篇103: 6)

14 画名:《父亲去世50周年》,
布面油画;17.5x24m, 2018

等抄家的人走了,妈妈开始哭,哥哥姐姐才知道爸爸死了。

妈妈接到通知,姐姐跟着妈妈去了二医院。姐姐看见爸爸躺在成都二医院的过道走廊上。妈妈在哭,姐姐也在哭。看守的人有怜悯之心,没有干涉妈妈和姐姐的哭喊。

爸爸的遗容很安详。16岁的姐姐把爸爸的眼睛合上了,姐姐感觉爸爸终于解脱了,不用再受苦了。

看守的人不许姐姐去火葬场,姐姐坚决要陪伴妈妈。姐姐和妈妈坐着救护车去了火葬场。

爸爸火化后,妈妈在火葬场内买一个白蓝色圆瓷瓶,放入爸爸的骨灰。

抄家的当天,一辆白色救护车在大哥面前宾士而过。那辆救护车载着爸爸的遗体。

爸爸的遗物:一只手錶,一个茶叶盒,一枚毛主席像章,几张食堂饭票,饭菜票上写着爸爸工厂代码420。

5岁的我从秋千上摔倒在地,哭喊着:"爸爸!爸爸!"

小哥说:"还有一件爸爸的制服棉袄,爸爸穿的棉衣棉袄退回来。"

爸爸的棉袄给小哥的印象特别深。那是一件灰色的、很旧的制服棉袄,可以直接穿;里头带棉花,棉袄外头有口袋,小哥翻兜,兜里还有五分钱。

小哥拿到五分钱,就花了,现在想想非常后悔。那时他才11岁,啥都不懂。

我问小哥:"十月天,爸爸怎么会带棉袄去学习班呢?"

"爸爸去的地方潮湿黑暗,肝脏又不太好,妈妈怕爸爸冷,给爸爸带上灰色棉袄。"小哥告诉我。

1949年以前,爸爸曾在沸阳的国民党军队后勤处任军需官。1949年之后,爸爸报身份时用他在辽阳老家的下中农身份。

爸爸的最后一个星期里,经历了非人的折磨。爸爸内心的感受,我们都一无所知。

我问姐姐,爸爸的生日是几月几日,姐姐一直没找到确切的根据,姐姐回忆好像是3月10号。

爸爸1925年3月10日出生,1968年10月23日去世,在世43年。

妈妈不会笑了

妈妈说:"一个大活人,怎么可能忽然间,说没有就没有了?!"

姐姐说:"爸爸被关了一个星期。他们用钢管打爸爸,还威胁爸爸:明天在全厂开大会,遊街示众。他们违法私刑拷打,逼爸爸承认他收听敌台。四个孩子还在等他回家。爸爸连说话的机会都没有,就被剥夺了生存的权利。爸爸的罪名是畏罪自杀。"

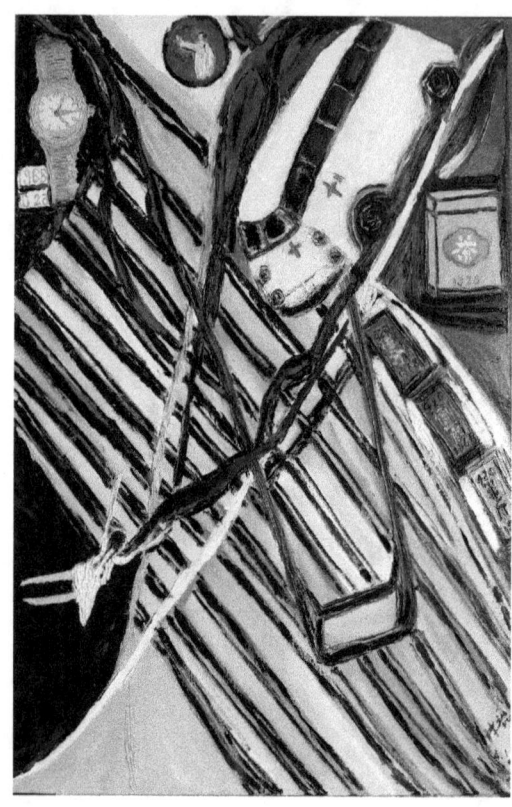

爸爸侯克增的遗物有：一只茶叶盒，一个毛主席像章，一只手表，几张食堂饭票，医院的救护车，载着爸爸去火葬场。

茶盒上写着爸爸的生日是1925年，去世是1968年10月23日。

饭菜票上写着420，是爸爸单位的代码。我从秋千上摔下来了，我抓着厨房的铁窗栏杆哭喊着。我因年龄小才可以哭，妈妈和姐姐哥哥们都不能哭，否则就是没与反革命划清界限。

一道道铁窗栏杆斜着，爸爸曾被关一个星期，遭受了逼供折磨。

妈妈给爸爸送饭，妈妈听见爸爸咳嗽声，不准妈妈见爸爸。

15 画名：《父亲的遗物》，布面油画，22x28in，2016

哥哥说："爸爸不可能自杀，爸爸爱四个孩子，爸爸还有妈妈。"

姐姐说："爸爸离开我们的日子，1968年10月23号，是早上上班的时候发现的，然后我和妈妈可能是中午吧，还是上午几点钟，我现在记不住了，去了成都市第二人民医院，在医院看见爸爸躺在一个担架上面，面部表情很安详，一点都不痛苦，眼睛是睁着的，我就扑在爸爸身上哭喊，，厂里的人不让我哭，我妈妈也没管，就站在那儿，爸爸就这样离开了我们。

去学习班整整一个星期，我想可能是爸爸为了坚持到23号，因为23号就可以拿一个月的工资，爸爸是最顾我们四个孩子，他护孩子，娇惯我们。那天，厂里的人还把爸爸的那个月的工资送来了，我妈拿着那个钱，就哭啊。"

爸爸去世后的三天三夜，妈妈没睡觉。

妈妈想死。姐姐懂事，总是守着妈妈，怕妈妈寻短见。

三天后，妈妈对姐姐说："你睡吧，妈妈不会撇下你们几个孩子的！"
"妈妈，那你说话算话啊！"
姐姐话音未落，就倒在床上睡着了！
"既然妈妈说了不会丢下我们，我就相信妈妈！妈妈是不会骗孩子的。"姐姐说。
高医生开导妈妈："你若死了，或者疯了，你的孩子们该怎么办呢？"
四个孩子留住了妈妈。30来岁的妈妈，守寡了。
在往后的日子中，妈妈常重复着这四个字："孤儿寡母。"
妈妈怕四个孩子会受气，决定不再嫁人。

16 画名：《窗前的妈妈背对着我》
布面油画；24x36in，2017

妈妈自从在爸爸去世后，就不会笑了。晚饭后，妈妈坐在床头，脸朝向窗外，我只看见妈妈的背影。

外边越来越暗了，妈妈还是坐在窗前，不愿意让我看见她的眼泪。

室内完全黑了，妈妈不开灯，她忘记了我的存在。

爸爸的罪名是"畏罪自杀"，人们躲着我们一家，怕被连累。

妈妈提醒我，不要去邻居家串门，怕讨人家嫌。

"寡妇门前是非多"，妈妈怕被别人指指点点。

妈妈经常发呆，本来挺好的，瞬间就会180度的大转弯，使人摸不着头脑。

妈妈容易钻牛角尖儿，遇事往消极方面想。家，没有笑声，很压抑。妈妈的心事包裹得紧紧的。

妈妈只有背着孩子哭，还不能大声哭。

少女时代，我常常默默望着母亲的背影，不去打扰母亲。

1976年9月9日，我不到14岁。中学学校操场，哀乐迴圈播放……

同学们一排排站立默哀，满耳都是哀乐，如同是世界末日。

别的同学在哭，我哭不出来。

我担心着：毛主席死了之后，中国要变成资本主义社会了，女孩子不得不当妓女。尽管，我根本不懂"妓女"是怎么回事。

如果毛泽东不死，我或许将和姐姐哥哥一样，上山下乡当知青。

1977年，国家重新恢复高考。我正好赶上考大学的机会，这改变了我今后的人生。

1979年，16岁的我离开成都，离开妈妈，报考了天津南开大学，到天津读书四年。

大学同学说，当年，我看起来比同龄人成熟。这或许和我从小经历的家庭的变故有关。

我的家庭树

小时候，姥姥来信中，结尾时会有"平安"这个词，这是很不常用的一个词。

但妈妈从没告诉过我，我的太姥爷是牧师。

我现在理解妈妈，是有意识地过滤掉太姥爷的信仰背景，若童言无忌，会带来迫害和麻烦。

我从小背诵毛主席的"老三篇"——《纪念白求恩》《为人民服务》和《愚公移山》，踮起脚尖跳红色革命样板戏。小学初中跟女同学吵架，都是以谁引用毛主席的话最快最多为赢，我从不会输。我们在学校学习的，是唯物主义无神论教育。文化大革命中，禁止各种宗教信仰，包括禁止基督信仰。

偶尔游历名山，看见泥巴石头塑像与红黄色的布配在一起，感觉很髒，对我从未产生吸引力。

2018年1月，从我东北亲戚的微信朋友圈里，我才得知我的太姥爷是牧师。

我第一次见到一张姥姥姥爷结婚之日的老照片，拍摄于1929年。

照片中，太姥爷赵子刚坐姿权威、自信、气派；桌子上摆着茶壶和茶杯，窗户挂着蕾丝簾子，显示出一丝被西方传教士影响的痕迹。太姥爷又高又瘦，像学者，手里拿把折叠扇。他年轻时工作勤奋，念过私塾，字写得特别好；每逢过年，就会为人写书法对联。

太姥爷读了四年的东北神学院。东北神学院是1894年由苏格兰长老会和爱尔兰长老会联合创于辽宁，地址在辽宁省瀋阳市沈河区北一经街48号。太姥爷毕业后当了传道人，成了牧师。

当年，基督教传教士在辽宁地区办教会医院，分别为盛京施医院（现为盛京医院）和安东教会医院。此外，基督教长老会和信义会，医学传教士，教会医院都集中在辽宁地区。

太姥姥学助产，姑姥姥赵德仁、我的姥姥和妈妈学接产，二姨学儿科。因为西方的助产方法，使东北地区每年减少25%的婴儿死亡率。

太姥爷赵子刚1867出生，1941年5月2日在海龙去世。终年73岁。

墓地下葬后的照片中，二十多位女子身穿礼服，表情端庄凝重；短发、戴着眼镜的女学生手中拿着一本《圣经》，臂上戴着哀悼套袖。

一个简陋的木制十字架上，写着太姥爷的名字和年龄。土坟刚刚堆砌完工，极简陋，土疙瘩干干地散落在坟上。

爱我、守我诫命的，我必向他们发慈爱，直到千代。（申命记 5:10）

17 画名：《太姥爷赵于刚牧师》，布面油画；10x15in，2018

今昔联想，跨越时空。

古代的但以理被扔进狮子坑，监视的人能像狮子们那样看见天使吗？天使封住了狮子的口，狮子闻到了属灵的香气。

愿我们都能看见火车火马，天使天军。那与我们同在的，比与他们同在的多。

18 画名:《查理和露西李曼夫妇》,
布面油画,24x36in,2017

1874年（同治十三年）Charles Leaman 查理李曼先生舍弃一切,离开宾州乐园的家 3256 Lincoln Highway East, Paradise, PA ,去中国南京开荒布道。那时中国鄙视传教士,当地人士不愿出卖或出租地皮给他们自建住所或教堂,所以查理只好睡在人家的屋檐下。白天则借茶馆与人谈道,在街头传讲福音。查理在中国认识了 Lucy 露西,结为夫妻。结婚后仍然居住在秦淮河里的小船里。
1884年10月查理和露西所属的美国基督教北美长老会于1884年10月创办的明德女子书院,是南京最早开办的学校之一。现今是南京幼儿高等师范学校。招生很艰难,门房的女儿终于同意来读书了。等他们的女儿中国马利亚担任校长的时候,已经有一千五百个女孩子来读书了。他们是宣教和教育的开拓者。

19 画名:《王怡去香港被拦阻》,
布面油画; 16x20in, 2017

第三章
蒋蓉的电瓶车

2005年，我曾是她属灵生命的小保姆；
2019年，她是我敬重和思念的师母！

蒋蓉从后台走到了前台

蒋蓉与丈夫同负一轭,她从后台走到了前台,荣耀的位份,算配为主的名受苦。

她能陪同丈夫,如同马利亚坐在耶稣脚前,马利亚已经选择了那上好的福分,是不能夺去的。

想她被融化的温柔,也是强有力的,成熟、坚定,新娘般美丽圣洁。

她没有恨,只有怜悯,而怜悯原是向审判夸胜。

什么是夸胜呢?

雅各书2章12至13节说,"你们既然要按使人自由的律法受审判,就该照这律法说话行事。因为那不怜悯人的,也要受无怜悯的审判,怜悯原是向审判夸胜。"

要以这事为属灵的喜乐,喜乐如同吹响号角,没有喜乐,就不是夸胜了。

王怡的结婚戒指在办案中心接受检查时曾经被取下来,婚姻关系在特定的环境中被迫撇下。他要独自去面对上帝。

蒋蓉曾说:"2018年6月4日当我自己进去的时候,我丈夫的分享就对我起作用了:我唯一能够依靠的就是神,世上的一切我都可以放心交托。"

蒋蓉承受着与王怡同样的罪名,在一个被连带连坐的荒谬绝伦中,她被监视居住,王怡无法代替她。

又在梦中,看见蒋蓉在我的斜对面坐着,在唱歌。王怡把我的红皮箱中的东西,都一一取出来,放在一边罗列着。

见我惊讶,王怡解释说:"我会留下这个红皮箱,换一个新箱子给你用。"

听说,蒋蓉自2018年12月9日之后,半年内瘦了20斤。

2005年，我曾是她属灵生命的小保姆；2019年，她是我敬重和思念的师母！

看望王怡和蒋蓉

2018年5月9日下午。下雨。我从锦江宾馆地铁站下，打伞走路去他们家。

进门，我先喝了一杯蒋蓉的手磨咖啡，她在普渡大学住了一年，学会了磨咖啡。

我得到了王怡的3本赠书：《"福音的政变"——宗教改革沉思录》，《大声的默想》，《神权与政权》。

王怡在书的扉页写着：

    林鹿惠存
  有秋雨之福，盖满了全谷。
    王怡问安
    2018年春

我们谈到2017年6月1日在宽窄巷子·白夜举办的"吃蜜得饱——王怡诗歌朗诵会"。很多我的老朋友参加了诗歌朗诵会。王怡的父亲写了当天的经历，尤其珍贵，经过授权，我转载这里，供大家回味一下。

王正方：感受王怡诗歌朗诵会

1

我与诗，尤其是当代诗，总是存在一段距离，也许还颇为隔膜。对年轻人热衷和时下流行的朦胧诗，尤为陌生。我这个家伙自幼特冷静，多理性，有时也心情激荡，甚至被文学形象或文学语言感动得热泪滚滚，但我往往还是面如死水，表情漠然，言辞木讷；而诗却是感情的、热烈的、奔放的、澎湃的、情绪跌宕的，有时甚至是癫狂的。

然而，我为什么又要去参加诗歌朗诵会呢？因为，这是儿子王怡的诗歌朗诵会啊。

毕竟我还是一个文学票友，我的文学情结使我与王怡在文学上结下了不解之缘。几十年来，不仅他的散文、杂文、随笔、诗歌、论文，就是他的某一句有创意的文学语言，往往也会在我的内心深处激起某些文学感应。因此，我要去参加儿子的诗歌朗诵会。

2

我与妻子亚雪受儿子的邀请，于2017年6月1日晚8点，准时到达窄巷子白夜酒吧。进入那精巧的中式砖门，只见迎面的迎宾牌上，是一块王怡诗歌朗诵会的广告牌。虽是商业广告，但据说是著名诗人翟永明，也就是白夜酒吧的老板做东，被邀者是一律免费的。

广告牌上有许多特邀嘉宾的大名。他们拨冗莅临，我有些意外；能一睹他们的风采，也感到几分兴奋。

我知道，王怡写诗很早，以前出过一本七年诗集，前年又出了一本20年诗集。他的诗在诗坛有否一席之地，我不甚了然。这次他以38首诗亮相王怡诗歌朗诵会，还有那么多诗界名流和学者捧场，是否意味着什么呢？

3

朗诵开始前，主持人安排了短暂的三人谈：王怡谈他的诗歌创作、川师大文学副教授李亚东谈王怡的诗、川大教授学者诗人向以鲜谈诗歌与城市。

他们发言似乎都很大套，只可惜话题还没完全展开，主持人就因时间限制而结束了他们的重要发言。

接着便是王怡诗歌朗诵。朗诵者很踊跃，还有钢琴伴奏。看来听众除我以外大多是诗人、未来诗人或是诗的粉丝，他们对诗歌朗诵都听得很专注，很虔诚，掌声亦不吝惜。

有一位音乐人将一首王怡诗谱成歌曲，他一面弹着琴弦一面自己歌唱，曲子、弹奏和演唱都是一流，给我留下了深刻印象。

还有一位翻译家，将一首王怡诗翻译成英语诗，并且当场朗诵。

我突然想到，如今诗歌被商业狂潮冲得稀里哗啦，七零八落，而在成都，至今仍然活跃着这么多的诗人，这也使我感到十分意外。

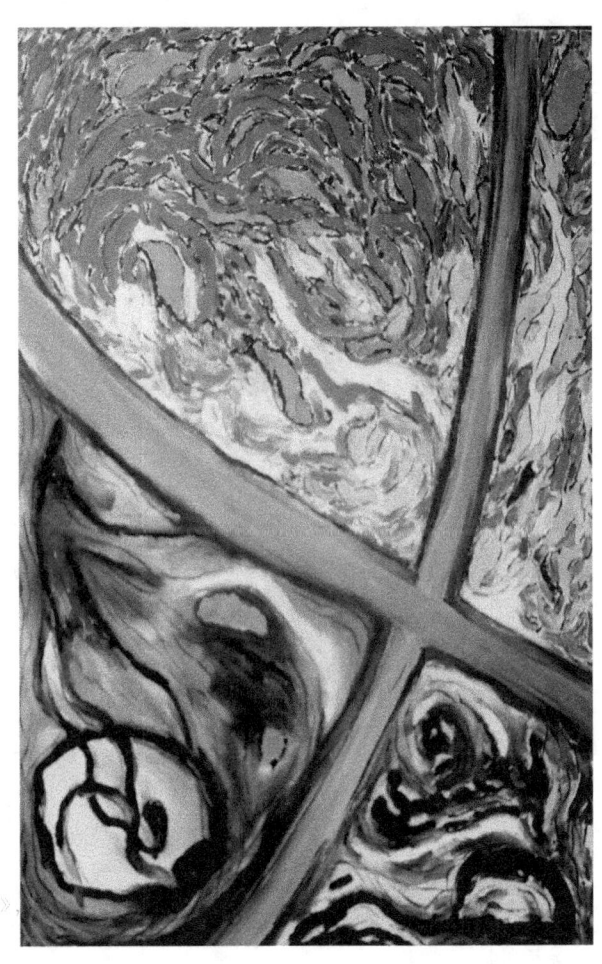

20 画名:《十字架的道路要牺牲》
布面油画；30x40in, 2012

4

  王怡的诗的风格与那些中青年诗人的风格似乎一致，意境含蓄，意识隐晦，感情跳跃，言辞诡异；许多诗在我这个外行看来，是只可意会不可言传，甚而至于不可意会。我如果要对他的某首诗道出一点什么，想说却又说不出来。

  一位青年朗诵着王怡的诗《汉语》：

  慈善这个词是希腊词

又对孩子的母亲马利亚说:这孩子被立,是要叫以色列中许多人跌倒,许多人兴起。又要作毁谤的话柄,叫许多人心里的意念显露出来。你自己的心也要被刀刺透。(路加福音2:34)

21 画名:《麦粒》,布面油画;22x28m, 2010

政治这个词是从日语翻译过来的

德先生是美国籍
赛先生是德国籍
英特纳雄耐尔是音译的

只有狗日的,你妹,中南海
贪官,二,苏丹红,地沟油
是纯正的汉语

这样的风格,年轻人似乎很喜欢。但对于我,只觉得"此中有真意,欲辨已忘言"。
或有代沟吧;人说诗是年轻人的艺术,而我,确乎已经老了。

平心而论，我还是更喜欢王怡的随笔和散文。他的随笔和散文曾有过井喷的年代，出现过不少优秀文章，并且被广泛刊载、转载和流传。

5

在朗诵会上，我听一位诗人和学者说，讨论王怡的诗，应该抛开王怡的牧师身份，用诗人身份来看他和他的诗。

我和妻子都很欣赏这句话。王怡热衷于诗，他有诗的气质，或说他就是一首浪漫的诗，他始终生活在浪漫主义诗歌的想象和意境里……

诗人翟永明曾说："对我自己来说，最能够给我带来快乐的还是诗歌……通过写作能够表达自己的想法，也能够感觉到自己的存在。我有时非常虚无，需要一个东西来支撑自己……诗歌正是起到了这样的类似宗教的作用。所以我说诗歌从来没有让我失望过。"

这段话，除了"虚无"，似乎也合乎王怡。

诗是他灵魂的栖息地。

在那里，他很自在。

在那里，他很快乐。

他也把诗当成了他的宗教。

6

主持人说，今天是王怡的生日。接着，一位青年诗人朗诵了王怡的生日诗。

在生日歌的乐曲中，孙儿书亚送上了生日蛋糕。一位美女将两盘蛋糕送到我和妻子亚雪面前。

我们品尝着生日蛋糕，想到，王怡以这种方式和规格度过他的44岁生日，彰显着他在诗歌和文学上的成绩。我从小就做起的文学梦，在他身上确乎实现了，我和他妈妈都为此而感到骄傲。也为他高兴，为他祝福。

2017-06-09 写于锦城锦官桥畔

上文中，王正方老师提到主持人安排了川师大文学副教授李亚东谈王怡的诗，只可惜话题还没完全展开，因时间限制而结束了他的重要发言。

亚东告诉我，是王怡邀请亚东写诗歌评论的，亚东也做了认真的准备，写成了一篇专论。当初很多诗歌，我就是从亚东的论文中先读为快。

> 亚东：我想在简体版秋雨麦粒的书中增补些内容，我会引用你的诗歌评论《在这个冬天，我们靠一些词语取暖》大约3938字，需要得到你的授权。现在重读，比2018年时更喜欢了，因背景不同了，我现在读得进去了！你写的诗论也诗化浓郁，我得慢慢琢磨，越品越有滋味。
> 王怡找你写诗评是找对了，你的梳理的确帮助了我。为了弥补遗憾，摘一部分在此，谢谢亚东在背后做的大量的整理工作。
> 亚东回复："尽管引用吧！"

李亚东："在这个冬天，我们靠一些词语取暖"——我读王怡的诗，2018年6月22日

想正本清源讲，王怡原本是诗人。

只是被忽略了。只是被淹没了。

借用余世存说鲍勃·迪伦的话——"他的音乐成就使一般人忽略了他的诗歌和思想成就"，我想对王怡可以同样说。

说他是诗人，不仅指多种文类中，他其实写诗最早最看重，一个很明显但未必引起人思考的事实是，包括他的公共写作都包含着诗的气息流淌着诗的精神。老实说他"美得惊动了党中央"，固然由于其跌宕起伏的思想，也由于其摇曳生姿的行文。正像晓波先生为他作序时所言："我喜欢王怡，……不仅因为'无权者的独立思想'，更在于这样的思想洋溢着美的魅力"，"面对羞辱个人美感的粗俗政权，王怡写下了基于个人美感的文字，读这样的文字，我能感觉到他那种蔑视强权的发自内心的骄傲。"——或许晓波没有读到他的诗？

就狭义的诗歌写作而言，王怡的"诗龄"算起来有二十四年了。

据他自己说，"在我20岁到28岁之间，我与世俗生活的距离，几乎是依靠诗歌去调整的。……诗歌是我在卑微的私生活中赢取尊严的唯一方式。"

从2001到2005年，他的确放下了诗笔。

可是我们看到，大概从 2006 年 8 月妻子怀孕三个月的时候开始吧，他就重新提起诗笔，就一发而不可收。

数了数集中，仅 2015 年的诗，就有一百几十首，其"创作热情"让人咂舌。

想到他是个牧师，想到他花大量时间要牧会，像他一首诗披露的：

"在礼拜一，就想念手擀面了／礼拜二和加尔文在一起／礼拜三查经，礼拜四剪头发／礼拜五上午有婚前辅导，晚上祷告／礼拜六一直在忙／到了礼拜天，世界就结束了"（《小史诗：礼拜天》）

……这种情况下他竟然会写诗，而且写那么多，的确让人"友邦惊诧"。

可是既然酱紫，肯定有其原委。肯定有心理机制。就像他《在这个冬天，我们靠一些词语取暖》一诗表白：

> 在这个冬天，我们靠一些词语取暖
> 花时间安息，也花时间死亡
> 将一瓶贵重的油，缓缓浇在心上
> 然后扇动双臂，摹仿飞翔

目前他的诗集，大家能看到的也就两个：《秋天的乌托邦（1994－2008）》、《大教堂：二十年诗选》（1994—2014）。

我则由于近水楼台的关系，在 6 月 1 号"王怡诗歌朗诵会"之前，有幸先睹他已结集、未付印的 2014、2015 年诗选《神秘的哀悼者》，和未结集、未定名的《变老的时代》若干首诗为快。

觉得以前自己，真的像古人说，"睫毛就在眼前，你却视而不见"了。

细想从 2002 年那个下午，在百花潭公园门口"幸会"起，交往和阅读他都十几年了，怎么从没把他视为"诗人"？

思来想去，或许跟在座的老廖光头太亮有关？可是老廖出去，也已五年了……思来想去，让人疏离的不是时空，而是语言。

一、"主人，现在我只剩下语言"

王怡有自己的诗观。

他从一开始，就知道自己做什么。1995年，他还在大三时，就跟自己说："很多语言都可以入殓了／我们脱帽致礼吧／／我沉默不言／不是喜欢孤僻／是他们以我不习惯的方式说话"（《四个梦及其解析》）。对语言的沉沦不抱幻想。为了救拔自己，他在房间反复锤炼，"让语言颠倒众生／呈现出高于世俗的光辉／／让一首诗浪子回头在语言炼金术的治下／我们这样赞美鹿：多么美好。一匹形而上的马"（《八月四日：菊花》）。能够看出他的反讽，也能够看出他的虔敬。1996年大四时坦承："我之所以还能写诗／是因为勇敢的文字／出于怯弱的想像"（《献祭》）。过了几年又说："从一个词转至另一个词／之间光线幽暗／我缺乏必要的勇敢"（《三月四日：隐喻》）但那时，他已经于无声处揭竿而起：

"现代诗之所以首先是一种命名，在于它已经和古典诗歌相去甚远。……如果我们不能从集体公社式的写作之中把作为个体的自己选拔出来，我们今天的写作就是无力为继的。我们的每一句诗就像风尘女子，我们的每一个词语都人尽可夫。就不过是构成一个语言的公有制帝国的螺丝钉。"（《命名、个人写作及现代诗》）

毫无疑问，他像爱命一样爱诗。因此绝不苟且："没有诗歌的语言／是叫花子的语言／如果一个词语／有一年没有被写进一首诗里／就像一年没有洗过的碗／或没有擦拭过的镜片"（《词语（三首）》之二）可是越来越发现，为了生命和爱，必须成为"煽颠分子"。2013年他还在向语言致意："一切变幻不居的事物中／唯有语言的确美好／所有关于人的真理都已死去／唯有语言的确美好"（《唯有语言的确美好》）。2014年又不忍："汉语。在中国／是对生活的折磨《汉语（另一则）》"。跟卡夫卡笔下的饥饿艺术家一样，"他发现词语和生活一样辽阔／也和生活一样卑污……现在，他怀疑每一个词语／它们比这些年来经过他身边的女人／更加折磨他的心"（《饥饿的诗人》）。经受着捶打，他"缘溪行，忘路之远近"。

正所谓"一条黑道越到底"。

在这个时代,你必须写一首涉嫌犯罪的诗

在这个时代,你必须写一首涉嫌犯罪的诗
在这个时代,你必须写一首涉嫌犯罪的诗。
一个汉语,可以颠覆一个政权。
十四行呢,可以颠覆一千年。
在秘密的化装舞会上,让认出你的人
认出你来。认不出你的,更加认不出你。
在这个时代,你必须让领袖害怕一首诗。
一个比喻,是一枚核弹。
商女不知,满纸荒唐言,一把亡国泪。
在最糟糕的日子,也有巨大的涌浪袭来。
死亡,成了囚犯,被水羁押着。
有谁不是家属呢,谁不是未亡人?
在这个时代,你朗诵一首诗,涉嫌三、五个罪名。
你不朗诵,你就被他们朗诵。
在这个时代,瞎子呐呐自语。
神圣,神圣,神圣。他问聋子,你看见了吗?
在这个时代,你必须写一首涉嫌犯罪的诗。
向那些涉嫌犯罪的人致敬。

——我想这首诗,解读是多余的。

六、"六月是最残忍的月份"

为了轻松点,进入"中国人的宗教——历史"领域。只是一旦真正进入,发现历史跟灵修一样,不轻松。

谨罗列1995年至今,王怡写"六·四"的诗歌清单:

1995年5月,听崔健《最后一枪》写《结局》.

1996年"六四"七周年,写《6月4日:新长征的路上》、《6月4日:最柔荏的时分》、《6月4日:牺牲》.

1997年,写《六月四日:致受难者》、《六月四日:致流亡者》、《六月四日:致幸存者》.

2009年,写《6月4日:出埃及》、《6月4日:加低斯的旷野》与《6月4日:复活》.

2012年"六四"23周年,"写给柴玲姊妹和王丹先生"《圣弗兰西斯和狼》.

2013年5月,写《这一代的怕和爱》.

2014年二十五周年,写《日历:第二十五年》、《流水:第二十五年》、《屠杀》、《广场》。6月5日被传唤回家后,写《罗马书》.

2015年6月4日,在派出所讯问室写《那日子》。次日写《他们会毁了更年轻的一代》、《在这个时代,你必须写一首涉嫌犯罪的诗》。随后写《我想你,却不能说出你的名字》、《致青春》,以及读了六月诗集后,写《哦,你不要往东方去》。6月18日傍晚,写《我想你,却不能说出你的名字》。7月13日想念朋友,写《哎呀,我的朋友真多》.

刚过去的2017年这一天,写《小史诗:廿八年》……

小史诗:早餐

那就另举一首吧,是王怡诗中我最喜欢的之一:

小史诗:早餐

那个每天早上喂养我的女人

用鸡蛋哄我,用打折的外国牛奶饮我

和我牵手祷告,在那一瞬间

令我感到,唯一的缺憾就是

没有立刻在这样的早上死去

那个每天用粮食和语言喂养我的女人啊

只是今天早晨,吃着茄子饼,和药丸

主人啊,我忽然明白

> 你把这个女人给我，不是为今生
>
> 是为来世。不是全部
>
> 是一个开始

喜欢的原因，还用说么。柴米油盐，质朴有华。于子偕老，开启来世……那一瞬间的感到，"唯一的缺憾就是／没有立刻在这样的早上死去"，凡是深爱过的人，我想都会共鸣？

此诗有血有肉有骨，不说教也不苛刻。

七、《小史诗：二十八年》批评现场

或许这节多余，只是不愿舍弃。

今年6月5日，王怡在朋友圈发了《小史诗：二十八年》。随后我转。也是没想到，一位平时不怎么留言，我也不知他信耶稣的学长表示质疑。于是，我俩就在微信下方"评论"平台上，你来我往"小战"若干回合。至今想起来，还是有价值。就存真如下：

小史诗：二十八年

> 二十八年前
>
> 她是他的小龙女
>
> 他是她的靖哥哥
>
> 二十八年后
>
> 他是她的流川枫
>
> 她是他的苍井空
>
> 二十八年来
>
> 有人在冬天，和奶奶晒太阳
>
> 有人在人民广场吃炸鸡
>
> 有人从妈妈抽屉，拿走二十块钱

有人去贝加尔湖，有人去了乌兰巴托

整整二十八年啊，主人

我们瘦了又胖，胖了又瘦

难过时哭，头发长了就剪

整整二十八年啊，主人

没有某个领袖，一直统治我们

也没有一块钱，始终揣在裤兜

每年我碰见一群人

他们说，还有多久，还有多久？

每年我碰见另一群人

他们问，你在哪里，你在哪里？

二十八年了

我不知道还有多久

但我知道你在哪里

我不知能否赶上最后的晚餐

但我相信没有一天是被浪费的

整整二十八年了，主人

世界是我的集中营

我是世界的集中营

但到底谁会先消失呢

他们，还是我们？

整整二十八年了，主人

活着，活着

活着就是等你宣布答案

20170604，主日。

上面是王怡全诗。在我朋友圈，点赞者寥寥。

相比较而言，我能接受 6 月 26 日，得知"博士病重，国祚将亡"，你向独一全能救主所做的哭祷："主啊，今天你又给了我十斤黄连，使我口中苦，好叫我知道你十字架的苦。使我心中痛，好叫我知道你在客西马尼园的痛楚。人已不人，国将不国……"

相比较而言，我能接受，而且喜欢 2015 年 7 月 11 日"预备日"那天，你"示弱"的《请给我几分钟难过的时间》：

请给我几分钟难过的时间

请给我几分钟难过的时间
最近太多事情，令人窒息
请让我软弱片时
在黑暗的房间禁闭片时
像那些被带走的朋友，在夜里
哦，和耶稣一样，在夜里
穿过变得野性的城市
请给我几分钟难过的时间
等待欢乐，欢乐的袭击
但不要用咳嗽打断我
不要转换话题，只要几分钟
手机静音，快递也不要来敲门
我必须独自面对，灵的窒息
如果世界刚好在此时坍塌
如果有重要的人物离世
哦，愿这一切，仿佛无事发生
因为我难过得就像
一个蓬头垢面的女子
请给我几分钟难过的时间
容我不洗脸，不梳头

不肯出来见你

为了积蓄泪水的决堤

为了一个难以置信的消息

请给我几分钟难过的时间吧

为了让光明更加刺眼

为了让我千百次地排练

你推门进来的那个瞬间

2017年6月4日初稿，2017年6月12日二稿，2017年8月6日三稿

（全文长达2万字，不全部引用，有意者请到网站查阅全文：https://www.chinesepen.org/blog/archives/105949）

我不怪刘弟兄

王怡蒋蓉夫妻在这个雨天，抽出一个下午陪我，不知道为何，我比以前放松，敞开了。

甚至，我还和王怡蒋蓉说了我主日去秋雨聚会的一段特殊经历。

2018年5月6日早上，我坐地铁在太升北路下车，去秋雨圣约教会聚会。

楼下排长队等着上电梯，等我到了21楼，大厅已经没有位置。

我只好坐在走道临时摆的椅子上，正好坐在一个穿着白衬衣的高大英俊的弟兄身边。后来其他人告诉我，他姓刘。

我对着电视投影上讲道的王怡拍照，旁边的这位刘弟兄说："公众号上都有。"

领圣餐了，没想到刘弟兄阻止我领圣餐。

"你没有和长老约谈，就不能领圣餐。你坐下。"

"我是外来人，来之前怎么会有时间和长老约谈呢？我怎么知道长老在哪里呢？"

"我这样阻止你，是为了对圣餐的尊重。"

我安静地坐着，不要为此干扰圣餐聚会。我默默对主说："主啊，你知道我是要领圣餐的。有人拦着我，也没有大碍。"能遇到这么可爱热心认真的弟兄，是我在秋雨享受的"特殊待遇"，

令我终生难忘，如今，他的样子已经模糊了，但记得他的白衬衫很白，个头很高大。

王怡听后微笑着说："你没有告诉他，你就是给他的牧师师母传福音的那个人吗？"

我听王怡在讲道中曾经说，丈夫可以背得动妻子，妻子背不动丈夫，我就笑了。

王怡还引用马丁路德临终前的话：我们完全是一无所有的乞丐。

还提到武打小说写的一种免死金牌。

我就问蒋蓉："你们俩真的有这种免死金牌吗？"

"真的有免死金牌，我们还做出来免死金牌哦，贴在床头。重点是金牌的内容，就是本来该死，却能复活。"

"金牌是防止离婚？"

蒋蓉说："免死金牌跟离婚没关系，其实是好玩，就是好玩嘛！你太严肃啦！我们教会后来也被人家认为太严肃。你说被刘弟兄提醒不能拍照、不能领圣餐。"

"是啊，那个刘弟兄太严肃，他两次呵斥我。他也许以为我是特务？因为我在用手机拍视频上的王怡，我坐在走道，只能看视频。"

"你当时会觉得是他太严肃？还是王怡带的教会太严肃？特务？那怎么会？不会不会。应该是他比较怕你的行为给周围的人带来不严肃崇拜的气氛，这是我的理解。我每次想起刘弟兄，都是他笑脸盈盈的样子，他平时真的不是这样严肃的。他服侍的时候是很认真的，但可能他的服侍让他紧张。这是我所认识的他。刘弟兄家是开放查经聚会的家庭。他又正好之前有学过神学，以前在沿海地区一个神学院校服侍过。"

蒋蓉认真地对刘弟兄的行为解说着，我发现她作为师母，对小刘弟兄的爱很自然地流露出来了。

"我说我怎么找得到长老呢？他坚持说：你不能领，否则就是不尊重圣餐。我不要和他争辩，我本想等领圣餐的时候，我还是自己领，但他把我看得很紧，再一次拦阻了我，完全不给我一点机会"

"你把我逗笑了！我们教会服侍的弟兄姐妹好像是比较严肃。我们教会主日人多，会堂拥挤，接待同工们是很有压力的。记得当时好像楼下还有一个堂也是放视频。圣餐主日就更紧张。你不要怪他，他不是针对你的。"蒋蓉让我感动。

我告诉蒋蓉："我觉得这是难得的特殊待遇，我不会怪刘弟兄的。"

小书亚放学了，手上拿着一把雨伞进门。
我见到书亚后，满足了，我与他们全家在我送的那幅画《神在旋风中对约伯说话》前合影。

蒋蓉骑电瓶车载我

接着，我的计划是要去亚东家喝茶，有地址，但我却找不到去亚东家的路。
蒋蓉说："我骑电瓶车带去你亚东家。"
外面仍然下着小雨，我第一次被蒋蓉用电瓶车载着，路上真是车多人也多。
我手里拿着手机和一把雨伞。坐在后座，我非常紧张，记忆中，我大学毕业之后，再没有坐自行车后座的经历了。
我担心：这合法吗？会被警察惩罚吗？我的手该往哪里放呢？
蒋蓉却很自信，说："坐我的车，你就放心吧，绝对安全，没有问题的。"
到了亚东家楼下，我下了电瓶车，坐蒋蓉的车确实安全抵达了，这是亲密接触啊。
蒋蓉微笑着递给我一包礼物，内有王怡送我的三本书，用的是秋雨圣约图书馆的袋子。
匆忙中，我抢拍下了蒋蓉的笑容，有点模糊，却美丽动人。
蒋蓉打来电话，说："你的一张地铁卡落在我们家地上了。我给你送来吧！"
我说："你们都忙，不用送，你把这卡放在你们的门卫那里，我抽空去取。"
第二天，我到门卫那里，只见蒋蓉用纸盒把卡片包装得很精緻，不是随意包的，上面用娟秀的字体写着我的名字。
我第一次看见蒋蓉的手写体，盯着，看了很久。

张国庆（基督徒媒体人）：蒋蓉是才德妇人（摘要）

— 1 —

蒋蓉与胖牧师都生于1973年，从小屁孩开始，他们就互相看着对方慢慢长大。到高中时，胖牧师秉赋率真也即是"高赋率"的文青形象崭露头角，而被家人待如公主的蒋蓉，却是那个时代真正的白富美，她秀外慧中，亭亭玉立，出落得像花儿一样。

他们那时都喜爱台湾作家三毛，是三毛的铁杆粉丝。

1991年1月上旬，正在备战高考的蒋蓉神情落莫地走到胖牧师身边，无限伤感地说：三毛死了！那当儿，两人顿时陷入莫名的沮丧与悲怆之中，沉默良久，胖牧师不知不觉地伸出青春期那只炽热的手，自然而得体地与蒋蓉牵在一起。从这天起，他们一边备战高考，一边开始尝试心跳不止的青涩初恋。

那一年秋，胖牧师考取了四川大学法学专业，他是川大法学院最优秀的学子，毕业时凭才干分配到了成都大学，并很快就成为这所院校里最受欢迎的法学老师，以至慧眼识珠、爱才惜才的西南财大法学院后来发函商调，也没能将他争抢过。

而蒋蓉考取的是重庆大学外语专业，他们大学四年，隔着300多公里的绵长相思，那时的胖牧师文思泉涌，思念不可遏制，他几乎两天写一封信，四年总计给蒋蓉寄出了八百多封情书，成为"前无古人，后无来者"的青春情圣。

这是一项很难被打破的大学生吉尼斯世界纪录。

他们大学毕业不久，就在绵阳三台老家成婚。

— 2 —

那时，初为人妻的蒋蓉几乎还是一位刚出闺阁的公主，不会做饭，不会炒菜，不会缝补，不会操持家务，锅碗瓢盆油盐酱醋几乎都由胖牧师打理，加上胖牧师爱妻心切，蒋蓉几乎过着饭来张口的生活。

而在蒋蓉眼里，胖牧师虽然属于"勤劳勇敢的中国人"，但面对现实，性格决定命运，他天生就有许多生存缺陷。

那时互联网刚刚兴起，胖牧师热衷于在键盘上敲打中国宪政学理和对政治时弊的贬评，当他"尖锐而沉稳的思想，坚定而机智的表达"在互联网上"闪亮登场"时，很多人都公推他为

"网络意见领袖"!

  胖牧师那时还没有基督教信仰,网络几乎带给他除肉身和爱情之外的一切,当他一头扎进虚拟世界,沉迷于指点江山、激扬文字时,对赚钱、职称、分房、搞关系……统统不感兴趣,要命的是,他只想好好爱蒋蓉,不想要孩子,预备做个丁克之家。

  那时的蒋蓉也是巾帼不让须眉,外表温柔,骨质里却全是看不见的火焰。她并不想完全依附于一个男人,而是要争做经济上完全独立的女强人,她当过老师,做过外企业白领,甚至还应聘成为成都某大型剧场的英语报幕员,按现在最摩登的话讲,属于白领骨干精英型的职场"白骨精",她整天在外面公关操劳,胼手胝足地工作,有几次喝得酩酊大醉,最后还得由年轻力壮的胖牧师把她气喘吁吁地扛回家。

  基督教开始走进他们的生活圈子。

- 3 -

  我听蒋蓉分享过这样一个故事。

  她上小学时,正值毛时代终结,社会转型之初,思想开化的蒋爸爸有收听"外台"的习惯,耳濡目染,善于察颜观色的蒋蓉,竟也对外台有了几分莫名地好奇,她天真地想,老爸这么着迷,收音机里究竟藏着怎样的神话呢?

  有一天深夜,趁家里人熟睡,蒋蓉小心翼翼地拧开收音机调频,试着在杂乱纷扰的噪音中慢慢搜寻,寻找就寻着,她第一次听到了香港良友电台关于耶稣基督救恩的广播,划破夜空的声音既新奇又传奇,不可思议又生涩难懂,以后她又多次收听良友电台,福音的芥菜种就这么静悄悄地种在这位小小少年的心间。

  2005年春,蒋蓉几乎没有什么徘徊,埋藏在她心中多年的那颗芥菜种就生根发芽,她很快蒙召受洗成为基督徒。而像约拿一样逃避的胖牧师,在经历四次决志三次反悔后,终于在书架上经历到一次跌落的神迹,伤筋动骨的疼痛中,他终于坚立了归主的信心。

  受洗那天,全国各地有几十名公共知识分子赶来见证胖牧师的洗礼,当这位被《南方周末》评选为影响中国的50名公共知识分子将头浸入水中时,在场的所有人都哭得稀里哗啦,那颗曾经高昂不凡的头颅,终于臣服在上帝大而可畏的威严下,而这一转身,新生的胖牧师注定要与这个旧世界诀别了!

  2010年前后,在蒋蓉的鼓励下,胖牧师辞去了大学工作,开启了全职传道的历程……

- 4 -

这的确是一次身心灵的翻转，仅仅一年多时间，这个立志丁克的家庭，就添了宝贝，他们给孩子取名书亚，有效法迦南英雄约书亚之意。

在职场上拼杀的蒋蓉，思前想后，也定意默默做胖牧师属灵的伙伴和称职的帮助者。

蒋蓉随即也辞去所有工作，成为家庭全职主妇。

家庭的收入顿减，每一块钱都必须纳入周密的计划，每一分钱都必须用在刀刃上。

有一次，胖牧师去香港参加神学论坛，打的去机场的路上，当他打开钱包，顿时就傻了眼，里面竟然只有一百元钱。胖牧师急忙打电话回家，追问蒋蓉是不是忘了给他皮夹里放点钱？

蒋蓉平静地安慰他：去机场最多只需要七八十块钱就够了，到了香港有人接机，返程机票又会由主办方购买，这一百块钱足够打个来回啦。

胖牧师也情不自禁地感叹，称蒋蓉的信心比他大。

既回归家中，厨房就成为蒋蓉全新的工作作坊，这对没有一点下厨经验的蒋蓉来讲，无异于白手起家，二次创业。蒋蓉却谦卑地放下面子，像小学生那样东家学炒菜，西家学烹饪，只要听说谁能做一手好菜，她都会以慕道之心去虚心求教。

几年下来，从素菜、荤素搭配，凉拌、煲汤到煎炸蒸炒炖，乃至川味广味、麻辣甜酸，蒋蓉的烹饪手艺日臻完美，色香味型也越做越绝，即使节假日弄上几道特色大餐，她都不在话下了。

有人打趣说，如果蒋蓉现在开个私房菜餐馆，连厨师也不用聘了。

- 5 -

没有大房子、华丽橱柜、名贵家俱、高端电器，甚至夫妻俩出门，要么挤公交车，要么各自骑着自己那辆半旧的电动自行车，穿行在城市的大街小巷，与浮华的世界擦肩而过。

但相夫教子的蒋蓉，却总是那么心满意足，完全把家庭、把丈夫和孩子，看作是上帝赐福在她生命中最为重要的使命和祝福。

后来胖牧师在一篇题为"一个基督徒的爱情观与婚姻观，也许你不懂……"的牧函：不是轻视家庭，也不是家庭第一。而是在婚姻中把上帝在基督里赐你的新生命来活一遍，把耶稣在十字架上爱你的爱来爱一遍。把福音在婚姻中排演出来，演给天使跟世人看。

像蒋蓉这样荣辱共担,逼迫共进,灵里相依,爱里相连,甚至不惜用生命去成就胖牧师的才德妇人,是凤毛麟角。

1/16/2019

"那些我用心血去爱的人,怎么一下子变成了敌人呢?"

原来,"想"这个字,是轻轻的,悄悄的,不用费力的。

此刻,她在某处,他也在某处。他们俩都没有不存在,我们却触摸不到。

这反而增加了我对她和他存在的感受。奇特的是,他们是为了得到自由而失去了自由。

蒋蓉很可爱,爱她不需要努力,爱是自然的。她又温顺,又安然,不喧嚷,不容易引起注意,也就不容易找到机会表达对她的爱了。回忆中,说不上很多细节,她的美妙就是她容易被忽略。她总是在他的旁边,陪伴着,呵护着,但又似乎是隐形的,大概是他太抢眼了。他的话很多,吸走了我们所有的眼光,于是,自然而然地,她似乎没有特别突出的主体特征。她只是非常自然地融入他的生命,他在前边,成为她爱的挡箭牌。

再见她,她常穿深色服装,黑衣、白衬衣、黑而顺的长头发、白皮肤,有深深的酒窝,总是笑着。我们在一起的时候,一点都不深刻,没有谈说高言大智,只是看见对方,就满足了。

我喝了她手磨的咖啡,戴着她送的丝巾。

2005年,她常流眼泪,信主后,就常常开心地笑着。

2006年8月以后,我因远距离,造成客观疏离。

我亏欠他们,因为爱,就要关注,陪伴,倾听,表达,问候。

网上有很多人对他们投下"石头",我要送去花朵。

"林鹿,请为我们祷告,攻击极大,服侍的这条路太艰难了。"

2018年春天,她流泪对我说:"那些我用心血去爱的人,怎么一下子变成了敌人呢?受伤之后,谁以后还敢再去爱呢?"

内伤比外伤更严重!

我想起特蕾莎修女所著《活着就是爱》一书中,有这么一段话:

"一颗纯洁的心,会自由地给予,自由地爱,直至它受到创伤。"

六个保镖跟随小书亚理发

我看见微信朋友圈的照片:小书亚终于到外边和小朋友玩了。

六个保镖跟随书亚理发,监狱延伸到孩子。

小书亚和奶奶在一起。

小书亚的微信语音里有着他父母特有的语调,是我能最近地感受王怡蒋蓉的方式。

在微信上,我通过王怡的妈妈,知道了小书亚的近况。

书亚说:"啊,谢谢阿姨,哇,看到那个小松鼠了。刚看到时,还以为是照片呢,那么好的风景。"他正在变声了,"阿姨,我很好,非常谢谢你的关心。"

"听你的声音,我听出你爸爸和妈妈的语气,你是懂事的孩子。2013 底,我曾去巴尔的摩的宾馆房间看望你们全家,你在两张床之间跳来跳去,你和爸爸玩丢枕头,丢来丢去。2014年,我去你们家时,你爸爸开心地向我展示你搭建的西敏寺教堂模型。2018年,在你们家,你妈妈自豪地向我展示你画的骑士和马车画。"

2014 年,我去看望他们,在客厅,王怡指给我看小书亚搭建的英国西敏寺教堂的模型,就摆在客厅里。

王怡享受着儿子的作品。

王怡信主前是坚决不要小孩的人,他是顽固的丁克一族。

若他们不信主,就不会有书亚!

2008 年 12 月,在洛杉矶,王怡说:

"我的爱太少,爱是有配额的,给妻子一部分,给自己一部分,再留给父母,所剩无几了。

22 画名:《小书亚理发》,布面油画;
40x30in, 2019

我看不出生养有何意义,公共生活与个人生活的深刻断裂。一方面忧国忧民,高谈自由民主;一方面却不想、不敢、不愿要孩子。不想生一个孩子来爱的人,却说爱我的同胞,你不脸红吗?

2006年父亲节前夕,那一周,我准备父亲节的讲章,我没做过父亲,我也觉得我的父亲不怎么样。我不知道怎样做父亲,因为我在地上没看见过父的典范;我也不知怎样做孩子,因为我在地上也没有看见过子的典范。

当我预备到某一部分时,圣灵的大能改变了我。

周六晚上十点,我转过头来,心血澎湃地对妻子说:我已没有阻拦了,我们可以要一个孩子吗?我妻子就流泪了。

第二天我在教会告诉大家。

他们都说：是真的吗？"

2019 年小书亚 12 岁生日时，我们送他乐高玩具作为生日礼物。
他拼乐高汽车是高手，奶奶把书亚拼好的汽车拍照片发给我欣赏。
奶奶发给我看书亚切生日蛋糕的录影。
唱了《生日快乐歌》，奶奶让小书亚许个愿，吹熄了蜡烛。
他切了蛋糕先分给爷爷、奶奶，最后才给自己。
分完蛋糕，书亚马上把戴在头顶上的纸壳生日王冠取下了。

王怡的母亲亚雪：为儿，孙，媳，我必须坚强！

亚雪是王怡的母亲，我们天天微信问候彼此：早上好！
自从 12·9 之后，我每天会选一张鲜花照片发给亚雪。
王怡在里边多久，我们就彼此问"早上好"多久。
亚雪说："人生遇见的都是天意，拥有的都是幸运，有人牵挂，心会温暖，每天问候，真情永远。早上好！"
有时候，我和亚雪也会聊聊天。
2018 年 12 月 20 日书亚奶奶的回复："你的文章深深地感动了我，需然我们从未见面，但你的爱却让我感到是哪么的熟悉，谢谢你，好心的人，祝福你！幸福！健康！快乐！"
起初，我曾经想聊一些与她的儿子王怡有关的历史，亚雪说："目前，我还没有能力来回想与倾诉往事，以后有机会再讲。对不起，让你失望了，请谅解。"

以下是亚雪和我的微信聊天节选。

2020 年 1 月 9 日

我："书亚好吗？他的妈妈好吗？"
亚雪："母子都好，谢谢！保重！"

2020年1月10日

亚雪:"一片真诚,胜过千言万语,一句早安,捎去万般心意!健康、快乐、幸福永远!"

我:"看到您的情绪是积极和欢快的,很有感染力!"

亚雪:"谢谢!为儿,孙,媳,我必须坚强。"

2019年1月20日

"今天读到一段话,不知道您读过吗?

直到信主后,我才知道,母亲生我之前,流产三次,都是女孩。之后又流产一次,也是女孩。最后做了绝育手术。前几年的一个生日,我为此大哭,心中哀伤不已。从此,有人问我,你是独生子女吗?我说,不,其实我有三个姐姐,和一个妹妹。将来在天上,我会见到她们。"

"这是我儿子写的吧!谢谢!"

"是啊!"

我:"奶奶,您的这张微信照片很开心呢!儿子儿媳都手捧菊花,是为您庆祝生日或结婚纪念日吗?"

亚雪:"这张微信照片是2018年1月我们五十周年金婚纪念日,在三亚。"

我:"那今年就是51年!您给儿子儿媳做出好榜样!难怪他们俩也是恩爱亲密!好的家庭传承啊!"

"请问您一月几号是结婚纪念日呢?"

"一月二十号。"

2020年1月13日

我:"早上好!我们送您保温杯和毛巾的小礼物,一点心意,代表孩子们祝您夫妻俩20日结婚纪念日快乐哦!喜乐平安!"

2020年1月17日

亚雪："礼物收到了，太感动了，你们用心良苦，我们非常高兴，谢谢你们的关爱，礼物我们很喜欢，万语千言，谢谢，我们非常珍惜这份情，祝你们全家幸福！安康！长命百岁！"

2020 年 1 月 20 日

我："昨天您的纪念日怎么庆祝的呢？"

亚雪："我们夫妻俩在家下象棋，中午自己做了几个可口的菜，自己庆祝，很快乐！谢谢你的关爱，平安！"

2020 年小书亚 13 岁生日之前，我问生日礼物送书亚什么好？

亚雪说："非常感谢你的关爱，你们在外也不易，不必考虑这些事，我们自己能解决的，谢谢你！"

在我的坚持下，书亚奶奶告诉了我小书亚的身高和球鞋的尺码。

于是给书亚买了衣服裤子鞋袜。小书亚要穿 45 号码的鞋了，他个子都 1 米 73 了。

2020 年 3 月 25，亚雪告诉我："早上好，看见儿子照片了，还不能探望。"

2020 年 4 月 5 日，亚雪告诉我："瘟疫肆虐，我们长期蜗斗室。抬头，仰望天空，我们看不见远方和诗；但看见天花板上还有星星，星光在闪烁，照亮斗室；墙壁上还有花草，花草葱绿，充满生机……尤为欣慰的是，我们还看到墙壁上那一幅珍藏的油画。我们看到，油画里一片宁静祥和，阳光耀眼，枫叶金黄……哈哈，您知道画那幅油画的画家是谁吗？"

那幅画是 2006 年我离开之前通过王怡送给他父母的，一直挂在客厅，我本人至今从没有见过他的父母，心灵却相通。

2020 年 6 月 1 日，一个不同寻常的日子。亚雪微信发来问候："有人陪伴不迷路，有人牵挂不孤独；有人关怀已知足，有人问候最幸福。早上好！"

我回问她："什么时候才能去看望呢？"

亚雪说："要得到批准通知后，一定代问候！"

2020 年 6 月 12 日，亚雪微信告诉我："人生有您，我会珍惜。问候有您，我会快乐。

分享有您，我会感动。一路相伴，温暖永久。早上好！"

2020年6月19日

"还需谨防，不能大意。非常时期，一定要罩顾好自己！早上好！"

"他们母子及全家都很好，谢谢您的关爱！"

真正的朋友，难找、难遇、难舍又难忘，我们各自忙碌，又相互牵挂。感恩有你，珍惜在心中！

2020-6-17

我：请问，我在写一本书，我提到您和孙子一点点内容，您在意吗？先征求您的意见，如果您不愿意，有顾虑，我也能理解，不给您压力哦！

亚雪：不在意，支持您，期待您的佳作问世！

王正方文：庆贺爸爸妈妈的红宝石婚（结婚40周年）

2008年元月２０日。蓉城。

在儿子王怡与媳妇蒋蓉的公寓里，儿子媳妇张罗了一席丰盛的家宴。

他与她两个老人，端坐席上。他们微笑着，满脸的喜悦与幸福。

儿子媳妇举起酒杯，热情庆贺爸爸妈妈的红宝石婚（结婚４０周年）。

她，已成老妪。花白的头发染成了流行的棕褐色，留着一头运动型的发式。脸色不免有几分沧桑，但仍然有几分白皙；虽然已经做了奶奶，但脸上少有皱纹。安详的神情中，流露出几分自足自得与自豪的神情。

她想起40年的苦乐年华，激动不已。她深情地说：

"我这一生最大的幸福与成功，就是有了我的丈夫的爱。正因为如此，才有了使我骄傲的儿子，才有了使我幸福的媳妇，才有了充满希望的孙儿书亚。这是我最大的财富，也是我最大的骄傲！……"

她满眼泪花。

停了停，她调整一下情绪，又深情地给老头樽酒：

"……要是有来生的话，我还做您的妻子！……"

她说这话时，流下了幸福的热泪。

老头起身，向老妻敬酒。

老头头发完全花白了，前几天才染黑了头发，但又窜出些许白发。满脸皱纹里彰显一世的沧桑，也显出老头的慈祥、安详、安分、自信与自得。他说，他这辈子最得意的事，就是有了这位好妻子。他说，男人有时也是很柔弱的，没有这位妻子的扶持，他是很难走到现在的……

他拍着老妻的肩膀，感慨道：

"要是有来生，我还做您的老公！……"

他也满眼泪花。

他擦了擦眼泪，愧疚地对老伴说：

"实在对不起您哦，我没能兑现40年前的承诺——我要送您一枚宝石戒子……我们虽然有了'面包'，也买了房子，但终究没有超越温饱线哦！……"

"您已经给了啦！"老妻紧接着说，"您这颗心不就是吗？"

儿子会意，紧接着说："是啊，爸爸妈妈之间的彼此相爱，彼此委身，彼此奉献，这，不就是弥足珍贵的、豪华的红宝石吗！……"

说着，儿子媳妇拿出他们才编印好的一本厚厚的新书《享受豪华》，说，这是我们献给爸爸妈妈红宝石婚的珍贵的礼物！

老头老妪，抚摸着这本散发着墨香的400多页的新书，感慨万千。

他们想到，真是孝顺的儿子媳妇啊！他们事前将父亲大半生的文章（有的在纸媒发表过，大部分发表在网上），选编成这一本散文杂感随笔集《享受豪华》，破费万元印刷出来，既作为对爸爸妈妈红宝石婚的献礼，也献给关爱他们一家的亲友同事们。他们全家并不打算宴请宾客，不要那些张扬的庆祝。老妪说，她是他的文章的第一位读者，有些文章记录了他们夫妻的共同生活与命运；因此，她也和他一样认为，这本书，就是对他们红宝石婚的最豪华的庆祝与最隆重的纪念。

要问他与她都是哪一个吗？我这就告诉您吧。

他，就是我啊，鄙人王正方是也。

那么，她，当然就是我的爱妻了哦。她，叫陈亚雪，有时我叫她雪妹妹，有时又叫她白雪公主，有时我叫她乖女儿，有时我又喊她妈妈。她呢，当着人喊我王老师，背地里叫我爸爸，有时又叫我大儿子，她说，儿子王怡是她的幺儿，我就是她的大儿子，大儿比幺儿更乖，更乖……

2008-01-09 写于巴家巷WD公寓；2010-05-02 修改于通祠路南河苑

王怡的父亲王正方写的一篇公开道歉信

2020年父亲节，我在微信上读到了王怡父亲写的一篇公开道歉信。

2020年6月23日我联系了亚雪。

我：我一点都不知道这公开道歉信的背景，当年王怡从没有提到过。这文章会带动很多的父亲反省自己，父子都是受害者，是人类社会的普遍现象，原因是多方面的，但愿儿子能早日看到这篇文章！我想在我的书中摘录引用王正方老师写的这篇公开道歉信的内容，（不是全文），我想通过您，特别向作者本人申请允许我使用。感谢！

很快得到了王怡父亲的回复：

"林老师，我是王正方。很高兴知道您喜欢我这篇拙文。引用、转发均可。是2008年写的文章，先发网上，后来某杂志登了，杂志被收缴。王怡当时读过此文。他也很感动。这都是历史了。此次在父亲节被翻出来晒，我也很感动。"

我：刚才流沙河先生的妻子吴茂华老师说："父亲写文公开向儿子道歉，对国人来说挺不容易！基督教罪人的观念在被接受，神已在父亲心里做工了。"海文说："我觉得很震撼，还想读父亲对福音的认识！我好像听说父亲信主啦，但是没办法核实。"

"信主说不上，在学习呢。"

我："2018年您的儿子送我的笔筒上写着：穷德见恩，藉信称义。我特别喜欢这个笔筒！"

"哦，哦，笔筒！我俩斗室客厅里墙上那幅油画，看到了么？"

我：当然看见了！

王怡父亲王正方老师写的公开道歉信摘录：

"我曾经对青春期的儿子棍棒相加，在他心灵上造成了深刻的创伤和长久的阴影。他的散文《我与父亲》就是见证：

……父亲传统的教育方式，却使这种小小成就的代价过于昂贵。因着自身生命理想的普遍失落，我父亲这一代人对后代的寄望，就如动物一般的凶猛。因为我是独子，就变本加厉。至今，我对父亲棍棒式的殴打，和我郁郁寡欢的童年仍心存芥蒂。以至于我对家庭的向往，被切割掉了一大半。

我本应向他道歉，但我没有。细心想起来，或许是受了这个社会的熏染吧，我这个顽固的老家伙，大概已经不会道歉了。几千年的封建专制和家长制，君君臣臣，父父子子，长幼尊卑，只有下对上的绝对服从，哪有上对下的道歉之理呢？

随着岁月流逝，儿子心中的芥蒂慢慢变淡。尤其是当他由孩子熬成父亲，由父亲变为基督徒，对此更加淡化、谅解了。我也很早就用行动修正了自己的错误。但是，我至今也没有对他说一声"对不起"，哪怕是轻轻地说一声。

我在想，为什么这小小的芥蒂，要经过几十年的折磨、咀嚼、消化、弱化、淡化，才能慢慢化解呢？要是我能够早些对儿子说一声"对不起"，岂不是顷刻之间便"一笑泯恩仇"。

看来，这人哪，就是这么糟糕，不管是成人还是小孩，不管是黎民百姓，还是主席书记，往往就有这么个坏毛病。常常死要面子，要坦然承认自己的错误——哪怕是小错误——心甘情愿地向别人认错道歉，简直比上刀山下火海还要难啊！

可是，面子就那么尊贵？那么放不下？

我的面子，有几两几钱呢？为什么我的面子就那么放不下来呢？想到这些，我很惭愧！

今日再读儿子王怡的散文《我与父亲》，我再一次读了下面的文字：

上大学后读傅雷的家书，一来觉得相比之下，我父亲真的还算温暖；二来透过傅雷，我从普遍性上似乎更了解了父亲的内心。同时相信傅雷曾对儿子有过的愧疚，在父亲心里也一样存留着。只是父亲也许不会对我说。

他是摸透了我的坏毛病，才说，也许我不会跟他说我内心的愧疚，当然更不会向他表示道歉了。

可是，我还没有顽劣到死，我要趁我还在的时候，给我儿子一个意外的补偿；我要在这里，当着所有人的面，向我的儿子，正式公开道歉：

亲爱的儿子！几十年前，在您青春期的时候，我用封建专制和法西斯主义的方式，错误地对您实行家庭暴力，实施暴力镇压，使您的青春陷于压抑、痛苦、郁闷、怨恕和逆反的深渊，严重地影响了您的健康成长，也造成了两代人之间长期感情交流的不畅。过去，我一向并不在意，对其后果也估量不足，更没有深入地思考过这个问题。到晚年，我思考的时间多了，想得细了、深了，尤其是读了您的散文《我与父亲》以后，才深深地反思问题的错误性和严重性。我不仅要说出我内心的愧疚，还要借此机会，向您公开表示我诚挚的道歉！

尽管这个道歉迟到了几十年，但我想，有了这个道歉，总比没有好得多，尽管您已经并不在意，但起码可以安慰我这个愧疚不安的心灵吧。"

公开道歉信的"公开"这两个字抓住了我！

如果王怡不先写《我与父亲》，不公开发表，他的父亲王正方老师没有读到儿子的心里话，也就不会有后来这篇父亲的公开道歉。

亲人之间积极的沟通是必要的！

王怡实行公开化，活得透明，有啥纠结就说出来，这是健康的。人要公开化，都在明面上，交流是不压抑的。

我一直很倾佩比我年轻十多岁的70年后出生的几位，他们不畏缩，不肯服软，不压抑自己，甚至走向了过度，听他们说话我会觉得惊讶，真敢表达，爽和痛快淋漓，不是一个套路出牌。

做自媒体的苏小和，真敢说话啊！天天说，随时说，想到什么都说，想怎么说就怎么说，图个痛快，口中的刀剑越磨越光，越练越溜溜。按照自己的方式说话，不忌讳，不在乎别人怎么看，不惧怕！这种自主状态是在国内无法达到的。

王怡的父亲王正方老师公开道歉，这是一个象征。

"公开"这两个字抓住了我！

我们就是喜欢藏着掖着的人，我们就是打碎的牙齿也要咽进肚子不出声的人。我们就是习惯性地以忍为上的人。我们还是死要面子活受罪的人。

我们都是不懂得彼此相爱的传统文化的被害者，也都成了福音文化的蒙福者。

父亲节卡片
——读王怡父亲写公开道歉信后的题外话

桌上摆着我先生大卫的孩子们邮寄来的父亲节卡片。

儿子和女儿们在父亲节邮寄贺卡所表达的话，都是正面的赞美。

为何中国大陆的父亲和孩子之间的关系和经历，尤其是情感表达却总是沉默或负面的？

我甚至很不习惯听见这些感恩和赞美的话，因为不在我们的文化之中发生。

两岁的孙女也画了张卡片。大卫享受着这些孩子的感恩和祝福，大卫读着卡片上的话，会感动得热泪盈眶。

我看到卡片，没有读其中的话，大卫就鼓励我读卡上的话。

大卫说："这些话很重要，尤其是当这些话是真实的表达，不仅仅是话而已。"

Dad: when I was younger, I didn't always understand just how blessed I was to have a dad like You!

You have led me & loved me in all the ways that matter most, and this has given me a wonderful foundation for life.

I can't thank you enough for this gift, Dad.

I may not have said it growing up, but thanks for all you have invested in me- your time, your prayers, your love.

Thanking God for you this Father's Day!

Love, J.

Thanks for always making me feel so loved. And you are loved too, Grandpa!

More than you know.

Pap, thank you for always being there for me. You have taught me to be kind, gentle and patient. When times get tough, I know I can count on you for an ear to lend and I am forever grateful.

In you I have an example of a man of God, who has kept faith regardless of the struggles in life. We have many wonderful memories together and I look forward to many more!

With love-Jared

When you look at your life, Dad, I hope you see how much you give to your family and the many people whose lives you touch. I hope you feel like the inspiration and great example that you are! And most of all, I hope you know how much you are appreciated, admired, and loved. You mean so much, Dad. Lynette

Somehow, we always say the least to those we love the best, and hope our thoughts are understood although they are not expressed...

That's why it means so very much, when days like this are here, to say how very much you're loved each day throughout the year. Thinking about you today and always! Thank you for being a great Dad!

David

翻译成中文：

爸爸：年轻的时候，我看不出拥有像你这样的爸爸是多么的幸福！

您带领我并爱我，你对我生命的投资，为我如今的生活奠定了美好坚实的基础。

爸爸是礼物，我感激不尽。

感谢您为我付出的所有时间，感谢您的祈祷，您的爱。

在父亲节这一天，我要为你感谢上帝！

爱你的儿子，J

爷爷，感谢您一直让我感到如此被爱。

我要让你知道：你也是被我爱着的！比你以为您已经知道的还要多得多。

谢谢你一直在我身边。你教导我要善良，要谦卑温柔和耐心。当我艰难时，我知道您会提供帮助，您总是给我一双倾听的耳朵，我将永远感激不已。

在你身上，我看见了一个上帝的仆人的榜样，尽管生活中有挣扎，却始终保持着信仰。我们在一起有许多美好的回忆，我期待着未来我们一起创造更多的记忆！

爱你的孙儿，J

爸爸，当您回望自己的一生时，希望您能看到您对全家人的奉献，您触摸并感动了许多人，为他们提供了多少支持。

希望您能感受到自己是我们的灵感和榜样！最重要的是，我希望您知道您是多么被赞赏，钦佩和喜爱。爸爸你真的非常重要！

女儿：爸爸，不知为何，我们总是对最爱的人却最少说出感谢的话，尽管没表达感谢，却总是寄希望于您猜到了我们没有表达出来的想法。

这就是为什么父亲节这样的日子是如此重要，让我可以说出一年中的每一天，您是被被爱的。永远想着您！您是伟大的爸爸！

儿子：D

我们没有这种写感谢卡片的文化传统。

一位从北京来的经济学教授的妻子告诉我们，她的丈夫结婚时买了一张生日卡，结婚25年，每年就在同一张卡上写上时间，就表示祝贺了。

这是很聪明的做法，生日卡很贵（3-5美元一张），省了很多的钱，果然是经济学教授。

我们听了哈哈大笑，这是大卫所无法理解的经济法。

大卫的习惯，每年每个儿子孙子的生日都会买卡，很重要的亲戚朋友的生日也会买卡。

有谁生病了，他会买慰问卡。

有人为机构奉献了，会写感谢卡。

他很认真地准备着各种各样的卡，要找到适合那个个体情形的卡，要去商店，花时间挑选。

我心里想：这每一张卡要花多少时间啊！

每次买到了合适的卡，他都非常得意。

大卫会在卡上写上特别的话,还会选择一段圣经经文,添加了我们夫妻的彩色照片,贴在卡的左边空白处。

写完了卡,他会找到我,请我签字。

我很快签字,态度有些敷衍。

大卫会说:你还没有读我写的话呢!

我心里想:拿到卡的人真的会读吗?

后来参加外孙女生日时,外孙女真的会当众打开每一张卡片,认真地读了卡上的话。大卫对每张卡是很认真地读的。外孙子还请我们去吃了一顿。女儿还会附上一张支票。这些卡片就摆在大卫的办公桌上。

大卫对我解释说:"卡片上的话,平常也是不会这样说的,有着比日常所说的话更深刻的情感连接,从小时候开始,每次生日卡上的这些话,播种在孩子们幼小的心灵中。"

这样经年累月细水长流的爱的话语投资,积累储蓄,使孩子们的情感银行账户上储蓄丰盈。

大卫把孩子们的话都全盘接受,他真的会去吸收话里的营养,充分享受着孩子们的爱。

现在想起那天我读完了一张卡上的话,因为这些卡片上的话,表达着孩子们对他们的父亲的由衷的赞美,我却酸酸地说了一句:人间的父亲不是完美的,只有天父是完美的父亲!

我的反应很微妙,是不是我有妒忌呢?因为我5岁失去父亲,我从小就没有享受过健康的丰富的父爱?

说那样的话的时候,我能隐约觉得自己出了问题,是被自己没有享受过父亲这样的爱而忧伤和遗憾,自怜很微妙,是自己内伤被碰到了。

大卫说:是啊!就像菲律宾两个姐妹 Amy Aida 说的:荣耀归于上帝。

中国的父亲对独生的孩子期待之深,确实到了过度关怀注意的地步,其实付出很多,体罚也是一种爱,但若是同时在日常生活中,少有爱的积极话语的投资,孩子年幼难以理解,也许只是打过孩子一次两次,就会造成孩子的终身的创伤记忆,也是很不公平的。

我不奇怪,青少年时期王怡对代表权柄的父亲的不赞同。

童年或青少年时期的创伤记忆是会有欺骗性的,会过滤掉好的记忆,留下产生过痛苦的记忆,整个回忆都被伤痕遮蔽了阳光。在朋友中,不时会发现朋友个性中留下这样的隐痛,没有被处理,阴影仍然在心头堵塞着,下雨刮风,风湿痛就会犯。

有一天，读到微信上一段文字，说得真好。

"记忆仿佛一个选择的筛子，我们常常按照心里的定式来选择性地记住与遗忘。当我们认定自己是被命运播弄与摧残的弃儿，记忆的筛子就帮助我们过滤；时光胶囊就锁住了哀伤与痛苦的感觉，而当我们用心灵的荧光笔，用长大了的成人的眼光和角度，回溯我们的成长经历，常常会有迥异的发现。

原来记忆会说谎。这个谎言有时候是我们会选择性去记住一些片断，然后用这些片断去代表整个记忆。当这些闪光的记忆重新浮现时，我发现原生家庭那条破败的小巷，好像被点上了很多的灯笼，曲曲折折巷道里是我很喜欢的温暖的橙色；从前乌黑的窗户现在透出了亮光，照亮了那条青石板路；路面还是湿漉漉的，但已经不是印象中的那么坎坷和泥泞，路面被雨水冲刷得干净透亮……

我的大脑里有一些新的神经连线生长起来了，原生家庭在我心里不再是那么地灰暗、寒冷和孤独的感觉，我回想起了很多的温暖、积极、正面的内容，记忆的小巷被点亮了，变成一条唯美的、悠长的宽窄巷子。"

微信上，我问儿子：你和你父亲的关系如何？如果你愿意，主动些，你们可以畅所欲言吗？

儿子说：越来越好了！

我说：还是你成熟！继续交流哦！彼此祝福吧！老了就不会后悔了！

儿子说：是啊是啊！

当父亲的，等着儿子能把你爱回来的时候，还得些时间！所以，谁能采取主动谁就有远见，谁先明白谁就多表达，谁更在乎亲密关系谁就主动积极些，多走几步，老了就不后悔了！

庆曦说："很多同感。我虽是八零后，却也同样在一种情感不健全、表达方式扭曲拧巴的环境中成长，深昧其痛，深受其苦，但愿下一代不需为此耗上太多。"

【王正方老师按】

"儿子王怡在此文发表后的第三天（2008年9月28日），便把它转贴到他的博客里，并且加按语说："刚刚读到父亲这篇文章，因着感恩，不住流泪。不知该说什么，真的是意外……感谢主，使我们父子经历从未曾想过的美好关系，因为上帝是爱，我们中间才有如此真实的改变，如此真实的盼望。为我亲爱的父亲、母亲，为我活过的和尚未活过的每一天，感谢主，跪在他的面前，因他的恩典如此活泼。"

2008年，王怡辞去成都大学的教职全职侍奉之时，王怡把父亲的信看作上帝给他的印证之一。父子借着福音可以化解积怨，存有更丰满的盼望。

王怡父亲的这封公开信是2008年写的，到2018年12月9日，共有10年的时间，父子关系和好了，父子都不用悔当初，没有什么遗憾，这是福音啊！我被安慰了。

2020年6月25日

迟到的感动

王正方复林老师：

原雅虎和另一网站博客均已关闭，所以原文查不到了。我应该是有保存的。我在电脑中找出原文，找到发给您。稍待。

微信头像是我们五十周年金婚在三亚拍照的，是一九一八年一月二十日。错，是二零一八年。人老眼花。

平淡养心，善良养友；真诚养德，快乐养寿。

正方复林老师：

我找到了，是原始的版本，还有后记。发给您。

我第一次读王怡写父母，写得精准传神，无人能及，不忍割爱，非常珍惜王老师为我搜寻多日，终于找到了本文，王老师和儿子的爱，深刻细腻，我不止感动，我要放到书中，顿觉蓬壁生辉。

很多人爱王怡，只是不表达，我通过回忆录来表达对他的爱和敬佩，是遗憾中的苏醒，立刻搭上书稿排版的末班车，将父子的信收入回忆录中，也是我迟到的感动！

王老师说:"照片是朋友微信发过来的。现在我们处境困难,不能与那位朋友联系。"他们目前门外仍被监控着。即使照片太虚,就虚着用吧。

2020年6月27

王怡《我与父亲》

父亲是中学语文教员,对我亦父亦师。学龄之前他对我实施启蒙,高中时代一直担任我的任课老师。直至上了大学相当时期止,父亲的两种身份在我的感受中,都是水乳交融,不分轩轾的。所以名副其实是我的"师父"。而我对父亲的情感,却长期以来趋向复杂,甚至晦涩。

自我醒事后,父亲的性情如周易所言,变化不居。据母亲的眼光,是先受她的影响,后受我及我成长的这个时代的渗透。在他眼目中,儿子当然是新时代在他家里的一个标本。但父亲总是内向,淡薄名利而不擅交际,这是大致不错的。虽然据我旁观,父亲心中并非就无名利之羁绊,也并非没有信马由缰的狂野之心。只是存着逃名避利的动机,并未真得老庄之精髓的。因为真正的老庄,距离他的成长年代,甚至比离我还更远些。逃的缘由,大概出诸自尊、怕遭物议,以及性情上的懦弱一面而已。好在母亲也不是那种希望丈夫权倾县城、富甲县委的女人。那种女人在我这一辈里一抓一大把,在母亲一代中尚属凤毛麟角,托社会主义的福,人们的野心都烂在了肚子里。

母亲对父亲的爱情——我所以动用"爱情"的字眼,是可以确定我的父母之间,存在着上一辈家庭里难得一见的情爱。这也是每一位认识我父母的朋友着重指出,并大加喟叹的。所以我的同学们有时不爱到我家来,怕受刺激,回去后觉得父母面目更加可憎。我童年的幸福因此就翻番了,有了在他们面前骄傲的资本。

母亲的爱,起初源于对戴眼镜的人的一种敬佩和崇拜。张洁曾说,那个年代,女人的爱情都是从崇拜开始的,母亲正好是那时代的女人。据说父亲当年一袭青布,碳酸眼镜,圆滚滚的,就像没吃饱饭的李大钊。也许再加几句之乎者也的掉文,小布尔亚乔一点残存的情调,我妈这辈子就穷定了。

母亲自己呢,因为外公的国民党军官身份,被剥夺了享受伟大的社会主义教育的机会,这也是母亲一生在工作上兢兢业业、在生活中不输于人,在文革中奋起跟随,对修正主义者毫不留情的原因之一。在对我从小语重心长的教育中,这一点也是最有感召力的。母亲一辈子喜欢读小说,不但嫁给一个语文老师,还自己在厂里办起了图书馆,我小学的寒暑假,差不多一半时间都在母亲的图书馆里渡过。现在想来,也正是如此,时代才撮合了父亲这一对臭老九加反动家属的婚配。所幸的是,唯物主义者也承认,精神观念对物质世界有着反作用,这道理就和生了病产生抗体一样简单。不然,这个新的花花世界足以让父母走上离婚的路。就像我周围的长辈,凡是受过苦的,现在而今眼目下,差不多都离了。

关于父亲的性格,母亲常常善意地讲述一些往事。譬如家里来了客人,父亲照例是一个人躲在内屋看书写字,绝不现身应酬。以致客人不得不在确定男主人在家后,执意找到他,向他告别。这一节曾让我多了一件揶揄父亲的素材。且在心中把他归在"迂腐"这一旧知识分子的条目之下。当然这种归类,随着时代眼花缭乱的变迁,就越来越显得片面和刻舟求剑了。

但在看过陆文夫的小说《清高》之后,我还是把父亲对号入座了。我尤其开始留意旁人对他的态度。留心那一声毕恭毕敬的"王老师"背后,有一些别的什么况味。终于我看出来,他们那种鲁四太爷式的口吻:"可敬,然而——"

这个发现使我在父亲郑重地再三劝告我不要报考师范、不要走他的老路时,心里很轻易、很肤浅的认同了下来。同时,父亲当时深重忧郁的眼神,使我触及到他生命里的一丝悲凉。我想,既然父亲对他一生的职业和道路,是如此不愿他的儿子去继续,这分职业究竟给过他多少欢乐、多少满足,多少甘心情愿的奔跑呢?在校在家,我目睹了父亲亦父亦师的整个生存状态,而很多做儿子的,可能终其一生只看见了父亲的某一面。于是,他年复一年伏首案头、抱病躬行的形象,与他殷切而感伤的劝诫,这之间的反差,是如此地无法令我不感到世界的再次瓦解。当年的六四事件,学校、父亲和老师所扮演的角色,使我对整个世界所教导的一切,失去了信任。而父亲在我填写高考志愿时所流露的情怀,又使我对私人生活的含辛茹苦、与沉重的责任感到第一次的绝望。

有一次,父亲在病床上为某事教训我,他以一种我从未见识过的凝重,对我说:"在家为父、为夫,在校为师、为人,社会角色不同,你就要尽不同的责任。难道我就那么喜欢做家务,做饭,或者工作。难道我就不想多读读书,看看电视,像你一样。但一个人不可能只凭自己的兴趣来生活,尤其是一个男人"。

当时他在床上支起头来，斜着倾向我，眉目紧缩，使我掉入一个巨大的怀疑，那里面还深锁着多少我不曾瞭解、或者永远也无法瞭解的东西啊。那天，我第一次感受到父亲作为中年男人的内心旷野。一个我无法走入的世界。这样的流露，在二十年的父子关系中只是稍纵即逝。我与父亲的相遇，只是偶然的一刹那，然后，我依然活在父亲的感受之外，如他活在我的感受之外。

所有活着的人里面，父亲对我的影响最大。学龄前，他将自己班上学生的书法作品，都是旧诗词，挂满了家徒四壁。然后以他专业化的激情，为我解读古代文人，或放眼天下或自我抚摸的情怀。这使我小学一年级，便以背诵岳飞的《满江红》而驰名于年级之中，赢得老师的器重和涉世未深的小女孩的青眼。但父亲传统的教育方式，却使这种小小成就的代价过于昂贵。因着自身生命理想的普遍失落，我父亲这一代人对后代的寄望，就如动物一般地凶猛。因为我是独子，就变本加厉。至今，我对父亲棍棒式的殴打，和我郁郁寡欢的童年仍心存芥蒂。以至于我对家庭的向往，被切割掉了一大半。上大学后读傅雷的家书，一来觉得相比之下，我父亲真的还算温暖，二来透过傅雷，我从普遍性上似乎更了解了父亲的内心。同时相信傅雷曾对儿子有过的愧疚，在父亲的心里也一样存留着。只是父亲也许不会对我说。初三时，我倔强地与父亲的棍棒发生武力冲突，那之后父亲的态度日趋宽容，对教育的持续反思，直到今天。

这种宽容，使父亲的性情主要受母亲影响的阶段谢幕了，因着我不断高涨的叛逆激情，终于化解了父亲在家里作为一个教育者的形象。到了高中，我反而是以父亲管得最少而受同伴羡慕的。父亲一面领悟着我的变化，也一面领悟着时代的高歌猛进。所谓君子豹变，性格也日趋外向和适群了，为人也日趋开明和宽松。这使我对父亲开始感到亲近。可以放肆地在父母跟前讲一些惊世骇俗的玩笑。

不能不承认，父母适应新思潮的能力，也是很多同辈夫妇所不及的。父亲在本城的知识分子中，甚至是最早穿西装的一批，也是最早跳交际舞的一群。他的舞技和风度，令一大批上山下乡过的中年男人相形见绌。考虑到我对父亲的隔夜仇，这应该不是有意夸张的评价。连我的每个朋友都说，你爸爸是我们学校最爱打扮的男老师。我知道也许顾及我的情面，他们没说是"最妖颜"的"老来俏"。

一旦放下棍棒，父亲的思想也越发时尚并前卫起来了。我私下想，这也算六四屠杀的一个成果了。不过父亲的饱经风霜，和旧知识分子对政治的谨小慎微，使这种改变绝对控制在私生活范围，不敢越雷池一步。89年的夏天，我少年气盛，要采访本校师生，做一期文学社的民运专刊。父亲全力阻止，不惜与我再次决裂，没收了我文印室的作案工具。时过境迁，我终于知道，我之所以没有过早地成为邓小平的殉葬品，是因为我父亲在国家面前的怯懦，和在我面前的凶狠。

父亲这代人，经历了政治万能的畸形灾变，旧知识分子那种兼济天下、为万世开太平的抱负，都被摧毁殆尽了。新知识分子苦心经营的马克思主义乌托邦，据我冷眼旁观，也没有在父亲心中真正扎根过。倒是母亲一度背叛了自己的阶级，成为毛泽东的崇拜者。我常想，当初，我妈对毛泽东的崇拜有多深，后来她爱自己的丈夫就有多深。因为她不仅要爱她想爱的，而且还要把不该爱却爱了的那一份补回来。

所以"信仰危机"不是我这一代的，而是父亲这一辈人的失落。他的人格倾向于经济的实用主义和文化的自然主义之间，加上仅存的天地良心的混合。在略显清高之余，也开始学习享受生活。开始触摸生活细致的纹路。反而，父亲比我更加容易接受新的思维和生活方式了。我这个被棍棒打大的，倒成了保守主义，他这个三十年河东的，倒成了三十年河西。于是，父亲的生活之路，与我再一次出现了某种背离。因为我对新的怀疑，胜过了对旧的。畸形的物质生活的悲剧性，对我的冲击显然比对父亲的冲击更大。所以父亲在劫后余生的幸福生活中毫不迟疑扔掉的，和毫不迟疑拥抱的，都成为我面临痛苦和困惑的根源。多年来，父亲极力进入属于我的时代；而这个时代，却正在受到我不断的藐视和否定。我在新旧时代的夹缝中喘息着，以求超越和拯救的路径。而这一切，父亲反而不甚了解了。

大二时，父亲兴冲冲地提出并实施了养殖海狸鼠致富的方案。家里的厨房改装为鼠栏。使我有一种回到小国寡民的错觉。母亲和这个戴眼镜的人一道辛苦，结果亏损了六千元。父母面对挫败的心理承受力和开阔胸襟，更加显示出一种越发现代的气质。使我甚至不必为他们担心。那是所谓"鼠民、股民、农民"的三民主义，闹得四川政府头大的一年。在父亲的坚持下，也很时尚地打了一场官司，六千元的债权却分文没有收回来。父亲很豪迈地对母亲说，"还是安心过日子，别做发财梦了"。我们老了，世界是他们的。我鼻子一酸，就想起赵紫阳来。

我心也酸了，一方面我听出父亲这番话背后，那种悻悻然不能下场一搏的遗憾；一方面，当父亲提到的"世界"，和这些灰不滑秋的海狸鼠相关时，我发现生活竟然不是越来越宽，而是越来越窄了。

无法否认,生活日新月异,MTV 和镭射影碟,咖啡和国标,这一切都是历史欠父亲和母亲的,也欠了这整整一代被强暴过的人。父亲在海狸鼠事件之后,终于不甘服输,开始提前退休,预备和母亲一起来成都打工,渴望继续为这个家开创以前不曾想过的明天。我的心为这样的爱与雄心而感动,我的心却也惶恐。历史又欠下我什么呢,像我这样未曾经沧桑,就早已抛弃理想和信念的一代人,这物欲横亘的世界,远不能让我满足。我没有像母亲那样,被国家剥夺受教育的机会,但我却承受着国家的教育,就如承受着一种更大的无知。承受着在市场竭尽机巧的命运,就如承受着政治风暴中不择手段的求生。因此我并不觉得这是一种自由。自由意味着一种选择,包括重新选择清高和贫穷,选择信仰和和高于时代的理想,甚至选择土地和无知。但我一样没有选择。

父亲是不会这样看的。最近每一次和父亲见面,我都很沉默。有一次我想,父亲撒手西去之后,我的儿子将会找不到他的家园,他含辛茹苦的理由。他将不会和我一样,甘于生活在心物两歧的深渊中,而我,那时还能充满激情地给他讲解一曲《满江红》吗?

想着父亲,我有些伤感。父亲这个词在父亲的身上,父亲这顶帽子总要轮到我的头上。假如将来我的孩子,在他的父执当中,再也找不到一个在灵魂上值得他敬重的人物。我和我的父亲,会分别想些什么呢。至于我,我想"父亲"这个词,带给我的将只会是耻辱和愧疚。我可以把什么传下去呢。父亲爱我,可我若活在深渊中,就算我多么爱我的孩子,我的爱也是枉然。

1995 年 5 月于四川大学;1995 年 11 月 12 日修改;2008 年 1 月 11 日录入并勘校

【后记】

这么多年,我竟然只在大学三年级,写过一篇关于父亲的文章。并尘封在抽屉里,从没有拿出来过。这次征得父亲同意,以这篇 13 年前的旧文,作为我对父母 40 年红宝石婚的纪念。文中流露的诸多情感,如父亲在新时代的变化,对生活的热情,父母渐入佳境的爱情,以及我在精神的深渊中,终于找寻到那永恒的信仰。也因此在过去的一年中,我和蒋蓉有了我们的第一个孩子书亚。生活的每一个瞬间,都在成为历史;成为历史的每一个瞬间,都记录着我们所领受的恩典。包括我们的忧伤、软弱,和我们的生命彼此交流中的那些艰难。直到我和妻子成为基督徒之后,我童年时对父母的怨恨,才开始真正消失,而对父母从小对我的爱,有了新的感动和更多的看见。就如去年是反右运动50周年,我对父亲说,写一篇文章,写一写我从未见过的爷爷吧。50周年不写,什么时候写呢。后来,父亲写了《一口旧皮箱》,他在回答网友时这样写道,"我对我父母的爱心的感动,迟到了整整半个世纪!"

我的感动何曾不是迟到了35年。为我父母40年的婚姻感谢上帝。因为"爱是恒久忍耐,爱是永不止息"。因为我们用了一辈子来寻找爱,学习爱,和回忆爱。愿这样的寻找、回忆和经历,常与我的父母同在;直到上帝亲自来爱,直到上帝的爱,也在他们生命中放下迟到的感动。

王怡 2008-1-11

王正方《一口旧皮箱》

人说往事如烟。时过境迁,什么事物都可能成为过眼烟云。就说东西吧,从我手中过往的物品,包括珍贵之物,也说不清有多少,但到头来没有几件东西在我脑子里留下了深刻的印象。而唯有一口旧皮箱,却始终叫我难以忘怀。

那是一口小型的乳白羊皮旅行箱,是祖父做生意出门用的。

祖父开着一个小商行,叫做中和商号",经营绸缎等时髦商品;还开了一间中药店,牌号槐荫春"。他创业艰辛,积劳成疾,在我出世之前就英年早逝了。

皮箱传到父亲手里已经很陈旧了:暗锁与按钮生了锈;羊皮变形,看起来不大平整,乳白的颜色也变得灰暗,上面的污物再也擦不干净。可箱子里面银白闪亮的衬里却如新的一般。父亲一向用它来保存印鉴、商业文书以及有价证券等重要物品。

在我懂事的时候,商号早已倒闭;那宽敞的铺面与书桌,就成了我看书写字、做作业与玩耍的好地方。

旁边的中药店倒还开着。我看得出来,生意到了父亲手里已经远不如祖父在世时兴盛。后来,便每况愈下。不过,父亲在吃苦耐劳的母亲的扶持下,生意还是照常维持着。

上世纪50年代前期,我考上城里的初中。我要出发了,父亲将祖父传下的旧皮箱腾了出来。他对我说:

"给你用吧，出门在外没有一个箱子怎么行呢！家里现在也没有什么重要东西需要保存了。"

离家以后，我老想父亲那后一句话。中药店虽然依旧开着，但生意举步维艰，运转日益困窘，的确也没有什么重要东西需要皮箱来保存了。我从母亲的话里感到，似乎父亲还有隐含的话没有说出来，那就是：商业前途未卜，你只有靠你自己了！

于是，我在旧皮箱里装进了我的书籍文具和衣服。

我要去寻找我的前程了！

父亲给我送行：他用扁担一头挑着皮箱，一头挑着我的背包，步行几十里，一直将我送到城里的亲戚家中。然后，他在药材公司进了货，又才放心地步行回家。

进入初中以后，我在皮箱里意外地发现了妈妈放在里面的10个熟鸡蛋。

当时，我对父母那默默的殷切之举，似乎并没有怎么感动。

六年以后，这口小皮箱又伴随我上了大学。

大学毕业后，我又拎着这口小皮箱去参加工作。

在陕西省人事厅的招待所里，我耐心地等待着的工作分配。一天晚上，我看了前苏联革命电影《列宁在1918年》；我躺在床上，便做起了革命的梦……

革命的阵痛是极其惨烈的，但共产主义的新生儿金光万丈，前程似锦……

到处是饥荒，到处是饥馑的人们……

每天都有人死亡……

我拥抱着同样饥饿的爱人同志，将一块馒头喂进她的嘴里；我反复地说：

"亲爱的，亲爱的同志……面包会有的，牛奶会有的……猪肉也会有的……一切都会有的……"

爱人同志不停地点头；接着，便是一阵热吻……

其实，那时我还不知道我的爱人同志身在何方呢。

第二天早上，红日东升，霞光万道。我一阵心血来潮，便腾空了那口旧皮箱，将它扔进了历史的垃圾堆。

随后，我买了一个纸箱，来代替那口资产阶级的旧皮箱。

我扛着这个纸箱，迈向了关中地区一个单位的革命工作。

10年过去了，我又扛着另一些纸箱到了蜀中一个单位。

可是，我的身边还没有一个皮箱或者一个木箱。

这时,父母已经去世多年了。

20世纪90年代后期,我与妻子亚雪已经退休。但我们感到,在革命单位里自己的潜能并没有完全发挥出来,人也还不算很老,需要发挥余热,也想尝试一下另外一种生活;于是便在成都开了一间干杂店。这时,市场已经饱和,竞争剧烈,我才第一次感到当年祖父的创业与父母的守业的艰难与辛苦。

有些商业文件,如租赁铺面合同呀,营业执照副本、卫生许可证副本呀,还有这证那证、商店印章、税费收据呀,一大堆东西,没有一口箱子可不行啊。于是亚雪才去买了一个绿色的帆布箱子,来存放这些重要东西。

以后,我们又卖掉这间商店,在春熙路旁边开了一家小型的快餐店。

再后来,亚雪跌下店门的台阶,跌断了坐骨,跌伤了肾脏。儿子说:"再也不能继续下去了,把快餐店卖了吧!"

看来,我们与资产是无缘了。

于是我们卖掉了快餐店,买了一套新楼房,在露台上还建起了一个小花园。我们开始了安度晚年的平静生活。

在夕阳里,我与亚雪坐在花架下面慢慢地品茶,也品味着苦乐的人生。

这时,我才想起当年父母送我上初中的情景,我这才感动了。——多么迟到的感动啊!

在感动之余,我又想起了那口旧皮箱……

2007-10-11写于蓉成锦里西宅,网上首发:2007年10月11日发于子归原创文学网。

王正方 2007-10-19

人哪,真不好说是一个什么东西。我对我的父母的爱心的感动,迟到了整整半个世纪!在我当父亲的时候,由于终日忙碌,穷于应付,我也没有心情和时间来感动;等到我静下心来,真正感动的时候,我已经老朽了!或许我们的后辈也难逃出这个怪圈吧。

看见他狱中戴着锁链的照片

看见王怡狱中戴着锁链的照片,我开始读他的书。我为什么要等到他在里面了,才来

23 画名：《十字架的道路》布面油画；
16x20in，2017

读他的文字？

他在里面了，他的文字不再只是文字，文字与他的生命行为互为注释，不再是字面上的文字。那些以前我畏惧和不懂的观念和理论，被他新的处境注入了新的血液，有了温度，有了热气。

一盏灯放在灯台上，油却在干耗着。

我突然想到，如果他在 2005 年 12 月没有信主，大概会因为别的原因，比如像那些优秀的维权律师，他也会早就进去了。当然他不是王全璋，他的妻子是蒋蓉，不是李文足。有不同的版本。

恰恰是他的信主，延迟了他进去的时间，也使他和蒋蓉生育儿子，有时间培养儿子，在这个过程中渐渐地体贴天父的心肠。

他换了一种身份，不再是维权律师，他的方向是逆行的，是脱胎换骨的。他需要从属灵上的失语，到牙牙学语、学习走路，最后到牧养教会，不是一蹴而就的，他需要成长的时间和空间。主给了这样从容的预备期。

人会着急，主不着急，人想为主殉道，其实是主要亲自为他洗脚。这也是我在 2008 年曾和他分享时的想法。我相信迟早主必使用他，不然不会拣选他，但器皿的打造，需要时间的历练。

神给了他足够的时间。

在这十多年间，主赐福给他和他的家，他成了父亲，主给了他一个平台，在教会的大家庭中建造他。教会也是炼他成金、炼他愈精的火炉。

他因为名气渐长，会被海外邀请，他接受邀请，与外界交流频繁。我曾暗自为他捏一把汗，甚至暗暗期待他拒绝这些邀请。

那些大会或小会上，他可以振臂一呼，但这些大会小会忽略了个体关怀，缺乏量体裁衣的关怀，不涉及爱的具体实行，在王怡最需要的时候，却没有谁到现场陪伴。

他需要被牧养、被关怀，不要把他想得太复杂，也不应过度拔高。他的心会哭泣，他会流泪，他需要写诗歌来疗伤，诗歌是有疗愈之功效的，简单的关怀，却反而更不易得到。

在海外，会有云彩环绕在你身边的关心，当你有了问题，你知道找谁倾诉，也会有成熟的牧长主动伸出援手，你的伤口会被厚厚地敷油，迅速地疗愈。

这些年，王怡是孤独的，也是孤立的。

24 画名：《红皮箱》，布面油画；
20x24in，2016

1968年10月，中国文化大革命中，我5岁，我的父亲被迫害致死。1995年，我的婚姻也宣告失败。童年创伤影响我一生，我习惯于逃避借口，忘记虐自欺欺人。诱发原，回到痛苦源头，需要勇气和力量。

2000年，我开始画日记画，我不再沉默，我的画是我的声音。

艺术图像是心灵的图像，50年来，红皮箱被放置在楼顶一角，潮湿而蒙尘。

上帝医治我，红皮箱装着我的创伤和挣扎，打开红皮箱，打开疗愈防堂，我破碎走向自由。

在高楼林立的盆地城市，完全不同于在北美的属灵环境。

一盏灯放在灯台上，油却在干耗着，没有得到及时的补充和滋养。

有位师母告诉我："有些秋雨的人要在我们这儿聚会，我一看真的没办法，他们很不一样，我的能力能够牧养谁呀？我们没有办法接受秋雨的人，他们也发现融不进来。后来我才发现，秋雨的人去哪里，人家都没办法接受，太骄傲。"

这些年，秋雨是孤独的，也是孤立的，甚至秋雨的人难以融入别的教会，别的教会的牧者觉得无法牧养，为什么会是这样呢？

我走在纽约的布鲁克林街道，与穿黑衣带黑帽的犹太人相遇，我会微笑，而他们通常都没有回应。

我有些不理解，直到有一天，我看电影《屋顶上的小提琴手》（Fiddler on the Roof），当村庄里的人被通知，要在三天内搬离家园时，他们逐家收拾行李，各自流浪。我突然明白了为什么犹太人冷漠，因为历世历代，犹太人所经历的就是被人弃绝，随时会流亡。他们自闭，不相信外界的善意，完全可以理解。

我不会责怪布鲁克林的犹太人不回应我的微笑，外界伤害他们祖先的历史，形成的集体潜意识由来已久。他们对外界没有安全感，因为他们真的不知道，下一次的驱逐令会在哪一天来临。歧视和逼迫，伤害和孤立，误会和嘲笑，是现实，而不只是历史。

服侍这条路太难了！

夫妻是神安排的最亲密的团契，主说：有两三个人奉我的名聚集，我就在他们中间（参《马太福音》18:20）。蒋蓉始终与他患难与共，圣灵用说不出的叹息替他们祷告。这样的团契，不容易被打散。

星姐妹告诉我，2015 年，她路过蒋蓉家大门外，正巧碰上蒋蓉推着电瓶车出来。

蒋蓉一看到她，就哭了，泪流不止。

当时，星姐妹不知道发生了什么事，她甚至误会是不是蒋蓉和牧师发生了冲突？后来才明白，原来是王怡牧师被攻击。

正巧，星姐妹家里接待着洛杉矶来的牧师师母，师母就私下约了蒋蓉，单独辅导蒋蓉，给了蒋蓉及时的扶持和安慰!

2018年5月9日,当我去拜访王怡和蒋蓉时,蒋蓉回忆了当年的处境,对我说:"服侍这条路太难了!"她甚至有过想停下来的想法。

蒋蓉深感力不能支,但她最后没有退缩。他们夫妻在主的爱中的联合,是诗中的诗。

接受主亲自服侍我们,接受主白白的恩典,连入狱也成为恩典的一部分,灵魂穿越各种形式的墙。

回想2005年,秋雨开始最早的查经聚会,我们曾经反复地默想神给亚伯拉罕的带领,为什么亚伯拉罕离开的时候,不知道往哪里去?

他很孤独,他要走的,是他从来没有走过的路。唯有听到心灵深处的微声,唯有知道谁牵着他的手。

2005年12月24日,王怡受洗时,我们环绕着那个水池,反复唱的天韵那首歌《爱,我愿意》,是呼召也是果实:

十字架上的光芒 / 温柔又慈祥
我愿意降服 / 我愿意降服

如果说从前他为了自由的观念,那么如今的他,是单纯为主耶稣的十字架。

主耶稣为王怡量身定做囚衣,他不用自己缝製义袍,因为人的义,在光中,都是污秽的衣服(参《以赛亚书》64:6)。

理性上和悟性上,他领悟到自己不堪一击。读他诚实的大声的默想,就会坦白他的挣扎和反合性。

他降服了,就越来越温柔。他会穿好衣服,还要打上领带。灵魂的仪式,福音的外交使者,他这样从容不迫,心存怜悯,他亲自体验到的境界,是复活的境界,是超越他的追求的,是以前他脚步没踏上约旦河水时所不知道的。圣灵可以将他带领到这样的绝境,却成为一种奖赏,一种提升,如同保罗被提到三重天,不可言说的境界。

人到了那里了,谦卑顺服柔和一点也不难了。不是靠他自己的努力,也不用人为自己辩护,他知道谁在掌权,信心的锚立定在天上。

他渐渐落单,羊群被打散了,老朋友不予认同。落单是无奈的,理性是冷冰冰的。

他安然地接受镣铐和囚禁,使我生出恐惧与颤栗,更使我心生敬畏。

25 画名：《怀念歌者陈中东》，布面油画，24×30in，2020

第四章
鲜花与哀伤疗愈

> 我天天都在选不同的鲜花，
> 我以送鲜花来陪伴海文，
> 这是我的鲜花疗愈法。

陈中东受洗后分享信主经历

2005年12月到2006年10月，当时聚会比较交替，有时候在王怡家，有时在中东家，我们经常去公园聚会，去李劼人故居、幸福梅林，逐步固定到中东海文的家。

陈中东弟兄和蒋蓉姐妹共同带领音乐敬拜。

每次聚会时间很长，唱歌、吃饭、分享，到了晚餐时间，大家还是不愿意分开，接着去街边餐馆吃晚餐，再继续分享。

2006年春，王怡开始在小白板上写上当天聚会的程式，小白板被纳入聚会环节。

王怡也把读《威敏斯特小教理问答》加入聚会程式，聚会时人手一册。2006年在我离开成都去美国前，王怡邀请了彭强来秋雨之福团契，由彭强每个月一次主日讲道。彭强是成都恩福归正福音教会牧师，文字工作者，早年创办以诺出版。

2005年12月，陈中东弟兄受洗，并分享了他的信主见证。

每到礼拜天，太太海文总是带着女儿去参加秋雨之福团契的聚会，我总是以星期天要照顾培训学校事务为由推托。太太回来，常常饶有兴致地说聚会如何如何，某大学老师（林鹿、王怡）讲经传道是如何精彩。

在太太的影响下，我陪太太看一些她聚会时带回来的纪录片——《神州》、《十字架》。有一天，太太做完礼拜回来，吃过晚饭，就催我陪她看碟子。原来她带回来一张很老的电影版《耶稣传》。其中有一段，是耶稣教导门徒如何祷告。突然，我也想学着作一回祷告。于是拿出纸笔，将碟子倒回来，一字一句地记录下来：

"我们在天上的父,愿人都尊你的名为圣,愿你的国降临,愿你的旨意行在地上如同行在天上;我们日用的饮食,今日赐给我们;免我们的债,如同我们免了人的债;不叫我们遇见试探,救我们脱离凶恶;因为国度、权柄、荣耀,全是你的,直到永远。阿们!"

看完碟子,我坐在沙发上,拿出抄下来的祷告词,不消几分钟,就滚瓜烂熟了。闭上眼睛,将这段祷告词背了一遍,就算是作了一回祷告。

这天晚上,一个神奇的梦中,我回到老家,见到已经去世好几年的父亲。父亲告诉我,我还有一位亲生的"父亲",并且这位亲生父亲给我留下了一本书。父亲很认真地告诉我,还有我的出生证明为证。他将书递给我之后,就屈身弯腰在抽屉里翻找我的出生证明。当我接过父亲口中的亲生父亲给我留下的书时,我诧异极了:居然是一本我曾经看过的《圣经》。

打开《圣经》,书的扉页是耶稣基督的头像图片,当找看到这个模糊的图片时,一种说不出的感动让我失声痛哭,一直把我哭醒过来。在我的记忆中,还从来没有这样痛快淋漓地哭过。这个关于亲生父亲的神奇梦境,在我心中的印痕实在太深,挥之不去。

我不觉回想起父亲去世时所看到的奇异现象:父亲是因突发脑溢血而住进医院的,我从成都赶回重庆,深度昏迷的父亲躺在病床上已经不能动弹。我独自一人坐在病床前,伤心地握着父亲早已不能动弹的手,心里突然冒出一个想法:我们是不是应该让父亲回老家咽最后一口气。

就在这时候,父亲的手突然动了,使劲地拽了我三次。

我的眼泪夺眶而出。父子连心,父亲知道我的想法,他也想留最后一口气回家。

我哭着找到姐姐,告诉她们刚才发生的事。当我回到父亲病床前,拉着父亲的手告诉他,我们送他回家时,父亲的手再次动了。

回家的路,遥远而颠簸,特别是老家那一段裸石铺就的乡村公路,让人走在上面时仿佛骨头都快散架了。我们的手都感觉不到父亲那微弱的鼻息,一路上我们都在担心父亲能否坚持到家。

当堂兄迎着我们,告诉父亲到家了,父亲紧闭的眼中流出了眼泪。我们禁不住失声痛哭。哥哥从广东赶回来见父亲最后一面,当父亲等着哥哥嫂嫂傍晚时分带着一路风尘回家后,父亲不带遗憾地走了。

父亲咽气后,院子里飞来无数的蝴蝶,有大有小,满了屋院。我在老家生活了二十年,从来未曾见过这样的蝴蝶,也从来未见过这么多的蝴蝶同时聚集。大约十来分钟后,这些蝴蝶消失了。我得出一个结论：人的灵魂是存在的。

太太听完，不失时机地劝我参加一下聚会，多瞭解些基督教信仰的知识。

2005年秋天，由于参加秋雨之福聚会的人数增多，原来的聚会空间太小，于是将聚会地点临时改在我们住的地方。作为主人，参加聚会也就变得理所当然。

我也拿出尘封多年的吉他为大家伴奏，却始终不能开口与大家一起唱赞美诗。

讲道分享的时候，我也只是把自己当成旁听者，静听默想，并不发表意见。无论如何，太太对我能坚持参加聚会还是满意的。除了每次聚会后跟太太分享心得外，平日里诵读圣经的时间也多了起来

接下来的每天早晨，我送女儿上学后，总会沏一盏清茶，燃一柱心香，捧一本圣经，献一段祷告，怀着敬虔的心领受神的话语。太太对我的转变非常高兴。

有一天，我看到《马太福音》中耶稣基督的"山上宝训"，心中充满感动，被耶稣基督充满智慧的话语深深打动。当我凝神思想的时候，突然有气流电流从头顶直灌下来，全身被团团包裹，眼泪盈满眼眶。有一种理智让我努力抑制住即将流下的眼泪。

慢慢地，参加聚会成为我一周里最为期盼的事，和以往素不相识性格迥异的弟兄姐妹相处融洽，让我觉得温暖。渐渐地，我也能开口和大家一起歌唱赞美，不再只是伴奏了。而弟兄姐妹对于圣经章节的分享让我收获良多。

也不知道从哪天开始，早上读经前，开始有半个小时的歌唱敬拜，我不断地学习和练习新歌，有时候唱一个上午也不觉得累。

初冬的一个星期天，风和日丽。集体敬拜前，我为弟兄姐妹弹唱了一首刚学会的赞美诗《除你以外》："除你以外／在天上我还能有谁／除你以外／在地上我别无眷恋／除你以外／有谁能擦干我眼泪／除你以外／有谁能带给我安慰……"

我每天都在哼唱这首歌。女儿忍不住发问："老爸，你怎么老唱这首歌啊？超级女声的歌那么好听，怎么没听你唱？"我不禁笑出声来。

祷告成了我日常生活中必不可少的一部分。每天晚上，都是太太先祷告，然后轮到我，当我祷告一会，以往经常失眠的太太就沉沉地睡过去了。说完"阿们"后，我也心安地睡了。

一天晚上，我在心里刚开始默唱《除你以外》，神奇的事发生了，虽然当时我正闭着眼，但我分明感觉是亲眼所见：

一连片黑黝黝的山，有深有浅，层次分明。突然，从山垭里显现出一道眩目的亮光，

我的身体有如被强大的电流击中，奇妙之处，无法言表。那圣洁的光有淡蓝和淡紫色的光晕环绕，光由小而大，渐渐地满了整片山，我的身体也被照亮。这时的我，全身被一种奇妙的气流包裹，似乎已经停留在永恒里，满心喜乐。我心里不断地祈求："主啊，就这样照亮我直到永远吧。"不知道过了多久，也许是几分钟，也许是几万年，那光慢慢地隐去了。我想，就让我永远停留在这美好的感觉里吧，我的眼泪不自觉地流了下来。

陈中东辞去长老职务

2008 年之后，陈中东是秋雨教会最初的三位长老之一。2010 年 7 月 29 日，中东主动辞去了长老，理由是戒不掉烟。

2019 年，我问海文："如果有心情，客观地回顾当年在什么情况下 2010 年中东辞去长老职务？我以前一直不知情，心中亏欠疼惜！"

海文回复："中东辞去预备长老的原因，表面是因为不能戒烟。我现在反思，2008 年，他服侍教会诗班，我对他的服侍支持不够。我从来没有陪同他去诗班，也不闻不问，直到今年 4 月，诗班姊妹把当年训练的录音发给我们听，我才明白，我真的应该多支持他。他在服侍中是很喜乐满足的。

2008 年，我去学校上班后，我的收入比他高，这也是他的压力，他怎能有心情戒烟。我没有重视戒烟这个事情，是我受了世界的诱惑，我没有把他的感受放在重要的位置，过去的我，没有勇气接受清贫的生活。是中东彻底破碎了自己，促成今天的我回到主的家。我失去了他，我不能再失去与他同受的洗。"

陈中东弟兄的追思会

2018 年 3 月，陈中东弟兄检查出患胰腺癌。1 个月后，2018 年 4 月 14 日下午，他歇了地上的劳苦，归回天家，安息主怀。

4月16日安息礼拜，地址在郫县陵园路东鹃城殡仪馆水仙厅。

在陈中东的追思礼拜上，王怡流泪佈道。

我问陈中东的妻子海文："为什么王怡会哭了？王怡在说什么话的时候哭了呢？"

中东的妻子海文告诉我："当时王怡回忆中东在教会的服侍，讲到2006年，他和余杰李柏光在白宫曾经被布希接见，回来以后受到各种误解、诽谤、攻击。当时我丈夫说：'别的情况，我不清楚，但是我相信我的弟兄。中东的意思就是他相信王怡，当时王怡回忆到这里，他哭了！"

"我相信我的弟兄。"陈中东支持王怡，就这么简单。

王怡需要最基本的理解、信任、爱，又是那么难以得到。

彭小华博士是一位旅美独立学人，在中东弟兄追思礼拜当天，她在微信上分享：

"应秋雨之福教会蒋蓉师母邀约，并承她热诚安排，与四位年轻的基督徒同车，一早奔赴郫县鹃城殡仪馆，参加一位素不相识的基督徒同庚陈中东的追思会。

我想，能够信靠这样一种信仰，能够在这样的氛围下离去，去到主怀里，那么死亡实在没有什么可以恐惧和值得难过的。"

以鲜花陪伴海文

2018年4月16日，我刚回成都，在纽约上飞机前，收到亚东的邮件。他告诉我陈中东病逝的消息。

教堂前的一棵树上，鸟儿唱着歌。我想着中东。

亚东约我在地铁站上见，带路，我们一起去郫县看望海文。

到了海文家，海文一身黑衣裙，刚刚从墓地回来。

李亚东对海文说："林鹿是上帝安排好，为你回来的。"

海文说："是啊，给我天使一样的安慰，谢谢你为我做的工，感恩你的陪伴，劝勉。经历了生死，你的歌，你的画，敲打我，过去我的信是肤浅的信。"

我回到美国后,每天给海文发鲜花的照片,一株向日葵被风吹断了,我收入瓶中,拍下照片,发给海文。我天天都在选不同的鲜花,我以送鲜花来陪伴海文,这是我的鲜花疗愈法。

海文会点评说:"花真是美,就像你的笑脸,很灿烂。"

"娇艳,驱走阴霾。"

"花朵都仰着头,你也仰着头,而且和花的表情是一样的。"

"纯洁,圣善之美,太美了,与你生命中的上帝相遇。渴慕溪水,稳行高处。"

海文也开始买花了,她说:"小雨中买回花,上帝创造的花朵的微笑,陪伴我每天几个小时的阅读。栀子花的季节,芳香满屋。我去公园草坪那里读书,以前草坪这里还荒着,我们一家在这里种了玉米,只长了一尺高。走在那里,会想起你唱的歌:神啊你真伟大。"

"非常感恩有你温柔的陪伴,神不撇下我,祂赐给我鲜美的花朵和赞美的歌,我一天一天向前走。"

"眼泪中确信你在天堂"

海文在微信中和我分享:

姐,我觉得慢慢要活过来了。快两个月了,对于那些艰难日子的情景重播,终于少了很多。

我怕黑,然后依赖中东,这是很多年的心理定势。我过去从来不会一个人去教会,只要中东不去,我就不去了。现在我有几次是自己去的,有时候孩子不去。只是赞美诗响起,就仿佛听见他的歌声,仿佛他在身边,就流泪。这个房子我想住下去,我习惯有他的影子。我实在特别依赖他。有很多的懊悔,为什么过去的做法是那样的,为什么没有珍惜?!

圣灵内住我心,祂带我到上面去,也与还在地上的我联合,还将带着我去。

知道中东在上面,有时候笑我很傻,灵魂的感应。

中东临终多次祷告,祈求赦免。

中东临走前几天,在深夜说的很书面的话:"不要走那条路,要走正确的路。"

我明白是神的灵借着他说的。

你在最后那段时间,是在信心中离开的,尽管你有时神智不是那么清楚。

在安息礼拜的讲道中,王怡牧师说:"你在天堂,有喜乐。"

我听是听了,却不明白牧师在说什么。

李弟兄说,你比我们完全了,你在上面。

我低头不语,听是听了,却不能确信。

我到处查找经文和书籍。

我很关注的就是你灵魂的状态,在什么地方,如何存在的,能感知到我们吗?

读到天父的赦罪,是全部的罪,就像赦免了亚当的罪、摩西的罪、亚伯拉罕的罪,我沉重负荷的心境得到一丝释放。

神曾用小敏的歌声在梦中拣选我,预定我们走了弯弯曲曲的路,又破碎那一切。

听了一遍王怡安息礼拜的录音,终于觉得那些话不是安慰,而是事实。我终于确信中东的灵魂在天堂。

仿佛有了一丝盼望,我不会真正失去。我在眼泪中确信你在天堂,这是很重要的一个信心的回应。

※

姐,今天成都大风大雨。悲伤突然来了。灵魂如风,想起了中东,泪如雨下。

我们的卧室,现在成了纪念的房间。他的衣服,他的气息,我的忧伤。我向神祷告了。

我就看见中东坐在对面,看我流泪。

这段时间,读了不少圣经和灵修书。过去都把这些书放在柜子里。上帝管教了我们,因为我们本是蒙拣选的。

雨仿佛渐渐停了。不知道山中墓地前的花瓶和小树怎样了。

本来想7月14日再去,可是我实在非常想念,明天若是雨停了,让我到山中与他相处。

2018年7月3日,今天去山里,路被封了。我路上祷告,我对他的亏欠,现在以哀伤来偿还,把我的债交托给主,求主赦免我的债。

祷告以后,心里轻松了。主的恩典是奇妙的。大风大雨,主都看护。

※

我在一种非正常的生活状态。与朋友会面,留下我面带笑容的照片,我心理惊奇,这是我吗?我的内心是荒凉而寂寞的。

肖姊妹推荐我读《天堂》、《圣徒永恒的安息》。

26 画名:《哀伤的海文》,布面油画; 16x20in, 2019

读《天堂》,非常确切地知道你在天堂有着暂时的身体,在完全的喜乐与满足中敬拜神,能知道我们的事情。看《基督徒理所应当的侍奉》,谈到在天上的信徒有记忆,能得到更深的满足与完全吗?《天堂》一书中非常详细的记述,完全满足了我此前一切的想像与期待。

我盼望中东可以更清楚地回忆我们的过去,知道我们现在的状况,甚至为我们祷告。

就像李弟兄在梦里所看到的。你以年轻的身体,从床上坐起来吃东西,可以没有病痛地享受更加美好的一切。

我在家里为你摆的真花,粉色的,黄色的,蓝色的,你都可以看见。

我在墓前祷告,你若愿意,都可以听见。

我们未来的相见是必然的,我们彼此认得,我们分别与耶稣更加亲密的同时,会更深地满足我们所期待的亲密关系,那是比人间情爱更深的关系。

我曾经想像你在上面看着我,善意地笑我有点傻,或许是真实发生的。

※

我对中东身处天堂的确信是缓缓而来的。

吴老师说,你还年轻,日子还长。

我说,是的,传道书讲一个人面对一切,是不好的,可是需要一个痛苦的过程。

等候中,番茄还没成熟,牵牛花还没有开花!不急。

在写作绘画阅读灵修中修复灵魂,更追求耶稣,更加信靠神,思想神的属性与救恩。做饭,看书,工作,都有平静安然的状态。每向前一天,都看到过去的过错,罪责,看到圣灵的带领是最大的安慰,圣经的字句,现在是生命的字句。

若不是神,我怎能有如此平安。每天在神的话语中,借着神的爱与救赎修复灵魂,与起初的爱和好,求神饶恕我的过错与罪。我比起以前的光景,向上走了一个台阶。

安息信,告别信

2019年8月16日,海文特意从中国来美国,在我家里小住了几日。期间,她接受我的丈夫大卫的心理辅导。大卫建议她写下对中东的告别信。于是,海文写给中东一封安息信,也是告别信:

对你来说是安息。对我来说是告别。

一直在预备着告别,整个冬季、春季和夏季都在预备。

我们的女儿洋子是在2019年父亲节受洗的,她给了父亲最好的礼物。

我们的儿子信子和我们每日读经坚持了一年多了,他说以后想当牧师。

圣灵曾借着病床上的你告诉我,福音是最重要的。

你的遗言是:"不要走那条路,要走正确的路。"

我问,正确的路是教会的路吗?

你点头。

那是半夜,你突然开口说这样的话,我感到惊奇。后来才明白,你留下了遗言。

中东临终多次祷告,祈求赦免。中东临走前几天,在深夜说的很书面的话:"不要走那条路,要走正确的路。"
我很关注的就是你灵魂的状态,在什么地方,如何存在的,能感知到我们吗?
读到天父的赦罪,是全部的罪,就像赦免了亚当的罪、摩西的罪、亚伯拉罕的罪,我沉重负荷的心境得到一丝释放。

— 海文

27. 海文临摹画 1·临摹
夏加尔《花束和蓝色的村庄》布面油画;
24x20m, 2019

4月14日清晨,你的眼角有细细的泪水,也许在向我们告别。

你昏迷了,呼吸的声音变大,然后非常平静,渐渐失去了呼吸。

你离开了我们。你心里有告别,而我没有告别。我只是麻木,受挫,流泪,木然。

蒋蓉说:"这只是在世上的身体。"

那时,我的里面被撕开了,很痛。

到了八月,我告诉林鹿,我觉得活过来了。

林鹿说:"一定要。"

林鹿唱的歌、白色的茉莉、紫色的牵牛花、路边的树,都是我与神对话并得到慰藉的理由。
　　我穿过你碎裂的身体，重新看见耶稣为我碎裂。
　　爱情，带着罪身的爱情，是短暂的，曲折的。
　　我脚下的路被改变了，正如你说："不要走那条路，要走正确的路。"
　　我的脚挪到了教会，信子也与我一同参加教会所有的活动。
　　我和李亚东夫妇每晚查经，彼此陪伴成长，信子也喜欢参加。
　　神使用这段二十五年的婚姻，重重地敲打我，撬开因罪紧紧包裹的壳。
　　重新听到了耶稣的声音，看见天父的大光，我接受耶稣的爱。
　　神使用了你，也会使用我、洋子和信子。因我们是站在圣约家庭的磐石上。
　　7月23日，是你53岁的生日，我和信子去墓前。

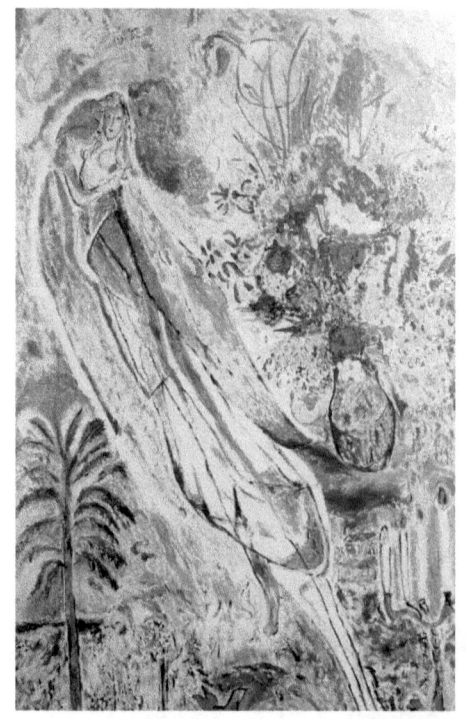

今天成都大风大雨，悲伤突然来了。想起了中东，泪如雨下。我们的卧室，现在成了纪念的房间。他的衣服，他的气息，我的忧伤。这段时间，读了不少圣经和灵修书。过去都把这些书放在柜子里。我对他的亏欠，现在以哀伤来偿还，把我的债交托给主，求主赦免我的债。
祷告以后，心里轻松了。

——海文

28. 海文临摹画 2·临摹
夏加尔《旺斯上空的恋人·致中东的告别信》
布面油画; 30x24in, 2019

墓碑上刻着:"歌者,天父的孩子,我永远的依恋"。

我从花市选的百合、玫瑰,一朵一朵插在花泥上,搭配绿草碎花。

白色的百合是起初的爱,也是永恒的爱。

我不能接受把你的衣物赠送他人,上面有你的生命气息。

直到上月,我觉得可以接受把衣物放在一个地方,但是不能让我找不到。

林鹿说我们"同感一灵",大卫也说可以把衣物打包放到别处,或许还可以换一套房子。

林鹿总是说,一步一步往前挪,每一小步都是神喜悦的。

李弟兄说:"我想起了之前拉着陈弟兄的手,为他祷告过,那时候我心里很甘甜,所以不用担心,(衣物)交给我吧。"

2019年8月4日,主日下午,李弟兄来帮助我打包。

我对李弟兄说:"神喜悦我们在基督里的看顾。"

衣物、证件、合影的照片、黑色的遗照、眼镜、烟斗、金属打火机、皮带扣、看病的每一个检查单和发票,都装进去了。

装了一件我穿了十年的蓝色一字领T恤,上面有淡淡的白色花草纹样,年轻时我最爱穿这件。另一件是前几年买的棉麻白色的长裙,你喜欢白色,我也喜欢。

回想2006年10月秋雨之福团契举行婚姻更新仪式。我们戴上戒指,这枚戒指连同银色盒子,我也一并放进袋子里了。

衣柜里面空了。留下了相册里上千张照片、客厅里我们一家人的合影、你的彩色单人照。绿色的相框,上沿站着几只小鸟,相片上的你,抱着吉他弹唱,就在同样的沙发上,桌上放着同一个茶杯。

眼泪滴落在百合花上,百合依然开放。起初的爱,是眼泪的容器,祂要融化眼泪和伤口,在熬炼中,安静聆听天国的赞美,得到修复和完全。

2006年10月秋雨之福团契举行婚姻更新仪式

王怡牧师在盟约之爱2017——九对夫妇婚姻更新礼拜证道中说:"婚姻的定义我就用三句话,第一、你妈就是我妈,第二、我的钱就是你的钱,第三、你的神就是我的神,缺一个婚姻就不完整也不安全。基督徒的婚姻更新礼拜的重心，是落向这第三句话，你的神就是我的神，这就是婚姻更新礼的意思。（因为以前结婚时不是基督徒）"

2016年05月02日，王怡牧师在《靠着爱我们的主》讲道中说：

"2006年，我跟妻子更新我们的婚姻。我当时拿了一张纸写了20几样，当初结婚都没有想到有这些事：

无论她的脾气变得有多么的糟糕；无论她的身体变得如何的衰残、瘫痪、心里疾病、痴呆还有癌症、白血病；

无论我们与父母的冲突和矛盾变得多么的大；

无论我和她的关系变得如何疏远，我看到她没有什么感觉，她看到没有什么感觉，我们已经有三天没有说过一句话了；

无论她做错了任何的事情；无论她在任何的事情上反对我；

无论她的信心，她对主的信心软弱到什么样的地步；

无论她在她的生命当中，信仰当中如何背离主，不来教会、几个月不读经、不想信了。面对信仰生活上面的困境；

无论她的工作和我们的事业，（我当时还没有成为一个牧师），是如何的失败；

如何是否被迫长期的分离，无论搬迁到任何的地方，无论她犯了什么样的罪，包括坐牢；

无论她是否破产失业、吊销营业执照还有律师的执照；

无论她是否有没有生养；

无论她是否受到暴力的伤害，包括性的侵害；无论她是否失去性的能力；

无论我因对方的过错而我自己遭受到怎么样的伤害，会有牵连。

我现在结婚了，一个人的行为，一个人的错误、一个人的罪会牵连到另一个人，所以婚姻叫无限连带责任。

无论她是否在身体上背叛我，犯了淫乱。如果愿意悔改，我会永远饶恕、永远接纳，仍然爱她，忠诚于她，直到死亡才能够分开，并持守这个婚姻的盟约。"

婚姻更新礼是向耶稣基督，悔改，承认自己的失败，不要把失败推给另外那个人，不要把失败推给你伤害最深的那个人，不要把失败推给你认为他（她）伤害你最深的那个人，在神的面前悔改，承认我的失败，我的无能，我没有爱。

（摘录自王怡文库）

2022年11月5日海文受浸礼时的见证

弟兄姊妹平安：

我叫海文，1988年在四川师范大学读书，之后在成都上班，生活。非常感恩，我的童年是在乐山的彝族山区长大的，在那个世道艰难的年代，山水阳光的恩惠滋养了我。初中的时候，得到一本小书，犹太作家纪伯伦的《先知》，冰心翻译的，很喜欢读，像散文一样的诗歌，充满浪漫和神秘的气息。这些年才知道，这本书被文学界称为小圣经。

大概1995年，第一次听说耶稣。一位川大的老师带着几位朋友看耶稣的电影，没有看懂。过了几年，一位好友送我一本厚厚的圣经，文字是竖排的，繁体字，天主教的版本。我几乎没有阅读这本圣经。到了2005年，一位女作家，素人画家林鹿，她在朋友间传讲耶稣，我参加了若干次沙龙，喜欢那样的氛围。之前10年，我在媒体工作，商业性很强，有强烈的生活在别处的感受。其实在人本主义的牢笼里，自己不喜欢的很多事情，自己也深陷其中，过得也很糟糕。现在看来是许多的罪。人文主义、实用主义、存在就是合理的，这些观念，就是一个酱缸，让人很挣扎，很窒息。

我从媒体辞职后，自己创业。先生的工作也不稳定。他没有参加沙龙，但是看了我带回家的电影碟子《耶稣传》，竟然把碟子最后的字幕，决志祷告的内容，认真抄写了，自己做了祷告，开始读圣经。那段时间我们常常一起看几部纪录片，其中一部《十字架》还是《迦南诗选》，我不记得了，片中有位姊妹小敏创作赞美诗。白天看了，我在夜梦里听见其中一句歌词："主啊我赞美你，因为你拣选了我．在这茫茫的人海中，是你把我找寻……"第二天，我跟先生分享，说我也想信主了。梦不是偶然的。

记得当时我一个人在午休，闭上双眼想悔改，想靠耶稣的能力来对付自己的罪，就向耶稣流泪祷告。祷告之后，心里轻松了很多，好像感到以后的日子跟先前会不一样了，感到有一种奇妙的力量吧。

一起查经的人越来越多，我对一位朋友说："我特别喜欢，终于有一群人，可以一起谈论正直、良善的话题。"后来这位朋友成为了牧师。

虽然坚持查经，对于教义、天国的认知却很肤浅。从来没有经历过一群人在一起分享、阅读、唱诗、爱宴，这对我太有吸引力，有一种冲动，就是想成为真正的基督徒。当年的圣诞节前，我做了小手术。平安夜，一位从北京来的牧师为8个弟兄姊妹施浸水礼，我先生也在其中，而我只能是点水礼。当时心里有些遗憾。这次，能够浸水礼，不是偶然的，我是期待的。

2006年前后，我家开放作为秋雨之福团契的地点。先生比我更火热，他过去是校园歌手，会弹吉他，就用吉他伴奏唱赞美诗，带着大家一起唱。后来成为带领敬拜的预备长老。他经营了一个音乐吧，取名"香柏树下"。我们参加了夫妻团契的学习，2006年十月，举行了婚姻更新礼。我们意外地怀上了孩子，决不堕胎，生下第二个孩子，就是信子。

2008年大地震后，我去大公司上班。再过了两年，先生中东辞去了预备长老的职务。我们离教会生活有些距离了。

我们一起走过长长的人生路。2018年，突然而来的疾病，带走了他。那位王怡牧师为他做了追思礼。最早那位带我查经的姊妹林鹿突然来到我身边，是正好从美国回来，来看我，之后，每天在微信上陪伴我。那位送我天主教圣经的弟兄，从2018年8月开始，几乎每天晚上与他的家人、我和我的孩子一起在网上查经，坚持了一年半。

先生临走前说："不要走那条路，要走正确的路。"女儿洋子在父亲节受洗了，是给她父亲最好的礼物。信子渐渐长大，个子快要接近爸爸了，他坚持到教会，是我的福分。

时至今日，我深深相信这句话："我必以你为印，因我拣选了你。"——哈该书2：23

第五章
尼哥底母查經班

福音改變了冉雲飛……兒子說，
上帝專門要"收服"像冉爹爹這樣狂放粗野的人。

与冉云飞的交往渊源

80年代末,冉云飞还是单身汉,住在四川省作家协会的宿舍院,我住在天涯石街,常常路过古色古香的老院。他常来我家聊天、吃饭、写诗,有一个东北高个子女子被他潇洒的书法吸引,不远千里来成都看望他。

1989年,我刚刚信主,急不可待地把冉云飞介绍给带领我信主的菲律宾两姐妹,庄爱仁和庄爱义。

见面后,我介绍冉云飞是"作协"的——"作家协会"的简称。姐妹俩在学习汉语,看见冉云飞的长头发,不修边幅,她们俩听成冉云飞是"做鞋"的。我们曾经一起去西南民族学院过耶诞节。

冉云飞说"我记得,1989年,一对菲律宾庄氏姐妹在西南民院学藏语,闲暇时组织人查经,但我从未参加过一次。"

1990年,我曾邀请冉云飞到我的写作课上给学生讲解诗歌。

快下课了,某同学请冉老师推荐书目,冉云飞提到一本书,是达赖喇嘛写的《我的祖国我的人民》。

课后,有学生报告给校长。

校长把我叫到办公室,校长说:三尺讲台,怎能允许资产阶级自由化倾向!

我坐在沙发上,听着校长的训斥。我不看校长的眼睛,也不为自己辩护。

是哪位同学报告的，我无法查询，从此留下阴影，我不敢再信任学生。

校方很重地处罚我，停止我晋升讲师。不知为什么这一停就停了9年。

后来升副教授，考了英语，还要考政治，要交论文，我不在乎晋升，我不冲突，也不妥协，被同事说成清高。

怀念我的学生赵红：她走了，去水中

1990年，冉云飞讲诗歌后，我的学生赵红倾慕冉云飞的才华，他们恋爱并闪婚，我都不知道。

半年后，夏天，新婚夫妻坐火车去了四川偏远山区土家族的农村，冉云飞特别孝顺母亲，接母亲到成都。

那时居住条件不好，只有一个房间。

赵红从诗歌境界转换到日常琐碎生活，浪漫消失得如此之快。

赵红得了忧郁症，她来我家里，告诉我她每天晚上都睡不着觉。

我刚信主一年，我邀请她一起去四圣祠教堂，赵红坐在那里，她没有感觉。

我劝赵红："你还是回家吧。"

1991年11月1日，她从小家离开，回到她娘家，赵红父亲一年前去世，她母亲患有精神病。

赵红留下一张纸条，写着："我走了，去水中。"

1991年阴冷的初冬，冉云飞拿着纸条找到我。

水中，哪里的水呢？赵红没有说。都江堰有水，我和冉云飞一起去有大水的都江堰找她。

我怕冷，我希望冰凉的水也使她怕。

但她的感受与我的感受不同。

不眠之夜里，她精神恍惚，幻觉中她听到去世一年的父亲在呼唤她。春天梨花纷飞之前，走这一趟，虚虚而来，暗暗而去，悄悄地去了远方，她简单地上路了。

她是从自己的母亲家走的，她不愿让人误会新婚不久的丈夫，她回到母亲的家，她是从这里出生的。她的善良，让我特别心疼她。

她在水天一色难于分辨影子的冬日有雾的早晨，轻轻地关上了母亲家的门。

29 画名：《她走了，去水中》，布面油画；24x36in，2019

她留下了一张纸条：我走了，去水中。

她温柔地放弃了意志，想与父亲相聚。她累了，躺在水面上，诗意地漂浮、融化在水域，浣花溪池塘托住她，接纳她，收留了她的身体。她入了水中，回到胎儿的状态，仿佛什么都没有发生过。

几天后，她浮现在成都杜甫草堂旁边的浣花溪池塘的水面。

她躲藏在死亡之中，浣花溪成了她藏身之处。

她火葬的那天上午，我没去，我凝视着玻璃瓶中的一朵白菊花，想她，想她的选择。

她曾经为我写过好几首诗歌，记得其中一首《孕》。

她逗留在对她有爱和关切的同学们的聚会中，学生们问起了如今在世界上混的水准，担任什么样的职位。她是一杆奇特的秤，她一来，人们就安静了，衡量出了什么轻什么重。

我不会忘记她的静默，她的温柔，她的受伤，连带着她白皙的肤色，她的辫子，她曾经写过的诗。我听见她如吃药一般唱出的一首歌：

你说我像云，飘泊不定，其实你不懂我的心，其实你不懂我的心。

冉云飞说，"我很痛心没有把她照顾好"。他写诗悼念她：

我想到你极端的美，不是漂亮
而是沉默、单纯和温顺
每个人的生命都只有一次
在这个世界上，在短暂的一生
你还有更高更朴实的愿望需要表达
你得到的爱还很稀少
你还不是个拥有孩子的母亲

30 画名：《忧郁的赵红》，布面油画；
16x20in，2020

宽阔的土地和汤汤的河流
你还没有得到滋润
再次催生，哦妻子，我的爱人
你的青春和爱情
像急速飘逝的头巾和燃烧的灰烬
是的，你诞生于水的源头
你必将顺着亲爱的河流回去
我现在想起
也许命中註定，我要像一只被剥皮的果实
在世界上翻滚
孤独地成长，并且没有你的支持
在血泊中奔跑

别人把她当成病孩子

赵红的离去，使我回想起她在学生时代的点点滴滴。

1998年12月8日，我拿着84级班的花名册，目光在一个个名字上掠过，我用红色的笔将"赵红"这个名字划上了括弧，因为赵红不会到场了。

但赵红轻轻地反应了，她对我的这个划括弧的动作有异议。

班长通知了很多人，她当然没有得到通知，但她却来了。

学生们站在我面前时，我不一定能马上喊出名字，但我能马上喊出赵红的名字。

她能走，也能回来，同学们开始谈她。

晓燕说："1991年春节除夕之夜，赵红抱着个大丑娃娃玩偶作为礼物等在她门外。"

邓建说："印象中，赵红的眼睛细，长，小。眼神忧郁的特质很明显。"

赵红成了中心，成了同学们的一道"菜"，人们停止伸出竹筷，不断地伸向了她。

多年前的大学教室，我看见她总是坐在最后一排座位，她的身旁空落着，没有同学。

她总是穿着黑色的衣服。

她不愿意让我去家访，因为她母亲精神失常，常常发作。

赵红毕业后，她在路过时装屋时，看见360幅度大摆的红衣裙被钉在墙上，如蝴蝶不能飞翔。她买下了红衣裙，穿上了，马上到我家，我惊喜她的美丽。

她在春天梨花纷纷之时开始与诗人冉云飞恋爱，夏天举行无人知晓的婚礼。

初秋，她和冉云飞坐火车和汽车，到了非常贫穷的土家族山区。

她回来的路上就病了。

她去了医院，医生说她得了抑郁症，给她开了谷维素等药，但吃药没有效果。

她来过我的家，和我谈起了她连续很多晚上睡不着，我为她煮了一碗抄手（馄饨）后，我劝她回家。

我那时不懂什么是抑郁症，更不懂该怎样帮助一个抑郁症病人。

若我留她在家里住上几天，结果会不同吗？

餐桌上杯盘狼藉。一个男生感到胸口发闷，一个女生说要出去透透气。聚会散了。

送走了其他学生之后，她留了下来。

我不愿中断对她的回忆，她回到了我的心里，从很深的地方汲引出我的负疚，让我在一个夜晚只想她，只怀念她。

后来，我常常在上课时，对新一届的学生们讲到她和她的自杀。

我不忍评说，怕误解了她。我对她的撤离之谜，仍知之不深。

她想逃离，她恐惧。她静默地做着离开的计划，她不愿惊扰别人。

她喜欢诗，不接受现实的实在性，没有耐心忍受，她不知道怎样摆脱失落。她想挣脱，想变化，她选择撤退，无法进入，无法忍耐，不能应付现实生活赋予她的角色。她放大了现实的艰巨、冲突，她缺乏力量，别人把她当成病孩子。

她和世界之间，隔绝而非认同，排斥而非接纳。

秋雨之福团契第三次受洗，冉云飞发表观礼感言

2006年4月16日下午，秋雨之福团契举行第三次受洗，地点在我家楼顶花园。冉云飞在太太王姐妹受洗后发表观礼感言。

"我虽非基督徒，自己的至亲受洗，自然与小女一同去见证并向她道喜。

我与基督教的最初接触，始于近二十年前，我记得那时一对菲律宾庄氏姐妹在西南民院学藏语，闲暇时组织人查经，但我从未参加过一次。

近二十年来，我无时无刻不在做着亲近基督教的努力，但却未有实质性的进展，我也深觉其怪。

好友王怡常给我打电话来，让我去参加他们的查经活动，我的确没有参加的意愿，我支持内人有自己的信仰，太太多少年没上班，女儿逐日长大，她闲余时间甚多。

我就给内人说，干脆你去参加他们的查经聚会吧。

我的目的有二，一是让她多些宽容的心，因为她比较急躁，对女儿的态度常有些粗暴简单，而我对此甚为不愤，我常常因此会控制不住自己的情绪，臭骂她一顿。二来是为了让她有更多的交往圈子，生活不至于太封闭。

哪知她进了团契，得了诸位的帮助，进步神速。她本善良，深具爱心，性情单纯，对小女的态度因此有较大的改观，还时常检讨反省自己的过失，这在以前是没有的。

我承认我是个罪人，但现在还不是在主的名义下承认。

我再次衷心祝福我太太获得新生，我虽然不是基督徒，但可以给是基督徒的太太做好后勤保障工作，不让她有太多的尘俗之忧，安心敬奉耶稣，也算我对主的周边奉献吧。"

冉云飞在他的一篇文章《在中国，我为什么不敢作一个基督徒》中写道：

我为什么至今仍没有信主的欲望呢？不是没有欲望，而是自己没有勇气。

以我俗人的眼光，对基督徒总是挑剔的，在我看来，有些基督徒还不如我做得好。基督徒中就没有说谎的了么？恐怕也没有多少人敢这样打包票。

在中国，要做一个完全诚信的人，几乎没有可能。

不撒谎这一条，或许就是我一生都难以逾越的山峰，与其我成为基督徒后，依旧在那里说谎犯罪，还不如作为一个世俗的罪人，以度残生。

但我并不甘心曳尾于途，对此，我深感困惑。

我要说，在中国，我真的不敢作一个基督徒。

去冉云飞家"尼哥底母查经班"查经

2018年4月，我去冉云飞楼顶书房的尼哥底母查经班。

八楼，门敞开，来者不拒。

我迟到了，坐下，数了数，约80多个人。

福音改变了冉云飞，每隔两周一次查经，你把自己的家门打开试试？

查经后，冉云飞请吃午饭。

席间，亚东问我："当年是不是你总是给蒋蓉打电话？她说，当时她也是多有压力的。"

冉云飞的太太说："后来蒋蓉也是常给我打电话，邀请我去她家里聚会。"

那天，我儿子贝贝印象最深的是冉云飞的柔和。

冉云飞送了我儿子一本他的见证小册子，他在见证上签字的"冉体"，神采飞扬。

儿子说，上帝专门要"收服"像冉叔叔这样狂放粗野的人。

有人不相信，说：冉云飞怎么能够成为基督徒？

儿子说：人是会改变的！

2020年6月16日，看到基督徒心理咨询师贾佑春写微信：

"冉老师是着名学者、大才子，他被神得着，心意更新改变。现在连长相都变了，真是'美得惊动了中央'。只能说，荣耀归给上帝！"

我就问："他的长相以前是啥样子？现在又是啥样子？"

贾佑春回复我说："长相变得慈祥了。以前一脸骄傲与匪气，现在变得慈祥好看了。"

"是啊，他现在平易近人，文雅柔和了！我画了他，海文说我把他画文雅了。因我对他如今的文雅柔和印象很深。"

2020年6月19日

31 画名：《窗》，纸板油画；24x36in，2016

你的话是我脚前的灯，是我路上的光。（诗篇 119:105）

冉云飞：以信求知之四：对简·亨特《优雅的福音》一书的分析评述

3月10日晚上的一个分享："一个人他相信上帝，他撒谎的概率相对说来比别的人就要低。即使撒了谎过后，他也不会振振有词啊。比如像我们现在，不能说100%不撒谎，但你成基督徒过后，你撒谎之后会良心不安啊，你内心里面会觉得这个是很糟糕的事情呐，这是在违背十诫啊。你不像以前，说大家都在撒谎，所有人撒谎，撒谎不撒谎有什么关系呢。但你成为一个基督徒过后，你就不一样了。美国人讲究诚实，并不是美国人天然就比中国人讲究诚实，而是因为他们受十诫、受基督教影响的结果。而且诚实也给他们带来了很多现实的好处，以及彼此的信任。"

邀请中学同学张晓青去冉家

2018年5月5日，我邀请中学同学张晓青去冉家参加针对慕道友的尼哥底母查经班。尼哥底母查经班是人数增长最快的团契。

大慈寺30号门口，我甘心等候中学同学张晓青。

在1989年5月，张晓青邀请我去他父母家聚会，他是我信主的引路人。

1989年5月的成都

1989年5月中旬，我到天府广场看望静坐的学生们。

我的内心对眼前的喧嚣很木然。

大学领导为了让学生们不要在广场静坐，安排我和另外两个老师把80个学生带去九寨沟，进行为期一个星期的写作实习。

1989年5月的一天，我在去菜市场的路上，迎面遇到张晓青。

1989年5月,晓青邀请我去他父母家聚会,他是我信主的引路人。
2018年5月5日,我邀请中学同学晓青去冉云飞家参加尼哥底母查经班。
大慈寺30号门口,我耐心等候晓青。

32 画名:《高中同学晓青》,布面油画;8x10in,2017

他说:"星期日下午在我家里有聚会,谈基督教的话题,也许你会感兴趣!"
我说:"好。"
5月15日星期日下午,我去了三间房红砖楼3楼。

姐姐爱仁非常安静，喜欢读书，总是在学习圣经，灵里很成熟，性格温和，话不很多，她是家中的老大。
妹妹爱义喜欢做饭菜，去菜市场采买食材，卖菜卖肉的人都认识她，从市场回来，她做一大锅肉和菜，做饭是服侍的重要部分，一定要在一起吃饭。
爱义常常烤香蕉蛋糕，喝咖啡，弹吉它，教我唱了很多赞美诗。
爱仁和爱义是不是像圣经里的著名的姐妹俩：马利亚和马大？
——林鹿

35 画名：《菲律宾庄氏姐妹》，布面油画，24x29in，2015

菲律宾庄氏俩姐妹

庄爱义姐妹1987年在厦门学习的时候，去厦门教会传道人杨心斐姐妹的家聚会。杨心斐姐妹因拒绝参加"三自会"和拒绝放弃信仰而被迫度过15年监禁与劳改岁月。

当妹妹庄爱义来成都，杨心斐姐妹为她介绍成都郭静娴阿姨。

在郭阿姨家，我第一次见到菲律宾姐妹庄爱仁和庄爱义。

两个姐妹的笑容吸引了我，从心底透出的笑。虽然彼此语言不通，我读懂了笑容。

那一瞬间，我如同钨丝通电了！心灵的灯泡亮了，圣灵显现，如同旧约里的摩西看见荆棘燃烧的火！

我想，她们是外国人，与我没有关系，为什么她们会爱我？

"发光的笑容，是我没有看到过的，充满喜乐和爱的笑容……"

我羡慕姐妹的笑，是因为我笑不出来。真正的笑和假装的笑截然不同，强求不了。

看似不费吹灰之力，背后有不平常的预备。

5月15日下午，我观看姐妹俩带来中文版的录影带《耶稣传》，这部影片根据《路加福音》拍摄。

在萤幕上,我看到马太正在高兴地数钱,耶稣走过他身边,停了下来,轻声对他说:"你来跟从我。"

当时我很羡慕马太。听到主呼唤马太,我的第一个反应就是:"主耶稣会不会也这样呼唤我呢?"

我心里说:"主啊,你若是呼唤我,我愿意跟随你。"

我羡慕门徒在旷野跟耶稣走,我也愿意跟着耶稣走。

我辛苦地寻找、尝试,始终不知道自己到底要什么。找到的,一到手就觉得不是我要找的。

看到耶稣,我的灵魂马上反应——我终于找到了!原来我一直寻找的就是耶稣。

我没读过圣经,没有神学知识,没有问题要问。

"如果你愿意接受耶稣为你的救主,请跟我做一个祷告。"

我跟着祷告。我需要耶稣。

爱仁和爱义用《耶稣传》将福音传给我;后来,我也常用给人看《耶稣传》的方式传福音。

我曾给邻居老杨和黄姐看《耶稣传》录影,他们也信主了,如今在加拿大多伦多的华人教会当牧师。

两位菲律宾姐妹邀请我到西南民族学院留学生宿舍里做客。

我学会的第一首赞美诗是:《我爱你,主》。

可惜,姐妹俩很快离开了成都,去西藏学藏语。

爱义祷告中听到神要她去西藏少数民族地区,给未得之民传福音,她们离开了成都四年,去了西藏拉萨学习藏语。

1996年她们回到成都,我们再次相见。

多年以后,爱义坦白说,她1996年回来后,内心有些泄气,因为看见我们信主后并没有成长,觉得自己没有结果子。

人都会着急的,但神不着急。

人看不见果子,并不等于没有果子。

34 画名：《结交纪念日，1989年5月15日》，布面油画；24x24in，2019

回头想想，如果1989年没有菲律宾姐妹俩传福音给我，也就没有后来的秋雨团契。

秋雨的人只有冉云飞在1989年圣诞节见过她们姐妹一面。

2020年6月17日，我找出当年的照片发给冉云飞，那时，他是长头发。

冉云飞："这么早的照片啊，大约是多久呢？家里已经有十字架了。"

"1989年圣诞节"。

冉云飞："深深感恩，第二天我就下马尔康了。感谢主。"

我才看见了姐妹俩与秋雨的联系，意识不到的遥远的呼应。在神的国度里，天使看见隐藏的一节链条，在我写回忆录的最后一刻，才显示出来。

2020年5月15日，是我信主31年的纪念日。

记录片《火种》

我接到了王芸通过微信发给我看马云乡村校长计画的记录片《火种》。

《火种》采访记录几个彝族自治县小学校长的梦想与追求，致敬所有点燃乡村教育"火种"的乡村校长，微博视频。《火种》间接讲述了菲律宾姐妹帮助支持的三所彝族小学的故事。

观看纪录片《火种》，看见彝族小学老师写的信，我看见她们早已身体力行地公共参与，社会参与，两个姐妹从岛国来，生活在我们中间，是真实的麦粒。

爱义说："赞美主，荣耀归给神！"

尊重历史真实，纪念主的使女。秋雨，彝族民办小学，花开两朵，各表一支。

王芸告诉我："2004年开始，她们在凉山帮助多所彝族民办小学，纪录片《火种》里的三所都在喜德县，西昌还有小学，也发展得不错。应该说她们是在这些小学校刚刚起步，最困难的时候帮助了他们，让他们能够坚持下来，她们默默付出，一直很低调。"

我也记得每年圣诞节前，我的姐姐常常陪同爱义去成都火车站附近的荷花池市场买大量的鞋，书包，帽子，袜子，文具，衣服邮寄给这些残孤孩子，给生活费住宿费，助学金，每月220元。2005年拉自来水管到爱心小学，解决饮水困难。修水库，修厕所，修教室，买书桌，买彩电。

当年在姐妹俩租的房子中，我不时遇到有从彝族地区来的姑娘和小伙子，他们参加技术培训，我们曾经一起吃饭，我也记得有个女孩生病，姐妹俩带她来成都看医生的。

在2008年，她们曾为电视片中的爱心小学修建教室，瓦厂小学就是电视片中介绍的第二所小学，有些小学生写给她们的信，虽然影片里提了菲律宾朋友，不会直接说姐妹俩的名字，也不会提基督徒，但小学生们得到了实惠，小学校长和老师得到了鼓励和扶持，就够了。

当影片快结尾时，小学生们唱《云上太阳》，"无论是住在，美丽的高山，或是躺卧在阴暗的幽谷，当你抬起头，你将会发现，主已为你我而预备。云上太阳，它永不改变，虽然小雨下在脸上，云上太阳它永不改变！"

后来政府开始重视这些民办村小，还被纳入马云乡村校长计划，马云公益基金会，小学校长还出国考察，发展大了，这都是神的祝福。

彝族小学老师写给姐妹俩的感谢信

感谢信1

我们虽然隔着数重山，但你们的心里装着我们，我们的心里装着一首感谢的歌。我们的心永远在一起。感谢这么多年来你们对我们学校的大力关心与支持，有了你们的帮助以后，我们学校在不断发展与进步，呈现出蓬勃的生机，出现了雾里花开的景象。一些渴望上学的贫困儿童回到了校园，呼吸着春天的气息，让新时代的苗圃灿烂微笑。

你们的恩情象春天的甘雨，滋润着我们的孩子苗壮成长，在寒冷的冬天，我们的学生享受着你们奉出的温暖，你们的爱心洒落在校园的每一个角落，你们的奉献精神，将指引着我们的孩子健康成长，我们将永远切记你们的恩情，俗话说："一花独开不是春，万紫下红春满园"，相信有你们这些海外朋友的奉献，世界将会变成美好和谐的人间。

感谢信 2

尊敬的菲律宾朋友们,你们好!

首先,我代表全校师生致以最真诚的问候:

我校很高兴能结识你们这些异国的朋友们,我校从前奢望过我们这贫穷的小山村能得到他人的关注与帮助。

这里没有丰富的矿产,这座小山村深幽而贫穷,百姓们永远都依靠那仅有的一点点土地维持着生活,孩子们的学习条件很是艰苦。庆幸的是,你们不辞辛苦,从遥远的非律宾跨过大海,千里迢迢来到这贫穷的小山村,给我们送来关怀与帮助。

我们属于不同的国家,但是同属于一颗星球,只是那一座座山、那一条条河拉远了你我的距离。世界本属一体,人类本应该像你们一样,相互关怀,而不像有些人唯利是图。

慈善,一个神圣而崇高的职业,你们有着高尚的情操,总是在默默地付出,你们用自己的汗水让别人得到温暖与幸福。

亲爱的菲律宾朋友们,谢谢你们对我校的关怀与帮助,你们有着一颗颗善良、炽热的心。

正因为社会有慈善这个平台,有你们这样善良的人,我们的社会更加的进步与繁荣。世界需要你们这样的群体,我们每个人都应该像你们一样,用一颗善良而炽热的心去对待别人,用我们的爱架起一座座友谊的桥梁!

感谢信 3

我代表全校师生致以最高的敬意,感谢你们的关怀与帮助。孩子们的学习条件因为得到你们的帮助正在逐步改变。今后,我们全校的老师会更加努力的工作,会付出更多的汗水,好好的去教学,好好的培养他们,让他们将来也成为一个个和你们一样对社会有用的人才,给予你们最真诚的回报!我们的孩子们说,你们是天使!因为你们有着天使般纯洁善良的心!孩子们说了,他们要以你们为榜样,要好好学习,将来也要像你们一样去帮助那些贫穷的人们,孩子们还说,他们也要当关心别人的天使!

亲爱的朋友,你们给我们带来暖暖的情,让孩子们看到新的希望:你们给我们帮助,让我们感受到了世间的真情。世界原来是如此的美好,因为有一群和你们一样可爱的人。你们值得我们尊敬、值得整个社会尊敬!

古人说:"仁者,能行天下者,仁者,人人敬之,人人爱之",你们是仁者!彼岸的天使们,愿我们的友谊依旧,让我们携手共创美好的家园,一起构建一个和谐、美丽和充满爱的世界。再次由衷的感谢你们这样美丽的天使,感谢你们的关怀与帮助!愿我们的友谊万古长青!祝你们一生幸福、快乐!

中国四川省凉山州某小学

二00八年九月一日

感谢信4

首先,2065名村民向你们表示衷心的感谢!

你们爬山涉水来到我们村,帮助我村的农业技术培训、妇女保健培训、社会公德培训。五年来有30多次,参加人数900多人次,帮助扶持贫穷的村民子女上学读书。给80多户420个村民接好了自来水,投资了四万多元,给人民送来了最干净的饮水,改变了饮水困难,减少了疾病,发展了生产,增加了经济收入,经济增长10%。

我们在你们的帮助下,要学好各种技术建设好自己的家园,自己的村庄,培育好下一代。保护和管理好在你们帮助下建议起来的安全用水工程。

2006年2月7日

感谢信5

我社区总人口85户480多人,多年来饮水十分困难。村民们生活十分困难,苦不堪言,无法正常生活。

你们帮助修水渠,从一处水量较大的地方引水下来,解决了村民多年的饮水困难问题,让村民喝上了干净的水。"喝水不忘挖井人",感激之情,无以言表,特写信表示感谢。

合作说明

为了使瓦厂小学的学生和社区的妇女有宽敞明亮的教室和培训基地，共同修建了五间教室。

修教室共用贰万捌千玖百元正（28900元）。厕所和厨房正在修建中。还为我们学校送来了三十一套课桌和一个书柜，一台DVD和一台彩色电视机。

教室用于学生上课和社区妇女培训使用。厕所供全校师生和附近村民使用。厨房供全体师生使用。DVD和电视机供学生和社区妇女培训使用。学校的教室、书柜、DVD、电视、课桌、厨房、厕所、房屋的卫生的损坏由我们管理负责。

2006年10月23日

王芸回忆："爱仁和爱义在西南民族学院学彝语时，是最早向我传福音的人，她们带我们查经、聚会、赞美、祷告好多年，帮助我们在灵里成长，是我灵里的母亲。"

"1989年下半年，姐妹俩向一个在西南民大上学的朋友传福音后，这个朋友带我去跟她们认识，大姐向我讲耶稣基督的救恩，大姐在北京大学读汉语，她的中文说得不错，那时爱义还不能用中文表达。我跟你也是在她们在西南民院的宿舍里认识的呢！"

"两个姐妹在中国住了30多年，现在退休回马尼拉了。但福音的种子还在继续成长。网上看到翻译成彝语的赞美诗奇异恩典，彝族赞美诗，也是她们结的果子。"

姐妹俩的父亲是很早从福建去菲律宾马尼拉的中医，但很早就去世了。爱义成了家里的主要劳力，挣钱能手，自己当老板。

后来，妈妈鼓励爱义走上专职服侍主的道路，妈妈对她说："你以前是做地上的事，现在应该做天上的事了！"

爱义姐并不是执意单身，她曾经想成家，也向往爱情，她总是把家布置得很美，每顿饭都亲自下厨，美味可口。

我们那时觉得谁若娶了她，谁是真有福气。自从她来到中国，恋爱机会不如在菲律宾多，她把时间精力都放在爱主爱人，成家的事渐渐就放下了。姐妹俩虽然单身，但充满活力，自由自在，服侍主有真实的喜乐满足，我喜欢去她们的宿舍，非常享受那里属灵的氛围，她们那里总是充满了笑声和歌声。

姐姐爱仁非常安静，喜欢读书，总是在学习圣经，灵里很成熟，性格温和，比较随同中国籍父亲的传统，话不很多，她是家中的老大，下面有6个弟弟妹妹，她放手让妹妹做饭。妹妹爱义更偏于菲律宾热带岛国文化，比较随菲律宾籍妈妈，她喜欢做饭菜，去菜市场采买食材，知道如何选择菜，她是大买主，卖菜卖肉的人都认识她，她与小摊小贩关系自然友好。从市场回来，就做一大锅肉和菜，这是我最早体验过的学生事工的特点，做饭是服侍的重要部分，一定要在一起吃饭，气氛放松，若先学习圣经，学完饿了，马上就有好吃的，或吃得很舒服，再开始学习圣经。

　　当时留学生宿舍是公用厨房，厨房里总是爱义在使用，偶尔才有别的留学生来冰箱拿东西。

　　爱义常常烤香蕉蛋糕，她都按照食谱制作，我曾经在她的指导下做过香蕉蛋糕，放多少个鸡蛋，多少杯水，油，烟，糖，都严格按照写在小本子上的条款，我喜欢吃香蕉蛋糕，就是从那时开始的。喝咖啡更是她的爱好，爱义弹吉它弹唱赞美诗，教我唱了很多赞美诗。

　　姐妹俩像圣经里的姐妹俩，一个是马利亚，一个是马大。

　　姐妹俩是主的使女，向我展现了道成肉身的具体样式，不是复杂的，学者型的，主耶稣透过她们真实地临在我的面前，信仰主是容易的。我读的不是厚重的沉甸甸的神学书籍，我不是闭门呆在书房里，我读着鲜活的被深深地打上圣灵印记的生命，不在纸上，不成为一种枯干的书本知识我不在乎深刻，甚至会反感学究气，我愿意浅显易懂，我不为我的简单害羞，她们有亲和力，融入其中，一起变成了小孩子的样子。

　　姐妹俩鲜活地把她们的信仰实行出来，属灵的香气弥漫在我的四围，她们是属灵生命的姐姐，我喜欢姐姐的呵护，姐姐不看重权柄，不给我重压，不教条，她们是绽放着喜乐和满足的多彩芬芳的花园，我流连忘返，香气浓郁，潜移默化的影响，我一直视而不见，好像呼吸空气一样，被我长久忽视了。

　　她们是自由的生命，不刻板，不刻意，行云流水，没有压力，喜乐是她们的生命记号，也成为我的生命记号。

　　天父通过她们的扶持，将我挪移到了热带岛国，文化水土转换，不至于因为历史负担和重压而扭曲变形，这出于恩典和智慧的引导。

2020年6月12日，爱义62岁的生日纪念日

一大早，我在花园中对着百合花丛唱了一首歌，录成视频，通过脸书发给了在马尼拉的爱义。

我附上说明：这是你教我的第一首赞美诗："我爱你主！我向你高歌，来敬拜你，我的灵欢喜，愿主享受我心灵的敬拜，愿这歌成为你耳中甜美的声音！"

爱义听了，还转发在她脸书朋友圈中，她回复我："荣耀归给神！上帝在你的生活中作工，上帝使用你，看到你在主里成长，我真是高兴。我很蒙祝福，上帝是信实的！赞美主。"

以前爱义过生日，我们都会开生日庆祝会。

当年我不懂为什么爱义要把生日看得那么重要，家庭教会的人没有谁会提倡过生日，我们的文化环境不讲究，但爱义很重视，她会邀请我们吃饭，她将过生日作为庆祝神创造她的日子，满怀喜乐和感恩之心，是爱自己的一种态度，潜移默化地传递给了我。

感谢主使用她们姐妹俩，祝福了许多彝族贫穷孤苦的小学生！也祝福了我们这些住在成都的大学学生和老师。

庄姐妹俩现在都退休了，回到了马尼拉。

我托以纯师母把《秋雨麦粒》繁体字版纸版书从香港带到了马尼拉，也把翻译后的英文版发给庄爱义审阅。这是从马尼拉菲律宾写给我的回复：

"I was so touched and almost cry of your testimony and letters from Yi schools. God is faithful, Glory to God! God bless you, Sister！ Aida. Nov 18, 2022"

停止聚会的损失

1989年刚信主，我去几个老姐妹的聚会，只有一个弟兄，姊妹们只听道，弟兄讲道，气氛凝重，去了不久，我停止了聚会。

我不懂怎样与主建立个人的生命关系，我不愿为了小事求告主。

然而生活由无数小事组成，没有小事，会失去具体经历神的机会。

1995年8月14日，我的十年婚姻，因他持续一年的外遇，以协议式离婚划上句号。

"我现在最能体会主耶稣在十字架上所说:'父啊,你为什么弃绝我?'目前,我在经历一种弃绝,求主让我能顺服。"
——郭静娴

35 画名:《郭静娴阿姨》,布面油画;16x20in, 2016

我说,那你走吧!

离婚,是我生命的一次根本性的转变。

那天深夜,我对主说:"我靠自己,结果是这样了。若我继续靠自己,我只会重复失败。从今以后,我将自己交给你,靠着你而活。"

神听见了。

家庭教会带领入郭静娴阿姨

郭静娴阿姨是同学张晓青的妈妈,成都某医院内科医生,张鹏云叔叔是420工厂的工程师。

耶稣又对众人说：若有人要跟从我，
就当舍己，天天背起他的十字架来跟从我。
（路加福音 9:23）

36 画名：《郭阿姨的十字架》，
布面油画；24x30in, 2011

　　郭阿姨小个子，温柔贤淑，张叔叔高大英俊，只微笑不说话，郭阿姨是聚会的带领人。

　　他们是老基督徒，因为文化大革命运动的压力，很久没有聚会。文化大革命结束，夫妇俩重新恢复家庭聚会，有几个邻居老太太们前来聚会。1989年成都，我的信仰是从她家里开始。

　　我的妈妈也信主了，妈妈每周去郭阿姨家聚会，继父会送妈妈到郭阿姨家楼下。

　　他支持妈妈聚会，他没有聚会。

　　妈妈回家后，把每次聚会学习的内容讲给继父听，继父把重点抄写下来，贴在墙上。

　　妈妈在郭阿姨家学唱很多诗歌，赞美诗选自紫红色封面的《诗歌三百首》小册子。

　　妈妈也是在郭阿姨家受洗的。

　　妈妈对继父说："我们俩再好，总有一天会分开，你若受洗，将来我们在天上还会见面。"

那天，从下午1点到7点，我陪着妈妈和继父，哥哥嫂子坐在郭阿姨家，等内江的弟兄来施洗。足足等了7个小时。

我很担心继父半途退出，但妈妈和继父坚持等，那位弟兄终于来了。

妈妈临终前，对我说："郭阿姨说，这个世界只是旅馆，我们真正的家在天上。"

2002年1月16日，妈妈的追思礼拜上，郭阿姨对人们讲了信仰见证。

郭阿姨："天天背起你的十字架跟随主"

2011年11月19日，我画星空，为张鹏云伯伯祷告，听说他脑溢血住在医院，插着呼吸器已经一年了。

星空意味着创造主的无限，人在这个小小地球上受苦的目的是什么？

当我面对苦难，仰望创造主，赞美神，进入属灵的争战。星空与死亡和苦难联系，也与永恒相连。

仰望无穷的苍天，信主的人会暂时受苦，到了那边，不再有眼泪，不再有病痛，不再有夜晚。

郭阿姨说："听到你的电话，太意外了。我现在也不记得号码。你妈妈走了有十年了吧？我在医院，已经一年了。张伯伯脑溢血时，我打3个孩子的电话，都没有喊到孩子。最后喊120到医院抢救，输血300CC。现在，张伯伯一直昏迷不醒。他的气管切开了，不能说话。他住在420医院，外二科脑神经，5楼。"

郭阿姨继续说："我现在最能体会主耶稣在十字架上所说：父啊，你为什么弃绝我？目前，我在经历一种弃绝。诗篇23篇中的话，'你的杖、你的竿都安慰我，在我敌人面前，你为我摆设宴席'，一直安慰着我。我紧紧抓住这句话，我生命的粮食。你为什么弃绝我！求主让我能顺服。马太福音16:24，耶稣对门徒说：'若有人要跟从我，就当舍己，背起他的十字架来跟从我。'路加福音9章23节：'耶稣又对众人说：若有人要跟从我，就当舍己，天天背起他的十字架来跟从我。'"

郭阿姨问我："是背起谁的十字架？你在神学院里是怎么读的？我现在不是背孩子们的十字架，每个人要背起自己的十字架来跟随主。我5岁就没父亲。我是家中的老大，寡母带5个孩子。今年我已85岁了，对诗篇23篇深有体会。初中时我去了鼓浪屿的营会接受主，陈胜利给我传福音。若不信主，我不可能活到今天。"

"有个姐妹送报纸，煮鸡蛋，天天来看望我。我现在享受苦难中的宴席，是神的怜悯，虽然我含着眼泪。"

"你什么时候回来？不管在哪里，我们在地上在天上都还能见面。"

打电话后，我请姐姐代我去医院，看望郭阿姨和躺在病床上的张伯伯。

姐姐请求拍一张郭阿姨的照片，郭阿姨同意了。

病房里很暗，照片不清晰，郭阿姨仰面仰头的侧影，透露着坚强，不屈服。

郭阿姨在面对苦难时，仰望主的十字架，背起自己的十字架，是信仰生活的常态，十字架的光芒四射。

2013年，郭阿姨安息主怀。

"好的，以后我不拖堂"

我等晓青，耐心等候。等的时候，我回忆着我信主的经过，想念着郭阿姨，张伯伯。

若我不等他，他就不肯来。

院子对面是一个新开的高档商业区，太古里。

大门口旁边有个店，卖小点心。

等了一个多小时，他乘计程车来了。虽然迟到了，但他来了就好。

查经聚会中，看见椒盐酥摆在盘中，我连着吃了好几个椒盐酥，津津有味。

我还邀请了老朋友夏，夏也来查经了。

第三天打电话，夏告诉我说：他身体的需要，到时间必须吃东西，11点多就一定要吃，冉云飞拖延时间是不好的。夏说以后要好好研究圣经，建议冉云飞不要等所有人都提完问题再回答，应该选几个问题先回答和探讨，时间到了，就可以打住，不要拖堂，不然以后他就不想去了。

我把夏的建议转告冉云飞。

冉云飞温和地说:"好的,以后我不拖堂。"

太升北路江信大厦聚会

2018年5月6日早上,我坐地铁去太升北路江信大厦,参加主日聚会。

主堂已经没有位置了,我只有在过路走廊处找到椅子坐下。

旁边坐着一个穿白色衬衣的高大的弟兄。

我面对着电视萤幕上的王牧师,拿出手机拍摄照片。

这位弟兄说:"网上都有照片。"

圣餐主日,他一次一次地提醒我:"你不能同领圣餐。你一定要先与长老约谈。你坐下。这是对圣餐的尊重。"

聚会后,我走进大堂,中学女同学认出了我,喊我的名字。

我看见冉云飞旁边有空位,是最后一排,我坐在冉云飞的身边。

会员留下来听短宣队报告,两个女生报告,提到在派出所,衣服要脱下来接受检查,这是羞辱。

她想起《密室》里的两个姐妹,在二战集中营里,经历过这样的羞辱。

她突然明白:主曾经被他们脱光了衣服!

我滞留着,久久不愿离开。

深红色的讲台上,花篮插着金黄色向日葵。

一弟兄正在把椅子搬开,钢琴也移开了,很认真地清扫。

我买圣经,一摞摞的黑色体恤衫,纪念5·12大地震。

王牧师和师母已经离开了教会，我接到蒋蓉的电话："你在哪里，怎么没有看到你？"

蒋蓉请我5月9日下午去家里。

在江信大厦，我划了一个有意味的圆。

我怎么会知道2018年12月9日之后，那里会"充公"呢？

与冉云飞微信交流

2020年5月6日，我通过微信联系冉云飞。我说：

"我正在写回忆见证，其中写到了与你有关的交往，因为2005年1月你带我去北门火车站茶馆，才第一次见到了他们。

我也在网上读了你的几篇文章，我不会全文录用，是摘录其中的一部分，我要先征求你的同意与否，如果不行，我完全理解，我会尊重你的。感谢主使我们很早认识，要倒退到八十年代末开始。请你考虑一下后，给我一个回复！祝全家福杯满溢！

我会摘录一些段落的文章有以下这几篇：

第三次受洗仪式，冉云飞观礼感言

冉云飞：在中国，我为什么不敢作一个基督徒，

冉云飞信主见证：一个不肯对自己绝望的罪人

九十犹侠半醉翁：张思之为冉云飞辩护记 摘

愚人：从猖狂作家到谦卑的工人冉云飞"

冉云飞回复我：

"感谢主，你尽管写，愿神使用你的笔使用你的心意为那受冤屈的弟兄姐妹做见证。

愿神赐福你在国度上与我们的同工，愿神纪念你从祂而来的爱。

冉云飞问安"

节选1:
冉云飞信主见证：《一个不肯对自己绝望的罪人》

"我从小生在一个相当贫穷的乡村家庭，因为不知道自己的父亲是谁，也没有得到过应有的父爱，故内在里面有一股特别强大的男子汉气概，被母亲培养出来——如小到"男人吃饭如虎"，大到"做人当如大丈夫"的教导，觉得一定要自己刻苦自励，要保护自己，强调自我奋斗，特别相信自己的能力。

我太太朋友不多，深居简出。2005年冬天我到美国访问，行前怕太太寂寞，就给她说你到王胖子（王怡的绰号，彼时我写文章常用王胖子怡）他们那里去耍嘛，他们有个学习圣经的小组，应该很好耍。一个月后我由美回来，她信主了，其速度之快，堪称神奇。

2006年4月太太信主受洗，王怡牧师邀请我这刚硬的人前去观看受洗礼仪，并且让我讲几句感想。

其实，我内心里面有一句话一直没说出来：像她这样的罪人的确早该信主了。罪人信主了，像我这样的"义人"才能好受点。

王怡牧师也时常给我送他所写的书，世俗的如《不服从的江湖》等，赓即读完；而《与神亲嘴》之类，则束之高阁，根本没有翻看的欲望，甚至觉得这标题不洁。他依然不以为意，还是一如既往地来看我。

自此妻子常去教会，女儿就说要跟她去教会。

女儿也渐渐信靠上帝，直至2014年受洗归主。2011年8月我从监狱里面出来，看到不到十五岁的女儿在我系狱时写的祷词，实在令木石动容，每看一遍我都默默流泪。同时看到王怡牧师写给我的文章《火焰肯定是存在的》，"最后轮到冉云飞，他缓慢而沉稳，石破天惊地说，去年，我找到了我的父亲。当时，我的泪水，如我此刻打字，就浸满了双眼。如果我知道他两周后，就会被政府拘捕，我后悔，我为什么没有哭出声来。"我深深为之感动。心中暗想，有上帝的光照的人果然不一样。但感动归感动，我依旧刚硬如常，没有接近上帝的欲望。

2012年冬天我出差到贵阳，在饭桌上，我的师弟阿信借我的书两年了还没还，又不说何时还，惹得我非常生气，因为书就是我那时的理想化崇拜和欲望之所在。说到兴起，趁着酒意，我就把杯子朝他摔去。哪知他竟然不以为意，还笑嘻嘻地说，师兄，像贵阳一样，在你们家开个尼哥底姆查经班吧，怎么样？我自知风度欠佳，理亏缺德，于是顺坡下驴地承认下来。

2013年6月8日，我家就开设了一个两周一次的尼哥底姆查经班，由王怡牧师与李英强弟兄带领。这样一来，信主其实就是迟早的事了。正如《罗马书》所说，通道是由听道来的，听道是从基督的话来的。诚哉斯言。

《圣经》说怨恨就是杀人，我在想老天爷，我连自己最亲的人，我都杀了几百遍了！女儿、母亲、妻子等等，不一而足，我都杀过很多次。爱无能是我们人类深深的罪性，这种罪性贯穿我们人生的始终，没有任何人有例外。

2015年10月31日李英强弟兄带领我们尼哥底姆查经班，查考《罗马书》十三章。

轮到我分享时，我从藏在书堆后面的坐位上站起来，讲的第一句居然是"我今天绝志信主"。我自己也吓了一跳，回过神才认定自己说了这样的话。查经班的朋友们都愣了一下，没有回过神来，接下来我真正开始分享时，大家才开始鼓掌。感谢主的大能，使我认识到自己无处不在的爱无能，以及在公共生活上的自义，拿掉了阻挡我信主最坚硬的对掌权者的服从的理解。

自从1987年有人给我传福音以来，我就像一位逃犯人一样，几乎每年在许多地方都有人给我传福音，我被"福音"追捕了二十八年，终于在2015年10月31日马丁·路德九十五条改革论纲发表的498年信主。我四十六岁寻到肉生之父，五十岁寻到我在天上的父。五十年寻父的悬疑剧于斯闭幕，但信靠在天上的父，在天路历程上奔跑，打那美好的仗，做光做盐，还只是开始。

节选2

九十犹侠半醉翁：《张思之为冉云飞辩护记》

2011年2月20日，四川警方将作家冉云飞从家中带走。2月24日，以"煽动颠覆国家政权"

为由，将冉刑事拘留。

张思之出任冉的辩护律师。四个月后，冉案被成都市中级人民法院以证据不足退回，六个月后的6月9日，冉获释。

"8月9号出狱了，当晚回家时已是晚上9时过，我打给沙河先生时，他简直不敢相信我是真的已经出来了。

8月12号，父亲在姐姐等亲人的陪同下，从故乡来看我，这是我们46年第一次相见。拉家常的同时，免不了要问到我为何坐牢，我就说是贵党所搞的文字狱嘛。他与我母亲一样是文盲，却就开口背章竭的《焚书坑》："竹帛烟消帝业虚，关河空锁祖龙居。坑灰未冷山东乱，刘项原来不读书。"

8月26日，张思之先生来成都看我。我特别感谢张思之先生为我当辩护律师，他诙谐地说："不就是流沙河夫妇叫我来的嘛。"

张思之先生非常严肃地说"你此次出来是多种原因促成，我所知道的煽动颠覆国家罪中，像你这样不予起诉的，几乎没有。你小子的运气好，政治气候微妙变化、外交努力等因素，并非是你在里面坦陈事实清楚，使他们没有找到所需证据。"

8月11日，美国驻中国大使馆通过法新社发了一条"美国政府希望中国政府全面恢复冉云飞自由"的新闻。当时美国新任驻华大使骆家辉即将履新，美国副总统拜登于17即将访问中国，20号至四川访问，并且在我的母校演讲。

节选3

愚人：《从猖狂作家到谦卑的工人冉云飞》

冉云飞在公知圈名气很大，人称"冉匪"。

老诗人流沙河在一篇写冉云飞的文章中说："我曾撰联一副送他。上联：'龙潭放尿惊雾起。'下联：'虎洞喝茶看云飞。'对着龙潭放尿，坐在虎洞喝茶，都要有胆有识才行。"

他经历的一个神迹就是突然戒掉几十年所依赖的酒瘾。冉云飞曾对朋友廖亦武说，酒精中毒是他为民主付出的最小成本。他常常像竹林七贤里的刘伶一样醉卧街头。他住七楼，妻子没法把他弄上楼，只好在传达室放一床被子，等他酒醒再抱着被子上楼。受洗之后，他突然不再需要酒，至于为什么他至今不明白，除了认为那是上帝的作为。

受洗后，他突然意识到以前从未承担过家务事，于是跟妻子说以后每天晚饭后我来洗碗；以前很多他应酬，常年不着家，现在却很少参加酒局饭局，除非为了传福音；以前他不顾及妻子，现在每天都要跟妻子一起学习讨论圣经；以前跟朋友聚会他是话语中心，基本是他说别人听，而且是"不服来辩"的霸气。现在朋友吃惊地发现他变得安静了，笑眯眯地听别人说。大家都说他连长相都改变了！

2017年10月在他和妻子的婚姻更新礼上，冉云飞说："信主以前，我觉得我冉云飞是个好人，有正义感而且付诸行动力的人。信主之后，在圣经光照下，我才认识到我是一个完全的烂人，一个无可救药的罪人，和所有人一样，毫无区别。人生最难的事是认识自己，感谢神让我认识到自己的本性，从而谦卑地归向祂。"

冉云飞为福音火热，他有一个电话本，凡去过他家的慕道友，他都把他们的电话记下来，下次他会挨个给在成都的人打邀请电话，他也邀请他的亲朋好友和读者参加查经。他有很多粉丝，他说，以前他在成都办讲座，不用通知，他们从网上看到，会从很远的地方赶过去，买票听讲座。现在，他打电话邀请他们到家里听他分享更好的知识，还有茶水款待，他们却不愿来。但冉云飞还是坚持打电话邀请。

他的名为反动居的书房并不算大，然而最多的时候有一百二十个人来，客厅书房不够用，冉云飞和妻子就把所有卧室打开，大家可以坐在床上听。夏天，他们一大早就把所有空调打开，以便人多时不会太闷热。

（注：我一直试图找到愚人的联络方式，请求他的授权，甚至也写邮件给发布愚人文章的机构负责人傅牧师，但我认识的线索都说不知道愚人是谁。说你不需要知道愚人是谁，只有神知道，在此本人感谢愚人对秋雨教会的成员的各样特别报道。我只好联系被采访人冉云飞，间接得到了授权。）

2020年冉云飞写给王怡的诗

2020年王怡生日前，冉云飞写诗，怀念他与王牧的弟兄之情。经冉云飞授权，收录此书。

《只做兄弟是不够的》

诗 / 冉云飞

回忆你给我分享福音时的笑容
想用美好词句赞扬一下
便兀自觉得俗不能禁
我总是歎息言语过于缏短
因你的爱来自于祂的汲深

云飞啊,我的好兄长
只做兄弟是不够的
神啊,禰若以为美
就许可我们做弟兄吧
一起为禰打那美好的仗
凭我这样恒切不停的祷告
奉我主耶稣基督得胜的名求
阿门!阿门!阿门!

2020 年 5 月 29 日半就,30 日改定

《木狗不是宠物》

诗 / 冉云飞

从门到窗子是十二步
从窗子到门是十二步
如同旷野的十二支派
约柜起行,大军猎猎
而你只有木狗开路

我从前风闻有你,现在亲眼看见你。
(约伯记 42:5)

37 画名:《约伯的苦难》,布面油画;
30x40in, 2017

个人踽步,却天使随行

保罗和西拉的歌声
穿越《使徒行传》
黄蜂引道,如鹰展翅
与你一同在禾场里遊行
高墙内外都是收割庄稼的声音
2020 年 5 月 29 日初就,30 日改定

《哥林多前书》十三章的眼泪

诗 / 冉云飞

昧爽读着这宇宙中最妙的道
我要躲着这个世界
还不好意思流泪
怕眼泪被这个世界笑话
因为一个五十五岁的男人
怎可如此！怎可如此！

现在想起你每次给我传福音
铩羽的背影，下次再来
一想到你的忍耐与爱
便自动想起《哥林多前书》十三章
就忍不住流泪，正在此时
键盘问我何以泪不能禁
我说系统催促你，人击打你
你能不键（激）动吗？

神啊，褔摸着我的心
他的妻儿与父母
我未能尽分毫之责
何等软弱无能？
为何还在波金痛哭？
一宿虽有哭泣
早晨便必欢呼

2020 年 5 月 30 日凌晨六时零五分痛哭，后慢慢收泪赞美神侯姐：读毕，感谢你的深情。其它没有什么需要改动的。高个子姑娘，是我们都写作，我到东北去看她，不是她来看我，也不是因书法。写赵红写得好，我那时不知道什么是爱，求神怜悯饶恕。另外写王怡的诗歌中，"梗短汲深"应改为"绠短汲深"。愿神赐福你手所做的工，祂必大大记念你这么多年所结的果。神实在细细布置，推展祂的国度，愿荣耀归给祂。

冉云飞问安
2020 年 7 月 10 日

第六章 "为星辰而激动"画展

> 林鹿的画是赞美诗,是充满谦卑的喜乐,不是充满骄傲的喜乐。这是林鹿与多数职业艺术家不同的地方。祝福林鹿。
>
> ——王怡

送画是陪伴他们的方式

2003年到2004年，天津地方的报纸和电视台都有林鹿画展的报导和专访。

2005年5月，成都文轩俱乐部举办题为"为星辰而激动"画展。

2005年10月，中央电视台的《半边天》节目专访我，做了一期节目：《我的礼物是彩色的》，并于当年11月16日在中央1台和10台播出。为了能顺利通过节目审查，编辑不直接说我的生命故事和绘画是出于神，而说成是因为艺术。

画展之前，王怡等人有个读书会，预备在文轩俱乐部的茶馆举办，惊动了有关部门，被干预取消了。

但是画展如期举行。

蒋蓉是画展开幕式的英文主持人，她穿着淡雅的牙白色中式旗袍，气质典雅。她的翻译使外国来宾能够听懂。

王怡在来宾留言簿上留言："林鹿的画是赞美诗，是充满谦卑的喜乐，不是充满骄傲的喜乐。这是林鹿与多数职业艺术家不同的地方。祝福林鹿。"

画展上，王怡说他喜欢《有血漏病女人摸耶稣》。我与他们夫妻在这幅画前照相了。

王怡还说：我喜欢神在旋风中对约伯说话那幅画。

2014年，我们回成都时，我和先生大卫特意把这幅画送到教会办公室，亲手交给了王怡，送画是我陪伴他们的方式吧！他们家客厅墙上挂着这幅画，我们在画前留影。

38 画名:《耶和华从旋风中回答约伯》,纸板油画;20x30in,2001

"那个人是便衣"

在画展上,每一天我都看见一个矮个子男人,坐在那里看报纸喝茶。

我说:"怎么每天我都看见你在这里呢?"

他回答:"我女儿在这里的英语班学习,我等她下课。"

我没有多想什么,当我和人聊天,人问我画画的问题,我都会回答,这个男子也都在一旁听着。

一个月后,画展结束,俱乐部的刘经理告诉我:那个人是便衣。

油画，一次邂逅促成的心灵日记

文／唐柯（成都记者）

林鹿，成都人的一个传奇。没有经过专业的油画学习和训练，却在海外和天津南开大学及天津美院这样的着名学府、专业院校成功、轰动地举办了个人油画展；并于05年7月在成都文轩俱乐部举办"为星辰而激动"林鹿贺倩油画展。普通人染指当代艺术，不但引起市民的好奇与敬佩，也引起了专家的肯定和鼓励。在她"为星辰激动的同时，我们也被她的勇气感动着"。

来到林鹿位于成都大学的家里，客厅、卧室、阳台的墙壁上挂满了她的作品，随心所欲的对线条和色彩的运用，给人一种心灵的震撼。当然除了震撼，我还深刻感受到她的随性，沙发、茶几甚至地上，到处都是她的书，而书房更是惨不忍睹，怎一个"乱"字了得。

她穿着她儿子军训时穿的略显肥大的T恤接受采访和照相。

坐在这样的她的对面，我也就放松多了，和她随意地聊着，缓慢的语速，带有磁性的声音（她做过电台主持人），让我听得忘了时间。我在陶醉中，三个小时转瞬间就溜走了。

凌晨零点，我依依不舍地离开了那个简单而不失格调的家。林鹿很快就会去美国内华达大学教书。

画画：一次美丽的邂逅

2000年，一个阴霾的下午，在马尼拉中央大学的图书馆里，看书看得疲惫不堪的林鹿痴痴地望着墙上的一幅油画。不知不觉中，她已经被这幅美丽的图案所吸引，也和油画结下了不解之缘。

她从旁边的同学那里得知，油画的作者竟是图书馆的管理员。顿时，她放下手中的书本，第一时间来到这个管理员的面前，用崇敬的目光看着他，狠狠地赞美了一番他的作品。没想到，他竟然把他的所有作品全部集中到图书馆的走廊。站在油画中间的林鹿，在移动中，在旋转中仔细欣赏着每一幅作品，幸福的眩晕。

"我画第一幅画的时候,老师站在我的身后静静地看着,让我自由地画,自由地表达我的感受。"她回忆着她第一次作画的情景,不由自主地透露出她的怀念和喜悦。

"这就是我的油画启蒙。可能我和油画註定相伴一生吧?我在大学时所欣赏的一个男孩就是画油画的。当时因为害羞,不敢表达自己的感情,我和他擦肩而过,但是,我却和油画结伴而行!"

作画,一次心灵的旅行

在林鹿家里,随意流览着墙上的作品,我的心情竟也会随着眼前图案的变化而起伏。母亲去世后,她对母亲的思念促成《送别》《在那一边》《子宫中的舞蹈》《五月的红樱桃》等一系列与母亲有关的油画;有她交出最后一份考试卷后,在心情欢娱时画的《放假了》;作为虔诚的基督徒,《主啊,我在包里祈祷》《马槽之歌》《大喜的资讯》等油画,又展示了她的信仰。

林鹿告诉我,当时她一个人在马尼拉,孤独和寂寞,学习的压力。她宣洩自己情绪的方法就是不停地画画。

她说,她的画就是她在用另一种方式记日记,记录她的心情和感受;就是她心灵的一次旅行,记录下当时她的心到底是在哪里,处于什么状态。她想到什么、看到什么、遇到什么、感受到什么她都会通过作品来记录。"我不会太在意我画完后的画会是什么样的,我只想记录下我那个时候的心情,但这样的'无欲无求'常常使我的作品出现意想不到的效果。其实,一幅作品的完成,就是在经历过后,那瞬间的冲动,就想把它表现出来。这是一种比语言更具有冲击力和震撼力的表白。"不错,当她的心旅行到什么地方,就会产生出什么样的油画。

画展:源于无知的勇敢

"林鹿的画没有传统的秩序,没有得心应手的经验,然而观者却可感应到一个有血有肉有情的人心灵的起伏跌宕。"这是天津美术学院造型艺术学院副院长孙建平对她的作品的评价。

我问到林鹿:"在天津美院那样的专业院校开画展,你心中没有担心吗?不怕那些专业人士对你的作品表现出不屑吗?"

林鹿微微一笑,"在天津美院开画展时,那些科班出生的大学生来参观,我的画没什么技巧和章法,但是他们都不约而同的羡慕我画中所呈现的那种自由和随心所欲。"林鹿说得轻描淡写,但我却深深体会到她对自己作品的认同。

她告诉我,没有经过专业的、系统的油画学习,心中没有条条框框,没有限制,只有拿着画笔、面对画板时的放松和激情;她的创作是一种对艺术的原始冲动。

我深切地感受到了她的简单,那种被她信念所支撑的不变的简单,那份率真,那份与实际年龄不相符的率真,那份震撼人心的率真,自然而然地形成了她独特的清新自然,贴近生活的画风。而她的清新之气,是专业画家所无法比拟的,也更容易被普通大众所接受。这就是林鹿的画的最大特点,也是最能吸引人的地方。

一个业余的油画爱好者,能够有这么多高水准的作品,开这么多让人惊艳的画展,勇气当然不能缺少。林鹿勇气的来源一是无知,二是信念,三是冲动,这份勇气也将使她渐入佳境。

为星辰激动——解读林鹿油画 / 周晓明

任何艺术作品都不是孤立自足的东西,对于它的理解不可避免地涉及许多关联域,如同德里达所言,一个符号的意义存在于与其他符号的关联中,即被其他符号留下的印记或踪迹所决定。用克莉思蒂娃的学术表述,就是缺少本文间的参照性。

并非刻意追求艺术话语权的非职业画家,在不经意地直抒胸臆中获得了很大的艺术言说能力和话语空间。林鹿的油画便是一个范例。

前不久,妻带回一本画册,天津人民美术出版社出版的《林鹿星空》。

我有点诧异,我与林鹿虽同在一城却从未谋面。仅从妻那里知道,林鹿是学中文的,后又在菲律宾国立大学读教育学硕士,现在成都一大学任教。她是虔诚的基督徒,平素爱画点油画,是位沉静而文雅的女士。

但看完林鹿的画册后，不禁有些肃然。

这是一座"火山"，就像南亚群岛上看似平静却行将喷涌而发的火山！

林鹿的油画，从表现题材看却可分为两大系列：一是"亲情"，一是"神魅"。

"亲情"系列，主要表现的是对母亲的眷念。其中有两幅画印象很深。一是《在那一边》，这是林鹿办完母亲后事，回到马尼拉所作。《在那一边》意即"彼岸"。画面上，河面辽阔而苍茫，岸边芳草凄凄，天空红霞乱舞，壮丽地孤寂……彼岸，人们日常经验中的"阴间"，在林鹿的画笔下被彻底巅覆并诗化了。古语云：境由心生。林鹿的诗化彼岸，无疑是身在此岸的她对阴阳两隔的母亲最真挚的美丽祝福。

另一幅名为《月下的思念和安慰》是与《在那一边》同一时期的作品。林鹿用象征手法画了一棵大树，代表其对母亲的思念。大树居中，占据了大部分画面空间，用色生猛，几乎未加调和便直接涂抹而成。树干挺拔如柱，树冠浓密如涛，在深蓝天穹背景的映衬下显得动感十足。在画面的左上角有一轮灰黄的满月，静谧而柔和。画面动静相衬，营造一种澎湃的温馨，彰现着人间真情的至善力量。"明月清风本无价，远山近水皆有情"。林鹿可谓品得其中三昧。

大概是笃信基督故，林鹿油画表现最多的是对上帝的赞美。

星空在上，星空无限。
除了肉眼所见的外在的星空，还有看不见摸不着的内在的星空。
星空回荡着大卫的诗篇8篇：
"我观看你指头所造的天，并你所陈设的月亮星宿，便说，人算什么，你竟顾念他？世人算什么，你竟眷顾他？"
你我都活在星空之下，你我也都有内在的星空。创造外在星空的大手，与创造你和我的，是同一双大手。你我的星空之歌，祂在倾听着。

39 画名：《星空之歌》，纸板油画；
13.5x17.5in，2002

但林鹿的宗教画与传统的宗教画却截然不同。

传统宗教画多是写实手法绘出的圣经故事,而林鹿表现的却是个人对于神的意象或意境。大都可将其视为人神交流沟通后的幻景,所以我把她的这个系列的画归为"神魅",即对神性的赞美。

这在信仰严重缺位的当代中国,无疑弥足珍贵。

《星空之歌》应该是这类作品的代表作。

大面积暗蓝天空群星闪烁,星空下一红衣小女正枕臂仰望。这幅画,采用了打破平衡的倾斜性构图,使得星空有种趋于无限的感觉,加之以挥洒流畅的笔触,方寸之间蕴含着宏大深远的意境,让人不得不像画面右下角的小女孩那样予以仰视,崇敬着耶和华的创造。套用康得的话"在上是灿烂的星空,道德律令在我心中"。人不单纯是官能性的动物,他(她)还会为遥远的星辰激动。这幅画与其说是对耶和华的赞美,毋宁说是对人性的极致——神性的讴歌。

林鹿的油画,从技巧上看,构图简洁、色彩鲜艳、张力十足。

《马槽之歌》可谓代表作。

按题名,这画是赞美耶稣的降生——圣诞。可是画面中并无马槽,画面中央只有一簇眩目的白光,被类似马草的棕褐色映衬着,围绕其间的是暗绿色的大地和火红的天空。顺时针旋转的笔触,使得圣诞之光成为彩色旋涡的中心。你可以说耶稣是平地而生,也可以说耶稣是自天而降,美丽不可方物。这幅画充分印证了苏珊朗格的论断:美,即有意味的形式。也正如林鹿自己所言:这是我唱的一首彩色赞美诗。

然而林鹿的油画,最难能可贵的并不仅在形式之美,而在于其间汹涌的激情、深邃的寓意。这大概得益于其女性特有的直觉和其深厚的学养,尤其是对神的敬畏。

《约翰福音》云:"一粒麦子不落在地里死了,仍旧是一粒;若是死了,就结出许多子粒来。"

题名为《种子的舞蹈和丰收》的油画,便是其画意的解说。

画面的中央是由黄色勾勒出的一个状如怀孕母亲的母腹,其间生长着一束花瓶状的麦穗,环绕四周的则是呈跳跃状的翠绿与金黄。这是我最喜欢的一幅画。它直指人类最为关

你们要看见一个婴孩,包着布,卧在马槽里,那就是记号了。"(路加福音 2:12)

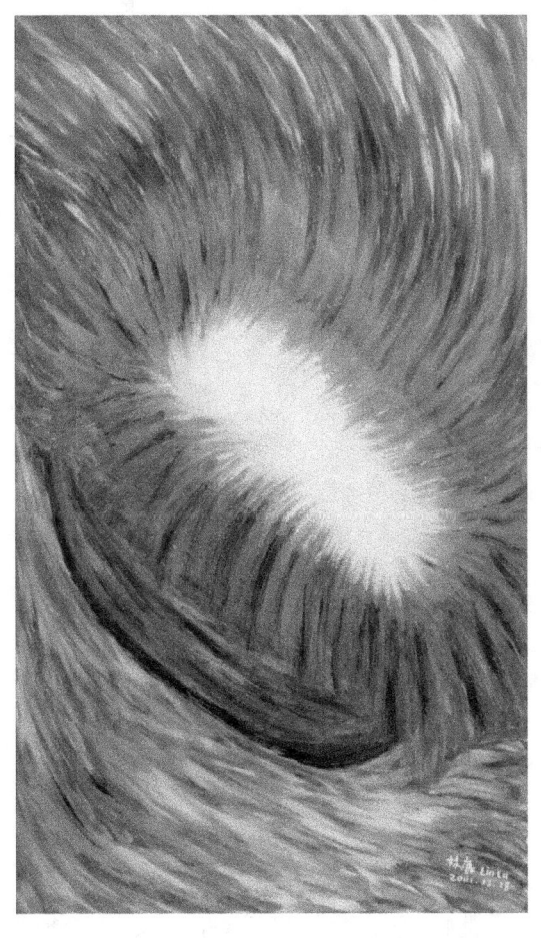

40 画名:《马槽之歌》,纸板油画;24x36in, 2001

心的两大主题:生与死。种子的舞蹈是对生的欣喜,种子的丰收是对死的礼赞。生的结局是死,死的前提是生。翠绿的生,金黄的死。从深藏在子宫里的惺松朦胧,到归于黄土的赤裸裸光辉。形式、色彩的寓意被林鹿挥洒到了极致。聪慧、才华、悟性等誉美之词用在此都显苍白。我只能说,这是个神迹。想必,对于林鹿来说也是神迹。

林鹿的油画可读可看可观可赏,得益于她并不以画为生,不为名利所羁,所有绘画的元素之于她都是传情表意的工具和载体,所以她可以不循章法、不拘形式地单纯,加之以信仰的纯真,故林鹿的画呈现出一种"空筐"状态。如果不看题目,仅看画面,她的许多画,你可以说是风景画,如《在那一边》;也可以说是装饰画,如《种子的舞蹈和丰收》;也可以说是抽象画,如《马槽之歌》。

但这"空筐"绝非真空或虚无，而是虚怀若谷，观者尽可以在其间投注自己的情感和意志来镶填这"空筐"。如果按题目指引，你会感到林鹿的画，寓意深厚、充满善良，闪烁着至高人性——神性的光辉。

感谢林鹿的这一份纯真。它让人感到了审美的愉悦、存在的敞亮、仰望星空，为星辰而激动。

"只要善良，这份纯真，尚与人心同在，人就不无欣喜，以神性度量自身。"
——荷尔德林

蝴蝶飞来 / 肖肖

我认识林鹿的时候，她不叫这个名字，也根本看不出一点绘画的天赋。

那时她在大学当老师，教学生写作和教留学生汉语。说一口音讯低、语调柔的普通话，安静地呆在家里相夫教子。20世纪90年代初期，大家都有点穷则思变，都想着法子挣钱。像她那样安静地呆在家里的真的很少。

后来平静的生活有了裂痕，无法预知的结果来临了。她打电话约了我，此前，我从来没有听到过她的抱怨和微辞，甚至因为她的平和、隐忍，我曾经差点要怀疑她的真实。

此刻，她从茶罐中取出干燥得几乎蒙尘的茶叶，暗绿委顿，有如她积攒已久的疲惫、沉重和人生的不得已。我看到的以往的她，早就在不断地榨取自己的汁液，然后全副武装地躲进自己的茧。后来，她关掉了电话，送掉了BP机，几乎与世隔绝。有大约半年的时间，她逃避一切朋友熟人，逃避过往的所有，我无法联系上她。那个时候，我真害怕，现实会不会埋葬了她。

半年以后，她终于给我打来了电话，我再见到她的时候，看见有光明落在她的脸上。

潮汐退去沙滩无痕，光明越来越烈，照亮了她天性中蛰伏的另一双眼睛，宛若魂魄来归，冉冉开放。

2001年，她从菲律宾回国休假，送给我两幅油画习作，告诉我这是她留学生活的新收获，我真的大吃一惊，仿佛蝴蝶前生。她的油画笔触还看得出憨稚简单，但行云流水般地舞弄色彩，大起大落地铺陈佈局，古典的宗教之美和性灵的诉说结合在一起，产生了强烈的冲

"不要怕!我告诉你们大喜的信息,是关乎万民的。因今天在大卫的城里,为你们生了救主,就是主基督。你们要看见一个婴孩,包着布,卧在马槽里,那就是记号了。"(路加福音 2:8-14)

41 画名:《大喜的信息》,纸板油画;24x36in, 2001

击力。

特别使我感到吃惊的是,一向平和简单的林鹿,在画中变得激情喷涌。绘画打开了她的天眼或者说天窗,好像地心的岩浆涌出了地表,街市的喧哗静止了,浮奢的躁动隐匿了,只感觉到一种久违的颤栗的宁静。

生活中的林鹿,给人的感觉有一些随和和家常,有时随和到青涩笨拙的地步,可是从她的画中,发现了她的第二天性。这个天性是月桂的枝叶,灵动、热烈、暗香袭人,柔软处如棉,硬净时像玉,它在映照林鹿的精神河床,同时也在深掘我的精神家园。

林鹿在谈到画画的时候,我能够听到缪斯翅膀的声音。在这个世界的浮华奢侈之外,还有另外一种源泉,这个想法让我快乐。

一些人对林鹿的画中色彩的运用和构图感到震撼,但是对她的画的主题难以接受。我不知道评价她的画应该用什么专业的语言,但是我看到林鹿的画完全出于个人的灵性生活,信仰内涵突出,而且有相当一部分画作以《圣经》作为默想题材,随心赋形,很单纯地表达自己的心灵。

迄今为止,我还是一个无神论者,不过我明白不可以用自己的经验,来武断他人的灵魂。我看见林鹿的信仰带给她心灵的解放,造福于她,开启潜能的天窗,满盈幸福于她的身心,这样的信仰,对林鹿,是福祉。

人生真是无法预知。有时我想,如果林鹿没有那个自闭的经历,也许她还是平静平淡地呆在家里,过一种小溪潺潺的幸福生活。不幸和万幸,她已从伤痛中破茧而出,现在有了自己的汪洋。

心事浩茫连天宇 / 吴茂华

吴茂华老师看了我的画展后,回忆起当时与我的交往。她告诉我:

"2005年,你送我一本画册《林鹿星空画话》,看到你的画,有一种冲击感,画是从作者内心从灵魂画出来的。后来,我晓得你并不是学美术,没有受过专业训练,我觉得简直是天籁,冲击人的内心和灵魂。我听到了一首很好的音乐,一首很美的曲子,对我的内心有冲击,因为艺术也是活的,灵魂是相通的,对吗?

我良人对我说:"我的佳偶,我的美人,起来,与我同去!因为冬天已往,雨水止住过去了。"(雅歌 2:10-11)

42 画名:《独自在花园里》,纸板油画;16x20in, 2002

后来我看到你送给我的书《母爱星空雨》,我看到你的经历,我就更瞭解了,你通过画表达你的情感,升华,有冲击力。你对色彩图形的把握,画得非常天真自然,能够感觉到发自内心,色彩的构图也很美。你的画真像个小姑娘画的儿童画,我说是发自内心的,很天真,确实是神对你的一种保守,神在使用你的画,任何人都模仿不来的,有一种稚拙本色的美丽!我非常惊奇。

当时我就写了一篇文章:《心事浩茫连天宇》"

现实生活中,不乏有这样的例子,一些有头有脸的专业艺术家其人其作品并无艺术禀赋和气质,仅有某种手艺或匠气而已。而有一些并非专业从事艺术的人,由于先天的资质禀赋，后天的修养或趣味，反倒容易有为艺术而艺术的追求，具备真正的艺术气质，如有机缘得以显现才能的话，那不能不说是一件得天独厚的事情。

缪斯女神青眼眷顾林鹿，假她的手而显迹于世间。林鹿不是画家，她是一个教中文的女教师。四十多年的生涯，未曾有过学习美术专业的经历。但我看来，她的绘画，皆具有强烈的理想主义、浪漫主义精神以及艺术才能。人生磨难，往事若空，芸芸众生莫不如是。而她是一个精神丰饶、灵性充沛的女人，一位慈心温婉的母亲。也曾在情感波折、内心跌宕、生命中经历过飙风巨浪，于是她将一腔心事，满腹情怀，託付于基督，让精神受孕于信仰，分娩出这些绘画艺术的珍品果实。此乃天启而神授之作，肉身凡胎蝶化而翩翩，徜徉于美和形而上的空间，这是何等的幸运和福气。林鹿的画天真而纯美，乍眼看去，像一豆蔻年华的少年人信笔之作，完全没有一丝老练世故之态。然细品察之，发现在其稚拙的笔触中隐含着些许沧桑之感。这是她情感的一段故事，一次对生命的顿悟，一回梦境的描述……

艺术作品无论如何抽象，它必须包孕丰富的人性内容。观她的画，扑面而来的就是这种打动人的心曲，与生命凑然相接息息相通的感觉。她的画既不写实也不写生，不是画山是山，画水是水那种。她用绚丽、鲜亮的色彩，蟠蜿而有韵律的线条，自由而大胆的构图，恣肆挥洒梦想和性灵，创作出一幅幅热烈而忧郁、单纯而复杂、抽象而具象的作品。

十九世纪法国象征主义大师高更坚持认为"写意"才是绘画的本质，他说道："艺术乃一种抽象，在自然面前尽情做梦便可得之于自然。画家不应该面对其物，应该在想像中经营。"林鹿的画，不管她是否意识到，应该是归于表现主义手法、象征主义一派的风格。她说她的画没有技巧，是一种诚实自谦的说法。艺术首先是技术，在其经营中必有技巧，只是技巧不可喧宾夺主而已。然而她的画，师心自造一派天籁，自有淳朴可爱的风韵。

石涛云：无法而法，乃为至法。作品《月下思念和安慰》，画面上一株树，又像是一股喷泉从地的深处冒出来，突兀而直立于地上，血红色的树干上是鲜黄带绿的枝叶，蓬勃的树冠不是舒臂展枝伸向天空，而是纠结翻卷如海涛，像是胸中澎湃的情思。暗蓝色的天空本来密实静寂，却被枝叶的骚动搅起一阵夜风。天上没有一颗星，只有一轮鲜黄的圆月用它永恒的眼，悲悯地注视着人世间。大地是一片鲜黄，和天上的月亮相照应的颜色。炽烈不安的树下，一白衣女人的剪影沉思静立，构成情绪强烈的对比。画面的用色鲜丽夸张，线条构图动静有致，一股人性中普遍的寂寞与飘零、美丽的哀愁，以及绵绵不绝的伤世感怀，像一首叙事曲音乐弥漫于画中。

《种子的舞蹈和丰收》，这是一幅充满了诗意和喜悦的画。它赞美女性，对生命的诞生、上帝化育万物的神性充满了礼赞之情。画面色彩浓艳美丽，象征生命的绿色、种子的黄色、还有血一样的深红色构成的线条与色块，在画面上如干坤一样的旋转律动不已。夭矫的线条和图案有一种张力和能量，两组美丽的涡轮构成一个女人子宫的形象。生命从这里诞生，从肉体到精神，天地万物，人神相通，无限的创造是生命的根本。肉身之美，形而上的意义，这画中女体的象征，被赋予一种艺术之灵性。

《漫步在主的花园》是一幅深获我心的画。

它简单至极，又深邃无比。在画的中左部位，一白衣女人朦胧的身影占据画面的主体。五官模糊看不出她的表情，甚至肢体收缩隐形，更使人体像一支木雕或石刻的长圆形枋棰，茕茕孑立于大荒之地。周围的虚空任由似草非草、深浅不一的绿蓝色填满，上面缀落粉色小花星星点点。花草多姿，春色满园，那园中人却木然不应。那蚀骨铭心的绝望与荒寒之气，从画中阵阵袭来。是历经繁华过后的苍凉，还是欲望激情燃烧后的冷漠？

"彩云易散琉璃碎，世间好物不坚牢"，林鹿正是经历了生命灵魂的煎熬，认识到人的渺小有限、世事之不可靠，她才献身于基督和永恒。她在她的文章中说："我们是有限的，无限不在我们的掌管之中。但我们可以和永恒者亲密交往，认识至圣者，认识他而接受他的爱并且爱他。被他所爱和爱他都是实在的。"

林鹿的几十幅画作，浸透了宗教精神，充满了对爱和美的渴望与赞颂。她的《大喜的信息》、《马槽之歌》、《夏娃在伊甸园》等，更是直接取材于圣经故事，表达出她对基督精神虔诚的追求。因此她的画最突出的特质就在于将信仰和人生体验融为一体，先有大悲，然后大喜，参悟后的灵魂欣悦得救，情感粹炼而升华。

所以在读她的绘画作品时，我们不只是眼睛享受其视觉美感，更会觉察到一种强烈精神性的冲击和波动。英国艺术评论家里德说："艺术无疑是人性的活动，只有通过一个人的个性才能完成。他的个性品质充溢于艺术的抽象本质。而艺术的价值取决于人性感受的深浅。"

看来，不仅有"文如其人"的说法，"画如其人"也是有道理的。美中之善，内心有光。林鹿作画，将灵魂示于人，把美善传达于世间人心，这也算是一种"传道"吧。

我所认识的侯老师 / 何大草

女画家林鹿,对我来说,基本上是一个陌生人。站在"林鹿"这个艺名后边的侯老师,已是相交十五、六年的朋友。

第一次见到她,是在成都猛追湾乱哄哄的菜市上,她手里提着一把菠菜(或者一块肉),乌黑头发,风吹红的脸,笑嘻嘻,很阳光。一经介绍,才晓得她是大学的老师,因为很年轻,说话就带点大人腔,是长者风。从此我叫她侯老师,既是尊师,也是好耍,因为她虽任教职,却还像个大学生。

《衣冠似雪》是我的第一篇小说,1994年春天写完后,在朋友圈中传着看,大夥说不错还可以。侯老师是最后一个读完的,她把要说的写下来,一口气写满了好几页。这几页纸交到我手上时,我的确很感动,觉得她是第一个读懂了《衣冠似雪》的人,在随意、潦草的字迹里,我读到了某种直抵本质的东西。这篇小说还要经过将近一年的等待,才会发表在《人民文学》上,但侯老师的评论,已经给了我足够的信心和耐心。那时候,我觉得叫她侯老师真是没有错:老师总是意味着慷慨与鼓励。

侯老师能说会道,讲什么事情总是娓娓动听的。她曾在电台主持过"东方花都",一档广受欢迎的节目。但她辩才无碍,却不强词夺理,有循循善诱的风度。我年轻时以孔门弟子自居,"未知生,焉知死",晓得她信仰基督教后,就和她争辩灵魂之虚无或存在。而她表现得宽宏大量,看我振振有词的样子,如看一个没有觉醒的醉汉。后来她去教堂请回一部《圣经》送我,叮嘱,你好好看看哦。再过一阵见面,开玩笑说昨天梦见《圣经》考试,你是不及格啊。我嘿嘿笑,其实我还真看了一些章节,觉得大有趣味,更被其语言之朴素庄严所慑服。

步入中年后,我对宗教的看法有了些改变,从前坚信的东西,现在有了怀疑;早先不信的事物,现在却发现了它的可能。同时我发现,就在我漫长的渐悟期中,侯老师已经走得更远了,她去了菲律宾念书,学习教育管理学;回国的时候,却成了一个让我惊讶的、叫做林鹿的女画家。

我是个以文字为职业的人,小时候做过画家梦,却一生对画画是外行。看侯老师的画,所受震动第一是惊讶多过惊喜,弄不懂她哪来的勇气,纵身一跃,就跳过了学院派的繁文缛节、雕琢技巧,径直就把满腔心事都铺陈在了绚丽色彩中。

43 画名:《月下的思念和安慰》,
纸板油画; 20x28in, 2002

2002年元旦,我从国外打电话给妈妈祝贺新年快乐,电话中能听见妈妈声音中有些哮喘,妈妈说:"我感冒了。"

2002年1月9日接到哥哥电话,说医院给妈妈下了病危通知书,医生说妈妈最多能坚持一两天,随时有走的可能。我的泪水就决了堤。边哭边去移民局办出境手续。1月11日飞回妈妈的病床边。

妈妈插着氧气管陪着儿女,我们都在珍惜着也享受着妈妈的同在。和妈妈在一起时,我一直没有哭,我要让妈妈高兴。

六天之后,妈妈握着我的手平安离去。

办理完妈妈的后事,我回到马尼拉,夜晚看着月亮,心中长出思念妈妈的大树,我哭了半个多小时,这时,蒋盛包的穹苍中有慈声对我说:"你是不是觉得你比我更爱你的妈妈?""噢,当然你比我更爱我的妈妈!"我知道妈妈的灵魂与谁在一起,心得到天上的亮光,就得到了安慰,从那一晚起,放心了。

后来慢慢读她的画,我自以为找到她勇气的来源,一是无知,一是信念。现在的人知道得太多了,无穷无尽的知识、常识和资讯,都在蒙蔽我们看清事物的真相,譬如喝一瓶饮料,那密麻的配料单,看得我们都晕了,不晓得自己喝的究竟是什么;而无知是稚拙和朴素的别名,就像是一条干干净净的河,无色、透明、没顾虑、无负担,向着自己的目标一往无前流过去。

认识侯老师十五、六年了,她过去很简单,作为一个画风独特的艺术家,她是首先被她的简单成就了。当然,她的不变的简单,是被她的信念支撑的,她既然把一切都交给了她信仰的主,她还要复杂做什么?侯老师的画,都浸透着很深的基督教精神。不过,在我这个对宗教知之甚浅的人看来,她的绘画,千百幅都在表达一个相同的主题,那就是"爱"。这如同我喜欢的某些小说家,一生都在写着同一本书、同一个故事、同一个人。我以为,世间最简单、最灿烂的主题,应该莫过于"爱"吧。

侯老师画作的艺术成就,应该由专家去评价。我只能很真实地说,我喜欢它们,尤其喜欢它们中那些宗教性不那么明确、直接的作品,譬如百合、天鹅、红樱桃……湿淋淋的,生趣盎然,格局看起来很小,却又静气而阔大。它们本是些地上的平凡事物,在侯老师这个虔诚基督徒的画笔涂抹下,都染上了一层幸福、温暖的光辉,让知道神不知道神的人,都能产生由衷的喜悦。

如果天上的神果真是存在的,我们不说到他,他也已经在那儿了。

第七章
家庭教会与馨香的没药

深渊因天上的吸引而冲上，掀开了大石头，心中之歌流淌不尽。
很深很重很长的歌奔向永恒。

老院子里的承老师

1995年夏天，我离婚的第二天早上，神使我想起曾在四川农业大学工作的承永建老师。

文化大革命中，她丈夫因为与她政治观点不同，他不同意她的观点，就与她离婚了。在当时，很多家庭都是这样。

她离婚以后，精神受过刺激，还住过相关专科医院。

她的舅舅住在我们所在的天涯石北街老院子里的一楼，我在院子里常常遇到她。

承老师在老院子里自愿打扫卫生，没有任何报酬。

那时，我带着儿子贝贝在院子里玩，承老师喊我："贝贝的妈妈。"

承老师的舅舅曾经拒绝接受福音，甚至说过："地狱里人多，热闹，我喜欢热闹。"

后来，承老师的舅舅终于接受耶稣基督作他个人的救主。承老师服侍舅舅，直到舅舅去世。

她常常去帮助人，不是为得到好名声，不是为了钱，是因为神的爱。

我搬出老院子已经有三年了。

我骑车从玉林社区到了承老师的住处，承老师手里提着一个装着圣经的布袋，正在给房门上锁。

她回头看见我，很惊讶地问我："你今天要去哪里呀？"

我说："你去哪里，我就去哪里。"

44 画名：《承永建老师》，布面油画；16x20in，2020

如同圣经中的拿俄米和路得之间的对话：你往哪里去，我也往哪里去。

原来，这一天是主日，承老师正要去黄伯伯和王阿姨的家庭聚会。

就这样，我又回到了我在1990年离开了的家庭聚会。

她在我离婚后，扶持了我。有一年半，每星期三天，我骑车送儿子贝贝上学之后，就会去她的小平房里，跟着她读圣经。她生活极其朴素，但有智慧。我在承老师的带领下读神的话、祷告、听福音磁带。

我不再靠自己而活，靠主而活。

主说什么，我就做什么，只要一听见主的话，我就顺服。

到了午饭时间，我继续读圣经。承老师快速地在炉子上做出鸡蛋面，我吃着"洗澡泡菜"，灵里饱足。

承老师的小平房是我最早的神学院，密集性地学习，是量体裁衣，专门针对我每天面临的问题学习圣经。

承老师脑海中有本串珠圣经,随时用神的话供应我。承老师是我属灵的母亲,她是神所用的器皿,给我及时的帮助,用神的话喂养我的灵魂。她陪伴我的一年半里,那种量体裁衣式的、以生命传承生命的方式,为我的信仰打下了坚实的基础。

有一天,我听见微小的声音:"你真的奉献自己给神吗?"

"奉献"这个字眼,好像一个门槛。我迈过去还是迈不过去?

靠主生活是什么样?什么是奉献?我不懂什么是奉献,实在也不想奉献,但又没有别的路可以走。

当我犹豫的时候,什么也没有发生。

神和我僵持在这句话上,在节骨眼上,神不让我含糊过去。

最后,我降服下来,心里对主说:"无论怎样,我奉献自己给你。"

挣扎止住了,平安进入我心。我的内心变得简单,没有自己的计划,不忧虑明天,像小孩子一样。

我回到黄伯伯王阿姨的家庭聚会中,我不再单独行动。

菲律宾两个姐妹又回到成都

1996年夏天,我骑车回玉林社区,在体育馆附近,忽然看见前边有两个姐妹,我以为是菲律宾两姐妹。

我心中呼喊:"主啊,我多么希望菲律宾两姊妹回到成都啊。"

1996年,菲律宾两姊妹又来到成都。姐妹俩请我教她们中文版大卫的诗篇。

每个星期,我仍保持和老姊妹的聚会。

姐妹俩是神的使者,出于神的安排,在我最需要帮助的时候。

神的引导是及时的,也是细腻的。当时,谁会比这两个单身的姐妹更合适呢?

她们身上有神的同在。我被光所吸引。这不是书本知识,神的使女活生生地展现在我的面前。

她们接纳我，拥抱我，爱我，是我的榜样。她们一对一地带我，让我看见单身姐妹也可以活得非常喜乐满足。

我羡慕她们单纯的生命，自然而滋润。她们不会压抑我，没有清规戒律。

南开大学的四年，没有留学生给我传福音

1981 年耶诞节，留学生邀请

她来到耶稣背后，摸他的衣裳繸子，血漏立刻就止住了。（路加福音 8：44）

45 画名：《摸耶稣的衣裳繸子》，纸板油画；20x28in，2000

境和生活方式,有着色香味和音响的混合效果。能与留学生直接交往或陪同留学生住的同学,都是领导安排信赖的。

留学生宿舍有着与中国学生宿舍不一样的气氛,特别的味道。室内色彩丰富,有很多图片;播放的音乐是英文歌曲。

我参加耶诞节舞会,跳迪斯可,穿着红毛衣,很热,出着汗。

我没想过耶诞节的意义,没有留学生给我传福音。图书馆里有很多书,我不知道有没有圣经,我没借过圣经,没有教授引领我走向信仰。

承老师借给我两本《属灵人》

承老师推荐我读倪柝声的《属灵人》和盖恩夫人的《馨香的没药》。

刚离婚,这些书的教导,影响我否定情感生活,"由死入生",我把有感情的生活等同于爱世界,自我弃绝是维持内心平安的砝码。没有感情生活,似乎我就属灵了。

我把感情和灵性区分开来。把出于感情的部分一刀切,切得干干净净。

我将感情、魂、肉体、情欲划等号。我否定自己,越是否定,以为越是属灵,以为是十字架,其实是自造的十字架。

我以私意来敬拜,自表虔诚,肉体的自我主张,并不是圣灵的引导。

或此或彼的选择

1995 年,承老师根据一段经文而坚持姐妹必须留长发:"你们的本性不也指示你们,男人若有长头发,便是他的羞辱吗? 但女人有长头发,乃是她的荣耀,因为这头发是给她作盖头的。"(哥林多前书 11:14-15)

承老师也建议我留长发,不要留短发。

按当时希腊的风俗,只有妓女在公共场合才不蒙头,只有淫妇或奴婢才被人剃去头发。女人要是不蒙头,就好像是剃了头一样。女人有长头发就是她的荣耀,因为这头发是给她作盖头的。

少女时代我留着长辫子,几乎齐腰,大学二年级开始,我就剪成很短的男孩样式的头发。

我心中很懊恼,我连头发短或长这样的小事都无法顺服。

记得1996年夏天,我曾买了一件棉质紫红色T恤衫。

有一天,我穿着它去聚会。承老师提醒我说,《启示录》17章4节里记载,"那女人身穿紫色和深红色的衣服,以金子、宝石和珍珠为装饰。她手里拿着金杯,杯中盛满了可憎之物和她淫乱的污秽。"

因为承老师的规劝,我并不争辩。我找到妥协的方式,先穿一件豆绿色T恤衫聚会,把这件红色T恤衫卷叠着放在包里,聚会出来后,下午再找个地方换衣服。

这是一件很小的事,承老师提醒过我一次,但我对自己不能顺服印象很深。

我在广播电台兼职,会因赚钱而自责,觉得是爱世界,属于世界,不属灵。

聚会中,我连提个问,心也会怦怦跳,生怕自己说的话冒犯权柄,不按次序而行。

窒息、压抑、狭窄、清贫、朴素……我感觉聚会好像是军营,不是家。

有一天,承老师摊牌了:"你若留在家庭聚会,就不应该继续与菲律宾姐妹来往,如果你还继续与菲律宾两个姐妹交往,就不要再来家庭聚会了。今后,你也不要再来我家,我们要见面,星期天就在教会见。"

承老师跟我说:"我把你扶上马,再送你一程,但我不能永远送下去,你要学会单独依靠神。"

我骑着自行车在承老师小平房外边绕了三圈,我没有再去敲门,我哭了。

最后,我跟随我的心,继续与菲律宾姐妹来往。

我至今没有告诉菲律宾姐妹,当年我曾被迫做出选择。继续留在家庭聚会中,家庭教会惧怕政府的逼迫,不愿意开放给外国姐妹,出于保护教会的考虑。

金河大酒店受洗

当时,家庭聚会的黄弟兄说自己不是牧师,无资格给我施洗,因此我一直没有机会受洗。

1997年1月23日,我下课后,给赵医生打电话。赵医生说:"承老师一直在找你,甚至想在大街上能碰到认识你的人，来通知你今天晚上有受洗的机会。"

那时，我没有手机。

当晚，我在金河大酒店一楼一客房的卫生间里的浴缸受洗。

施洗的是从加拿大来的一个宣教团队，加拿大姐妹送给我一本中英文圣经。

她翻开《圣经·雅歌》2章1节："你是沙仑的玫瑰花，是谷中的百合花。"

她说："我的名字就是这个沙仑。"

我至今只有一张承老师的照片，是那天傍晚承老师陪伴着我，在金河大酒店里受洗之后拍的合影。室内光线暗，但她脸上有主爱的荣光，她非常喜乐！

与承老师重逢

2003年，我从马尼拉回成都，我打电话给赵医生，约好在她家和承老师见面。

到成都地震局小院子的赵医生家，进屋了，承老师躲在一扇门背后，藏猫猫。

"您怎么藏在门后啊？"

承老师出来了，她笑着，焕然一新，荣光焕发。原来她烫了头发，留着短发，神采奕奕。她以前梳头发，好像山里的道姑，头发在脑后团成发髻。

承老师说："有一天我去医院的路上，踩到一块西瓜皮上，滑了一跤，手臂骨折了。我住院了快一个月，无法洗头发。夏天，头发不停地流汗，纠结在一起，都有味道了。两个姐妹商量了一下，带着一把剪刀去到医院，不由分说地把我的头发剪短。

再不剪，就打结儿了。我也由着她们，就这样剪了头发。这一剪刀，把我以前恪守的教条观念都给剪掉了，我冲破了局限，得到了自由。对不起，以前我老是劝你留长发！神通过这件事教导了我。"

承老师的女儿去了澳大利亚，陆老师也去了澳大利亚，她还是留在成都。

承老师饶恕了陆老师，她很想和陆老师重婚，她还爱着陆老师，因为他们双方都并没有再结婚。

终于，在我来美国之后的有一年，她去了澳大利亚女儿家，照顾女儿和陆老师。陆老师后来因癌症去世了。

无论在哪里，承老师都是全力以赴帮助别人，她是一个人一个人地帮、一对一地帮助、陪伴，住在别人家里。

2020年6月4日，我画承老师，是我的感恩和纪念。我不会忘记她，虽然已有17年没有联系她了。我提醒自己，我不要忘记了她。

我把画发给哥哥看。

哥哥说："承老师不是一般人能够相比的，她的人格魅力在于她的信仰！在我的记忆里，承老师奉献自己，为别人着想，过着非常简朴的生活，每天却都有用不完的劲来帮助别人。我也是一辈子都不会忘记她的！信仰在她的生命中得到了最完美的诠释！谢谢你又让我想起了承老师！"

西南民族学院的留学生宿舍

我最喜欢去菲律宾姐妹的宿舍，充满了色彩和不同的气味，有咖啡味、烤香蕉蛋糕的味道，还有吉他弹唱赞美诗歌。她们是主祝福我的两个使女，生活中充满对主的赞美和喜乐。

姐妹俩接待我，给我一个属灵的家。

和她们在一起，我会呆一整天。

离婚后，我盼望开始全新的关系，全新的交往。

与庄氏姐妹俩的交往没有历史重负，不用谈我的过去，不用被过去的阴影所遮蔽。

完全属于主的生活是什么样子的？我心饥渴，我尽力地吃喝。

我得益于这个阶段的关系，有满足的喜乐，有天上的爱，有新的盼望，有光的引领。

我们面对面，在生活中进行潜移默化的门徒培训，自然影响了我。姐妹俩的生活，充满了爱和喜乐。

庄爱义弹琴唱赞美歌，带领我学习圣经，外出探访，旅行，请我陪同。我们彼此尊重，信任。

姐妹俩对我的影响是无形的，是深远的。单身的人，服侍主就有意义和价值，生命就有光彩，她们的存在给我开启了一扇门和一条路，我可以走出去，不被限制。

庄姐妹俩让我看见福音,她们没有给我高压,没有压制,不会批评。

与神的使女在一起,是智慧的。我焕然一新,全心全意爱主。

学习谦卑地接受恩典

姐妹俩的父亲是从福建省去菲律宾马尼拉的一个中医,很早就去世了。爱义成了家里的主要劳力,挣钱能手,自己当老板。后来,爱义的妈妈鼓励她走上专职服侍主的道路,庄妈妈对她说:"你以前是做地上的事,现在应该做天上的事了!"

爱义并不是执意单身,她曾经想成家,也向往爱情,她总是把家布置得很美,每顿饭都亲自下厨,美味可口,我们那时觉得谁若娶了她,谁是真有福气。

自从她来到中国,恋爱机会不如在菲律宾多,她把时间精力都放在爱主爱人,成家的事渐渐就放下了。姐妹俩虽然单身,但充满活力,自由自在,服侍主有真实的喜乐满足,我喜欢去她们的宿舍,非常享受那里属灵的氛围,她们那里充满了笑声和歌声。

有一次,爱义说:"我以前做生意,做老板,我不缺钱。现在来中国做学生,做宣教士,一个女士送给我一双鞋,我看见这双鞋就哭了,别人觉得我很穷,需要人的施舍。"

她的话帮助了我。

我学习谦卑的功课,学习接受别人的帮助,当有人送我东西,我喜乐和感恩地接受神恩典的供应,没有压力地接受,因为是从神而来的。我被悉心照料,呵护滋润,我得到了喜乐的礼物。

我离婚后何去何从,将来会过什么样的生活,以什么样的方式来度过,我需要具体的引领,神的引导是具体的,是看得见摸得着的,是很自然的。

我一步一步跟着神所安排的就行了。

神说,你是我的孩子,你有价值,我要使用你,成为更多人的祝福。

神不嫌弃我离婚,愿意使用我,扭转和更正我错误的自我形象。

当我失去了丈夫的爱,神没有拒绝我,反而拥抱我,接纳我,给我服事神的机会,提升我的自我形象。

我的心听到了来自远方的呼唤，顺着圣灵的风，找到出口。

拆毁在前，建立在后。从前压抑，如今在真理中自由，自由是不可度量的。

神不会把新酒装在旧瓶子里。这是圣灵的酒，圣灵的风。

美国夫妇 Daniel 和 Jean

1998 年，菲律宾一福音电台需要主持人，她们推荐我。

我祷告是否要去菲律宾。

我对主说："你若与我同去，我就去。我需要一个印证。"

儿子 11 岁，只有周末和我在一起。儿子父亲说，我的教育方式和他们的不一致，儿子每逢周末在我这里，就把他们立的规矩给破坏了。

我相信即使我不在儿子身边，主会照顾好我的儿子。

儿子听说我要出国，说：妈妈你是不是脑子有问题啊？

我不好详细解释。

有一天，我和红雨姐妹去看望一对美国夫妇 Daniel 和 Jean，他们正在 40 天的禁食祷告中。

很遗憾我赞美神的语言简陋，干巴巴。我遇到了赞美的瓶颈，需要突破。

我从没有说过方言，也没有求过。太多对方言的异议，我无从判断，我被局限在方言之外。

美国姊妹说："你若求，你今天必得到。我们祷告吧！"

我们三个人分别占据着房间的三个角落。

这时，我心底有一个声音："你要跪下。"

我迟疑着，坐在沙发上，没有动，没有跪下，什么也没有发生。

"你要跪下。"

我在沙发旁边跪下了。一跪下，我没有料到口中仿佛有江河奔涌而出，一首我听不懂的歌，那是"灵歌"。

我想起圣经中的教导，说"方言造就自己"（参 哥林多前书 14:4），并且用灵祷告（参 犹大书 1:20）。祷告时，神治疗我的内伤。

记得我大声哭了一个多小时。没有这经历，我不明白圣经上的话，有了经历，悟性随后就明白了。

家庭教会带领人郭阿姨承认她没有说过方言。

郭阿姨说："虽然从没有说方言的经历，既然圣经上记载了有说方言，那我绝不反对。"

我之后在一篇神学课的作业中写道：

"'灵恩'这个词汇完全是合乎圣经的。圣灵的工作是一切永恒事奉的根基，若没有圣灵的感动与运行，人就无法得救，更谈不上成圣与得胜。'灵恩'按字义而言，即是'圣灵的恩赐'，新约圣经讲到圣灵恩赐的经文计有：罗马书 12:6-8，哥林多前书 12:4-11、12:27-31、14 章，以弗所书 4:11-16，彼得前书 4:10-11。

追求灵恩究竟对不对？主耶稣曾说：'你们中间作父亲的，谁有儿子求饼，反给他石头呢？……何况天父，岂不更将圣灵给求祂的人么？'（路加福音 11:11-13）这里应当是指求圣灵的充满（以弗所书 5:18）或求圣灵的恩赐，因保罗亦勉励信徒：'当求多得造就教会的恩赐'（哥林多前书 14:12）。"

"本来，灵恩的现象是必然的，我们既是神的儿女，神就会在教会中按着祂的旨意，赐下各样圣灵的恩赐。因此，方言、预言、知识的言语、智慧的言语、医病、赶鬼等恩赐，都会显明出来。我们不用害怕，因为这些恩赐都是教会所需要的；但是我们必须要有分辨的灵。千万记住，不要随便给人家贴标签。如果听见有人讲方言，或举手祷告，不要认为他就是灵恩派。遗憾的是，在不少保守的福音派教会中，'灵恩派'已成为一个有问题的名称或头衔；甚至有些神学院几乎把它视为异端，其实这并不正确。若说，'方言是得救的条件'，那就离异端不远了。"

中国的文化传统有抑制情感表达的特点，在灵恩运动中也是被抑制的为多。其实不是圣灵在抑制人，而是人保守近乎于扭曲的文化传统在抑制人，限制人的范围，不愿意突破。

若是放下自我,完全顺从圣灵的带领,也就能突破传统的束缚,文化的压制也就攻破了。

感性在信仰生活中处于什么地位?感性使我们与神之间的交流具体而滋润。神会赐相应的感性经验,感性既然是神创造的,就必不是无用的,一定有其正用。感性的区域很广,也是模糊地带,是说不清楚的,也不需要说清楚。

46 画名:《天地之间》,布面油画,40x30in,2018

唱一首自己听不懂的歌

深渊因天上的吸引而冲上，掀开了大石头，心中之歌流淌不尽。很深很重很长的歌，奔向永恒。

积聚得很深很久，竟浑然不觉，不知道是为什么，也不知道是什么意思。汹涌的水声拍岸，拍打着天堂之门。长哭有泪，全然放开，不需隐藏，全部倾出。倾听这一切的，对我有极深的爱。对着最爱的人会哭，没有什么不可以，没有限制，尽兴地表达。

把里边最深处的东西都流出来，显露在阳光之下，如同光线一样普遍。那么新奇的声音，无私的属性，因这声音没有具体的指向，流出时又涌入，迫力更深。

交流是完美的，我不懂，但知道倾听者懂，没有不尽兴的中途而止。完全的满足的表达，前所未有的表达，创造的表达，不可重复的唯一的歌，没有任何已知的语言可以注释翻译。

深处心灵倾吐，与天上的父亲对语，秘密的联合，奇妙的奥秘。路通了，没有阻碍了，主在其中，在之内而非在之外。不是头脑、有限的理性所明白的，主存在着，经过了我，这是印记。

主离我不远，就在我心中，住在里边，从不离开。天地贯通的气息，主的量带通遍天下，无论往哪里去，我尽管放心，内住的神与我同在，那爱和怜悯将运行在我体内。这是恩典，这是应许，这是事实。只有主永不改变。

主就在我的里边，永恒的能源。我知道，我属于无限之主，这经历是神给我的礼物，是神给我同在的印证。

我对出国不担心了。

第八章 《如果我能开口唱一首歌》

神用两个残疾姐妹来鼓励我,成为我的榜样。
不用等我退休之後,不用等我当祖母,我38岁开始画画了。

1999年，我去了菲律宾

1999年6月，我到了马尼拉。主把我挪到马尼拉这个海岛上，和热情单纯的人们相交，给我一片海和天。

基督徒在正常的生活中应该是最火热的，有宇宙间最大的激情的表达，爱在圣灵里是不被限制的，情感不是在消极状态，而是在积极状态中，路越走越开阔了。

神改换了我的水土，让我去马尼拉，赐我更丰盛的生命。

我尝试新鲜的事，生命的活水要涌流，生命成长需要不断地向前。我的破碎需要整合，我单纯爱神，神也爱我。开放的生命才能成为别人的祝福，如果一直紧闭着，生命的恩典就出不来。

马尼拉四年的生活，外部环境相对释放和舒展，若我没离开中国，若不换水土，我不会如此自由。

我就读于马尼拉中央大学研究院，攻读教育管理硕士学位。

马尼拉，拥有宽松的外在文化环境。在这里，人是热情的、友善的、随意的，不是居高临下的。这里的生活，色彩是丰富的，欢声笑语是常态。在这样的环境和气氛中，我内

天怎样高过地，照样，我的道路高过你们的道路，我的意念高过你们的意念。（以赛亚书55:9）

4" 画名：《海边的散步》，布面油画，24x48in，2016

在的色彩和自由才被启动了。

1999年至2003年，我一边读书，一边在亚洲太平洋福音电台做义工。在马尼拉，我采访写作。

2000年，52期的见证故事节目《神州新天坛》开始播出。

2001年，我开始做第二档节目：《不老的情歌——大卫诗篇欣赏》，又做了52期。

2002年，我做了一档《大家唱》的节目，教听众学唱赞美歌。

我去亚洲神学院选修了6门神学课程。

脑瘫画家黄美廉作词的《如果我能开口唱一首歌》

1999年的一天下午，播放台湾天韵唱诗班演唱的《如果我能开口唱一首歌》。

如果我能完整唱一首歌 / 那将是对你的感恩和赞美

苦难中，你给我安慰／彷徨时，你给我智慧

虽然我不能开口唱一首歌／我却要对你献上真诚的敬拜

每时刻你的手牵引我／你慈爱使我开怀。

天上的云雀啊／会唱的人们哪

你们可愿代我／歌颂上帝无比之美

我愿用耳倾听／我愿用心共鸣

这发自内心深处／最美的声音

我真爱你，我真爱你

我一听就流泪。

整个下午，这首歌一遍一遍不停地播放。我一直流泪，无法止住，呼召在其中。

也许，感动我的，并不仅仅是这首歌的旋律和歌词，而更多的是这首歌的词作者黄美廉的故事。

黄美廉于 1964 年出生于台南，父亲是位牧师。出生时由于医生的疏失，造成她脑部神经受到严重的伤害，以致颜面四肢肌肉都失去正常作用。当时她的爸爸妈妈抱着身体软软的她，四处寻访名医，结果得到的都是无情的答案。她不能说话，嘴还向一边扭曲，口水也不能止住地流下。十四岁时，她全家移民到美国，她进入洛杉矶市立大学就读，之后转至洛杉矶加州州立大学艺术学院，如今已取得艺术学博士学位，成为画家和作家。

而在 1997 年，17 岁时因跳水事故四肢瘫痪的琼妮（Joni），在她写的《轮椅上的画家》中，谈到自己的很多挣扎，她吃饭需人喂，上厕所需人服侍……四体瘫痪者用嘴衔笔划画，鼓舞无数残疾人和四肢健全的人。

以后，我要当祖母画家

这两个残疾姐妹是活的见证，使我更确信这句经文——"我靠着那加给我力量的，凡事都能作。"（腓立比书 4:13）

神用两个残疾姐妹来鼓励我，成为我的榜样。不用等我退休之后，不用等我当祖母，就使我在 38 岁开始画画了。

48 画名：《夏天的海边》，布面油画；20x20m 2017

2000年8月，菲律宾的马尼拉，我得到一个特别的礼物，就是画画。

神给了我另外一种形式的"方言"——即通过视觉语言，来表达对上帝的呼求和敬拜。

我开始用绘画的表达，疏导激情。

热带阳光唤醒了我内在对色彩的需要，假如我没有去马尼拉，我不会画画，即使画画，也不会是这种自由随意的画风。

我难以用语言文字表达敬拜赞美之情,神给我画画的礼物,就像父亲给小孩子玩具一样。我赞美神,出于神也归于神,用途也是为了见证神,传扬神的救恩。神给我恩赐,是为了使用这个器皿让更多的人认识创造主。我惊歎,我大大张口,神就给我充满。

我喜欢这种以即兴自由的方式来抒发心中之情的作画方式,一幅小画就如一首短歌,每一幅小画都成为祷告之歌,是我欣赏无限之美发出的色彩的惊歎。

画是人心所领悟和展现的美丽碎片,一粒麦子若落在土地里,栽种下去,就是死了,会结出许多子粒来。我画一粒种子,包着黄色的壳,我觉得种子如女人,会孕育新生命,会繁衍子孙后代,带来丰收。种子之死是丰收在望的前提。

在菲律宾,我仰望星空,环境单纯,人际关系简单,清新的空气。岛国的文化淳朴天然,没有禁忌;人们不用板着面孔训斥人,不压制人,不教训人,没有虚假的场合,不用做法利赛人。我随性而行,自然而然,无所求,无所谓,自然舒展的行事为人的风格,也融入我绘画的风格中。

我的画是无拘束的,想怎样画就怎样画。

画画不是出于压抑,不是因为挣扎,而是因为享受、玩耍、赞美、感恩。

更渴慕神的同在,并继续打开赞美之门。我如此有限,神赐的灵感无比奇妙。圣灵显在各人身上、是叫人得益处。(哥林多前书 12:4-7)是圣灵按照自己的意思分配给人的。

第九章 秋雨之福初期令人难忘

初期团契，大家是平等的，没有压力的，每个人所知不多，没有谁因读的书多要压着谁，大家都在饥渴慕义中。

与亚东的对话

2018 年 7 月 12 日，亚东和我有以下的对话。

亚东：十三年前，大家都好年轻啊！起初的爱，多么火热，单纯。
以后看现在的照片，又该怎么感慨，作为神的儿女，团契之美，秋雨之福初期令人难忘。
我的问题也在教会观上，说到"法利赛主义"，我有心得：2017 年大年初二听了讲道，清清楚楚看清：自己原来就是主耶稣最反感的法利赛人，这是去年最大的自我发现。

林鹿：法利赛人看的都是别人的问题！你不要往自己身上贴标签哦！你若是法利赛人，我就早躲着你了！我会逃跑了！重要的是耶稣会怎么说？你没给我那种压力呀！法利赛人很虚伪，你不虚伪。你也不要老把自己往某种标签上套哦！

亚东：看来我跟林鹿有点像，有疑惑，有置疑，也有自我节制。"怀着爱心说诚实话"，需要多大勇气啊！你的确是怀着爱心写。

林鹿：写自己不需要小心，写得很自然，我很土。

亚东：不土不是灵性诗。

林鹿：写的意义在哪里呢？

"要不别写我,要不用真名,顾虑那么多,怎么做见证?"

"心里比较乱,在这个时候。想到袱雨早期,肯定万感交集。信仰受挫的我,看你战战兢兢。都不知,该说什么。" —亚东

49 画名:《李亚东》,布面油画;
16x20in, 2020

亚东: 意义不是一般大。很大很大,真实历程,一切的根本是信仰的问题。

总之,一切都是祝福,可以收集起来,就是一本见证。荣耀归神!

林鹿: 我敏感,模糊,麻木,大大咧咧,不拘小节。我向前走,没有停在坎上,胜过了低落时期。

我失败了,遗憾啊! 人性复杂,我还没有切入深处,主会继续医治我的。

我一直坚持个体写作,不管是否发表。写作是帮助我看见自己的问题! 真微妙。

感歉很多没有写出来的地方,如果以前不记下来,也就随风飘散了。没有写下的东西更多,写别人,其实是自画像,从另一种角度来说,是那个时期自己的画像!

写我自己忏悔的过程中,不合目标的残缺是我的真相。

我愿意走一条小路,亲身体验一路的经历,只分享自己的心路历程。多写自己的问题,显出主对我的医治。

我坚持自我或"小众"的写作,体验型的人的特点。

我是用生命体验的！见证需要破碎，露丑，赤身露体，是真人被挂上十字架。

我写路得，路得贫穷卑微的处境，需要被爱。

这些年没有别的需要，就是需要真爱。

每个人都需要真正的爱。学习怎样爱是我的功课！

我喜欢克尔凯郭尔的理念：注重个体和人的主观性。

神是一个一个个体的拯救，一个一个地医治，一个一个地建立关系，赤露敞开心扉最难！

整个一览无遗到神的面前，先求自己被造就，被医治，得释放，得自由，这个过程很漫长。

那么多年，我一直都在这样的医治中。神给我预备合适的人和环境，帮助我走到现在。

亚东：我们都是体验型，也都是坚持个体写作、"不管发表"的人。

然而基督徒的写作，虽然注重"见证"，但格外强调"造就人"。

我的理解是，在写作伦理方面，具有更高的要求，于是，我拿不稳了，真与善之间如何平衡？

你这种文章，在主外说，是品质、价值极高的，是难于驾驭的文字；可在主内怎么说，我还拿不稳，总觉得教会吧，会"律法主义"，对审美持猜忌态度。

你不写广告文字，你不写是对的，既然有保留，沉默也是一种表达。

我们古代品人品诗，都是极苛刻精微的，品味大于很多。

当然主内一切都有"荣神益人"的考虑，而且荣神是第一位的。

我以为就"含金量"来说，"口述实录"的见证文字，超过小说、诗歌等文体。

"露丑，赤身露体，是真人挂上十字架"，这个说法好！！

你为什么不结集，为什么不出版？！我是被你的《母爱星空语》带到团契来的。

昨天把你的回邮，让刘姊妹看。她说："看她写的东西都会感觉被祝福，真的是满有恩典。"

呼吸在爱中，焕发出光彩。我想如果没有私人文字，所谓"公共"又在哪里呢？

烧日记

亚东：从1979到1989，记了十年日记，第一次烧了一次日记，1989年有些问题来自日记中，于是一把火，再也提不起。

林鹿：原来我们都有毁日记的经历。写日记有个好处就是简单包紮伤口，心理健康自我疏导。写了，就过去了，就完成了，就继续向前走，不回头看。

现在回头，慢慢琢磨，就不单纯了！纳闷怎么会那么简单地包紮一下，却也有疏解的效果！

亚东：内在医治难在哪里呢？治愈很深的创伤，需要上帝的光照。而正好在这一点上，我就止步不前了。

缺少王怡有、你也有的那么一幅眼光。

所以读你的文章，我感到很滋补。你的画与文，还有整个人，呈现出来的话，就是很好的见证。

还能怎么谈论呢？

我们生活在不同的世界。在这里的世界，说点真话，都要战兢。

林鹿：谢谢亚东带我去看望吴老师，谢谢你带我去看海文。你用行动来表达你对人的关心和爱，让我感动。

你一直挖掘宝藏，你所做的是冷门儿，没有别人在做，孤独。如你有期待，会很失落，你跟着内心走，坚持走下去。

挣扎，摸索，诚实，有自己的节奏，你没有按照别人的节奏走，也没有按照别人的安排去走。

很怕被约束，被框住，怕进入一种框架，进入一种规矩，被约束。我们都有一些童年时候的伤，还是没有被处理过，还很害怕，尤其对别人的论断、话外音，会敏感，容易受伤。

我跑了，但你没跑。

有时候，我会非常内向，我一句话都没有。有时候，会非常外向，水龙头一拧开就哗哗的。

文科人很怕律法、规条、规章制度，这些与灵性冲突。

我不读教义，读不进去，不读也不会产生亏欠内疚。我选择不读，是因为和我灵性不合。上帝创造的人具有丰富性，一定让人按照丰富性来生活。我怕"有灵的活人"被机器化。

说话没什么拘束，没什么拦阻，不怕被批评，这就是团契。

弟兄姐妹应该敞开，不是谁压着谁，没有谁是对的，没有谁是错的，不去评理，表达心愿，不客气，不压抑。

我怕被压抑，我不给别人压力，我也不喜欢别人给我压力。

初期团契，大家都是平等的，没有压力的，每个人所知不多，没有谁因读的书多要压着谁，大家都在饥渴慕义中。当年我们为什么非常开心和轻松？对别人，没有要求和期待，对自己，也没有要求和期待。随性，我不希望有压力，有些人个性需要挑战和压力。

简单，对自己没有要求，没有特别要做什么。不给压力，不会逼你就范，不约束，不会有教条，不是知识。

耶稣说"要爱人如己"，自己先需要得到滋润，有油，才能够把油流出来滋润别人。

没人训斥你，没人要求你，没有自己逼着自己，想说什么就说什么，能够去倾诉，能够去倾听，彼此交流，不是自言自语。

亚东：你说的，很有道理的，就是团契初期，没有什么压力。后来，什么压力都来了。包括"赶紧受洗"的压力。

2020 年 4 月 19 日

因为一些大家心里明白的原因，书中有被采访者请我用代名，我也发信征求亚东是否介意我写他时用真名，或是用代名？

亚东回复我：

"要不别写我，要不用真名，顾虑那么多，怎么做见证？"

2020 年 5 月 21 日

亚东回复我：

"心里比较乱，在这个时候。想到秋雨早期，肯定百感交集。信仰受挫的我，看你战战兢兢。都不知，该说什么。"

吴茂华 回忆团契初期历史

2020年4月27、28日，吴茂华使用微信聊天接受我的采访，回忆团契初期历史：

我想到哪儿，说到哪儿。

中学，我比较喜欢外国文学，读了很多外国文学书，如海涅、歌德、托尔斯泰、陀思妥耶夫斯基……我从那些文学作品中感到和中国作家有着不同的精神世界，说不上是对他们灵魂的宗教情怀的认识，但我有一种强烈的感受，我渐渐开始嚮往基督教，先从感觉，从灵魂上寻求。

我读西方美学史，有一个词叫"终极关怀"。我很好奇，我隐隐约约感觉到说的是宗教，西方美学肯定是深受基督教思想的影响。我进入基督信仰之前，对基督教从知识层面寻求探索，这并不是信仰的最佳路径，但是我当时就有这样一个情怀。

2005年8月，黄维才姐妹受洗了。她说：你也来听一下么！是黄维才姐妹把我带去蒋蓉家里，我就跟着黄维才来了秋雨之福团契。

秋雨之福创建初期，大概二三十个人左右，绝大多数我都不认识，都还是慕道友，我更多地是听，一次一次地听道，我对基督信仰开始产生一种好奇。

有一次牧师请我们用语言和感受来想像一下上帝是什么样子。

我站起来回答：我的想像，上帝是天上的一只眼睛，随时能看到世界上发生的事。

我先从知识层面来瞭解，会有偏差。

我当时感觉，聚会气氛是非常美好的，是一种很纯粹地探索灵魂、寻求信仰、寻求我们现实生活中没有的一种美和善。

最早是听林鹿讲道，我是半懂不懂，更多的是感受你讲道中的那种氛围。我感觉你是真正地信，你讲到圣经的经文，结合个人，结合生活，结合现实，是发自于你内心的一种体会。那个过程中，即使我对经文不熟悉，听得半懂不懂，还是感到一种非世俗的精神，一种精神世界的东西,所以我基本上坚持每个星期都来。

慕道友互相都不认识,大家有一种追求,有一种超越世俗的和睦。这种爱,是中国现实社会特别缺乏的、没有利害关系的爱。

到了 2005 年,教会转到中东海文租的房子里,在实业街 28 号,人多一些。

记得 2005 年 11 月,那一次是你讲道,你讲道之后有呼召。我当时内心感动,觉得我应该追寻神的道,我当时年纪已经不轻了,已经进入老龄了,我当时是内心的感动,一种莫名地感动或冲动,很真诚地决志信主,说不上深思熟虑。

于是 2005 年 12 月 24 号,我们受洗了。

我受洗之前,我给我家流沙河先生说过,先生非常支持我。他虽然不是一个基督徒,他非常赞成我去寻求信仰。流沙河老先生对基督教有一定瞭解,但他到最后都不是一个基督徒。

先生是传统文化浸润很深的文化人,他和我对某些人、某些事有不同的看法。

他说,你去信基督教可以,但你不要把基督教当作绝对真理。

我就笑了。我说对真正的信徒来说,基督信仰肯定是绝对真理,人世间充满了纷争,充满不同的文化背景下的各种相对真理,而基督信仰是绝对真理。

他不同意,我们两个就吵架。我反驳他,我说:你读过圣经,圣经说不许杀人,不许说谎,不许偷盗,不许奸淫,你说这些是不是绝对真理?这就是绝对真理,适合于全人类,属于人不可推翻的普世价值。

我家沙河先生的周围,都是一些中国老文化人,很多都是一些老右派,在历次政治运动中被迫害的人,他们看问题更多从自身的经历出发。

当我说到基督教的理念,提到原罪、罪人,这些中国传统文化薰陶出来的文化人,包括我先生,对基督教的"罪人""原罪"的理论,都不太接受。他们因此抵触基督教。

为什么?中国老文化人接受别人是罪人很容易,接受自己是罪人非常不容易。除了自义和骄傲,这些文化人个个都认为自己是君子,他们承认这个世界上有小人,但是他们觉得自己是君子。相对而言,从属世的角度,他们都是非常好的人,也有相当深厚的文化修养,他们有一种特别的骄傲,认为自己是君子。中国传统文化中的君子人格,阻挡他们接受基督信仰中对"罪"的定义。

在我先生内心深处，他最多承认自己有缺点，人无完人，金无足赤，还有不完美的地方，自己与小人绝不能等同，更不成为罪人。

当我说到福音，他们认为：基督教把所有的人都说成是罪人，罪人在上帝面前平等，这种人格平等，成了罪人平等。

中国传统文化薰陶出来的知识份子的一种缺陷是，他们非常反感敬拜，因为他们在文化大革命中受过政治迫害，他们看不惯个人崇拜，他们深恶痛绝对毛泽东的个人崇拜，所以他把基督信仰中对上帝的敬拜，与对世间皇帝、对领袖、对伟大统帅的崇拜相混淆。

当看到基督徒崇拜上帝，就说，你们只不过换了一个物件来崇拜。

我最遗憾的是我先生一直到死，他都没有最终接受基督信仰。

也许是我和他谈话方法太简单了，有时候我生气了，我们就吵起来了，我觉得非常遗憾。

从我与先生以及他的朋友的交流中，从他们对基督信仰的态度，我看出了中国传统文化有非常大的缺陷，就是没有一种终极关怀，只有一种实用功能，一种伦理道德。这些都是人间的，他们把人间的道德奉为一种最高的道德，显然是不够的。在和他们交流之中，我看到了中国传统文化的弱点。

王怡受洗后，参与讲道。林鹿和王怡轮流带领讲道。

王怡带领，风格和你不一样，他有他的个人风格。因为他是学法律的，他更有理性，他对圣经下了很大的功夫。我觉得他的信仰很纯粹。

2006年8月你离开后，人就越来越多，影响也就更大了，但一直都在基督教信仰范围之内。

因为我们都是罪人，每个教会都有问题，不可避免，后来发生不愉快的事情，我觉得这不是什么了不得的问题。重要的是，更多的人，通过这个教会认识了神，认识了神的恩典，神的道在全中国传扬开来，就是很大的成就。

50 画名：《怜悯的秋雨》，布面油画：20x24in，2007

我喜爱怜恤，不喜爱祭祀。你们若明白这话的意思，就不将无罪的当作有罪的了。（马太福音 12:7）

第十章
怜悯的秋雨

今天,我对秋雨教会更多的还是爱,还是怀念。——陈姐妹

麦妹分享信仰见证

2020年4月2日,团契的麦妹和我在微信上分享了她的信仰见证。

我父亲是一名共产党员,部队转业医生,枪林弹雨,坚定跟党走。母亲是底层护工,受过欺凌与羞辱。

父母心情烦躁,他们对孩子要求严格,望子女成才。十几年来,我们接受"好好学习"与"不准偷盗"的人生教导,此外就没有别的了。

我如笼中鸟般长大,除了教科书,难接触其他思想,对圣经闻所未闻。

我忠实学业,老实应试,由一个天真活泼的小女孩成长为一个痛苦莫名、自卑莫名的高中生;又成了一个符合国家要求,适应考试,却对人性与社会相当无知的愚好青年。

进入世界,如羊入狼群,被罪玩弄于股掌,自我迷失;又一头栽进哲学与各种主义的书海,接受人本主义的"启蒙"的薰陶和错误的洗礼。

我试图寻求人生答案又误解真理,被罪伤害,受罪缠累,迷惘痛苦。

那时在外企工作,高压的氛围,看见人性的虚伪与诡诈。对己对人性之罪的绝望,我失眠经年。

2004年,我遇到突发伤害,神救我免于死亡,救我脱离恶人之手。

主医治我的失眠,医治我孤儿般的心,2004年4月11日受洗归主,但对罪的认知极有限,

"2020年8月8日，爸爸接受主了，做决志祷告后，和我们同颂主祷文，这一天盼了多少年哪！
一位78岁的老人（坚强老兵，老医生）在主面前承认自己是个罪人，承认自己需要主的救赎，需要主的宝血遮盖，领受这份神白白救赎的恩典，旧事已过，一切都是新的了！"
——麦妹

仍不懂真理。

我问麦妹："2005年，你是怎么知道有秋雨团契的？"

她说："范美忠带我来的，我们在三一喝茶。他说秋雨团契有位姊妹的绘画风格如梵古。我就猜到是你。

之前'三一'书友滕姊妹送我《母爱星空雨》，我就想认识作者，为认识你而来的。

你是我见到的第一个，圣灵在你身上活泼运行流动的人。我很喜欢鹿姐分享诗篇，满有圣灵带领，你非常喜乐。

那时，第一次知道信徒可以与神有那样亲密活泼生动的关系。

记得你分享《诗篇23篇》，那鲜活的生命，至情的流露，澎湃、汹涌、深邃。原来我们信仰的神是真的，是活的。

记得你分享的许多许多见证。还有第一次受洗，你甚至多预备了两件受洗服。你说谁谁万一信了，就可以立时受洗。

喜欢你的画，记得《天使报佳音》，还有《星空》《掌上明珠》。你送我的画，我一直珍藏。

有一年春节后，我想你独自一人过春节，去看你时，你沉浸在与神相会的甜蜜中。你笑着给我看你画的《月下的旋转——芭蕾女孩》。

你有美好的喉咙，你唱《常常喜乐》，高举双手，真的那么喜乐。

有一次爱宴，大家预备好了，你就来了；吃完了，就走了，可爱的单纯的孩子气。

你不擅长干活，你去美国之前的那一个傍晚，听说你还没有装行李箱，我和赵姐赶到你的住处，帮你整理装箱子。

记得你的新家，好喜欢你的新家啊，柜子白且美。你洋洋得意地说：'怎么样？我重新漆过。'2006年母亲节，众姐妹们戴着花环，在你家楼顶花园跳舞，那天，我们看见了彩虹。"

"我们在主里彼此饶恕"

2020年4月28、29日，陈姐妹在微信上和我分享她与秋雨的点点滴滴：

"我们和王怡蒋蓉住在一个院子里，是邻居。

2005年，有一个朋友告诉我，说王怡出版了一本书《美得惊动了中央》，你可以去跟他要一本。

我敲开了他们家的门，王怡给了我一本。

我回去以后，那个朋友说，你怎么只要一本呢？你也应该给我要一本！

朋友让我再去要一本书。

我不好意思，第二次去要书，我对王怡说：我还想要一本书，顺便，我可以请你们来家里吃饭吗？

王怡听见我邀请吃饭，欣然同意了，非常爽快。

那时，星期六有个读书会，星期天有个基督教的团契。

王怡邀请说："你们星期天可以来我们家里聚会。"

2005年8月，我们夫妻就去了，我们很接受这个信仰。

周说：林鹿是带领人。

我们一接触这个信仰，就信了，没有抵挡过。那个时候，我们非常单纯，很追求。

开始，我没有圣经。林鹿送给我儿子一本圣经。

我刚信主头一两年，蒋蓉对我的帮助非常大，她非常迁就我，每一次不管什么聚会，她总要拉着我："走走啊，我们一起去。"她那种热情我根本没有办法拒绝，所以我都去。

我很羡慕蒋蓉生命的成熟，我对她印象非常好。她先祷告，然后唱歌，又祷告，又唱歌，过渡得非常自然。我很羡慕，心里想：我学不到手的，我从来不敢从祷告过渡到唱歌，我不是司琴的，也不是带唱歌的。

我很想马上受洗，等到2005年12月底，我们夫妇受洗了。

我受洗的时候非常激动，我觉得自己得救了，我除了点头之外，没有说话。

当时看见在水池旁边观礼的诗人陈墨，跪在地上哭得稀里哗啦的。陈墨很感动，但他还没有信主。

受洗后，道子姐妹问我有读经吗？我说读不懂，没读。我只是想瞭解西方音乐。

道子姐妹劝我要真信，才能真瞭解西方音乐。

后来别人送了我很多圣经，我才开始读圣经。

2006年复活节，我的儿子受洗，在你们家楼顶花园，在桑拿盆里受洗的。

我在秋雨教会呆了整整五年。我出来的原因，很简单：教会的规定不可更改。

我觉得人家来查经不容易，一周才查九节经文，我非常不乐意，我就想多查。

我没有查那九节经文，结果全体反对。他们当时对我惩戒，有"惩戒书"。

天呐，我吓死了！

我心里想：在我的信仰上，有个污点，我的良心都过不去。

天哪，我受不了。我在那个地方，非常压抑，我就离开了。

我们当年给教会的付出，不仅仅是时间精力，我们还有非常丰厚的个人奉献。

2011年，我离开秋雨教会时，我心情非常沉重，泪流满面，难过得不得了。

当时，我最牵挂的还是蒋蓉，蒋蓉对我的关心非常多，不管是送东西、约我出去聚会，还是在教会服侍，她都非常关注我。我特别感动，我很留念秋雨教会。

我真是舍不得蒋蓉，我感情上很纠葛。

我给蒋蓉留了一封信，说我非常牵挂她，舍不得离开。但我没办法和带领人和睦相处，我是不得已离开，我真的很难过。

秋雨教会对我的伤害很大，反过来说，我对教会是不是也有伤害啊？

当年我绝对不能接受，秋雨教会居然把查经的时间用来查《小要理问答》，现在秋雨还延续这种方式，我没办法接受。我认为查经就是查经，不可以用《小要理问答》来代替查经。

当我出来牧会五年后，我才知道带领人的艰难，我感觉我有我的问题，带领人对我的做法看不顺眼，也合乎常理。毕竟我有我的不对，我不愿意去伤害带领人，我们在主里彼此饶恕，没有必要再去记恨曾经发生的纠纷。

我回过头来看那段历史，当年我非常骄傲。现在我反省，面对那么骄傲的会友，带领人能不发火吗？

人在追求真理的路上，很容易走偏，但我基本上不会偏，我是秋雨出来的，一信主就走得很正，秋雨为我的信仰打下了牢固的根基。从大范围来说，他们的信仰还是走得很正，现在，我也不认为王怡有大错。

我仍然感激秋雨教会对我的牧养，我也很感激王怡蒋蓉夫妇的付出。

我的儿子谈恋爱，物件是黄姐介绍的秋雨的姐妹。

虽然我和教会的关系结束了，又还有着千丝万缕的联系。

我问陈姐妹："当年因你们要离开秋雨，听说王怡曾在你家门口外跪着祷告，但他没有敲门，没有让你们知道。你们知不知道这件事情？"

"我也听说了，王怡讲，他曾经在我门口跪着祷告过。我个人不太相信有这样的事情。因为我知道他不会道歉。

有一次，道子姐妹希望我回去。我说可以，王怡来给我道一个歉，就可以回去。

结果，王怡拒绝了。你想一个拒绝道歉的人，他怎么可能跪在我门口？不可能的。

因为我知道他不可能来道歉，所以我才大胆地那样说。

王怡如果真道了歉，让我回去，我还不知道我会不会回去，回去就麻烦了！

我们反省，我们走的时候，他们那么轻松地放我们走。

后来很长时间，我们出来好几年了，他们纷争得不可开交，王怡想到我们，才觉得很可惜。可能王怡反省到，我们不是喜欢纷争的人。但他可惜到哪种程度？我觉得还到不了跪的程度，不要说跪，就是站在我门口五分钟，都没有可能。

王怡既然这样说，神知道，我不知道，我不去追究真假了。

这个事情就放在那个地方，如果真有这回事儿，那我真的是很感动。

我很珍惜王怡这位牧者，无论王怡做的对或不对，我反省我个人是有一些问题的。

2018年，秋雨教会分裂，两边的伤害都大的不得了。我心里想，幸好我已经不在秋雨教会了，我不愿意参与，不去搅和。

我劝温小莉不要离开教会，如果要离开，什么都不要去想，管不了，就不要管。

但温姐妹放不下。很遗憾，因为纷争，温姐妹提前离开了这个世界。

有人电话采访我，问可不可以把你说的话全部写在我的书里？

我说随便写，我所有说的话，我都可以给你作证。

今天，我对秋雨教会更多的还是爱，还是怀念。

留下的都是秋雨那些美好的记忆，分争的记忆留得很少，毕竟都有错，就不要去怪谁，最好是怪自己生命不够成熟。我就专心服侍神，该做什么，我一如既往。"

陈姐妹离开前写给蒋蓉的信

2011年，陈姐妹和周长老离开秋雨。离别之前，陈姐妹给蒋蓉写了以下一封信。

蓉：

您是我的好师母，谢谢您，回想您在我初信主的时候给我的带领，真是终生难忘。回想得到您和王怡的牧养，也非常感恩。我们已经认识5年多了，如果仅仅是因为查经不顺服教会的权柄我们就必须离开的话，我实在并不愿意，但茂建要求我一定得顺服教会的权柄的时候，我只能选择跟他离开教会。

回想建造教会到现在，我们要离开教会，我伤心地大哭了一场。

我依然愿秋雨之福教会复兴，愿您们打那美好的仗。其实我离开这间教会，最割舍不下的就是您，我也不知道为什么。我即使在相当多的事情上不同意王怡的做法，但我从来对您是友好的，我也知道您是最好的师母，是我效法的属灵榜样。

回想第一次来要书，您的真诚，您的笑容都历历在目。有您们做邻居，又带我们一家人信主，并且送我念神学院，我怎么会忘记呢？

但现在我没有办法顺服教会的决定，我感觉一周我们才查9节经文，实在没有办法给弟兄姊妹以属灵的喂养，我很难过。我现在服事的人，我只要能多讲，我会尽力去多讲圣经，少讲我自己的话。

再见，您们保重，我在主里爱您，在患难逼迫的时候为您和您的家人守望。

2011.3.31.

教会的权柄与自我的顺服

2011年，我不知道王怡和陈姐妹的受伤。

当年我尊重神所设置的界限，尊重权柄，没有过问秋雨的内部冲突，一直不知情。

王怡在陈家的门口跪着祷告过吗？

凭我的直觉，我相信王怡到过陈家的门口，内心激烈地冲突，很不容易处理，他面对的不是弟兄，是陈姊妹。

他走到陈家，这是需要恩慈怜悯的时候，是一道考题，有张力。

周陈夫妇在他的心中位置很重，他会挣扎，但他尊重陈的决定。

其实，中间有可以调和的空间的，但没有人帮助沟通调解。其实，也是权柄和顺服的冲突。

我1995年开始，在家庭教会中学习对代表权柄的顺服，不是对带领弟兄顺服，而是顺服上帝所定的次序。我很感谢家庭教会强调代表权柄和事实权柄的区别，当我选择顺服，是出于内心对主的顺服。人与人之间没有出现冲突，是自己的意思降服的结果，是有挣扎的过程的。

这样的教导使我内心有对人包容的空间，不会把带领者偶像化，也不会堵死自己的自由空间。

我在初期团契时，只是查经的带领者，给自己的定位不是一个教会的带领者。

家庭教会教导女子不能做带领者的位置，其他的人都是慕道友，我只是属灵助产士和属灵小保姆，我不是团契的带领者，我领悟到，神用一种倒灌法在给我属灵生命充电。

那个时候，神看见我因为没有服侍，生命渐渐衰弱，当蒋蓉和王怡愿意查经时，主将我的生命启动。慕道友对神话语的渴慕，是我生命成长和被滋润的机会。

神同时祝福我们双方。

有饥渴，就有喂养，团契当年没有什么章法，也没有什么制度可循，一切都在主的带领中，如同行云流水。

我从小就失去了父亲，母亲因为工作繁忙和她的内向性格，不会有很多时间和精力来关注我。从我的父亲去世后，我就以自律、自我管理为主。我很习惯于妈妈对我的松散和放任。

我在第一次婚姻的十年中，一直没有顺服过婚姻中的权柄，内心从没有权柄意识。毛泽东把传统文化打翻在地后，我从小就被教导的是妇女要顶半边天；所谓的"平等"，成了夫妻关系的张力。我不尊重丈夫，内心对丈夫不重视。

婚姻失败后，我才回到家庭教会，完全降服主，回到主所设置的权柄和次序中，能够坦然接受被管理，也能顺服。

1995年之后，我对权柄的教导领悟渐深，是我十年失败的婚姻所付出的代价。

在王怡和蒋蓉之间，蒋蓉是智慧的妻子，她能够靠主接受自己的角色，竭尽全力为妻为母，这是顺服的美好结果。

当陈姐妹在情感上被激动后，就会给她的丈夫和王怡造成压力。

周长老选择与陈姐妹一起，王怡能够放手，这是王怡的宽厚和智慧。他无法直接与陈冲突，也不会给周施加压力。当时放手，也是当时所能做的最低调的处理。

王怡到了周长老、陈姐妹家的门口，敲门还是不敲门？他该说什么？

他祷告后，交给主了。

他很方便就可以走到陈的家里的，因为是邻居。

陈姐妹要走，引起的不单单是内心的波澜，陈会把当长老的丈夫带走。

周长老不得不站在妻子的一边，是很难的选择。

王怡没有用人的办法。他也没有请蒋蓉参与这件事。

陈姐妹以为王怡很容易放手，其实王怡内心充满着情感、理性、灵性的交织，是复杂丰富的；但他最后选择尊重，选择放下，继续向前。

王怡祷告后，默默地离开了。我看见一个情深意长的画面，情感风暴和理智上交集的时刻，只有深沉的爱，才能使他轻轻放手。

爱，是无端的怜悯

王怡说：爱是无端的怜悯。

他说："在上帝面前老老实实做一个罪人吧。"

他在2017年出版的《福音的政变——宗教改革沉思录》中写道："靠功德称义是人类根深蒂固的宗教精神，我遊荡了十几年，历经艰难才接近了这种宗教。然而十字架如大锤，毫不留情地又把这伟大的宗教精神砸得稀烂。"

"福音，最不可思议的地方，就是福音与那些体面、尊贵和有学问有理想的人做对。

因为耶稣把自己下降到一个地步，这种下降本身，大大地激怒了我们的宗教精神。"

"因为如果爱是无端的爱，就不会被恨所胜过，只有无端的爱才不会给爱的反面一点机会。我对妻子的爱，不是无端的，所以我常被她伤害，正如她常被我伤害一样。如果爱是无端的，爱就不会沮丧，福音是无端的爱，意味着福音终将拯救我们脱离怨恨和沮丧。"

约翰福音8章《有罪的女人》

在法利赛人西门家，耶稣被那有罪的女人膏抹。

耶稣一动不动，让那女人膏抹他的脚，亲吻他的脚，完全地接受女人膏抹所表达的爱，安静地让她表达，做着她想做在耶稣身上的事。耶稣让这个女人与他之间的交流没有压力，没有惊吓，没有障碍。耶稣那么自然。

我想到：如果耶稣站起身来躲开那女人，或脸上有受搅扰的表情，或像西门等人有嫌恶的表情，那女人会怎么样呢？

假如这个世界上都是法利赛人和律法师，那会是什么样的情形？

有罪的女人只有在主那里自由地表达爱和被爱。神的心愿是："我喜爱怜悯，不喜爱祭祀。"（参 马太福音 9:13）

忧伤痛悔的灵，神必不轻看。

"她所做的，是尽她所能的；她是为我安葬的事，把香膏预先浇在我身上。我实在告诉你们：普天之下，无论在什么地方传这福音，也要述说这女人所做的，以为记念。"
（马可福音 14:3-9）

52 画名：《有罪的女人》，纸板油画；24x20in，2000

耶稣与有罪的女人之间有特别的交通。他并没有直接对女人说什么。耶稣对西门说话时,女人在旁边听着。

他不问什么,因他什么都知道。他不会误会女人的行为。耶稣安静地接受女人的爱的表达本身,是在给予最大的爱。他的给予就是允许女人膏抹他,听任女人用她的方式表达她的爱,帮助女人释放她心中的苦情,在接受中给予女人安慰。耶稣的表达又那么有分寸。当女人的表达满足了,他对女人说:"你的罪赦免了,你的信救了你,平平安安地回去吧!"

这三句话中,没有嫌弃。

试想一下,如果这个女人要与西门或你交往,为西门或你试图做点什么,西门或你会怎样反应呢?

耶稣让有罪的女人膏抹他的脚,其中有多么丰富的内涵!

有一天,在唱赞美诗歌时,我看见自己就是这样在膏抹耶稣的脚,而耶稣安静地接受这样的敬拜,他允许我做这事在他的身上,无限怜悯和恩慈是他的心怀。

第十一章
保持沉默的个人解读

他们是站在属灵战场上的先锋部队,在训练上是面向各样的逼迫的可能性,有种随时会被冲击的紧迫感。各样内部和外部的危险对他们来说如同每日的饮食,稀松平常。

与小曾姐妹通邮件

我到美国后，一直用电话和邮件方式与小曾交流。彼此陪伴和倾听是门徒灵修的一种方式，我这里也是她抒发情感的一个出口。我没有自居为拥有"属灵的权柄"，我不喜欢居高临下的方式，因我看见别的带领者留下的硬伤。

她有她的独立判断，我不去干预，不去论断。灵里旅行一站又一站，她对我很敞开。我常给她电话，她有问题时，我就打电话，每次都谈很长时间。

相互的尊重和平等是需要的，圣灵保守我们彼此供应。

2008年8月，小曾在邮件中回忆：

"大约两年前林鹿离开的时候，也带走了朋友之间近距离相处中那份相互碰撞的温暖和愉悦。虽然我们之间的交往并不深，我们的性格也各不相同，她又比我大十来岁，她离开后，我仍常常怀念她，怀念她温良的性情和饱满的艺术激情——它们就像清新的风，安抚心灵。

时间过得太快，短短两年多的时间也足够积攒等待爆发的力量，在新的生活环境里，当生命的花朵重新渐渐打开，曾经的风霜化为花瓣上晶莹的露珠，我知道，像她那样一个人，还会不断带给我惊喜。

我知道一直以来是一种什么样的力量在支持着她，能够让她在一路的风雨中逆流而上。

让我感到惊奇的是：我们原本是两个性格年龄差距较大的人，神的爱却使这种差别显现出格外的趣味：常常是在我们通话或电邮之后，她漫不经心背后的冰雪聪明就像一道灵光，

"雨后天蓝,一朵会走路的小花!依靠主喜乐!"
"返璞归真固然可贵,但改变\变化也是很重要的成长……"
——小曾

53 画名:《小曾》,布面油画;
16x20in, 2019

划亮我表面上条理清晰后的空洞迷惘;朋友间的相互交通,也同时激发了两个人生活中的属灵亮光。

而当我意识到她散漫的天性之下埋藏的是一座艺术富矿的时候,我就不再为她的任性和散漫担心了,像她那样一个爱着神而又为神所悦纳的女子,她知道自己的道路,神也早已为她预备了她的道路。

林鹿曾送我一本自己的画册,其中有一幅画名为《赞美创造主》,用柔和的蓝色和黄色展现两个女孩跳芭蕾。画面十分简洁,但深情款款,非常美,后来我又幸运地被赠予这幅画。

画创作于一个沉重的夜晚,那时她在菲律宾,在画展上听别人的故事,倍感人的渺小、软弱、无奈。她在文字中写道:'重压围困导致全力反弹。我不要深陷在苦难的泥浆中,困难中灵魂不甘沉默不语。我拿出画板,任我的灵魂向上飞升,跃入星空的高度,在穹苍之间跳赞美舞。矛盾吗?诸天述说上帝的荣耀,穹苍在传扬他的手段,苦难遍地,苦难来临时,对广阔和无限的赞美,给予你力量去与苦难抗衡;默想创作者的宇宙大功,定会助你冲出

低谷。'

这幅画和关于它的语言一直是让我欣喜和惊讶的。如今，这幅画就挂在我卧室的墙面上，每天早晨起床的第一眼我就能看到它。它像一个亲密的朋友在陪伴着我，守望着林鹿和我对天父共同的爱。"

十年前，小曾对我说，"我希望有孩子。"
2019年11月，我回成都，马上给小曾发资讯。后来才知道因为手机故障，她回复了我，而我没收到信息。
一个傍晚，我坐着地铁直接去她家。
进门，却看见摇篮里有个小婴儿。
我完全不知道小曾做了母亲，我惊喜，依乐小妹妹刚满100天了。

和小曾的微信聊天

2020年4月26日，小曾和我在微信上聊天，聊起了秋雨团契早期的点滴回忆。

林鹿：回忆当年，我们彼此喜爱，接纳，欣赏，说话没什么拘束和拦阻，也不怕被批评，这就是团契。彼此敞开，没有谁是中心，是扇面的形式，不是谁压着谁，没有谁是对的，没有谁是错的，不要去评理，一起成长。想说什么就说什么，没有顾及，不客气，不压抑，我最怕被压抑。我不给别人压力，我也不喜欢别人给我压力。

初期团契，大家都是平等的，没有压力，每个人所知不多，所以没有谁因为所读的书多要压着谁。大家都在饥渴慕义中，是一种轻松的境界。对别人，没有要求和期待，对自己，也没有要求和期待。很随性的状态。我不希望有压力，有些人的个性是需要有挑战和压力的。

这边的环境特别简单，我会更简单，我以前也简单，我一直简单，并不是说不知道有复杂，简单就好了，对自己没有什么要求，也没有特别要压着自己做什么。

享受神的灵在我们中间，神的灵在哪里，哪里就有自由！都是主的孩子，这样的空间，给了神做工的空间，不被人意堵塞。人做得越多，反而会陷入僵局。

小曾：也许这种性格对创作有利，对世俗生活而言，是有些缺陷，但人与人之间并不强求一致。

　　林鹿：你陪我买的电脑现在还可以用！我还你电脑钱了吗？我忘记了。我说先用画做抵押担保，等我有钱还你，就把画赎回！

　　你帮我把那三幅展览的画要了回来。展览者姓田，是曾辉和李翠芝认识的美院的人，私自要卖那三幅画。

　　小曾：我也忘了。过去的事，没必要再提，早已经过去了。你说的这两个人我都不认识，我只是因为喜欢，就碰巧把画儿买下来了。

　　林鹿：我是带着感恩的心回忆的，凡事谢恩，我粗心，谢谢你的宽容呵护！珍惜你。

　　小曾：现在你已经远离过去了，大卫呵护你，生活平静。放下世俗的担子，可以自由投入创作。上帝关上一扇窗，也打开另外一扇，我也为我们有缘相逢感恩。

接受《纽约时报》记者张彦电话和邮件采访

　　2019年1月28和29日，我接受《纽约时报》记者张彦，针对王怡、蒋蓉和秋雨有关问题的电话和邮件采访。

　　2020年5月7日周四11:05写道：
　　林鹿你好！
　　谢谢你的来信。我目前在伦敦，不准备回中国了。我（和很多别的美国记者）被驱逐了，不能回去！
　　我们采访的内容当然可以用，没问题！
　　希望能保持联系。
　　　　　　　　　　祝你平安。
　　　　　　　　　　张彦

　　征得张彦同意，以下是采访原文。
　　记者：刚见到蒋蓉和王怡的时候，您对这对夫妻的第一印象是什么？

林鹿：我对蒋蓉的第一印象：聪慧，安静，不喧嚷，不虚荣，真实，坦诚。她不太笑，忧郁，会默默流泪，有心事。

对王怡的第一印象是，他不多话，我们没有直接交谈。我那时刚从菲律宾马尼拉留学回国，对他在国内网路上的名气也没有感觉。我那时不上网，并不在他所在的圈子中，对法律和宪政更是外行。也没有读过他写的书，唯读过他发表在杂誌上的一篇短文。

他们的家书多，书柜顶天立地，电影光碟满满的一墙。

记者：您觉得是什么让蒋女士被基督教吸引？这和她丈夫从事法律工作的压力给她带来的质疑有没有关系？

林鹿：2005年3月，在我和蒋蓉多次公园里露天茶馆聊天之后，王怡主动提出："你们以后不用去公园了，可以来我们家里查圣经。"

蒋蓉郑重其事地对我说："我们觉得一定要先提前告诉你，以前我们想去两个家庭教会听道，都被拒绝了，因为我们的行踪会被监控，你也要考虑一下哦。"

我才知道那时她会收到恐吓信，说你的丈夫会遇到车祸，或者说你的丈夫在外边有女人。这是一种想破坏他们夫妻之间互相信任的离间信。

基督徒特别的喜乐、平安和属灵的美和智慧会直接吸引她！

当时，她似乎有点倾向于信佛。她当时在一家川剧演出公司（因为有外国旅遊者会看川剧表演），她用英文主持，记得她提过老板倾向于佛教。我们一对一聊天，她提问，我回答她的问题。

2004年，我的书《母爱星空雨》出版。这是我采访许多基督徒母亲的生命故事集，蒋蓉读了见证后，她不相信基督徒在患难中真有喜乐平安吗？

有个旁证，李亚东对我说：起初王怡邀请他去他的家参加查经，他先没去。后来王怡又邀请他，加了一句话："带领查经聚会的是写《母爱星空雨》的林鹿。"

亚东听说后，就来查经聚会了！

我和蒋蓉多次在茶馆聊天。

王怡没参加过我们的聊天。

第一次是在我的家里，聊了一个下午。后来，我们在百花潭公园，离蒋蓉的工作和住处比较近！我们都喜欢茶馆聊天，很放松，话题随机，我回答她或者她朋友的问题就可以了。

每个主日下午一点钟，我到王怡家。查经班除了我，其他人都是慕道友。

查经聚会开始，马上播放音乐光碟——赞美之泉的《让爱走动》专辑。大家跟着唱，不是唱一两首就停下，而是跟着唱很久，歌声直指人心。那盘光碟一遍一遍地播放，来人都是跟着一遍一遍唱，对于不太擅长表达情感的知识份子来说，唱赞美歌有启迪释放医治心灵的作用。

王怡没单独一人唱赞美诗，会自然地融入大家的合唱。

蒋蓉预备诗歌，弹吉他，带领团契的敬拜。

记者：最初王怡对基督教的态度还是犹豫不决，他当时的顾虑是什么？

林鹿：王怡说"2005年4月，在我家里开始一个聚会，我参加聚会一两个月之后还没有信，从来没有一个人开口祷告过，也没有一个人唱过歌。"

蒋蓉入水洗礼之前，我怕错过机会，又特别问了王怡：如果你也想要和蒋蓉一起受洗，而顾虑没有带换洗衣服的话，我这里有大号体恤衫哦！

王怡当时没有准备好，他的时间也许还没有到。但是他很支持蒋蓉信主受洗，还为找受洗的水源流着汗跑来跑去。

王怡会四处邀请他的朋友们来到他家里查经，都是他的朋友们，我都不认识。

记者：是什么让他改变了自己的信仰？

林鹿：王怡信主的历程中，神的话彻底改变了他的生命。

第1句话：若你们的父不许，一只麻雀也不会掉在地上。（参马太福音10:29）王怡说："有一天我登上高梯子去拿我家书架上最上面一层的书，从梯子上摔下来，我躺在地上血流不止的时候开始一个人祷告，忽然想到圣经里的话语，'若你们的父不许，一只麻雀也不会掉在地上！'我当时还幽默地祷告说：'神啊，我一两百斤，相当于好几百只麻雀呢，如果一只麻雀掉下来都有你主权的掌管，我掉下来到底是什么意思呢？'这是我悔改信主的开始。"

第2句话：他们的喉咙是敞开的坟墓。（参诗篇5:9）王怡以前是很骄傲的知识份子，"公义"这个词让他特别骄傲，觉得自己是"行公义"的人。

有一次，有上访者约王怡到成都市高级法院门口要递材料给他，当他拿到材料要走时，那个人对大群人说"这个人可以帮你们"。当一大群人围在王怡身边，他吓呆了，连忙推脱说，我帮不了你们，你们找别人吧，然后他就落荒而逃。

他为此感到羞愧，对以前引以为豪的"知识份子"这个身份悔改。

"他们的喉咙是敞开的坟墓"，这句话让王怡对知识份子这个身份经历最彻底的破碎。王怡写了超过200万字的文章，他祷告说："神啊，如果我这辈子卖200万斤猪肉，我的罪没有这么大，但是文字是会影响人的灵魂的，我在不知道真理的情况下写了200万字，不知道会误导多少灵魂。"

这句"你们的喉咙是敞开的坟墓"，神完完全全得着王怡。

第3句话：你们在军中当兵的不要被事务缠身，好叫召你当兵的喜悦。（参 提摩太后书 2:4）

地震之后，神慢慢地带领，让他越来越清楚地看到神对他的呼召。神给他的第三句话是：你们在军中当兵的不要被事务缠身，好叫召你当兵的喜悦。

他省察自己的情形时，看到自己虽然在军中当兵，还是偷偷跑出去做点小生意。

2008年12月，他在来参加"一代人见证"大会的前几周，向他工作的大学提交了辞职报告，求神带领他前面的道路。

记者： 尽管所有的关注都在王怡牧师身上，但是蒋蓉也是教会里非常重要的人。您怎么看她在教会的角色和她的信仰？

林鹿： 王怡受洗后谈到他的身份给妻子每日每夜带来的安全压力和重担，王怡流泪了。

王怡立刻在公开场合向妻子道歉。

王怡的"丁克计画"改变了。若他们夫妇不信主，就不会有儿子，蒋蓉能当母亲是他们的信仰结出的果子。

2006年，有一对马拉西亚郑牧师夫妇的家庭，他们的家庭以基督为主的夫妻孩子之间的甜美气氛影响了王怡和蒋蓉。

2006年6月18日的父亲节，王怡分享诗篇103篇，"天离地何等的高，他的慈爱向敬畏他的人也是何等的大！东离西有多远，他叫我们的过犯离我们也有多远！父亲怎样怜恤他的儿女，耶和华也怎样怜恤敬畏他的人！"

2006年5月16日，王怡在美国白宫，布希总统跟王怡讲过一句话："我更加尊敬的是你们的妻子。"

王怡有"五个一"：一个上帝，一个妻子，一间教会，一座城市，一份呼召。他把电子邮箱从个人邮箱改成夫妻合一的邮箱，他不与妻子以外的姐妹单独合影。

信主给蒋蓉带来真正的平安喜乐。她对爱情有安全感，也安于做妻子和母亲，不被世俗价值观所影响。

她回到家中，满足于服事丈夫和儿子的角色。她和王怡常常给他人进行婚姻辅导或婚前辅导，不断学习。他们影响了教会中很多夫妻。

王怡和蒋蓉从幼稚园开始就是同学。王怡为蒋蓉特别感谢神！

王怡也写了很多情诗给蒋蓉。其中有一句："写来写去，诗歌始终是别人的好，但老婆始终是自己的好。"

王怡说："每一位蒙神呼召，做仆人的弟兄，他的背后都有一位神所赐他的这世上最美的姐妹。"

记者： 从您在海外的角度来看，秋雨之福的重要之处在于？

林鹿： 我想到圣经中，小大卫独自面对歌利亚，他看似独自一人，却代表着一个阵营。

王怡如同小大卫与歌利亚对阵了，因为歌利亚辱骂的是耶和华的名。

圣经里的人物故事在当下的处境中"活"了。

王怡委身在一个教会里。委身对个人主义者和知识份子来说，是一道关卡，唯有十字架的爱，可以将他"挂"在那里十多年。

主耶稣上耶路撒冷，路上有人拦阻耶稣，耶稣说："你只体贴人的意思，不体贴神的意思。"王怡是神的仆人，有神对他的带领。

王怡是这个世界上不配有的人！看见王怡生命中被神深雕细刻的印记，是圣灵的工作，在耶稣基督里造成的！王怡是谁的作品？秋雨之福是谁的作品？版权归属于主，作品盖有圣灵的印，"荣耀"这个词是唯独属于神的。

教会公开化是秋雨之福对中国家庭教会最突出的贡献。

目前国内很多家庭教会仍处于地下状态，当初王怡夫妇慕道时，曾经被拒绝，不容易找到能接受他们聚会的地方。家庭教会顾虑安全，害怕带来麻烦。我想，回溯这种被拒绝的经历，对后来王怡坚持公开化是有推动的。

王怡敢于像但以理一样不拜偶像，即使落入狮子坑中，甘愿被逼到死角，也一路坚持到底。这是信仰的超越性的结晶，是神的工作的极品。

记者：目前秋雨教会的这一困境是否受到海外华人基督徒的关注？

林鹿：会被海外华人基督徒关注，关注程度的深浅会因人而异。

国外的华人基督徒使用微信，与国内的资讯同步，加入相应的朋友圈中才会知情。

因资讯封锁，即使在成都的许多人，反而不如海外的人知情。例如有位成都姐妹小曾，在"12·9教案"发生一个月后，完全不知道成都发生的事，反而问我情况。

武汉的姐妹并不知道蒋蓉被关押，听我告知后很羞愧，说："他们在为信仰受苦，我还纠结自己的一点利益。"

请关注王怡蒋蓉74岁高龄的父母，为他们信主祷告。请关注秋雨之福的14位依然被刑拘者的妻子和孩子们！他们是同负一轭！

对秋雨教会的关注

一位不愿透露名字的牧师说："我看不出秋雨教会有什么特别比别人重要的地方，跟其他教会一样——传讲福音！秋雨教会做法上仁者见仁，未必成为一个标准，让大家去效仿。我不会把秋雨教会对政府的方式推而广之，叫人效法。我不主张教会与政府对着干，我不认为成都秋雨是一个可以放诸四海皆准的方法。还是要回到圣经中来，为逼迫我们的祷告和祝福。"

一位华人神学教授说："寄希望于海外华人教会、或者寄希望于美国鹰派势力，都是一种幻觉。"

一位有姐姐在成都秋雨教会的加拿大华人牧师说："他们是这个表面繁荣、实质全然败坏的社会的时代先知；他们的困境可以唤醒海外信徒关心政治，积极承担福音使命和文化使命。"

教会都相同，但使命异象各异。对人的顺服是有条件的，对神的顺服是无条件的。共产主义从根本上是反基督教信仰的。因为福音策略，教会要尽量避免与执政者冲突，但末世预言敌基督必定要逼迫教会。从不受逼迫或逃避逼迫的信徒是有问题的。一个肢体受苦，所有肢体一同受苦。起初，我对他们某些做法有保留，现在更佩服他们的勇气。主是万王之王，立王废王都在上帝手里。唯有仰望，求主快来，或求主击打逼迫基督身体掌权者。这是我为执政者的祷告。"

加州的一位姐妹说："这事件对我的冲击很大，甚于8964，因为是专门对准基督教会。我周围大部分人不关注秋雨教会的遭遇，没有为秋雨教会流眼泪。国内教会自保，一盘散沙，不团结，无法汇聚力量。秋雨之福牧师和会众，人文素养高，但是很孤独。秋雨圣约教会是灯放在灯台上，事工特别，有从小学到大学的神学教育，我相信秋雨教会的特殊贡献已经载入了中国教会史。"

我软弱无力

2019年1月8日，我做了一个梦。梦见我坐在大卡车座位上，想驾驶大卡车，但发现座位超大超宽，我的手根本够不到方向盘，脚也踩不到刹车。我说："我无法驾驶大卡车！我无法驾驶大卡车，我掌握不了方向盘。"

醒来后，我思想这梦背后的含义。也许在暗示我，我没有资格说话，我不在国内，我没有在场，没有和他们一起经历风暴。

消极地看是我软弱，积极地看是真实的处境，梦境形象地告诉我不要试着费力去开大卡车，不要浪费时间，我的脚无法踩刹车，也无法踩油门。

那么找到我能做的事做吧！我能做什么呢？

主说："你开不了大卡车，但你可以与王怡的母亲联系，每天早上，轻轻地问侯一声：早上好！"

神让我做的，简单可行，可以持续。每天问侯一声，送去关爱，很小很美。

有时她先问侯我，有时我先问侯她。其实，联系的过程，帮助稳住了我的情绪。王怡的妈妈那么坚强、平静，反而是王怡的妈妈随时在安慰我了。

54 画名:《犹太人的灯台》, 布面油画; 24x28in, 2017

属灵意义上的犹太人

2014年我回到秋雨主日听道时, 王怡在讲使徒行传的司提反被石头打死。2018年我又去秋雨参加主日聚会, 王怡在讲游离于教会的个人基督徒。我觉得他讲得一针见血, 我会自动对号入座。

在世界和中国, 基督教如同属灵意义上的犹太人, 是被世界的世俗眼光孤立的。

在中国的基督教格局中, 秋雨教会在众家庭教会中如同被孤立的犹太人, 因为公开化而引人关注; 网路的频繁使用, 更使秋雨教会为人熟知, 其他的家庭教会继续隐藏和不在网上呈现, 秋雨则更为突出。

在华人基督教牧者里, 王怡因为上帝赐他多年的法律宪政等知识储备, 他的博大精深和才华横溢, 和信仰的坚守与刚强, 又如同被孤立的属灵犹太人。

在多层面的孤立和内在外在的高压中, 必会形成秋雨教会更深的坚持, 而不是与环境妥协, 会更多地激进尖锐而不是无棱角的保守, 会直接反弹处境中的压力, 更强调迫害和殉道而不是安全和舒适。他们是站在属灵战场上的先锋部队, 在训练上是面向各样的逼迫的可能性, 有种随时会被冲击的紧迫感。各样内部和外部的危险对他们来说如同每日的饮食, 稀松平常。

有哪一个教会在训练自己的会员怎样面对员警的敲门? 有哪一个长老会培训弟兄姐妹

怎样预备自己坐牢呢？

所以某些华人基督徒普遍掩耳盗铃，觉得秋雨是在风马牛不相及的境遇，无异于唐吉珂德面对风车。而文化基督徒的个人主义也必显形为无法单独上前线，只会当逃兵，个体却很难找到可以交流的通道。

虽然很多人敬佩秋雨，并不等于与秋雨同行。

秋雨已经在十字架上。而我们日常所受的教导，并不真的包括这上十字架的程式，我们必须逃避，才能躲避审判。我们不思悔改，只想继续心安理得。

在主的爱里胜过惧怕

海文说："你是家里最小的孩子，不喜欢做决定，就会躲。工作上，情感上，家庭关系上，缺乏安全感。你是提着一个旅行箱就可以从地球这边跑到那边的人。蒋蓉最早找到你的时候，你又觉得没有什么，上帝又在那时候使用了你，逻辑是讲不通的，只能说是上帝的带领。"

我一直以为我是软弱的，充满害怕的。我给自己贴"逃避"的标签，否定自己，拒绝自己。需要逆境将潜力诱发出来。

我不怎么思考，跟随自己的心，做最简单的选择，简单的行动。

行动，选择，没有深思熟虑，是智慧的选择，也是爱的选择，听从内心微小的声音，跟随神的引导。

在写这本书的过程中，使我看见许多以前看不见的地方。

菲律宾的两姐妹单身服侍主的喜乐，影响了我。神的安排总归是最好的。在菲律宾，我觉得自己整体是舒展的，是自然的，是健康的。健康的精神状态，是一种祝福。

回头一望，很多关键时刻，我跟随我的心做决定，很简单，不会顾及前后左右。我很喜欢《雅歌》里描述的"鸽子眼"，鸽子眼代表的是一种单纯的信靠和凝视。

因对主的爱很单纯，我胜过了怕，突破了怕的辖制。

主总是鼓励我，不是责备我。我想，只要我爱主，临到我的事，就不去考虑害怕，只考虑爱，一切就变得简单。

最亲密的团契是我与圣灵的关系。

秋雨之福团契彰显的神性荣美

从2005年开始，神在成都储存了一罐子"属灵美酒"，就是"秋雨之福"团契。无论多少年，只要我一打开盖子，酒香就溢出来了。

我与秋雨团契的弟兄姐妹很亲，虽然过了很多年，没有直接交流，依然不隔膜。那时单纯、美好，散发着神性荣美之光，至今我仍常常怀念并享受那时的光晕。源于爱，珍惜，怀念，不肯忘记。起初的爱，滋润生命，至今回味甘甜。只要在一起，恩典就从内向外挥发出来，我即刻能闻到香气。团契荣美，因为有爱。

一把名叫"秋雨之福"的扇子

我看见一把名叫"秋雨之福"的扇子，有时打开，有时合上；又打开，又合上，是一个整体，一动而全动。

折叠的扇子，每个弟兄姐妹都是一支扇骨，独特的，不一样的，有个性和属于这一个的生长背景，被一双手集中在扇骨的另一端，被圣灵联合在一起。圣灵的爱把独立的"这一个"，以真理之爱连接。不需被迫改变，做自己就好了。每个人深根建造，供应源头是神。

我们按照上帝创造他/她的本来样式来接纳彼此，其实不需要努力，努力的事总是含着苦味，我和团契的弟兄姐妹在一起，是一种享受，轻松而愉快。努力，有人为的痕迹，越靠自己努力，越会不自然。神让我们在圣灵涌动的活泉中被带着走，是自然的，是顺着水流的，只要我们每个人和主之间的关系是对的，以主为根本，就彼此滋润、关怀、欣赏、珍惜。

这把扇子也会被撕裂，但只要每个人都不离开神，仍然个别性地亲自与主相连，那种不成熟时期的裂痕，过了很多年，随着弟兄姐妹生命的成熟，这把扇子会越来越宽大、延伸，越来越彰显团契的荣美。就像陈姐妹说的："秋雨留给我更多的是美好，是无数饥渴慕义的灵魂。我最要好的人在秋雨，最怀念的人在秋雨，最关心的人也在秋雨。我和秋雨有深刻的生命连接。"

在2005年到2006年这个时间段，我们相遇、相识、相交往、陪伴着、挣扎着同行，我们至今一直在保持着联系。无论是蒋蓉在华阳，王怡在监狱里，团契仍以爱相连。

因为距离中断了十多年，我一回来，马上就又连接上了。

比如亚东出于内心的感动，2018年把我和刚刚丧偶的海文又连在一起。

2019年，亚东又把我和刚刚丧偶的吴老师也连在一起。团契的功用就得到了实现。

邀请王怡主持婚礼被拒绝

2014年回成都前，我曾经想请王怡主持我的儿子的婚礼，他拒绝了。

他说：一定要先有六个月的婚前辅导，还要成为会员。

秋雨有着严明的纪律，他们的规章、条款都很清晰。我跟王怡说，很多当地的文化名人都来参加婚礼，也是佈道的机会。

王怡按规章制度来办事，我完全理解，我也尊重。

就事论事，不是针对我，个人之间的相爱，不会被影响。

我成熟了，尊重界限，不会受伤。

我为何不走学者路线

1995年，我在家庭教会的时候，已体验过必须接受的辖制，不管我怎么想的，都是不可改变和不可抗拒的。我默默地顺服，但律法一个接一个，我只有应付。我囫囵吞枣，不假思索，没有思考的余地，没有新鲜的空气在吹拂。

我最后从心底发出的感慨就是："我感到这是军营，不是家。"

一种尺度，合乎规矩和相应的规则，什么可以什么不可以，都有一套。不明说，生硬地板着脸孔。我嚮往着从心底发出的明亮光芒的笑容。

1999年，我到了菲律宾，如同从盒子里跳了出来，我有了飞翔的翅膀，我不可能再回到那个盒子里了。

  四年之后，我回来了，他们不会接受我了。

  再过八年后，我又回来了，我知道要去聚会的话，需要先打个电话申请一下，所以只是单独探访一位老妈妈。

  再过四年，我回去，又打电话给一位姐妹，请她代我临时申请去家庭聚会的地方，因为我也实在不知道具体的地址。

  姐妹回话说："聚会的带领姐姐说：上午的资讯不适合你，你愿意的话，可以在下午交

那时，天国好比十个童女，拿着灯，出去迎接新郎。其中有五个是愚拙的，五个是聪明的。愚拙的拿着灯，却不预备油；聪明的拿着灯，又预备油在器皿里。（马太福音25:1-4）

55 画名：《智慧的童女，你预备好了吗？》，布面油画；24x36in，2017

流的时候再过来。"

墙，是壁垒森严的，你或者留在墙里，或者爬出墙外，不是骑墙。

两分法，非此即彼，总是单选。

其实，神的道路高过人的道路，神的意念高过人的意念。

我已经出来了，回不去了。但我没有遗憾，也没有抱怨！

上帝给我跨越不同宗派界限的经历，为我搭了一座又一座桥，不是里边不好，外面就好，而是无论在哪里，我都会超越某种程度上的辖制和制约。

电影《音乐之声》的玛丽亚走出了修道院，黑塞的小说《纳尔齐斯与歌尔德蒙》是两种类型，上帝所创造的每一片叶子都不同，所以我喜乐地做我自己。我知道，在主那里，我是被完全接纳的，我是有安全感的，我是不被论断的，我赤露敞开而不用害怕。

我也不评价自己，自己如何，是极小的事。我是软弱还是勇敢，都不重要，重要的是将生命连于救主，顺从圣灵在里边微小的声音。如果顺从主的带领，就会突破个人的局限，在环境或自身能力不可能的时候出现可能，生命的经历就是主的作为，就体验到奇迹。

1989年至1999年，我在家庭教会聚会的时候，头脑中没有宗派的概念，读神学的书很有限，资源有限，几乎除了圣经，就是倪柝声的《属灵人》和盖恩夫人的《馨香的没药》。但主对我的带领不受环境的限制。

我在家庭教会里，认识了菲律宾姐妹，她们所属的教会是灵恩的教会，主使用不同的教会打破了某种墙垣，突破了封闭。2000年在菲律宾，我读的神学院是福音派的——亚洲神学院；到美国后，读的也是福音派的神学院——正道神学院。都是神的器皿，神都在使用。

我离开团契之前，2006年春，王怡开始把《威斯敏斯特教理问答》的小册子带来分发在团契中。我微微有点诧异，没有问为什么，因为在家庭教会中没有这样读教理，在灵恩教会也没有读教理问答。

后来2011年之后，王怡强调他是改革宗，我觉得有"筑墙"的感觉。但也无妨，桥梁是需要的，墙也是需要的，重要的是圣灵在其中，也在其外；圣灵超越所有人的看见和宗派，不会被不同的人所筑的墙壁所限制。我因此也不担心。

以前，读神学课，学习各种宗派的区别，那时宗派之别只是书本上的知识，并没有融入在经历中，也没有在生活中遇到谁特别强调宗派的绝对性。似乎人会有意在交流时淡化宗派导致的距离感。

但在中国特定的处境中，会使得这种宗派的强调被支持。机制和建设都是教会治理中的考虑，而且，古典神学教育，对读书的重视和强调，以及神学院的建立，都是在体制和系统中。这些体系，将我摔在了万里之外，是我梦中的大卡车，是我够不着方向盘、踩不了刹车和油门的。所以我也就置若罔闻。虽有耳闻，却好像没有听到一样不加理会。

神带领我的路，主要是与主的关系胜于与人的和书的关系，我不是通过读书而信主，也不是通过读书而成长的。我虽然不否定书，但确实有些生命中的实际经历，是书籍本身无法取代的。我很少把时间花在读马丁·路德、加尔文的书上，那时我在家庭教会中，不太强调读这些书。也许是因为我当年所在的家庭教会的弟兄姐妹们的知识背景，不是学者，而是医生吧!

但即便如此，阅读仍然在我生命中的某个阶段，影响了我。回想1996-1999年之间，我在国内读过的书影响了我：例如朋霍费尔的《狱中书简》；特蕾莎修女的书《活着就是爱》；美国琼妮（Joni）姐妹的见证《轮椅上的画家》，琼妮（Joni）因为一场意外而终身瘫痪。她是"琼妮之友国际残障支持团体"的创办人与执行长，她的生命故事影响了我成为画家。

黄维仁博士的《窗外依然有蓝天》，影响我离婚后的疗愈；卢云的《心灵爱语——当我陷入灵命低潮的时候》，《亲吻神学——中世纪修道院情书选》，加深了我对神的爱的理解。

我在去马尼拉之前，去北京的菲律宾大使馆签证时，我在北京的书店里买《亲吻神学》，以及西蒙娜·薇依（Simone Weil）的书《在期待之中》。这些书打开了我的心灵之门。

薇依（1909.2.3-1943.8.23）犹太人，神秘主义者、宗教思想家和社会活动家，深刻地影响着战后的欧洲思潮。她于1943年8月23日在英国逝世，年仅34岁，留下了约二十卷的着作。

我不是改革宗，当年不懂宗派，也不懂什么是小群背景，什么是灵恩，当年完全没有这些概念。我一直是在个人生命中经历神，我一直理性薄弱，很少思考，遇事按照神赐我的心灵直觉来反应，这是我在当年的环境中的局限性。但神会安排使用有限的资源，不同的时间给予我具体的引导。

1983年，成都四川人民出版社出版的李平晔博士所着的马丁路德的传记：《人的发现——马丁路德与宗教改革》。不知为什么，我读不进去，翻开就放下了，对我没有影响。

而天主教作家、神父卢云（Henri J. M. Nouwen）对我产生了深远影响，感谢主赐卢云这样因为自身个体性创伤疗愈而发生的写作。别人的书读完了就完了，卢云写的却永远不会完成，会陪伴着我，一起走着。书中这些字句，如同测试的心电图。永远显现着他那时的痛楚和升华的智慧。

卢云的书，我看的第一本，也是他写的最后一本，是1998年红雨姐妹送给我的《心灵爱语——当我陷入灵命低潮的时候》。她不会知道这本书将我带到了我那时还不知道的境界，我当时是懵懂的，二十年过去了，我还在读卢云的书，每次读一小段，仍然惊讶并受益于这样的灵修。

卢云的书是用来触碰自己平常不敢到达的地方，甚至也无法意识到的地方。这种言说的意义是带动性的，不是要教导，而是疗愈的引领，却起源于卢云本人的自我暴露。

我们真的能够接纳自己吗？真实和脆弱，心疼那个受伤的自己。读卢云的文字，一层一层地进入很久没有回去的"老家"，本来也不知道为什么要回去，回去了还是不太明白，跟着卢云，让我意识到书的疗愈的过程的丰满。

被拒绝，不被爱，不被接受，没有安全感……这些体验让卢云抵达人与人之间关系的遗憾和失落，却也发生在信主之后，发生于任何一个时期，这就是生命的特征。卢云让我知道，原来是可以这样进行疗愈性的写作。

"如果卢云不愿重新接受要理问答的学习"

直到2022年1月8日，我才读到2013年王怡的一篇文章：在地如天：读巴克斯特《圣徒永恒的安息》。

王怡提到了卢云。我知道了王怡对卢云的看法，但不会改变我的看法。

我和王怡个体差异很悬殊，经历不一致，需要也不一致，他的藏书很丰富，有比较各种作品的资格，我读书有限，远不及他的博闻强记，我的需要是简单的，我们的评价不同，也不在一个处境中，水准也不同，这才是自然的。

神的恩典是丰富的，会按照具体个体的不同需求来量体裁衣地供应，我选择性地接受影响我的属灵长辈。

我这一代，虽然只比王怡大十岁，这十年之差，也代表着属灵资源的悬崖式之差。

当年，我所在的家庭教会，属灵储备先天不足，有啥吃啥，不会挑食，当年我没有读过巴克斯特，只有倪柝声弟兄的书，和盖恩夫人的书，资源匮乏得惊人。但神仍然及时地供应了我属灵的食物，其中有一本就是卢云的书，当年我读得似懂非懂，但被他敞开软弱而触动了，看见了以柔弱来服事人的那条小路，卢云强调上帝无条件的爱，滋润了我的心田。卢云是受伤的医治者,这是华人基督徒不太愿意去触碰的服侍的方向,比较强调骨骼,强调牙齿,因为面对着共产党的恐怖压制。

卢云比较强调看不见的细微的神经腺,针对各样家庭关系的柔软创伤的心灵说话,因为流浪的小儿子和守在父亲身边的大儿子,都需要的天上父亲无条件的爱。

人与人不同,才是正常的,为何上帝创造了那么多不同颜色不同形状的水果?都是上帝的安排。

王怡觉得"他们的文字,好,却不够好。他们对灵性的认识,深,却不够深。"

王怡是真实的,他是在阅读过大量属灵书籍后,被喂养得肥美,能够做出"好却不够好,深却不够深"的书评,我不质疑王怡,我也不为此纠结,我接受正常的张力。我也不以自己读卢云被影响而羞愧,我非常感恩,在我的生命中,遇见了一个温柔的不强硬的属灵前辈。对于被共产党文化虐待许久的人,我愿意读到的文字不是力量型秀属灵肌肉的强壮的,我需要波阿斯对路得说话的那种温柔的微小的声音和话语,这也是我被另外一种文化所吸引并陶醉的原因吧!会出于本能地拒绝过于强硬的声音。我对平等的娓娓道来的轻柔声音,会有着内心的向往。因为我是情感型主导,并且,在卢云的服侍方式中,看见了另外一种属灵的维度,别有洞天。

以下我摘录王怡在2013年写的涉及到卢云的文字,非常难得一见,也可以洞开一面,使我有所深思。

我本来在摘录引用时,删掉他的某些措辞,基于已经有人对王怡的误会,比如"请允许我以一种不太礼貌的口气说",但我不要删,因为这是历史的王怡,真实的王怡,当年的王怡,也是诗人的王怡说话的方式,很珍贵。

我们都是在圣灵的引领中,吃着不同的灵奶灵粮而长大的。

我们各自的有限,才是人的本相。

我对王怡的欣赏,和我对卢云的欣赏,都是由衷的。

读王怡对我是有难度的,是需要我费力的。读卢云,我就不会有某种压力。我很自然地会避开太大的压力,因为我是软弱的,我不以自己的软弱为难处,能够接受自己的软弱,也拥抱自己的软弱,所以,有时我会劝某些弟兄姐妹,不要对自己那么苛刻,那样自我责备,我更多的是一种关怀人的角度。

王怡的勇敢刺激了我,使我突破了我常年的惧怕,卢云的温柔低语,行云流水地滋润了我的心田，这是两种牧养的方式。

王怡和卢云都是圣灵里的作品，在不同背景和处境中的神供应我们的属灵资源。

我们不能要求在和平环境中的卢云去做王怡的表达和抵达，王怡有着他从神那里领受的独特的使命。

"有一次，我参观耶鲁大学神学院的图书馆，来到一间密封的小房间，引导者说，这就是卢云神父私人灵修的"小教堂"。大家陆续进入观看，我在门口，看见不足八平米的空间，被圣像、烛台及类似祭坛的事物环绕。我深深叹息，慢慢退出来。

最近几十年来，福音派教会逐渐形成一个似是而非的看法，即天主教会的灵修传统，是优于新教的。于是对一批天主教灵修作者的追捧，成为一种糊里糊涂的潮流。然而，我的良心、信心和理性都再三举荐我这样说，任何一位没有在惟独基督、惟独恩典、惟独信心、惟独圣经的救恩论上归正的天主教作家的文字，在巴克斯特《圣徒永远的安息》这样的作品面前，都当高山仰止，难以望其项背。

请允许我以一种不太礼貌的口气说，关于卢云神父的文字，我也很尊敬其中的智慧与心胸。但我坚持认为，放在巴克斯特所牧养的教会，如果卢云不愿重新接受要理问答的学习，他的书也许可以被视为一种信徒课外读物中不无益处的补充。但是，像巴克斯特这样对他的会友的灵魂极为负责的牧师，不会认为卢云具备了在他的教会中教导信徒的能力。

在这个时代，作为一位改革宗牧师，有时候需要谨小慎微，免得招来傲慢的口碑。其实，我并不会反对我的会友阅读卢云或其他天主教徒的灵修文字，但如果他们请教我的意见，我也要诚实地告诉他们，与清教徒的作品相比，他们的文字，不过是提供给这个患了严重的属灵贫血症和神学贫血症的混合主义时代的一种灵修速食而已。

他们的文字，好，却不够好。他们对灵性的认识，深，却不够深。由于缺乏经过宗教改革之沉浸的恩典教义的根基，他们大多数人在信仰上杂乱无章，对自由派神学兼收并蓄（包括卢云在内），他们的灵修在整体上是碎片化和心理学化的，非常切合后现代的文化气质和 140 字的微博风格。但对于帮助我们建立一个整全的圣约世界观，及以福音为中心的信仰而言，则类似于鸡肋：食之无味反招损，弃之可惜不如弃。"

（引文取自 https://blog.sina.com.cn/s/blog_62a5c4650101bxzn.html：王怡：在地如天：讀巴克斯特《聖徒永恒的安息》2013 年 03 月 31 日）

去了马尼拉，四年里，读了不少神学书，大都是英文书，而且是为了交作业而读和写；

56 画名：亲密关火炼文，布面油画，
16x20in，2019

在生活中，却不如画画对我影响更大。在电台做广播节目，做大卫诗篇的分享，对每首诗篇，我都会在神学院图书馆查阅各种注释资料，都是英文版。

自然而然的方式，随机的方式，对我比较合适。尤其是生命中的经历，就是单纯地爱主，顺服主，奉献自己，主对我的带领是负责的，主是信实的。我的简单祝福了我。

2018年成都发生"12·9秋雨教案"之后，我才有意识地主动读王怡写的书。他曾经送我三本书，我读的时候非常赞叹，感叹神真的在某个阶段，把一个天才放在我的身边。我佩服他的学识，欣赏他。

我不是学者。神创造花朵有各种颜色和图案，神看着是好的，丰富多样。我是一朵小花，小花也是能够有笑脸来荣耀创造主的。

有一天，我花了一整天时间，集中读了《福音的政变》、《大声的默想》，我会跟着作者的哲理思辨，大脑如同烙饼一般，翻过来、颠过去，不久就眩晕了。我的头脑会跟不上，也转不动，渐渐如过山车一般，产生了对深度思维的不习惯，甚至厌倦和反胃。

因为我消化不了，只好暂时把书放下了，不强迫自己为读而读。

我不是学者型的，我也不想强迫自己成为学者。我不擅长思辨，思辨不会给我带来快乐，一点点还可以，多了甚至会产生呕吐感。

我不适应啃书，这是我的局限性。上帝没有那样来要求我，我消化不了，就谦卑承认自己的畏难情绪。

过了几个月，再读这本书，读得少一些，没有再出现那种反应了。

我们都是独特的"这一个"，是神荣耀的丰富中的一丝色彩，颜色也如北极光，是在动态中千变万化的。

我生命被直觉引领的时候居多。我不思辨，不会深思熟虑。直觉是闪现的，瞬间发生，不是靠努力，是靠处境中的祷告和呼求，不是持续性思辨的结果。直觉是在我需要得到引导的时候，就会及时回应我的需要。我在与主联结的亲密交往中，才会安然躺卧在青草地上。神对我的带领，灵里是轻快明快的，我不因我不会思辨而给自己压力。我接受自己大脑的局限，宽容自己，没有羞愧。

注目看耶稣，顺从保惠师的带领，生命就自然有突破。而且，我知道这种突破不是源于自己的有限，而是源于主的能力和恩典，是他给的经历，为了使你更知道主的内住和同在都是真实的、享受的。就归荣耀给主，不看自己。

我因此不走学者的路线。我孩子般画画，自由地抒写，讲述故事。

我经历过家庭教会的教条束缚和限制，但我没有变成苦毒。

我很感恩，一个阶段一个阶段，所领受的都是及时的营养。我也只能吃那么有限的一点，慢慢消化可以吸收的营养。生命成长有一个过程，不能着急，神预备的对我当时的影响是好的。其余，狭窄造成的偏差，神都在继续带领，被每日新鲜的恩典引入的人和环境自然而然地矫正了！

我相信圣灵的智慧，顺服地跟随主，不是跟着人，就不会囿于因为人的局限性造成的捆绑，不那么容易被别人的个人领受所伤害。我会超越那种挣扎和交战，不会偏差失衡，天地宽广，神的灵是使人得真正的自由！

疗愈是全人的，整全的，持续一生之久；疗愈也是逐步的，阶段性的，一步一步地，越来越健康。如果我没有信仰，医治是不可能发生的。信仰带动了作为个人的自我形象的建立和发展，才有力量承认自己的罪并因此悔改。我会积极地面对困境，走出自闭，在主里享受真正的自由，找到神造我的目的，将神医治我的故事传扬开来！

疗愈不止是关于个人的情感层面，而是作为一个独立的个体，一个灵魂，参与到对他人的关怀之中,需要和团契一起,超越个人,才能祝福更多的人,神的恩典不可限量……

有病的人,容易定睛在病,所思所想都是个人的事,格局就狭窄。人经过疗愈,健康了,被爱和关怀了,被滋润了,强壮起来,才有力量去爱别人,格局才大起来。

痊愈健康了,才会进入公共领域,关心政治,因为胜过了惧怕的辖制。

保罗被提到三重天,是全人被提升到超越之所在,属灵的疗愈境界要被神的灵提到这里,这是怜悯向审判夸胜,自然流淌赞美和感恩!

2019年12月,写在蒋蓉46岁生日

今天是蒋蓉46岁生日,听说半年内,你们夫妇一个瘦了30斤,一个瘦了20斤。儿子每天上公立学校。太多的空白,暂时任其空白。

离你们很近,却又很远!即使我回到了成都,知道华阳的方位,也无法接近你!

满城银杏叶金黄了。亚东和我走在大街上,突然看见勾魂面的招牌,恍惚间产生蒙太奇般的回忆。于是停下,进店吃了一碗勾魂面,在吃勾魂面中纪念在捆锁中的夫妻。

亚东问我:"你要看望吴老师吗?昨天晚上去时,有不明身份的人在场监视。"

我对亚东说:"我怕惹麻烦。"

挣扎后,我又对亚东说:"去。"

我天天坐地铁,摄像头无死角,尽收其中。办手机卡照相,开银行卡要验明人脸,连人在小商店里买包烟,都靠人脸识别,社区安装专业摄像头。处处摩天大楼,我与上班族一起挤地铁,感觉不到会有失业潮,听不见香港的新闻,听见沙河离开前最后时刻还在关心香港。

流沙河先生的灵堂挂满文人书法。

吴老师看见我,笑了。她紧紧拥抱我,说:"我要是像你的性格就好了。"

遇到阿信,他说:"愿你能为师母做点什么!"

我能为你做什么呢?反而是你背十字架扩展我的心灵之狱。我的恐惧和界限被你们背的十字架穿刺突破了。

2019年12月4日,女友说你快开庭了!结果不是你,是另一位长老。

2006年,秋雨之福团契曾经聚会第三次洗礼的屋顶花园,梅花已经结了骨朵儿,枇杷

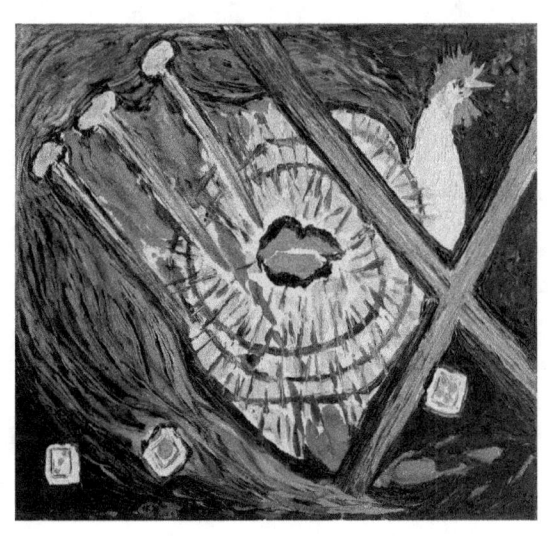

57 画名:《受难星期五》,布面油画;
22x28m, 2010

受难星期五,紫色袍子曾经披在耶稣身上,当时世界的君王希律嘲弄天上的君王耶稣。
三只白色的骰子,散落在画面上。几个罗马兵围在十字架下,望着丢着骰子玩,他们在为耶稣仅有的衣裳抓阄。
鲜红的嘴唇在画的中心,犹大用亲吻来卖耶稣,出卖最亲密的人的记号。
一只公鸡正在打鸣,代表彼得三次对人说他不认主。
鞭打飞溅出的血是红色的。
耶稣的额头上的黄色荆棘冠冕。
耶稣的受难的意义是什么?
那时只有上帝知道,魔鬼和人类都与拯救的奥秘隔绝着。
受难成了耶稣拯救我们的必经之路。

林鹿 2010/4/3

花也开了。我享受着鸳鸯火锅和芋儿鸡,对雾霾的中度和重度没感觉。

临行前,亚东陈革带海德、海文带信子,在我的楼顶唱歌:"我们在这里赞美,我们在那里赞美,我们在任何地方都是要赞美!我们在这里祷告,我们在那里祷告,我们在任何地方都是要祷告!"

任何地方当然包括华阳,也包括法庭。你们无论在哪里,都会赞美和祷告的!

2006年,你们送给我的小天使欧式花盆,被海文带回家,已经种上玫瑰花了。

保持沉默的个人解读

2018年5月,我去看望王怡和蒋蓉。王怡问我知道教会分裂的事情吗?
我说:"隐隐知道一点,不清楚详情。"
我这才告诉王怡蒋蓉,我在2008年,曾经历过被攻击被伤害。
那时,我刚刚全职服侍主一年,遭遇到厉害的攻击,我选择了默默无语。
当年我说:"主啊,你知道!"我"自闭",不能说,说了就会被视为"不属灵"。
2008年5月,我和女同事有冲突。

2008年，女同事跟老板说："她到处宣传自己。"

我"中弹"了，受伤了。我没有去跟老板解释，我说神知道就够了，但深处还是受了伤，畏缩、萎缩。

她关着门的时候，会用让我惊讶的话来攻击我。我笑着听。等其他同事进入房间，女同事马上就不说了。

这是我全职服侍主的第一次经历。我到了一个基督教机构，竟发现人与人之间没有爱，我渴望来到一个属灵的家。

老板说："要找属灵的家，不是到机构里找，机构就是办事情，就是工作。你需要去找教会和牧者。"

以前，我对牧者有偶像化的情结。这之后，走向另一个极端，没有安全感了。这是一次隐秘的属灵的"离婚"。

我被拒绝被伤害被打击，我不告诉外界，我采取沉默，很深地影响我与人的关系。我不轻易相信人，不会全心投入服侍，怕再被伤害和拒绝。

我先忍，忍到最后，没有办法了，就放手。逃跑模式和躲避模式。

我还是会愤怒的。我情感积压愤怒，不去处理。到了一定的环节，我就放弃，就跳出来，就逃跑了。

当时，主给我一句话就是："你们不可相咬相吞，免得彼此灭亡。"（参加拉太书 5:15）

如果我去争，是彼此灭亡。

在属灵的战场上会有牺牲。我在当时的机构参与一部见证片的采访。我的采访结束了，我也可以走了，很坦然。

那个女同事说："你对这部记录片子一点贡献都没有。"

主对我说："你是称职的。你做的很好！"我听主的声音，主一直都在鼓励我。

我不理会，纷争没有扩大化。我开始学开车、练车，转移注意力。

我沉默、隐忍。我不辩解。我沉默，我突然辞职。那是我从前面对伤害的程式反应，不面对，不处理，躲避，逃跑。

辞职时，有人告诉我："这里发生的事情不要说不要写，说了对你没有好处。"

我接受的教导以冲突为羞耻。现在，允许健康充分的交流和冲突，要诚实。

我跑得天衣无缝，以前我没让外人知道曾经发生过的冲突。
蒋蓉说："怪不得，那人见到我们时，对我们很冷淡。"

但是，当我把我的遭遇交托给神，神总是使我的被打击的经历也转变成对我的祝福。
我去洛杉矶读神学院，我开始正视情感萎缩不前，情感过于敏感等问题。
但之后有五年，我在服事上不积极，甚至有意退后。
我也不相信人，开始转向寻求个人生活的突破，不再坚持已经坚持十多年的守单身，这还是我受伤害的症状之一。

华盛顿秋天的倒影

2010年11月3日，我曾参与的纪录片终于完成。我坐大巴到华盛顿参加首映式。
纪录片的结尾，没有放上我的名字。我的内心没有被伤害。我没有愤怒，反而很平静，无所谓，不计较。现在想起来，仍然惊奇。才明白了自己多年以来的回应方式，就是忽略自己的情感反应，不去直接面对，迅速内化成属灵的价值，站在属灵的高度，当作是自己应该背的十字架，不愤怒是顺服圣灵掌权的果子。
我默然无语。但从华盛顿回来后，在兰卡斯特的租房内，我整晚尽情地将颜色铺满画布，把激情挥洒得淋漓尽致，运笔的速度很快。
秋色的记忆都喷向画布，记录我当时的心情。
我有种幸福的晕眩。我隐藏在漫山遍野的树叶中。你能分得清这个树叶和那个树叶的名字吗？观看墓地墓碑时，名字又如何呢？
主在我画画时轻声安慰着我。

现在，我才知道，王怡对待有分歧的弟兄姐妹，也是以沉默处之，他不愿意成为控告者。
我是个人事件，可以简单化解；王怡面对的是教会群体的事件，不容易处理。
我从我个人的经历中知道，这是魔鬼的方式，要击打牧人，羊群就分散（参 撒迦利亚书 13:7）。

他和我不同。我逃跑了,而他没有躲避十字架。

王怡选择在被攻击的时候,不为自己争辩,保持沉默。

我又想起主在 2008 年给我的一句话,"你们不可相咬相吞,免得彼此灭亡。"

我只会说:"主啊,你都知道。"

我很心痛王怡的处境,无人能够替代,都要背着自己的十字架跟随主。

王怡的沉默不是无奈,是属灵力量的彰显。他不需要为自己辩护,也不会控诉对方,他不能违背他自己。

这是持守。他相信神知道一切,接受被打击。

"因我所遭遇的是出于你,我就默然无语。"(诗篇 39:9)

耶和华啊,你所造的何其多,都是你用智慧造成的,遍地满了你的丰富。(诗篇 104:24)

58 画名:《华盛顿的秋天,树叶没有名字》,布面油画;30x40in,2011

第十二章
不要只风闻有你

2020年，廖亦武为王怡写传。
在脸书上，廖亦武说"骂王怡最恶毒的，可都是你们基督徒啊！"

廖亦武与王怡（摘录片段）

2005年1月成都火车北站的讲座，老廖和亚东坐在后一排。虽见过面，当年没交往，对他所知甚少。

2005年，老廖参加过我在成都举办的画展。老廖在画展纪念册上的留言，署名是"老威"。

——很喜欢《马槽之歌》。老威

2011年10月，在华盛顿，我又见到了穿棉布长衫的廖亦武。

他看了我在张伯笠所在的丰盛华夏教会里的一个画展。

他说："异国他乡，你还能画出那种纯净的东西，可见你心中真有上帝。老廖2011"。

廖亦武还送我一本书：《上帝是红色的》。

网上传来王怡70多岁的妈妈被成都汪家拐派出所的猪狗不如的警员殴打，愤怒而徒劳。只好继续写王怡，让更多读者记住他，是我该做的。

以下节选自廖亦武的文章。

王怡"喜欢盗版，选购DVD盗版电影，德国电影《朗读者》《再见列宁》《窃听风暴》，法国电影《解放军占领巴黎》，美国人拍的《达赖喇嘛出走记》都曾很抢手。每张四、五到八、九块人民币，比正版便宜十几倍。"

当洪水以前的日子,人照常吃喝嫁娶,直到挪亚进方舟的那日。(马太福音 24:38)

59 画名:《挪亚方舟》,布面油画;40x36in,2017

2011年,"胖子已成为牧师,他的一举一动,都通过无所不在的、克隆推特和脸书的中国微信,以及华为製造的无间道手机软体,被警方掌握,包括他们夫妇的银行存款、进出帐目、饮食起居、每日行迹。王牧师写过一本叫《与神亲嘴》的书,是否每次亲嘴之叭叭敌情都被肃反部门审阅批示过,就不得而知了。"

"王怡和我初识于2001年初春。那时他没得痛风,但博览群书,心宽体胖。

王胖子和我一见如故,立马就勾肩搭背钻进一家重庆火锅。王胖子抢过菜单,一路打勾,鸭肠、鹅掌、鸡心、猪肠、毛肚、血旺⋯⋯总之,都是之后导致痛风病根的家畜内脏,并且都是双份,之后不够吃,再添双份。我大喜过望,要点枸杞酒,才晓得王胖子不沾酒。我说啤酒也不喝么。他说啤酒是水货,眨眼就尿,你我要整就整干货,就如你我的为人,不来虚的。这话挠着痒处，令我舒服到极点。接下来两人不吭声地埋头整了半个钟点，两头油汗，方停筷交谈。他笑模笑样，又从滚沸的麻辣锅内捞起一筷鸭肠，蘸了蒜沫香油，不动声色地纳入口中。然后又说王怡的'怡'，拆散开来，就是"三台"二字。王胖子生于1973年，老家三台县。那个雨夜，我们一直吃到火锅馆打烊，才揉着肚皮作别。"

廖亦武说："骂王怡最恶毒的，可都是你们基督徒啊！"

"大夥儿以为身上打了基督徒的标签就得救了？根子就不劣了？最近为了继续写《约旦河穿过成都》，查找资料，可把我惊呆了，骂王怡最恶毒的，可都是你们基督徒啊！他妈的，我不是基督徒，而是王怡的一个故友，他过去对我太好了，也是一个特别勇敢的人，我叹服，我想为他做一点点。以求心安。没想到你们这个教会体制内，这么水深火热！"

老廖的愤怒是真实的，真朋友才会愤怒。

2004年，王怡还没有信主，王怡解读老廖，从廖亦武的写作实践中，窥见圣徒的行为。

王怡说："我有时觉得廖亦武就是神的选民。"

倒回来，反观王怡，可以把老廖换成王怡。

王怡与廖亦武，不同的维度

两人都到达了各自信仰的极致境地，两个人都是我眼中的极品诗人，但仍然有着不同的维度。

两人都认真地实行所信的。王怡为了信仰奋不顾身，老廖一直在进行底层采访，例如采访很多从监狱出来的人。他所写的《中国底层访谈录》上下卷，用笔名"老威"于2001年公开出版，引起强烈反响，50多家媒体报导并转载此书。

对于王怡来说，写作早已不是他的偶像，写作能使人悔改信主吗？写作能使人进入永生吗？

王怡清楚知道自己为谁而活，没有掺杂，没有纠缠，顺服和大声的默想是这个时代的高度，是恩典，是荣耀。王怡谦卑下来了，他顺服主。主上了十字架，是在主的时间。王怡不靠自己的力量了，有升腾和超越的灵魂。

王怡不需要表演，不需要"碰瓷"。王怡的殉道被基督徒误会，也被老朋友疑惑。有了主的同在，王怡自由喜乐，怜悯是向审判夸胜。

王怡：廖亦武的肉体意义（摘录）

多年前我还不认识老廖，在深夜的"自由亚洲电台"里，有幸听他朗诵诗歌《屠杀》，是国内知识份子在六四时期的恐怖中，几乎唯一的一场喊叫。那一个深夜颠覆了我对朗诵的全部概念。因为那正是一种肉体的实践，是写作的继续。是用肉体的强度去抵御苦难，是生命往外面哗哗地倒。

在83年严打中，还有许多依然幸存或呆在牢里的人，只有像廖亦武这样被当道者打入另册、在底层和当局的蹂躏中苦苦挣扎的知识份子，才有这样的勇气来从事这样的真正有良知的写作。在一种频繁地被独裁者打断、监控、绑架、抄家、遣返的生活中，坚持下来的有良知的写作。令人流泪的写作。像狗一样的活着。然后写作。写作仅仅为了见证像狗一样的生活。

上天把这样一具肉体给一个中国当代的知识受难者。祂要做什么？我想神是需要一个见证人。我有时觉得廖亦武就是神的选民。神只是让他受难，给他一副像我这样孱弱的知识份子梦寐以求的强大肉体。让他受难时还有力量抬头去观察和他一样的难民。然后把这一切记下来。

残酷和尖锐的事实。

在一个极权主义的时代做一个知识份子，你就必须首先做一个体力劳动者。你不是仅仅用笔或电脑，更要用你的肉体去思考，去表达。在这个时代，仅仅用笔、或仅仅只准备用笔来表达的人就是犬儒。这是今天一个思想者、一个准备做公共知识份子的人的命数。你要自由之思想、独立之精神。就要把自己的肉体放进现实。就要先问，我的肉体是否足够支撑我说出和坚持真理，支撑我必要的勇气。

我缺乏的显然还是某种肉体的力量，一种能够与思想的强度相般配的力量。

2004-9-29《观察》

身在监狱，灵魂无法被捆锁

2004 年，王怡为廖亦武写序。

2011 年，廖亦武流亡德国，得到了自由。

2020 年，廖亦武为王怡写传。在脸书上，廖亦武说的这一句话振聋发聩："骂王怡最恶毒的，可都是你们基督徒啊！"

这 15 年来，他们走不同方向的路，廖亦武必须逃出来，才能获得自由发表作品的空间。

王怡必须不逃出来，才能以身体力行，实行"道成肉身"，进而为信仰而替代性的受罚。

廖亦武是心不甘情不愿地被迫入狱，王怡是主动清醒地预知他为福音的缘故将进入监狱。

王怡所在所属的是超然的国度，顺服了圣灵在他生命中的旨意。很少有人像他这么清醒地走向十字架的监狱。

2011 年，王怡在宾州的兰卡斯特一起看了大型舞台剧《约瑟》。

王怡的牢狱之灾让我联想到《创世记》中的约瑟。王怡身在监狱，灵魂无法被捆锁。上帝预备他的这一天，预备了很长时间。我们若没有心灵的自由，就在灵魂的监狱中。

以前王怡羡慕老廖肉体的力量，扛得住监狱的生活。现在王怡进入了监狱，被判决 9 年，手上有闪亮的镣铐。

他是为主的名而坐牢！算是配为主的名受辱，是荣耀的。

神的灵在哪里，哪里就有自由。王怡在监狱中，比在外边的人更自由了！

十字架的疼痛和羞辱，唯有靠内住的圣灵得安慰。在里面的他，若是能写诗歌，就是恩典了。

蒋蓉在 2018 年秋王怡牧师主讲的"基督教与诗歌"讲座上分享，"我其实很缺乏诗意。一个姐妹提到十架诗学，我就想我们怎么承担得了诗？我们柴米油盐的生活，若是还有诗，就可以让我们飘在空中来生活。诗可以是我们的信仰。遇到艰难的时刻，王怡只要写几首诗就好了。他有诗可以依靠，我却没有。"

竹子笔筒上刻字：穷德见恩，藉信称义

2018年5月9日，王怡送我一个竹子笔筒，上面刻了八个字：穷德见恩，因信称义。有一天，我读王怡的书，才发现原来出处是：

"柯志明老师，用四个汉字，表达了福音与一切宗教，特别是与儒道释文化的迥异。我很喜欢这四个字：穷德见恩。因为福音的实质和前提，就是道德的破产。信心需要承认自我的破灭。再加上四个字，福音的奥秘，即'穷德见恩，因信称义'。"

刻在竹子笔筒上，改为这四个字：穷德见恩，藉信称义。

王怡《相会》谈柯志明教授

（使徒行传 21 章 1-26 节证道）

在我们的生命当中呢有许多次的相逢。跟第一次见面的圣徒相会，不知道你们常常有没有这样的感受？有的时候我跟一位信徒见面，从来没有见过，第一次见到他，有可能之前在网上认识，通过电话或者怎么样，有可能根本不认识。可是常常哪一种见面呢，有一种你知道你是在跟家里的人相见。虽然你跟他按人来说就完全地陌生，就是第一次见面，可是哪一种相会就有一点好像贾宝玉见到林黛玉的时候说："这个妹妹我以前见过的。"这个兄弟、这个姐妹是在耶稣基督里的，虽是第一次见面，又不像第一次见面，好像是理所当然就应该是认识的，理所当然就应该是弟兄和姐妹，因为我们是"一主、一信、一洗！"甚至有的时候，是不同种族的弟兄，对吧？见到一位国外的基督徒，甚至连语言都不完全地通，可是仍然有一种亲密感，这是多么美好的这样子的相聚。

我上一次到台湾的时候，特别去台中探访一位柯老师，去看他。我们在一起分享了很多，我们都很敞开，看到上帝对我们这几年，我们有三年没有见了，对我们各自的带领，甚至我们里面，上帝给我们的托付以及我们今天的属灵的状态，我们对教会的观察、忧虑，我们个人生命当中的软弱。

后来我们谈论很多个小时，结束的时候，他忽然说了一句话："我们这是第几次见面呢？"后来想起来这只是我们第二次见面，第一次见面是三年前我去拜访他，我们在一起有很深的交流。然后，这其实是第二次去拜访他，我们在一起也有很深的交流，我们真的是有一种心心相印。

他说："我在台湾，我的身边从来没有人这么地理解我！我所思想的、我的认信跟你完全地一致，在上帝里面我们的托付、我们一些的目标是何等的彼此的安慰和激励，但不过我们只是第二次见面而已。"

所以在信仰当中这样的经历、这样的一种关系、这样的一种情感真的是上帝赐给我们非常美好的情感！

柯志明教授12-9纪念文字：兄弟

兄弟，2018年12月9日你被抓捕，至今关押已满两年。两年来，全然没有关乎你明确的音讯，有一些传言，但都无法确定真假虚实。对你的审判、定罪、判刑都秘密进行，外人无从得知。你真正关在什么地方，没人知道；你的妻儿何在，没人知道。这一切都没有公开可信的音讯。

这绝非一个吹嘘自己是所谓"人民民主专政"的"法治"国家所能为者，但你已落在这帮人手中，无能对抗，只能任其所为。

他们是什么人，做过什么事，对自己家人、同乡、师长、朋友、同胞、国人如何残暴邪恶，史有明戴，铁证如山，无可辩驳。据说，意大利记者Oriana Fallaci 曾于1980年代问他们的首脑："文化大革命究竟死了多少人？"他得意洋洋地回答说："文化大革命真正死了多少人，那可是天文数字，永远都无法估算的数字"。有学者试著估算，大约斗死了65000000人。你看，这究竟是一个怎么样个专门斗争屠杀自己人的黑帮？

他们是魔鬼的子孙，撒旦的仆役，说谎与杀人出乎他们的天性。我相信，为了打击基督信仰，为了斗争基督教会，他们会伤害你与利用你；伤害你的身体、你的心理、你的人格、你的名声、你的地位，利用你来欺骗教会，分化教会，製造教会对立，激起教会内部斗争，然后在旁边坐收渔翁利。这是他们的拿手绝活，一向如此，不是吗？

直到今天，他们都一直在说谎诈骗，不停地在残害人、杀人、危害世界，持续地攻击上帝的儿女与基督教会，想方设法"解放"以上帝之名所建立的国家。

但他们终必失败，终必陷入自己的网罗，终必受上帝严厉审判，终必遭上帝报应！万军之耶和华上帝必亲自对付他们，追讨他们流人血以及残害世人的每一项罪行！上帝也必审判那些隐身在教会里替这残暴黑帮效劳而出卖主以及自己弟兄的伪基督徒与假先知！

爱主又爱你们的姊妹为你们著书，讲说你们信主得救的故事，记录你们如何开始成都的"秋雨之福教会"以及她的成长茁壮。

这书只是暂时的回忆，因为关乎基督在秋雨教会的救恩故事还在进行，尚未完结。在世人看来，2018年12月9日后，这教会似乎已花果凋零。但麦子虽掉入土里死了，终将生出许多子粒来，并必结实累累，十倍，百倍，千倍，万倍，千千万万倍。

愿万王之王、万主之主的父上帝与你同在，保护你，救你脱离他们的手！愿主赐你出死入生的力量，胜过他们的诈骗、谎言、威胁、恐吓与伤害！愿你成为教会的活见证，见证福音是上帝拯救的大能，见证基督救恩的浩大无边，见证真理如何胜过谎言，见证光明如何驱赶黑暗，见证上帝的公义如何审判人的罪恶，见证生命如何胜过死亡！

兄弟，一切都尚未结束，都仍在展开中，主的日子尚未临到。但祂必来，并不迟延！
2020年12月9日

王怡牧师与柯志明老师主内美好的情谊，他很需要真正的主内朋友。

蒋蓉师母曾告诉我"柯志明老师是王怡珍贵的朋友。我读了柯志明中秋思念王怡的文字，被感动而制作，盼望更多人能更认识与珍惜王怡。

> 林鹿姊妹平安，
> 收到您录制的影音档，静静听完，非常感动，流泪不已，也深受激励。您念得非常感人，声音很柔和温心，富沉静的情感，叫我更加想念王怡，也更坚定我与王怡的兄弟情谊。最后一首诗歌：一粒麦子，若能再放上，更好。我喜爱那歌。
> 非常谢谢您，愿主记念您的工作，盼望更多基督徒更认识与珍惜王怡。
> 并保守王怡、蒋蓉、书亚一家人的平安，又使秋雨教会死而复生， 在世人面前见证祂的荣耀！
> 感谢主，让我与秋雨有份。
>   9/25/21, 11:33 PM
> 柯志明：静宜大学生态人文学系哲学教授

柯志明教授："王怡的战争与祝福"

摘引其中的几句话：

很多人认为王怡有政治意图，其实这是对他一种非常肤浅且巨大的误解，我们读他的书就会知道，他不是有政治意图，只是因为他的思想，他所领受的福音真理对那些执政者构成强大的威胁。

因为执政者要当神，要受万人膜拜，可是作为基督徒我们只应该崇拜上帝，在这个征战的处境里，王怡自觉的继承了王明道所开启的中国家庭教会的传统，这个传统就是不向政权妥协，不向自由派神学妥协，不向一切敌基督的思想行为制度妥协，王怡继承了这个传统，这个传统让坚持不妥协的传道人受尽了折磨，受尽了迫害，但是就是透过这种折磨和迫害，滋养了中国教会，建造了中国教会。

王怡如今被关押，也就是上帝让他进入了这个行列，他不是躲在书房里舒舒服服的当一个牧者，他不是文人雅士，他不是一个知识分子，他是一个上帝的仆人，他是一个透过他的身体、思想、意志、情感去争战的上帝的仆人。

我觉得王怡被关，秋雨教会被拆解被逼迫，其实我们必须用属灵的眼光看，这是上帝对中国教会的祝福！

因为唯有透过这样，中国人才会很清楚的看到，什么是基督信仰，什么是耶稣基督的福音，什么是基督徒。

我也非常清晰的看到，当知识分子，当官的，做生意的，当社会上各样阶层的人都倒下去的时候，基督徒却仍然在这个最艰难的时候站立！而且用最谦虚的，最卑微的，用舍弃自己性命的方式来展现上帝的真理，这完全就是道成肉身的精神。

至高上帝的儿子成为一个卑微的人，不但是一个人，而且被他所拯救的人被当做囚犯判死刑，被钉十字架，这就是耶稣基督最谦卑的精神，最舍己的精神，中国的基督徒展现出这种精神，就能让中国人、中国的政权，最终认识到基督信仰究竟是什么样的信仰。

王怡没有出国读神学院，但是他对福音的掌握对圣经的把握，却是如此的精确且坚持，这是上帝特别的恩典和拣选。

（引自柯志明教授在6月1日"王怡牧函分享会"上的发言）

那些日子的灾难一过去,日头就变黑了,月亮也不放光。众星要从天上坠落,天势都要震动。(马太福音 24: 29)

60 画名:《日全食》,2017-8-21》,纸板油画;30x40in,2017

2018 年 5 月 9 日,我坐在王怡蒋蓉家的三人沙发上,和王怡蒋蓉提到,我在写非虚构纪实性的见证。

我一直在挣扎,怕写出来,会涉及到某人,产生不好的影响。表达,是医治的开始!

王怡说:"你写出来,其实才真的是对当事人的祝福!你不写出来,别人怎么知道他们对你的伤害,那怎样带领他们悔改呢?"

离开之前，王怡为我的写作祷告，他鼓励我写。

某一个记忆的房间清理好了，就会带动下一个房间的清理；然后，又带动另外一个房间的清理。

王怡：写作在我生命中的意义

2008年12月13日，王怡在洛杉矶进行为题"写作在我生命中的意义"的分享。以下是分享的纪要：

第一：生养与治理

写作跟"生养众多、治理这地"的使命有关。当我有孩子之后，我才真正看见写作的意义。我的写作与我的个人生命、也与公共理想才在基督里，被他的宝血连接起来了。

写作是知识份子拜偶像的主要方式之一。

捷克作家昆德拉讲过一个故事。有个人在海边，当他看到神创造的世界是那么美好，看见落日那样辉煌，他感动地流下了第一滴泪。

然后，他被自己流出的第一滴泪感动了，流出了第二滴眼泪。人的写作被分为了第一滴眼泪的写作，和第二滴眼泪的写作。

拜偶像的写作是第二滴眼泪的写作。

第二：启示与见证

基督之后，人类的写作分为了两类，一类是相信基督的写作，是为"我们也见过，也信"的真理作见证。

基督之后，人类所能写出的最伟大的作品，就是见证，也只能是见证。基督来过之后，所有非基督教的哲学家、作家和教授们，都是假先知的写作。凡是不以信心回应基督十字架的写作，都不过是在人类的历史上作伪证。

我的一切写作，都要彰显信仰，并在这信仰中去描述世上的一切。

换句话说，在基督恩典里的写作，是第一滴泪的写作；在基督恩典之外的写作，是第二滴泪的写作。

在基督复活之后，人类写作的最高范式是见证。

见证，是以非常丰富的表现形式呈现的。包括了虚构文学。

最打动我的是非虚构的见证式写作。

三：敬拜与偶像

首先，写作是一种敬拜方式。

我写过的最好的东西都不是我自己的，而是从圣灵来的。

写作对我来说，是灵修，是敬拜，也是一个破碎和攻克己身的过程。

写作是一种敬拜。其次，写作是一种传道的方式。写作即传道。我说写作是拜偶像的方式。自我、道德、名利、审美、民族、国家，都是容易陷入的偶像。

四：哀歌与赞美诗

写作是一种悔改的方式。不需要悔改，就不需要写作。

信主后，我在写作上一个最深的领受，是对写作者这一身份的悔改。

你写下的每一个字，都是在作见证，或者作假见证。或者在造就，或者是拆毁。

我就跪下来请求主帮助我，先对写作悔改，再对写作恐惧战兢，然后让我在写作中经历到神恩惠福音的同在。

基督徒是古往今来的中国人里面，生命经历最深刻、内心挣扎最惊心动魄的人群。但我们写出来的文字，却仍然缺乏这一生命体验的深广。在汉语中，最缺乏的是刻骨铭心的哀歌和忏悔。

我们不忏悔，谁在汉语中忏悔呢？我们不发哀歌，谁在汉语中发哀歌呢？

基督徒应当与这个世界分享从哀歌到赞美诗的经历。

为汉语文字，写出最伟大的忏悔录。

为汉语文字，描述出最完整的圣经世界观。

为汉语文字，写出最敬虔的赞美诗。

五：在中国文化中表达如下主题：

我们的写作，当以信仰进入文化，刺入中国人心灵世界和价值观的深处，去撕开那些潜在的偶像，打通那些灵魂苦旅上的穷途末路。

中国知识份子心灵世界的主题。

1、流浪的主题。

2、从逍遥到拯救。

3、救赎的主题。

4、从死亡到复活——这是生命的主题。

经过死荫的幽谷，才能带进复活的盼望。

基督徒的写作过程，也是一个成圣的过程，唯有在写作中经历恩典，才能医治急迫和焦虑。这一过程将持续到见主面的时候。

注：分享地点是洛杉矶正道福音神学院，惠琬老师（莫非老师）请我在会前介绍两位讲员：王怡和余杰；洪晓寒姊妹录音整理。

王怡蒋蓉夫妇喜欢唱的一首歌《不要只风闻有你》

在王怡的家里，挂着我送给他的两幅画：一幅挂在卧室，是《为星辰激动》；一幅挂在客厅，是《神在旋风中对约伯说话》。气息相近，彼此接纳，以画陪伴。

"过去曾风闻有你，如今想要亲眼看见你，我的眼里充满着自己，主啊我要亲眼看见你，不要只风闻有你，我要亲眼看见你，不要只风闻有你，让我亲眼看见你。求你开启我被蒙蔽的眼睛，让我不要总是看到自己，我更要认识你，我要更亲近你，主啊，让我亲眼看见你。"

2006年8月，临行前，借钱与一包花椒

2004年8月，肖肖介绍我到成都特别项目教美国学生的亚洲艺术史课。

2006年8月，美国内华达州立大学邀请我来美任教，我办签证时再次被拒。

内华达大学校长和内华达州议员各写一封信给领事馆，我第三次去签，就拿到签证了。

我告诉蒋蓉，我需要借些钱。

他们夫妻决定借钱给我。那时蒋蓉有身孕，王怡说："银行不远，走路就可以到。"

太阳很烤人，王怡和我走路去银行。我们都不瘦，流了很多汗水。

走路去银行的情景，我永远珍藏。

2006年8月25日，我离开成都。秋雨之福团契那时已有9个人的同工团队。

临行前，我们在蜀都花园聚会，三个月身孕的蒋蓉坐在椅子上，流着泪唱歌。

2006年8月14日，小曾陪我去电脑城买电脑，她为我垫上了买电脑的费用，我以画相送。

第二天就要离开了，可是我的行李都还没有装。

晚上，麦妹和赵姐来家里，帮我收拾行李。

成都到北京转机前，我在北京时参加聚会的方舟教会的晓斌弟兄前来送行。

第二天，三藩市机场，入境检查时，检查人员举着禁止入境的植物图片，问我："你的箱子里有没有违禁植物？"

我说："有花椒。"

"在哪个箱子？"

我回答不出来，因为是两个姐妹帮我装的箱子。

女检查官打开箱子，翻了一通，找到了那包花椒，取出扔掉。

我终于通过了美国海关检查。

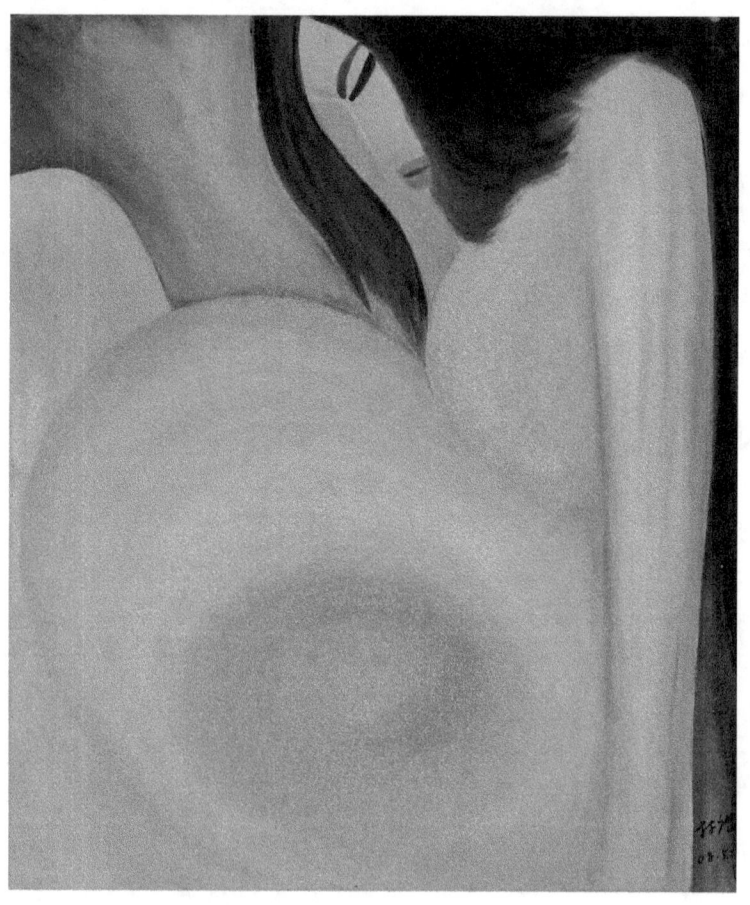

61 画名：《2008-5-12母亲节阵痛》，布面油画；21x24in, 2008

第十三章
5·12汶川大地震

王怡在地震后，辞职。秋雨之福教会在大地震後成形了。

2008年5月12日，母亲节的阵痛

2008年5月12日，是母亲节，我画了《临盆阵痛》。

2008年5月12日上午8点，像往常一样，我打开电视，突然听见主持人提到"四川""成都"，这是我熟悉得不能再熟悉的地点。美国电视主持人虽然发"成都"的音不准，但这个地点离我心里最近，我的亲人朋友都在那里！

谁会想到是这样的一种痛法！阵痛期如此漫长，大地子宫的收缩是没有规律的。

余震一直不断，我在面前摆上画板。色彩已凌乱无章，以前的单纯转换成复杂和纠结，交叉着生命和死亡、个体和群体、此岸和彼岸、天堂和地域。我画出了我灵魂的碎片。

碎片中，高楼成为废墟；悬空的小书包，成了哀歌的中心。

有一顶帐篷，它是飞翔着的，不是抓牢大地。在大风中撑不住风力的张开的伞，被风翻转了，向上张开着。

有没有这样的一顶帐篷呢？在天地翻转中为灵魂提供避难所。永恒的帐篷啊，你在哪里？

我们依然在大地上用心。如同该隐献着土产为祭品。我们还是没有看透那註定要花白的头发，还求助于化妆的颜料修饰打扮。

对自己失望，人们也还没有觉醒。人们关注的焦点，被舆论引导、化解，依然看不见那应该看见的。少有人将心锚定在天上，无法超越大地的震动。

北川、九寨沟、羌寨，我带着学生，在那里住过吃过，笑过唱过；参加过羌寨的婚礼。去小学校送过糖果和文具。我和小学校长说话，我记得孩子们纯朴的笑。

那银厂沟的大黑石头，你也许是上次大地震的时候到达这里的。以前在石头旁玩水，常纳闷，为什么那么巨大的石头会在这里？谁的手摆放的？原来九寨沟湖泊，也许是上次高山地震运动挤出的眼泪。以前大地也地震，远处的人们无法知道，近处的人被埋葬了，无法传送消息。联想庞贝古城遗址，留下的都是人类建筑。

若没有通讯卫星，没有电视、网路，人们能这么近地看见灾难特写镜头吗？历世历代，没有哪个时代像今天这样可以目睹灾难，重新以各样的影像重新叙述灾难。凡是直接或间接看见灾难的人，都是灾民。

我几乎同时和那边的人一起注视这场灾难和细节。

每天我上成都朋友的博客日记，感受着他们的脉搏。灾难离我的距离，很短。我开始打电话，这一天，凡是我知道手机号码的，基本上都打了。脑子迟钝，只是打电话，似乎作了一点什么，其实什么都没有做，上网搜索了几篇关于地震时怎样防范的知识，发给了儿子、侄儿等。其实，也知道他们不看电脑，就是看见也是过后的事情了。真是无用功，人在这样的时候，多少有些痴呆，在大洋彼岸，什么也不能做。时不时地上网看看有没有最新消息。那根无形的慈绳爱索如今靠着电话联络着。日常工作似乎不重要了！

人总会通过一些方式传递着爱和关切，比如博客、电话、微信、等等；这样的关注，是生命脉搏的跳动。很简单、自然的流露。

电话打了一整天，终于知道了儿子的消息。打一通电话，其实得到安慰的哪里是别人，首先是自己。瞭解了实情，得知亲人朋友们都无恙，就放心了。我以电话的方式表明同在，表达关怀。知道亲友们平安后，呼呼睡了。

5/2 汶川大地震灾情通信

FROM 李亚东

※

我一直在惧怕中。地震了。我裹着被子就跑出门，站在一块草地上。我是最快的，现在觉得住在一楼多么好啊！我什么也没有带出来，也没有想到带电脑、钱。我看另一个人，光着膀子带着一个黑色的提包，大概里边装的就是他最重要的东西。

有人手提着裤子跑出来了。有五六分钟之久，我眼睛看着七层楼在眼前左右摇摆。五六分钟，是什么概念？！本来以为也就是几十秒。

那一刻，我觉得末日到了！一个四十多岁的男人觉得自己今天要死了。我先没有想到孩子，想到的是自己先保命。

孩子在学校上课呢！一个女邻居冲向学校，她是第一个到达学校大门口的人。她先想到的是她的孩子。

有很多余震。据说唐山大地震，就是余震死的人最多。

你想，第一次震动后，房子已经有缝了，哪里还经得起再摇动呢！所以，虽然政府说可以回房间，但大家都不回去睡觉。都在外边。

全成都市的私家车，都停在街上、平地上；四川大学也打开大门，允许私家车进来躲地震了。

现在门外草地上的帐篷都还支搭着，已经几天了，人们还是不回房间睡觉。我们没有帐篷，就睡在车里，小孩子总是挑最好的地方，四五个人挤在一个车里。几个小时还成，可是已经四天了，几天几夜，那滋味不好受。（车子躲雨倒是不错）有帐篷当然更舒服了。现在帐篷是买不到的。再贵，也买不到！

※

哎呀，又——

才意识到，不是地震，是风在吹。街上的人都是正常的，那就不是余震。

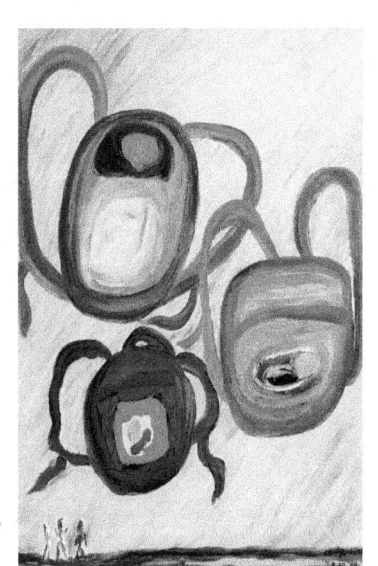

62 画名：《地震中的孩子，你们在哪里？》，布面油画；22x28in，2008

我现在经不起开玩笑了。我是很敏感。有一次，孩子把吉他放在我腿上摇了摇，把我吓得赶快逃跑。真是惊弓之鸟。

学校一个老师，地震后，写了一张纸条，"我20日以后回来"，之后就无影无踪了。学校怎么能容忍这样的老师，一定要严加处理。

很多学生的家长都要求孩子回家，但校方不允许。

电话不通，最后终于靠发短信，找到了一个学生，说13日就不上课了。学校说什么时候上课，要大家看网上通知。

※

第二天，我们开车到了崇州，一是想看看那里的震后情况，最主要的是，出了高楼林立的城市，一家人在车子里，如果震动，就把车停下，觉得安全了。

但是，汽油问题，很多加油站突然都加不到油了。很恐慌，汽车没有油了，那不成了废铁，到处问，终于有个地方还可以加油，就去了，加到了100元钱的油，不能加多，加油站的油也有限。人多么？我是加塞儿才加到的油。后来，开到温江，又加满了油，似乎心里才踏实了些。

※

以前，我们对电信通讯多么信任啊！

可是，地震后，正需要联络的时候，手机全部联系不上了。

电脑也不工作了。

市场上水也缺货了。后来才及时补上。人心才稳定。

现在政府已经管制了道路，私家车不能再自己送东西去重灾区了，都要交给政府统一运送，不然确实会堵塞道路。成都人真是好啊！广播里一说哪里有人需要抢救，需要义工，马上就有很多车开去了，但因资讯联络不好，很多车都奔一个地方去了，结果很多车又空着回来了，白跑一趟。

有小道消息说晚上2点有余震，大家都不敢回房间，政府说不要听信谣言，快两点了，真希望听到的真的只是谣言，不要震。可是一到2点，还真的震了。

有人住在高楼，一地震，门打不开了，就跳楼了。我能理解。

比较起重灾区，我们这一点不算什么。但人也已是惊弓之鸟，一个婆婆说，孙子在睡梦中会大声喊：地震了！快跑！

即使没有接到电话，但是如果以后打开邮箱，看到在那个特定时间段里谁曾经发过邮件，还是会很宽慰的。看来人人都需要被安慰啊！

※

地震后，王怡他们四家人在一起，祷告唱诗。

大地虽会改变，高山虽会摇动，大海翻腾大浪战抖，但我们也不害怕，信仰的力量支持他们，但我做不到像他们那样。

在人民公园，几万人在那里，似乎是一个狂欢的地方。

真是难于想像那些在21层楼工作的白领们，是怎么一层一层下来的。即使是平时，也需要很长的时间才能下到一楼啊！

有的人有老人，要背着老人，他们的感受一定又不同。

我再告诉你一件事，有一个研究生打电话给我，你们在哪里聚会？我想参加你们的聚会!

有人开始需要信仰了!

FROM 麦妹

地震之后,我有点心理疾患了。地震的当时,我不是很害怕,但接下来的一周,我们每一天大概都会接到几个点的强震谣言。

随时做突围的准备,并常常从楼上冲到空坝。

一直在提心吊胆中,我的心理防线不是在地震中垮掉的,而是在持续五天的每一天的谣言之中。

我大概瘦了六斤,常常觉得晃动,心里害怕。意识并承认这一点,是这两天的事。

前两日,我报名参加下周将举办的灾后心灵重建的志愿者活动。现在感觉,这首先将是对我自己的帮助。

FROM 晓斌弟兄

这几天在想,收留孤儿?到四川去?组织人?

妈妈一直在叨唠我的身体,我可以在电脑上看几个小时的资料,看得泪流满面,却不能忍受妈妈三分钟的唠叨。

我想冲到现场去抢救,却不能在家里容忍孩子反复的调皮……

生命的脆弱到一个地步——只能为基督死,不能为基督活。

我曾经对妻子说:"我有一个祷告,就是求你比我早去天堂。"

她一脸愕然:"为什么?"

我说:"我没有什么可给你,只求将活着的人承受离去之人的苦难让我承担。"

她立时哭了。

有一次,去送一个人最后一程。回来的路上,有一姊妹说:"我们这十几个人谁最后一个离去是最痛苦的,最先离去的是最幸福的。"

我们讨论,谁承受力最好,就留在最后吧。

信仰是什么呢?活着和死去的人,在这个世界上又意味着什么呢?

我感到最深的痛苦,当我靠近每一个灵魂的时候,显得是那样无奈,不能做什么。

看到灵魂深处的苦难,被各样的迷离遮盖看不到苦难的存在。当我想唤醒别人的时候,不料却看到了自己。我想消解,不料却格外沉重。人性的灾难,只有在恩典中才能被解释。

今夜,上帝将我心中的遮盖一层一层地剥离,看到千疮百孔的自己,上帝却让我活着,活着,活着。

FROM 深白色

地震的时候我在四楼上课。在一片慌乱和对死亡突如其来的恐惧中跑到了操场。随之而来的便是对所有亲人朋友无止尽的担心……

在跑下楼梯的同时,墙壁裂缝了,墙灰也在摇晃中掉到地上。

那种随时会有砖头砸向你后脑的感觉让人不寒而慄。

我甚至还是不敢相信自己竟和地震在一起了。

可在当时心头只有"上帝保佑"四个字在迴响……我明白哪怕真的发生了什么,我也可以借着祷告化解!

在跑出楼道口的时候,我清楚记得那个跑接力赛慢得不得了的女生竟在这时一跃跃出了差不多2米远。这大概都是人对生最真切的渴求吧。让我明白,活着就应该不住地感恩与祷告!

上帝不分贵贱地养活着每一个人,公平地给予我们空气和水。生命是如此宝贵与脆弱!感谢上帝!

FROM 思思

亲爱的老师:

离5月12日已经13天整了,大家逐渐平复的心又被今天下午两点多6.4级的余震吓坏了。这是最大的一次余震。我一个人在宿舍,第一想到的就是打开门,可是突然却不想往楼下冲了,傻傻地立在楼道里,不见一个熟人,电话又打不通。比起12号那天的8级大地震,我反而更加恐慌,因为那天还有宿舍的朋友一起,今天只有我一个人面对,我觉得当时我是绝望的。

下午6点过,妈妈才打通寝室电话。我在电话里哭了出来,13天来第一次告诉妈妈我怕。8级地震的时候,我还很坚强地说我不怕,学校很安全,但终究还是崩溃了。

伤亡人数不断上升,已经确定有6万多人遇难,2万多人失踪,其实失踪的也就等于遇难了。受伤的几十万,四川还要经受怎样的灾难?中国还要经历怎样的考验?

面对突如其来的灾难,我们都无所适从;经历了剧烈摇晃,我们都心有余悸。

我也不知道是不是瘦了,惊吓过后反而更能吃了。

FROM 小曾

我看到一张残疾人捐款的图片,再也忍不住,一下子就哭了。

现在是悲痛的时刻:为天灾,也为中国的人祸;为无辜的生命,也为制度性的罪恶……难过极了!骨子里有着透骨的悲凉,希望能够抱着爱人痛哭一场。

FROM 晓静

鹿姐:给你写这封信真是艰难啊。这是第三遍了。

前两遍都是按个回车写一大半的信无端就消失了。好吓人。

有点毛骨悚然。因为昨晚电台一遍一遍播报今明两天有7级强余震的消息。瞬间通讯就如那天一样瘫痪了,所有的人和猫猫狗狗都跑出来,草坪上公园里甚至马路中间的绿化带上都是帐篷和人。我也抱床被子跑到车上,将就了一夜。

地震固然让我害怕,但这种从未经历的恐慌气氛让我更窒息。不和大家一样其实就感觉已经被抛到了黑暗里。

早上听到很多人说,早震完算了,该垮的垮该死的死,该做啥子做啥子,受不了了都……这样下去,不被震死也差不多了!

早上接到单位电话,说今天不上班,大家各自防震,保持电话开通。不上班本来是让人轻松的事,可在这个时候,却更让人感到危险的逼近。

在天灾面前,人没有一点办法,只有承受。在上帝的许可面前,人只有顺服,没有讨价还价的资格——我在想旧约那段关于义人的砝码。今天我们有吗?如果没有,还有什么好抱怨的呢?

当地震的死亡气息威胁过来的时候，当我像老鼠一样东躲西藏的时候，当一听到余震的消息就如同惊弓之鸟的时候，我知道，我是不敢面对上帝面对审判的。因为我的灯台里没有预备好油。

如同前天礼拜，王怡说的：作为幸存者，我们该怎样活？

所有的事都不是坏到了极致，总能找出那么一点点的好。即便死了，也有解脱的地方。对于我，得到的可能更多吧。如果能够坦然无惧甚至满心欢喜地面对生命的结束，该是多么幸福的事啊！我该怎么做？又该做些什么？这次是演习，也是明日我们所有人都要面对的。我庆幸上帝给了我一次补考的机会。

FROM 小菲

今天小孩子就正式上课了，我们班有个孩子今天只要听见有飞机飞过的声音，就会抓紧我们老师的手，然后眼睛四处张望！看来孩子还是心有余悸！

FROM 冉云飞

这是我四十几年来最为危险与恐怖的经历，也是成都有史以来从未有过的大地震。

2008年5月12日中午2：28分，我于午休熟睡中被摇醒，房屋晃动得非常厉害，我住在八楼，仿佛巨浪中颠簸的一叶小舟，随时都有倾覆的危险。房屋被摇得嘎嘎怪叫，门窗震碎，楼上大批的书籍被震落掉到楼下，天花板震掉，书柜也倾倒数个，碎玻璃和着桌上掉下来的碎罐子的声音，显得格外刺耳穿心，让人六神无主且加倍绝望。

内人在另一房间紧紧地抱着尚未及两岁的内侄女，我与她惊恐地商量对策，互相鼓励，准备避入卫生间。但由于摇晃太过厉害，未获成功。房屋持续地摇晃，中间有几秒中稍弱，我们想强冲出去，随后又是一波更为厉害的摇晃，只好再次停下躲在屋内。一分多钟摇晃，好像几个世纪，慢长得惊人，简直要将人撕裂，使得恐怖佈满人之全身。事后内人惊惶未定地说，心想或许今天就此洗白（死掉），但想到未满两岁的内侄女，心里告知自己一定让她活下来。于是我们俩待地震稍停，随手抓上衣服就冲门而出。

我接过内人交给我的内侄女，飞也似往楼下狂奔，到楼下见许多男同事半裸，女同事或者家属穿着睡衣或者短裤，纷纷往外逃跑。住家门口的大街上已然填塞了许多人，像饺子下锅那般密集，使宽敞的蜀都大道阻塞不通。人的吵闹声、尖叫声、哭喊声、汽车的喇叭声不绝于耳。人们都瞧急地谈论着，在街上打根本就已无法打通的手机。我则让内人在家门口稍待，迅速赶到女儿读书的小学去看望她。还好，他们学校全部都集中在操扬上，据女儿讲，校长在组织疏散，老师最后一个离开教室，并且在安抚同学们。我接上女儿与她往回跑，家门口有一幢二十八层的高楼，大家都说那幢楼有倾斜的危险，还有鼻子有眼地说，哪里显现了阴影哪里出现了倾斜——事后证明这只是恐怖中的幻觉，应该赶快离开这个地方。

FROM 贝贝（我的儿子）

妈妈：

一切都好！有上帝保佑，你还担心什么呢？你也要平安喜乐。

我就觉得我（不）怕死。因为我觉得我肯定会活的好好的，一定是有那信念，知道上帝会保佑我的，真的没什么好担忧的了。再次放心我嘛，我挺好的。

王正方："5.12"地震成都亲历记

1

5月12日，14时28分。成都，锦江河畔高层住宅，22楼，我家中。

吃过中饭，我开始扫地。当扫到后门时，我忽然听到轰隆隆的沉闷巨响，既不像飞机声，也不像火车声，更不像爆炸声，总之是一种沉重剧烈持续不断的怪异响声。接着，便感到整个地板和楼房在猛烈地抖动，很快又开始左右摇晃。摇晃的幅度，越来越大，越来越猛……我听到了房屋摇动的轧轧声，以及各种东西跌到地面的碰撞声，还有窗户摇动和推拉的声音。这时，我像站立在一艘小客轮的顶层甲板上，小客轮完全失控地飘荡在惊涛骇浪之上。我产生失重的感觉，我早已经稳不住身体的重心了。我实在站不稳了！于是，我不自觉地蹲下来，两手紧抓门框，竭力地不让自己跌倒在地板上；因为，我毕竟是年近七旬的老朽了……

63 画名：《破裂. 512大地震》，布面油画；20x20m，2008

——我意识到，这是强烈地震！

大地震就这样爆发了！没有任何先兆，没有任何预感，当然更没有一点预报；来得这么突然，来得这么凶猛，来得这么没有商量！

我该怎么办？逃跑，不可能了。我想到，这门框下面，正好是框架的下面，框架的整体性能强，即使坍塌，也会有较大空间，姑且就蹲在这里吧。（后来妻子和儿子王怡告诉我，后门的外面就是阳台，阳台是最不安全的地方；最好的地方应该是室内靠近框架角落与管道的地方，或者是卫生间。可是，当时我哪里想得到这些呢！）

我经历的地震也不少了，连1976年7.2级的松潘地震与7.8级的唐山大地震也经历过了。过去我经历的地震，再猛烈也不过猛震若干下便宣告结束。我想，这回虽然来势凶猛，但很快也会过去的。于是我沉着应对，又急迫地等待着它很快结束。

但是，出乎我所料，房屋的摇晃不仅没有逐渐停顿下来，而且摇动的幅度反而越来越大，越来越猛，越来越大，越来越猛。我甚至有些晕眩了。

但我很庆幸，人老心也老嘛，我没有惊慌。

我向后门望出去，对面23楼（顶楼），在空中摆动得像狂风中杨柳，我估计，在高空摆动的幅度不下于十七八公分吧。23楼上的推拉窗，不停地左右推拉，发出急促的撞击声。窗外邻居衣架上的衣服，在猛烈地翻飞……

"啪！"我家客厅的一幅巨幅相框（儿子媳妇婚纱照），掉下来了。

"啪！"鞋柜上的钟表，掉到地上了。

"啪！"电视柜上的东方维拉斯雕像，跌倒了。

厨房的电冰箱，在颤抖，在摇晃，在移动。

厨房里，四川泡菜的坛子，坛舷水晃出了坛舷，洒了一地……

我想，这应该是地震的高潮了吧，应该是要收场了吧？——我心里在急切地盼望，也在虔诚地祈祷。

可是，可是我的楼房摆动的幅度，没有丝毫减弱的趋势，仍然是那么凶猛，那么持续不断。响声仍然是那么猛烈，那么沉重，那么持续不断；尤其是楼房摇晃的"轧轧"声，叫我分外地担心起来……

并不害怕的我，终于害怕起来了！

并不慌张的我，开始慌张起来了！

我真担心，我担心顶楼与我所在的22楼，会立即摔下高空，狠狠地跌落到地上；我也将飘向空中，摔下地面，粉身碎骨……

我真的有些恐怖了。我的双手，死死地抓住门框，像落水人死死地抓住了救命稻草……

还好，我们的楼房，好不容易渐渐地渐渐地安静下来了。

于是，我将跌落的东西拾掇起来。

我又察看了房屋内部有无裂纹。还好，我家的房屋装修质量不错，安然无恙。（可后来得知，这座大楼竟有128户室内震出了裂缝。）

这时，我看表，时间：2：40。

——可惜，我实在算不出，我们的楼房在空中究竟摇晃了多少分钟。反正在我的经历中，摇晃时间是空前地长，长得叫人恐怖！

2

于是，我立即给妻子亚雪、儿子王怡、媳妇蒋蓉打电话，可怎么也打不通。（后来他们说，他们给我打电话，也仍然不通。）

好容易，我终于接到儿子王怡的一次电话，要我立即撤出大楼，到少城公园与他们会合。因为他们不放心我这个老朽，我当然只好顺服儿子的意思了。

在电梯里，在一楼的大厅里，不相识的邻居们激动地诉说着刚才的地震。平时邻居们相互见面，往往显得稳重、矜持和礼貌，一般是不轻易说话的；可是在地震面前，似乎一下子变得亲近起来，对谁也可以随便地大声交谈了。

我听一位公司回来的白领（看来他消息特灵通）说，汶川发生了大地震！震级7.8级。（5月18日晚，新华社又报道，修正为8.0级）。

32年前的唐山地震是7.8级。据说，唐山大地震释放的能量，相当于1000枚广岛原子弹，24万余人遇难。8级的汶川大地震，不知道又相当于多少枚广岛原子弹，不知道又会有多少人遇难啊，我真不敢想象！

成都距离汶川仅仅159公里，难怪成都的楼房摇摆得这么厉害！

我一路打听汶川的消息，可谁也说不清。我看到，大街上，人行道上，绿化带里，顷刻间变成了市民们的避难所。交通拥堵，汽车拼命地鸣喇叭也不管用。路边停着许多市民的汽车。

在大街上，我居然没有看到一个交通警。据路边避灾的居民说，城内的交警全部出动到通往汶川的道路上去了；还说，为了减轻城内的人口压力，进城的各大路口实行了交通管制，车辆只准出，不准进，回城的亲人只有在郊区过夜了。

尽管街上人口密集，人心噪动不安，但我看见，街上秩序良好，没有骚动。

人们拿着手机，急切地拨打着。后来才知道，成都的通讯已经基本瘫痪了。

在小南街，一些人对着一座高层新楼（冠城苑第三期）观望，有的还在拍照。我抬头一望，原来是新楼最上面各层的装饰性横梁多有断裂，有一处还掉下了贴砖。可惜我没有带相机，不能拍照这些典型见闻。

在文庙西街，我看到已经有人在"君需（军需）商行"门前购买帐篷了。

3

我与儿子王怡媳妇蒋蓉终于在少城公园会合，小孙子书亚也来了。我们在少城苑的水池旁，安顿了下来。儿子媳妇的朋友们也聚在这里。我们好容易买了茶水，获得了座位，可以在这里安营扎寨，勉强过夜了。

惊魂甫定，蓦地人群哗然，一阵骚动，有人惊呼："地震，地震！"

原来，这是一次强烈余震（报道6级以上）。我看见身旁的池水，在剧烈地波动，泛起一阵小浪，接着是一阵涟漪。

一位朋友接着水浪的话题说道："刚才我在公司里看到，那大湖的水面，浪得那才叫厉害哪，差点有一米高呢。真够吓人的！"

他又说，回家时，他看到XXX医院立即将病人从楼上转移到河畔的草坪上，继续治疗。一位产妇还在草地上安全产下了一个小孩哩。他说，今天是护士节。这些护士们，过了一个多么特别的护士节啊！

我听到，收音机里报告，汶川交通断绝，通讯断绝，变成了一座孤岛，情况至今不明。

少城公园的广播系统开始广播了，不断地转播着电台的新闻报道。我们才逐步获悉，地震中心外围的都江堰市、彭州市、德阳市、北川县等地的死亡人数和简要消息。死亡人数在不断地增加。北川县城已经夷为平地了！

公园广播报道，温家宝总理已经到达成都，即将前往重灾区部署指挥救灾工作。我看表，才下午4点多钟，不到5点。看来他是得到消息就即刻启程了。

广播说，成都军区的直升机已经飞往汶川灾区，各方面的救援队伍已经整装待发。

晚上九点，我听到了成都市市长葛红林向市民发表广播讲话，他在努力安定民心。

我看到，公园的工作人员以及茶馆小食品店通宵值班和提供服务。

我看到，在黑暗的树丛中，一位公园的工人正在喷洒消毒药水。

由此看来，这一回，官方反应迅速，比起今年2月的冰雪灾害来，反应快速多了。

13日凌晨时分，我到公园各处观看了一圈，只见公园的道路旁、花园里、广场上、树林中、长廊里、屋檐下、茶馆里、游乐设施里，凡是能见缝插针躺下或坐下一个人的地方，无不是避险的人们。我估计，这里大约不下两万市民吧。

"据说，"一位年轻朋友说，"市体育场也已经住得人山人海了！"

深夜两点多种，媳妇蒋蓉、儿子王怡照顾我年龄大，让我躺在了朋友的帐篷里。

4点多钟，公园里又是一阵哗然，将我惊醒。——这又是一次强烈余震。

5点多钟，我一觉醒来，想出帐篷。在朦胧中，帐篷里一位美丽的少妇立即起身为我打开帐篷的拉链门。——嗨呀，真没想到，我昨晚竟然与一位美女躺在同一个帐篷里！——不过，人在危难之中，也顾不得那么多了啊！

随后有媒体报道，成都12日晚上，"500多次余震将400万成都市民逼到街头和各大公园露宿"。

4

12日午夜，还有一个场面，是我过去逃地震从来没有见到过的，所以我要如实地记录下来。

夜深了，人们谈论地震似乎也谈累了，少城苑显得相对地安静。突然在我的身旁响起了一片朗诵文章或者诗歌的声音。我仔细一听，原来是六七个基督徒在为汶川大地震虔诚地向上帝祷告：

"慈爱的天父，……在灾难到来之时，我们向你呼求，求你仰起脸来光照我们，保护我们！"

基督徒在为汶川大地震灾民虔诚地祷告：

"……求你怜悯和保守那些被困的人们！……求你伸手搭救那些在地震中幸存的人们！……"

"求主在今晚，赐下你的平安！"

"奉耶稣基督之名，向你祷告，阿门！"

他们（陈中东）还弹起吉他，唱起圣歌：

"大地虽改变，高山虽动摇，大海翻腾，大浪战抖，但我们却不害怕。大山虽已挪移，小山可以迁移，但主的慈爱永不离开你……"

我不是基督徒，但我也在心里默默地祈祷，为自己，为家人，也为所有受困受难的人们，愿我们与他们平安！

因为，平安是福。

2008-05-13——22 于锦江河畔避难帐篷中

补充：2020-7-15, 王正方写邮件：亚雪对我说起海文，她说，我写的 512 地震之夜的散文里，那帐篷里的美女就是海文。不知道文中那张照片里有没有海文。我说，真是有缘啊。多少年了，又看到海文的照片了，亚雪说，她已经认不出海文了，但是蓉一见就认出来了。我将我的散文《512 地震亲历记》发给您。

5/2 大地震彻底转变王怡

地震发生的那个下午，王怡家住 17 楼，像船一样在摇。王怡为一岁多的儿子小书亚按手祷告，"父神，如果今天你要带我们去见你，那是好得无比的，但是求你怜悯这座城市！"那是王怡最接近死亡的时候，但是他也经历了从没有过的平安。地震让王怡经历到末世感。当大地摇动的时候，他意识到自己是寄居的。

他说，"当时我从楼上下来以后，看到整个城市就是一个难民营，所有人都在恐惧当中，所以我说的第一句话是：'主啊，我们要怎么交帐？你在四川的儿女，你在成都的教会要怎么交帐？'"

王怡在地震后，祷告唱诗，他决定辞职，奉献自己。

秋雨之福教会在大地震后成形了。

"他们伤害不了我们"

小曾姐妹 2008 年给我写的一封信中，间接地提到了王怡辞去大学的教职：

"2008 年 5 月 3 日晚，我给蒋蓉打电话，接到了坏消息，由于宗教局的干扰，他们被迫离开度假村回城了。洗礼改在第二天于教会举行。

今天下午去教会了，洗礼仪式正常进行。

受洗仪式结束后，我前去拥抱了温老师，她是个很有个性且具传奇色彩的女人。听了她的见证我尤其感动。

我听吴茂华老师说：昨天宗教局去了 40 人，还没收了教会一些东西。她也不在现场，

64 画名：《震后废墟》，布面油画；40x36in 2013

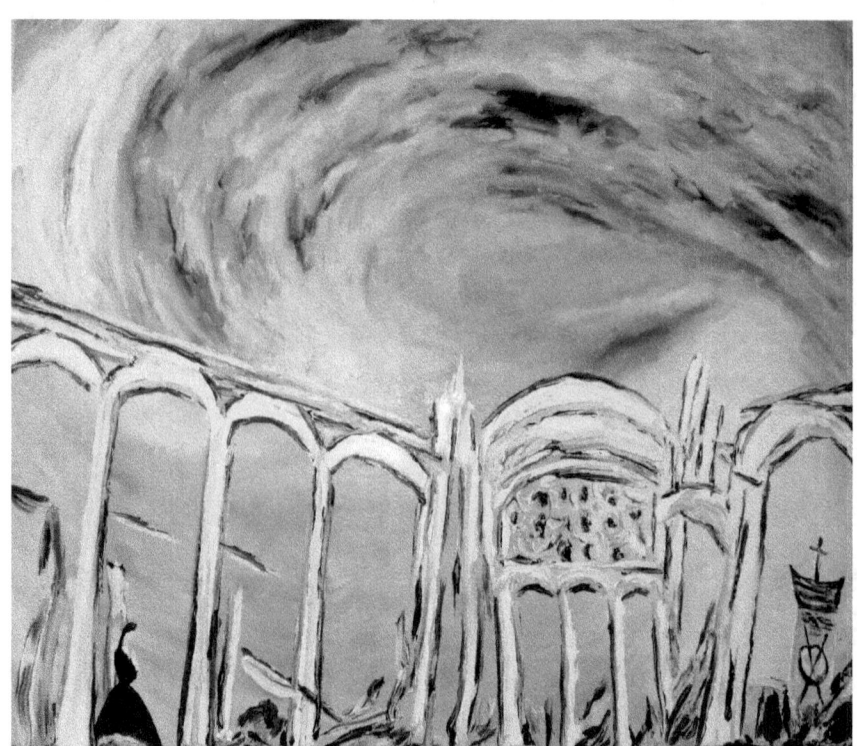

65 画名：《王怡在看守所里默想以斯帖》，布面油画；20x24in, 2018

"最令人动心的，是末底改如此激烈地抨击自己所爱的女儿，指出在罪恶和教会的危机面前"闭口不言"，是一种被主弃绝的大罪。

以斯帖最终将个人的生死与整个族群的生死，紧紧捆绑在一起，一同摆在君王面前。不是等候王的权杖，而是等候神的裁决。

如此，我们也要如以斯帖一样，经历禁食和不遵王命这两件事。

人生中唯一值得的冒险，就是为信仰、良知和上帝的国度，而冒险失去这个世界。信徒绝不可为了肉身的益处，而冒一丝一毫失丧灵魂的风险。但却必须为了灵魂的自由，而甘冒失去一切肉体利益的风险。神啊，求你在中国的各城各乡，聚集你的百姓，穿戴你的福音，成为你的军队，在那没有硝烟的战争中，胜过那攻打我们的仇敌吧。主耶稣啊，我愿你来，愿你今夜向你的教会，伸出钉痕的手来，如君王伸出金杖。"

注：2018年5月11日晚上，警方以寻衅滋事罪名将王怡牧师带走，拘留在黄田坝派出所，王怡在5月12日深夜获释返家。被羁留期间，王怡读《以斯帖记》时，写在圣经空白处的读经札记（摘录）。

是回来听说的。

发生这样不愉快的事情也没什么。他们伤害不了我们。"

我羞愧没有和你们同在

2008年5月3日，我给亚东写信：

"没有和你们同在，我很羞愧。

神在某个阶段用过我，但挪开了，让我到另一个地方，经历别的功课。

无论在哪里，都是学习，都是退修，逼迫不是地理距离上，恐惧是撒旦的名片，被影子所吓倒。

我有意回避。我有某种程度的脑瘫，有时候伴装脑瘫，而犬儒诡诈地潜伏着。

以前我不去碰政治，但人真能不碰吗？是不可能的！

我没碰，别人去碰了。别人碰的时候，也考验着我。

我对本相越来越认识了。就是软弱。

我承认软弱，才会依靠主，一刻不敢稍离，我们都软弱！也还是软弱！并且继续软弱！好叫基督的能力覆庇我！给神机会，让神的能力彰显，除非我们软弱，否则我们就侵夺神所当得的荣耀了！

若你软弱，要知道旁边的人与你一样软弱。有人表达，有人不表达，这都不能改变什么。经历多的人，并不因经历多就不软弱了。

亚伯拉罕撒谎，大卫犯罪，彼得三次不认主！属灵巨人都有这些看似不光彩的记录，何况我们呢？荣耀是属于神的！

你们真是被拣选了！火炼，能炼出真纯的金子！不能靠血气。如果靠天然的血气，就不是敌人的对手！

我说，主啊，我没有遇到这事情，是我还不配！神炼我用别的方法。

肢体的原则是，一人受苦，肢体一起受苦！辱骂你人的辱骂，都落在主的身上。不是我们承担，是主在承担，让我们现在就经历神所说的：你们要休息，要知道我是神！

你们是灯台。这个十字架，是代替弟兄姐妹在背！是代更软弱的肢体在背！因主而背！

为义受逼迫的人有福了！这样的福，是从天国的角度而言，不是从世界的标准。

人生短暂，不是谁都配经历这事的！尺寸都是神丈量好的！承担的能力，靠主随时随地加添，不多不少，正好合适！经历了，你就知道了！

林鹿

2008年5月3日

亚东的回信：

林鹿好。

你的随笔《庄子的快乐鱼》刚看了，非常受用。

什么事发生，都安静接受。"似乎路处处都有，只要走，走着走着，机会就来了"。还有，"梦实现了，回头看如同浪花。梦成真了，是一步一步走过来的，我还是惊讶的，即使在其中经历，还是会惊讶。"——太喜欢这样的句子！

看你的随笔，如在山阴道上行。

可能你不清楚，我是怎样受惠于你的文字啊。最早不是你的画，是《母爱星空语》。看后就跟王怡通话，问林鹿你了解不？他说，正是她在"带领"我们啊。于是我来了。而在此前，他曾多次叫我，我都不肯来。（以为对"传福音"，已经有了"免疫"）

哎想想，怎么就三年过来了？"回头看如同浪花"？是，又不是。

这三年，内心变化太大。虽说在"秋雨之福"团契，我是最落后的分子。（别人没说，自己觉得）还是怀念你带领"亚伯拉罕"的日子。进展确实慢，光《创世纪》就盘桓了半年、将近一年。可受益不浅啊。到后来，好像从《约翰福音》开始，我渐渐跟不上了。

——上面的话，本不想讲的。因为上次，你提到需要鼓励，我才不能不讲。

确实是忙了，你上次寄的文章，也只看了一遍。一直想再找时间，仔细欣赏，跟你认真回个信，总有那么多事。（从3月初开始，短短两月，已从期刊网下载上千篇论文。那种贪婪啊。住在大学校园外，以前享受不到"教育网"免费的资源，要下载就得掏钱，现在不了）昨天见到你的朋友董晓静，也这么说来。什么是时候？今天起床后，冒出的第一个念头就是给你写信，一是完成任务，不让你空等；再就是，昨天发生了事，就想跟你讲。

先说上次的文章，看着看着我动容。尤其那篇《那一棵枇杷树下》，你写着："我很久没有在妈妈墓碑前唱歌了。我越走越远,我现在更是加长了距离,但是,和妈妈的距离,永远不是地理上的距离。"还有《吃饺子和包饺子》,写你面对桌上的饺子,还有蒜泥调料,没有动筷子。"猝不及防地落泪了。我自己也没有料到。但也没有去强忍着。"以至旁边的人说,"林老师的心里边,原来比我还要压抑呀!"……

什么都不用评说了。你的真切文字,不是写出来的,是从心里流出的。

此前也知道,林鹿不容易的。可我拙于关心人。而且下意识以为,任何人到了美国,就不再需要关心了。(很可笑的心理!可确实有、且顽固)所以你看,一直没有主动问候。只是接听你的来电,还大言不惭地觉得,你们打电话过来便宜。

现在,知道也为你祷告了。不多说。然后,发上几张昨天的照片,简要说说发生的事。你一定关心着。

昨天我们团契四十来人(包括七八个孩子),到位于双流境内的"双龙园度假村",计划是"退修"两天,以"全人的敬拜"为主题。你知道我喜欢"退修",一有时间就往山里跑。这度假村很内秀,住房后面有条小河。可计划被意外地搅了。

下午3点多,正讲"谁在夺走我们的敬拜",天气有点热,大家也有点倦了。于是唱唱歌,恢复精神。突然许多人闯入,命令停下。(看了时间,是3点44分)领头的说他是县"民宗局"的,说接到举报,这里涉嫌非法传教。说要登记大家身份证,又不肯出示他们的证件。有姊妹据理力争,其中一人才出示,原来是"公安"。同来的人打圆场,说他们"联合执法"。不让打手机、不许照相,可他们又摄像、又拍照的,气势汹汹。

这种事情,只有配合。确实大家,都比较安静。可我看到,负责登记身份证件的黑衣男子(大概是宗教局的),手抖得写不成。环顾四周,前面压着六七人,靠窗斜站五六人,后面呢,嚯,一字排开九个人,肩并肩人墙。均如临大敌。登记完名字,喊到谁就可以走了。我在出门前掺茶水,也有人紧盯着,催我掺了就走。走到外面,门檐下密密麻麻的。除了两三个穿警服,别的都着便衣。以审视的眼睛看你。其时,"领头的"王怡、中东、茂建跟他们去交涉,久久没出来。我们十来个姊妹就围坐茶桌旁,为今天的事迫切祷告。我那时心里浮起清晰的歌名:"这是耶和华所定的日子"。

搅了我们敬拜,我们就喝茶。就摆出了糖果、瓜子,还请他们也吃。没有一个人动。大概是,想在政治上划清界限。没过多久,度假村的老板、老板娘、服务员、保安、厨师等,足有十来个人气急败坏来,说你们走吧,现在就走,"这生意我不做了,今天中午的饭不收钱都行"。更说,"我不敢接待你们这些人"。又讲,因为你们,所有的客人都吓跑了,我们还做不做生意?领班和服务员反复催促:快快,退房。车就在大门口,送你们走。

知道是怎么回事。无论如何,我们非走不可。也只有我们走了,他们才能脱开干系,那边那么多"执法人员",也才能回家。就是这样。

妻子跟人回房间拿东西。回来后说,一厨师跟她们悄悄讲:他们生意清淡,还从来没有那么多车开到他们那儿,省、市、县的人都有。说那些人很黑,你们是干什么的?(为此我专门去看了。停车场二十多辆小车,停得满满当当,有几辆是"川0"。大门口一辆"依维柯",车旁一堆人虎视眈眈,大概是"治安联防"?)6点45分,我们离开。

就写这些。也无须挂虑,我的心里有平安。也祝你平安。

亚东　2008年5月3日午

2008年5月8日

林鹿你好。其实没什么的,一切都好。"为义受逼迫"的话,那天我们就在讨论,远远谈不到。只能说一点试探吧?你也用不着羞愧啊。

亚东 2008年5月8日

2008年5月3日,温晓莉和陈敏一起受洗

黄维才说:"温老师和我和吴茂华都是很好的朋友。"

吴茂华说:"温老师来时,林鹿已出国了。"

阿信说:"我很荣幸有份你这份珍贵的回忆。我看得出是上帝的呼召让您写出这些真实的文字。关于我的部分没有问题,您放心使用。《永远的怀念,温晓莉老师生平与信仰》是我在2017年10-11月对温老师的访谈,需要尽管用。

阿信 2020-6-19

《永远的怀念，温晓莉老师生平与信仰》节选：

"2006年张紫葛先生去世后，温老师走进了福音。

但她信仰基督其实和先生有很大关系。温老师回忆说，先生写自己经历，写着写着，写到宋美龄那里去了。

温老师读宋美龄创建战时儿童保育院，做难童的妈妈，上前线劳军、抢救伤员等故事，确实不像是编的出来的。心里很疑惑，就问先生："宋美龄怎么会这么好？"先生回答："是上帝塑造了她。"这句话温老师当时完全不能理解。

为先生办完葬礼，温老师在家里为先生设立灵位，每天望着他的遗像以泪洗面，整个人的精神支柱没有了。

刚好这个时候，流沙河夫人吴茂华师母又来探访。告诉她："我们一些朋友办了一个基督教的查经班。你礼拜天跟我一起去听道，听着不喜欢，你随时可以走！"

于是那个礼拜天一大早，她由吴茂华老师陪伴，参加礼拜。自那以后，每周吴茂华都打电话，约好在公交站会面，一起去听，除了传福音，她担心温老师自杀。每次听道温老师都打瞌睡。听到他们老讲耶稣，烦的不得了。但是奇怪，每次一讲到罪，她就立马醒过来。去了几次，牧师问她："温老师，您觉不觉得你是一个罪人？"温老师还没来得及回答，师母插话了："人家温老师才来几次，你怎么能问这个问题？"但是，很奇妙，牧师问到点子上啦。

温老师告诉牧师："我自己是很坏的。"

牧师一脸严肃："我比你更坏！"

"真的吗？我怎么看你像一个好人？"

"不是的，温老师，我们都是从那里面出来的！"

从此，温老师听道再也不大瞌睡了。一次，她听一个牧师讲道，他的一句话让温老师特别感动。他说："耶稣为什么要上十字架，就是要救我们这样的罪人。"温老师想耶稣凭什么要受这么大的苦，救我们这些罪人，我们完全不值得他救啊。

她问牧师，牧师解释说："耶稣为我们这些罪人上十字架，只要我们信祂，我们的罪就得赦免。"

温老师心里寻思："信祂受洗，罪就得饶恕，有这么好的事？"她一生奋斗，希望洗脱罪感，到头来发现无能为力。

现在耶稣说你不用做什么，什么也不用做，只要信，就可以得救。牧师说这就是救恩，这才叫恩典。她以前从来没有听到过这么神奇的事，不觉入迷。

真的，她太佩服耶稣了，祂把人看得太透了。耶稣没有抓住贫穷、疾病、苦难等等让人信祂，祂就只抓住人的罪。她从小就生活在罪中，她的罪是从娘胎里带来的。

她和吴茂华谈《圣经》。她给温老师看《罗马书》3章11-12节：

没有义人，连一个也没有；没有明白的，没有寻求神的；都是偏离正路，一同变为无用。没有行善的，连一个也没有。

温老师口上不服气："怎么这么绝对呢？"但她心里知道，圣经说得句句是实。她去莲花公墓给先生扫墓，回来重新读《在宋美龄身边的日子》，细细寻思他前前后后讲给自己的话，终于理解到底是怎么回事。

从此，她每天想十字架，想耶稣；发疯一样追求神的道。2008年5月1日，她给牧师打电话："我要受洗！"

牧师问："你为什么要受洗？"

"我不受洗，我就是假冒伪善的人，以后就没法在课堂上教学生了。"

2008年5月3日，她受洗，归入基督。

阿信，2019年7月27日

吴茂华补充："紫葛先生病重垂危，我低头伏在他耳边，为其祷告，紫葛先生紧握着我胸前的十字架，脸上露出笑容。温老师站在旁边惊讶且大受感动！"

"你在哪里？" 范美忠谈庄子，吃干锅鱼

2005 年 4 月

范美忠："2003 年底我到成都《教师之友》工作，得以跟在天涯论坛早就有联系的王怡和冉云飞等喜欢读书，价值观又比较接近的网友有较多的交往。"

"2005 年的时候。那时我常参与秋雨的查经班，班上的信徒陈中东和王海文夫妇在东风大桥的府河畔开了一个"香柏树下水吧"，水吧常举办一些人文讲座，我在那里讲过穆旦的诗歌，冉云飞则讲过唐诗。"

（摘自：流沙河：一个可爱的老头子）

范美忠说，"我以前经常处在内心很虚无、很黑暗的状态之中，觉得人生没有意义，包括 2008 年，我内心都还是这种状态，因为我的形而上问题没有解决，包括我在光亚学校教书的时候也是不好的，就觉得活着没意义。"

2005 年，我在王怡家初见范美忠，他穿着体恤衫和牛仔裤，他的声音很浑厚，不止体魄强健，有种因为精神独立个体思考的自信。他那时讲鲁迅讲得很棒，好像我去过宽窄巷子里，听他讲过一次鲁迅。他那时还是单身，不知道有没有交女朋友，他常常来秋雨查经，那时，我们也常去公园里，一呆就是一天，喝茶聊天，但不是一对一，是团契型的。

即使我没有听过范美忠讲课，我直觉他是卓越不群，体制外边缘化的老师。

2018 年 5 月重逢

2018 年 5 月，我回成都探亲访友，快离开成都了，还没有见到范美忠，我到处问他的电话号码，免得留着遗憾。亚东和阿信同时给我他的电话号码，我联系上美忠，他立刻出发，从三圣乡坐地铁来成都大学。

自 2006 年我离开成都，一晃已经 12 年之后重逢了，喜悦！

成都大学校园外的街上，有一家万州干锅，露天场地，四周多是大学生。

6 点到 8 点，我听美忠讲庄子，如同干锅鱼津津有味。

他说:"《庄子》一读通,我脑袋里的所有的这种二打通任督二脉和生死玄关种,像那个丁春秋还是那个段一样,那里边那种真气,左通右通一下就豁然贯通,水乳交融。《庄子》一读通,那些所有的知识,以前读过所有的书都变成了我自己的,柏拉图不再是柏拉图,全是我自己的东西了,这种感觉简直是太棒了!你就觉得你接通了,就是问渠哪得清如水,为有源头活水来。你又接通了这个源头活水,然后精神的能量源源不竭。就是一个武林高手跟别人打架,你没打通任督二脉之前,打到你真气耗竭了!《庄子》读通之后越打越有劲,就属于那种。

我2005年写完了鲁迅那本书,我八年没怎么写文章,2012年2013年写庄子之前没怎么写文章,为什么?思想和精神生命体验都耗尽了,我就觉得《野草》已经耗尽了我所有的这种体验和思想的节点。

结果《庄子》读通之后,我发现我可以不断地写文章了,就是你已经跟天道接通之后,你的创造力和能量源源不竭,这种感觉太奇妙了。"

我感到有些遗憾,他没有从文化走入生命之道。

我替他着急,我突然说:"你这么爱庄子,生命似乎完全被庄子所渗透,可是庄子又不爱你!也不认识你!耶稣认识你,爱你!庄子没有为你死,也不会为你死,即使庄子死也没有用。因为庄子只是一个人。耶稣却为爱你而死了!"

他一下子哑了!或是楞了。美忠没与我计较。

是文化还是生命?

我小学中学时代,批林批孔,不读古书。

大学时代,我对中国古籍没下功夫,我偏向外国文学和外国哲学,向外部探索,向外寻求在本土文化中所空缺的。全世界的人有多少人读庄子呢?即使中国人又有多少读庄子呢?如果庄子是得救之道,能够得救的有几个呢?若是靠读庄子才得救,没有读庄子的怎么办?

那不读庄子的人就没路可走了？浑浊、纠缠、弯曲、缠绕、障碍，人自己制作偶像，完全经不起推敲，只是故能玄虚，一种迷惑，雾水，含糊不清。范美忠潜意识中选择以玄乎的方式来拒绝当代。没谁真的下功夫去读懂庄子，这是把自己也搞晕了算本事！

《新约·马太福音》第九章，耶稣说："没有人把新酒装在旧皮袋里；若是这样，皮袋就裂开，酒漏出来，连皮袋也坏了。唯独把新酒装在新皮袋里，两样就都保全了。"

美忠用庄子旧瓶装新酒？

聊天中，美忠还是提到了秋雨的查经班对他的影响很大，但他发现学习圣经后，看一切的眼光都是在圣经的框架中了，他很惊讶，不情愿就这样被圣经的眼光所笼罩了，他怕被框架定型了，他要逃避这种影响。

他怕被圣经的看世界的角度带着走，出了他的掌控？

向死而生，是必置死地而后生，恐惧和战栗的关节点，很多人在此后退了。

以色列人在旷野飘流11年，绕路合乎人性的软弱，也是人的狡猾，选择比较容易的路，绕着圈子。

直行要完全顺服，像王怡。

我没有走到绝路之前，我也不肯死。

美忠绕就绕吧。神给人自由，神不会强加于人，神使人按照自由意志来选择。

怕独立思考被替换，为保持个人独立思考，保持抵抗，先选择性地"逃跑"了。

只是他跑到庄子的书里了。

他读过圣经，没有信心调和知识，会按照自己的路径来解读圣经。

我们对权柄是不会轻易顺服的，我们从小遇到的权柄都是强势的，压制人性的，不允许自主和发出自己的声音。只讲权柄，不讲爱，是专制。

人重生，或不重生，没有中间的灰色地带。若没有重生，在原地转圈，仍然是旷野。

发现庄子比发现耶稣要容易，也安全，毕竟还在传统文化中，有熟人的亲切感。

美忠给我发来孩子的照片，我看见他的妻子和儿女，很美满的家庭，很享受。

美忠一女一儿多么美啊！孩子是耶和华所赐的产业。

我想给孩子们买礼物，儿子只要弹弓，女儿只要一只水杯。

最后，孩子们选择了礼物，美忠给我一次爱他的儿女的机会。

爱是需要学习的，交流是要平等相待。稍微不小心，我说话会伤人，而自己竟然还不知道。上帝所创造的人是精细敏感微妙的，微妙情绪的波动有神的印记。

庄子，你，我，都可以因为大道成了肉身，降在人间而蒙恩得永生的祝福啊！

自由选择，要负责所选择的，我尊重自由选择。

聚餐快结束了，匆匆忙忙，点到为止。唯恐错过了，又不知要多少年才能再见。

美忠留缝隙，他承认他有儿子之后，感到自己不会爱，如同冉云飞常说的"爱无能"。

我说：愿你在做父亲的过程中，更能体验到天父的爱！天父的爱是无条件的爱！即使你不爱天父，你还是被爱的。"

干锅鱼付款的时候，店员不收银行卡，我没现金，美忠付了现款，68元。

2020年6月18日，范美忠的微信朋友圈

美忠转视频："多年前的演讲，多元的力量，最近被人发掘出来，在网上流传。"

网速不好，我断断续续地听了两次，总是卡壳，18分钟的演讲，我听到了11分钟。

另一种声音：异端的意义。

范美忠演讲很流利，他眼睛不直视台下观众，封闭内省，他微笑，平静地讲述着他一次一次被赶走。2018年美忠和我交流的时候，眼神能直视我，自然，和视频上不同。

以下是演讲记录的片段：

"自贡曙光中学是一个著名的自由主义知识分子李慎之呆过的地方，已经不再能容纳我了。那个学校是南开张伯苓抗战时候创办的南开中学的分校，我讲了奥威尔《1984》，反乌托邦小说，2003年，李慎之去世，我指导学生写了李慎之的介绍，校长书记投票，又把我赶跑了，两个月零10天。

社会教育走人歧途，完全抹杀学生的个性，完全失去了自由，失去去追求真理，人们

的天性，心灵，精神得到充分的发展，我作为一个异端的存在，让僵化的反人性的东西可以被动摇，得到改进，充满生机和活力……"

学生们竟然可以听到他讲《1984》！我羡慕他的学生！

他当年曾经错误地估计了局势："中国的社会总体是从封闭走向开放。"

我觉得体制是换汤不换药，一直拒绝普世价值观。

"我们的教育是最顽固的堡垒，像我这样的异端是不断地被清除出去。我在私立学校教书10年，公立学校非人性的，很多很糟糕的老师可以在中学呆下来，我没有教师证，被学校赶走，在公立学校完全没有教书的机会。"

"就是罪犯，如果没有被剥夺政治权利的话，也是有言论自由或者工作思想出版的权利的，不能说我发表了与众不同的言论思想，你就剥夺我的演讲，或者工作的权利。像司马迁，但你不能自己阉割。"

"我大学毕业之后一直就是一个逃跑的人，就是从大家所共同持有的观念或者说从被灌输的观念中逃跑。我变得特别的孤独。精神和思想在荒野流浪，没有家园。"

"我要让人实现思想的觉醒，最封闭最僵化最变态的教育，我当时还是一个愤怒青年。我还是很绝望的，愤怒地呐喊，最后被开除工作……"

我了解教育体制的坚固，我不战而逃，我不是对手，不想浪费时间，个体的生命有限，我要体验经历神的爱。

美忠身体力行，是战了许多回合的战士，挑战当局思想极限！

2020年6月29日

换一种角度，庄子能写出作品，也是上帝普遍恩典中的礼物。

美忠在故纸堆里找到一块净土，沉浸其中，潜水深深，其乐融融，也是疗愈方式。

美忠是孤独的，周围能欣赏他的人有之，支持他的人也有，他需要知心的朋友，能够接纳他的孤独，他与庄子相遇，跨世纪的友情。这也是上帝不绝人之路，是普遍恩典的预备。

上帝见我情感堵塞，赐我画画的玩具，属天的关怀，疗愈的美意，我也乐此不疲。

美忠接受采访时说：

"状态转变我觉得主要是两个因素，一个是家庭和小孩儿，虽然我结婚是2006年，但是我老二出来之后，我天天都带他，家庭生活影响很大。还有个原因就是我读庄子读通了，彻底解决了我很多形而上学的问题。

我之前回答不了就是没有认识真理，如果从基督徒来讲就是没有认识基督，没有认识上帝，对我来说就是无道，以前我完全被自我本身所属，陷入了自我的观念和自我内心，你跟道、跟真理、跟天地宇宙的关系没有达到。

这个说起来很抽象，但这是一个真实的生命过程，我们如果没有这种内心经历，就像蝴蝶没有破茧而出，作茧自缚。我是个自我意识非常强的人，自我意识是人成长非常重要的一个阶段，但是自我本身会对自我构成封闭和束缚，但是人类心灵的健康建立在跟天地万物关联的基础上，比如说你和他人，你跟大自然的关系。

人类从大自然中独立出来，但又来自于大自然，人如果和大自然断裂关系，人的精神也会出问题。另外人类作为一个整体，从精神方面来说也是精神的共同体，如果人和他人失去了一个真正的关联，不是表面的关联（我们在同一个公司是一个利益共同体，不是真正的关联），人的精神也会出问题。所以基督徒为什么要去教堂，是要在圣灵的带领下变成共同体，这样会更健康，从根本上讲就是走出自我。"

有泛神论，新世纪与道教混杂。

美忠诚恳，对美感执着，旷野飘流，挣扎，有恩典，神不会放弃他。

神不着急的，到了时候，会柳暗花明，殊途同归。

我之所以对美忠有信心，是因为我对神有信心。

捉迷藏的始祖

亚当夏娃犯罪后，马上开始编织了一条树叶裙，就是文化。

"他们的眼睛就明亮了。才知道自己是赤身露体，便拿无花果树的叶子，为自己编做裙子。"（创世纪第三章7到10节）

树叶裙，始祖的原创，想象力之衣、文化的开始。

伊甸园里，第一对夫妻从一棵树到另一棵树，采摘树叶，挑选树叶，往赤裸的身体上比划、摆放、排列着，树叶裙终于做好了。

谁最早看见了这两件树叶裙呢？

"天起了凉风，耶和华神在园中行走。那人和他的妻子听见神的声音，就藏在园中的树林中，躲避耶和华神的面。"

树叶的每片之间有大小的缝隙，凉风一起，身上的树叶裙抖动起来，藏在茂密树林中，以为耶和华神看不见他们了，始祖玩着捉迷藏，耶和华神要找他们，他们想不被耶和华神找到。

在诗篇 139 篇，以色列国王大卫曾唱道："我往哪里去躲避你的灵？我往哪里逃躲避你的面？我若升到天上，你在那里，我若在阴间下榻，你也在那里。我若展开清晨的翅膀，飞到海极居住，就是在那里，你的手必引导我，你的右手必扶持我。我若说，黑暗必定遮蔽我，我周围的亮光必成为黑夜，黑暗也不能遮蔽我使你不见，黑夜却如白昼发亮，黑暗和光明，在你看都是一样。"

亚当夏娃徒然忙碌，失败了，非常沮丧，他们无法躲避耶和华神。

耶和华神呼唤亚当："你在哪里？"

亚当回应了。"我在园中听见你的声音，我就害怕，因为我赤身露体，我便藏了。"

先祖藏匿和躲避的努力，与耶和华神越来越远，不敢正视耶和华神的面。

树叶裙遮盖无效，亚当知道自己赤身露体。

躲避别人是可能的，躲避自己是自欺，躲避神是不可能的。

有限者无法躲避无限者，死亡也不能使躲避成功。死亡也不过是树叶裙，无法遮蔽灵魂。

独一无二的灵魂衣，上帝亲自剪裁。

创世纪第三章 21 节："耶和华神为亚当和他的妻子用皮子做衣服给他们穿。"

神是献上儿子作为羔羊被杀了！羔羊必须流血了！

流血牺牲得到的灵魂之衣，是恩赐之衣，爱之衣，能遮掩全人类一切的过犯，人在穿上这皮衣之后，才能心中无限安然地、不再惧怕见神的面。

文化，雕虫小技，自我欺骗，灵魂迷失了，不让神来找到。

但神发出呼唤：你在哪里？

神的拯救方法单纯清晰："若有人在基督里，他就是新造的人，旧事已过，都变成新的了。"哥林多后书 5:17

我听见神对美忠微音呼唤，"你在哪里？"

天起了凉风、耶和华神在园中行走。那人和他妻子听见神的声音、就藏在园里的树木中、躲避耶和华神的面。
（创世记 3 章 8 节）

66 画名：《天起了凉风》，布面油画；24x36in，2010

为什么这颗星星在这里，那颗星星在那里？

"我观看你指头所造的天，并你所陈设的月亮星宿，便说：人算什么，你竟顾念他？"（参诗篇 8:3-4）

星星多如海边的沙粒无法数算。

为什么这颗星星在这里，那颗星星在那里？

人给不出意义，意义只有神能赋予。

"星罗棋布"，在棋盘上的一角，神在永恒的救赎计划中，摆上了秋雨这颗棋子。

神给了秋雨一个点,一个位置,秋雨在这里或在那里,秋雨顺着他的手指而动。

在棋盘上,使秋雨孕育成形、成长、伸展、结果。神随他的意思调遣秋雨,打散秋雨,裂变秋雨。

如今,王怡这颗棋子被放在了监狱里。监狱也属棋盘的局部。秋雨是活棋,在夜空中为神而闪亮!

每一步棋子都没有浪费

张彦说:"当年我写《中国的灵魂》的时候,就知道了你,但我找不到你。"

阿信说:"听蒋蓉多次提起你,我很好奇,你有些神秘。"

2018年5月21日,阿信预定采访的那天上午,突然下起了暴风雨,阿信无法出门。

采访取消了,第二天我离开了成都。

我不深思熟虑,长久不用,脑筋生锈,紧紧绷绷,转不动了。

亚东说写作需要契机,如果王怡不入狱,我不会写。如果王怡不被判重刑,我也不会写。

不过十五年,初期团契历史,连我自己也模糊了,我几乎知难而退。

亚东说:"有点摸不着头脑,对一些事的表述上,含糊其辞,总觉得你是在逃避。你纠结,等你头绪理清了,文章就成了。"

尴尬在于爱他们缺少细节,思念是空泛的。我挤牙膏一般写了一点,里边寒酸,就停下了。

但这事没有结束,不时会出现呼唤,一种推力,内在涌动。

被击打而分散,一颗一颗的麦粒,飞腾,独立又不孤单,击打中,精金被锤炼。麦粒落在地里死了。种子的死是丰收的前提。

虚弱的仍然虚弱,无力的仍然无力,冷漠的仍然冷漠,沉默的仍然沉默。

如今在书里重逢,想念王怡蒋蓉。

我逐个地联系并采访当年团契的弟兄姐妹,通过微信语音,一篇一篇,都要经过他们的授权,允许使用,然后汇集成本书。

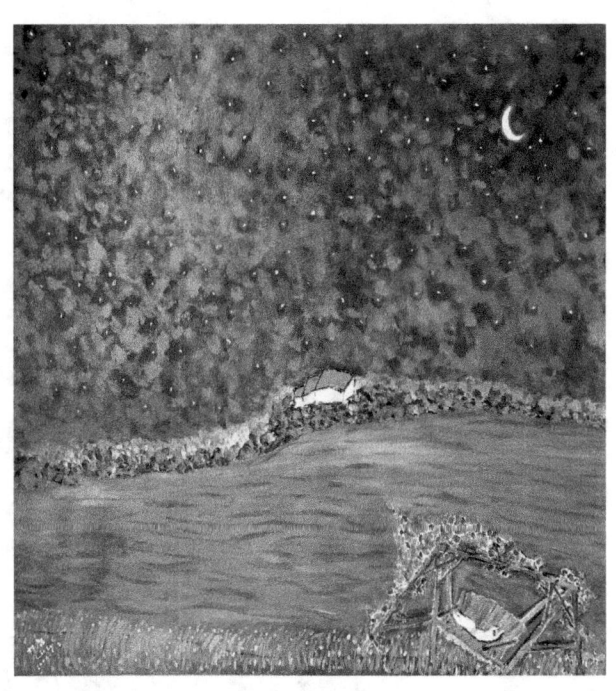

67 画名：《青龙湖之夜》，
布面油画；40x40in，2005

星罗棋佈，背后有双大手，安排了一切细节，是主在亲自佈局，有不可测透的美意。

每一个链条都是必须的。每一步棋子都没浪费。

1989 年，我最早认识冉云飞，2018 年回到成都，见到的还是冉云飞。

冉云飞终于回家了，这颗麦粒腾飞，落在尼哥底母查经小组。

神的大手笔，各个链条精密连结，神连一步也不会走错。

我叙述了以上的故事。冉云飞听后哈哈大笑说："正如经上所说，事情就这样成了。"

诸天述说神的荣耀,穹苍传扬他的手段。(诗篇 19:1)　　68 画名:《诸天述说神的荣耀》,
布面油画;30x40in, 2016

第十四章
王怡狱中流出的诗歌

自王怡牧师入狱,仅流出一张照片、三首诗,以及一段话

一段话

"如有人攻击我,我温顺如羊。如有人攻击教会,我勇敢如狮。出于耶和华的就默然不语。我以前评价当权者时是出于爱而不是出于恨,但我们提到当权者时,别人不会相信我们没有恨,但只有我被抓起来时的顺服,才能让所有人知道,我真正是出于爱。"2020年1月9日

王怡牧师猜到了自己的刑期不会短,将跟家人有十分漫长的分别,写下这三首诗,作为对家人情感的寄托。

《思子》,2019年12月28日开庭前两天所写。

《思子》

非是桃花贪结子
东风误我思犊情
羔羊不与以撒换
生父哪如天父亲

王怡《快乐王子的眼泪》

又读了一遍王尔德的《快乐王子》。王子有蓝宝石的眼睛,黄金的面颊。王子的塑像,甚至高过了教堂的尖顶。他俯瞰城中的不义与贫穷,流出眼泪。一只燕子帮助他,将蓝宝石和身上的黄金,衔去,给了困苦的人。

巴金在抗战时的陪都,译了这篇童话。他说,"在英文中找不到能够与此相比的童话了"。就像路易斯在二战伦敦的废墟中,写出《纳尼亚传奇》。

每个时代,都有写一篇童话的权利。每对父母,都有讲一个童话的责任。将那永恒的故事,说了再说。我心底,也一直喜欢童话,又害怕真正的童话。所以给孩子讲童话,很容易脸红。怕自己配不上那个童话,怕在那个童话面前,父母的理想显得无地自容。

真正的爱,是有血有泪的爱。因为爱最终与审判有关。爱的实质,就是赦免;赦免一个不能与爱相称的世界。当一份工作辜负你,当一个伙伴欺负你,你付出的,多过对方应得的那一部分,就是爱。爱就是不公平。一个公平的世界,不需要爱,只需要交换。恰恰是不公平的世界,才渴望被爱充满。

孩子的成长,一定是先看见不平,再看见爱。譬如先看见两个不平等的苹果,再看见自己心中的念头。一个被创造的世界,也一定是不公平的。当施救者伸出手去的时候,被救的人已一无所有。又如婴儿,需要父母随时的给予和照顾。如果孩子一生下来,就像父母那样有力,爱就是奢侈品,而不是必需品。

换言之,爱就是投入与产出之间的鸿沟,爱就是对回报的不确定性的冒险。爱首先要处理的,是对不公平的现实的谅解。

这是为什么西方文学中最好的童话,都关于爱。而关于爱的童话,都不可避免地关于灾难、饥饿和死亡。元旦,陪孩子去看了《白雪公主》,有阴谋、有死亡、有背叛。孩子若不知道这些,孩子就不真正知道爱。

我们的童话肤浅,因为我们不敢让孩子接近那有血有泪的爱。

我们不敢,因为我们自己不信。一个不信的世界,怎么可能有童话。一个不信的父亲,怎么可能不脸红地给孩子讲童话?

爱是真正的童话，爱是没有惧怕的舍弃。朋友说，他给5岁的女儿讲《快乐王子》，她激动得无与伦比。我们的世界，因罪而堕落，又因爱而存留。不然，我们怎么鼓掌欢迎我们的孩子正一步步踏进这个世界。童话里，快乐王子舍弃了最后一片黄金，燕子也死在他旁边。上帝对一个天使说，"你去，把这座城里最珍贵的两样东西带来"。

天使带回了那只死鸟，和快乐王子无法被熔化的铅心。

王尔德写到，"上帝说，你的选择对极了。因为在我天堂的花园里，小鸟可以永远放声歌唱，在我黄金的城里，快乐王子可以尽情的赞美"。

去年，书亚的外公去世。我们特意带他，经历了安葬与追思的整个过程。

妈妈抱着他，和唱诗班两个姐妹，缓缓地唱，"野地的花，穿着美丽的衣裳；天空的鸟儿，从来不为生活忙"。

书亚看着妈妈流泪，他也忍不住了。

我说，外公已经离开了。

他问，那他还回来吗？

我说，不是他回来。是我们将来要去看他。

孩子就哭了。

我说，亚亚，今天对你来说，是一个特别的纪念日。你一生下来，就哭泣。你一生下来，就为自己哭，为你的自我中心，为你想要的玩具。但今天，你开始为爱而哭了。在爸爸讲的童话里，你知道吗，唯一能改变世界的，只有快乐王子的眼泪。

（原载《育儿周刊》2010-1-8，下载自《成都阅读》）

王正方：我家有个小亚亚

"你就是这么来到世上的"

小孙子亚亚的父亲问亚亚："爸爸的宝贝是谁？"答："是亚亚。"爸爸说："不，是妈妈。"

又问:"妈妈的宝贝是谁?"亚亚眨巴着眼睛,说:"是亚亚。"爸爸说:"不,是爸爸。"
再问:"爸爸妈妈的宝贝是谁?"亚亚终于跳起来:"是亚亚!"
爸爸妈妈高兴地拥抱在一起,然后喊亚亚加入其中。
爸爸妈妈将亚亚拥抱在一起,然后说:
"你就是这样来到世上的!"

"飞机有没有盖盖"

7月25日,亚亚的爸爸妈妈飞往庐山开会。
他们走后,两岁零4个月的亚亚与奶奶在屋顶花园里玩。玩着玩着,下起了小雨。
这时一架飞机从屋顶飞过。小亚亚仰望着,喊道:"飞机!飞机!"
飞机飞走了。亚亚若有所思,问道:"奶奶,飞机上有没有盖盖?"
奶奶感到好奇怪:他怎么想到这样一个奇怪问题呢?
还没有等奶奶回答,小亚亚又问:"爸爸妈妈会不会淋雨?……"
奶奶一阵惊喜:哦,原来是这样!
8月1日,亚亚的爸爸妈妈正要回家,奶奶带着亚亚下楼去迎接。
出了小区大门,奶奶说走左边,亚亚心存疑虑,不肯,说,"爸爸妈妈走那边回来呢?"
奶奶说,那就走右边吧,他还是不肯,说,"要是爸爸妈妈走这边回来呢?"
于是,他们只好在大门口等着。
亚亚终于等到了归来的爸爸妈妈。

"爸爸是皮鞋"

亚亚的妈妈想,亚亚马上要上幼儿园了,还是给他建立一下男女的概念吧。
洗澡前,妈妈问他:"亚亚,你是男孩还是女孩?"
"我是男孩。"
"妈妈是男孩还是女孩?"
"妈妈是女孩"。

妈妈好高兴：看来他有些概念了！

还没等妈妈夸他，亚亚问："书亚和妈妈是女孩？"唉！这一问，真叫妈妈好丧气。

爸爸过来问道："亚亚，爸爸是男孩还是女孩？"

亚亚想了一下，说："爸爸是布鞋。"（四川话"鞋"谐音'孩'）

亚亚又得意地继续说："爸爸是皮鞋（'孩'）！"

听到孩子有趣的话语，爸爸妈妈都笑翻了天呢。

亚亚是个小车迷

亚亚玩具不少，但他特别喜欢各式各样大大小小的汽车模型。其他玩具玩一会儿就烦腻了，唯独汽车玩具总是玩不够。

亚亚要我躺在地板上，他要在我的身上开汽车。他手拿小车模，在我的胸口向肩上开去，然后又向我的头上开去，嘴里吆喝道："上坡坡啰，上坡坡啰！"亚亚又向我的颈上开下来，嚷道："下坡坡了，下坡坡了！"我竟然这样当了半个小时的公路呢。

我与他用积木搭起了一个小镇。然后亚亚饶有兴趣地摆汽车。他在"楼房"下面摆上行驶的汽车，在街道上也摆上一排汽车。他还在大楼的大门下面摆上一辆小汽车，吆喝道："车车进屋了！车车进屋了！"

他情绪不佳时，我只要说一声，亚亚，我们看汽车去，他立刻精神百倍。到了阳台往窗下俯瞰，就看到满街的汽车。他往往会情不自禁地叫道："汽车总动员！汽车总动员！"——他最喜欢的动画片就是《汽车总动员》。

他指着街边停放的汽车说道："车车睡觉觉！"

一天，奶奶带他到南郊公园玩。经过武侯祠门前的露天停车场时，亚亚总是兴趣盎然地看汽车。见了宝马，就叫道"宝马，宝马"；见到奔驰，则叫道"奔驰，奔驰"；见到别克，便叫道"别克，别克"。你莫说，他还真能准确地辨认出丰田、本田、上海大众、奥迪、雪佛兰、凯迪拉克、雷克萨斯、保时捷、标致、马自达等等汽车来哩。

守车大爷见到两岁零三个月的亚亚，感叹地向身旁的老伴说道："你帮我守了这么久的车，您能认出一辆汽车吗？"其实，我这个当爷爷的，也与那位老太太差不多，也是十足的车盲哦。

孩子也需要道歉

爸爸妈妈要去上班，亚亚高兴地冲着爸爸妈妈说："爸爸再见！妈妈再见！"

妈妈满脸笑容地向着孩子："亚亚再见！在家里要乖哟！"

爸爸却低着头一心忙着整理他的皮包，也顺口小声应付道，"亚亚再见"。

敏感的孩子似乎立刻感到爸爸的回应太过冷淡，令他很失望很难过，立刻显出满脸的委屈和十分痛苦的神情。亚亚立刻满脸充血，呼吸急促，满眼噙泪，小嘴瘪上了脸，几乎要爆炸开地痛哭出来，但又使劲地强忍着，几乎抽泣地问奶奶："我喊再见，为什么爸爸不理我？"

奶奶这才意识到爸爸的态度伤了孩子的心。赶紧向亚亚爸爸说："还不快给亚亚道歉！"

于是，爸爸抬起头来，摸着亚亚的小脸，向着他热情地说道："我向亚亚道歉！是我不好，只忙着收拾东西了，对不起啊，亚亚，请原谅！"

奶奶说："亚亚，快给爸爸说，没关系！"

经过奶奶的一番安慰和引导，孩子终于笑了起来，说道："没关系。爸爸，再见！"

颇有创意的亚亚话语

两岁多的亚亚，他的某些颇有创意的话语，往往闪烁着天真、拙朴和智慧的火花，常常令我这个学过修辞学、语法学的老朽感到惊讶。因此，我总想把它记录下来。

亚亚要睡午觉了，妈妈让他向家人道午安。他叫道："爸爸午安！奶奶午安！爷爷午安！桌子午安！椅子午安！电视机午安！……"

亚亚晚上入寝，告别玩具小狗熊："小狗熊晚安，好好睡觉哟！"

我道"亚亚晚安"。亚亚挥手："爷爷晚安！"继而走向问口道："爷爷乖些哟，好好睡觉，早早起床！"

路过锦江畔，见到遛鸟的老人们将各自的鸟笼挂在树上，亚亚指着鸟笼说："小鸟的家！小鸟的家！"

爸爸问亚亚，想不想我。亚亚答："想。"哪里想？——"心里想。鼻子不想，耳朵不想，眼睛想。"哟，"眼睛想"，多有意思！

亚亚玩着扭扭车，他冲我喊着："爷爷，爷爷，把门门打开，我要过去！"我知道，他是要我将两条大腿分开，形成一个拱门，他要开着扭扭车从"拱门"穿过。平时玩耍，凡是他要钻过我的大腿，他总是这么说。我觉得他的说法有创意。

我并不想立刻告诉他"大腿"之类的词汇，我不想他改变这种很有创意的说法。

吃饭时，妈妈说："亚亚，多吃一点点哟！"亚亚说："不多吃一点点！"

妈妈上班了，妈妈要亚亚说再见，亚亚说："不再见！"

你看哪，幼童的否定句，与成人的否定句就是不一样呢。

2009-10-19 于通祠路南河苑

【后记】

2007年3月9日，小孙儿亚亚来到我家。我写了散文《小天使降临丁克家庭》，于2007年8月22日发在子归原创文学网散文版，引来许多网友文友的热烈祝贺。承蒙朋友们关爱，现在小亚亚已经两岁零7个月了，并在秋天上幼儿园了，健康活泼，真是快乐的小天使！

以后，我又记录了一段对话：

"书亚是一个快满四岁的男孩。他有一只小白兔，是朋友送的。书亚很喜欢小兔，常常跟兔子一起玩耍。但不久，小兔死了。书亚很想念兔子，追问爸爸兔子去了哪里。爸爸说，兔子在天上，以后你也会去天上；等你到了天上，就会看见你的兔子了。

书亚怀着这个盼望，盼了一阵子。然后，他毅然地对爸爸说，我不要等到以后，我现在就要去天上！

爸爸说，你现在就去天上，爸爸妈妈还在地上呢，那怎么办？

书亚说，你们也跟我一起去天上！

爸爸说，那还有好多爱你的叔叔阿姨哥哥姐姐怎么办呢？

书亚说，他们都跟我一起去天上！"

【首发】2009-10-19 发于子归原创文学网散文版。

王怡牧师的狱中诗歌《思亲》

表达了王怡对父母的思念 写于 2019 年 12 月 28 日，宣判前日。

《思亲》

——2019 年 12 月 28 日

夜见椿庭与萱堂，
梦里多雨醒便忘。
复求圣灵吹生气，
玻璃海边拭泪行。

王怡牧师对父母多有思念，但最深的盼望是他们能够认识主，将来可以在天上重逢，他渴望看到在天上主的宝座前，主亲自擦去他父母双亲的眼泪。"玻璃海边拭泪行"，是之谓也。

椿庭，指代父亲。萱堂，指代母亲。

王正方：八旬仰望天花板

蒋蓉送我一件白衬衫，作为生日礼物。我才恍然大悟：原来我已经年届八旬了！

其实，进入老年后，我们两个老朽就决定不过生日了；但不过生日主要还是对亲朋而言，两老自己还是要默默地纪念，互道珍重。

我们感到老年人过生日，无异于进行一次公开地强烈地不良心理暗示：你又老一岁了！你又老一岁了！尤其是对我们这些耄耋老者，更是一次恶性刺激，真好比人们大声地向您宣告：你老了！你老了！你老了！——强化这种心理，其实为害无穷。因此，我是不主张给我们过生日的。

今天爱妻要给我过生日，没想到又接到 Rong、Shu 和 Pei，还有遂宁的 Hang 的贺生电话。他们要让我高兴和长寿。我感恩他们！情深如海，难得啊难得！人活世上，人海茫茫，还有几个人始终记得你的生日,要祝你生日快乐,要祝你长命百岁,难得啊难得,感恩啊感恩!

收到衬衫后,我微信对儿媳蒋蓉说,衬衫我喜欢,但太高档了。她微信说:"爸爸喜欢就好。就是遗憾不能面对面给您庆贺生日。愿您和妈妈身体健康,心里常存喜乐与盼望!"

人祸难测,瘟疫肆虐。我们长久蜗居斗室,逃避瘟疫。

我仰望天花板,难免遐想起来……

是啊,我自有我的喜乐,爱妻也自有她的喜乐,不管有多少风霜雨雪和万钧雷霆。回忆我们几十年的苦乐人生,我和爱妻似乎从来就这样:苦,已经习惯如常,乐,也始终自得其乐;江山易改,本性难移,以后也会这样。

我们何尝不心存盼望?说什么"我的未来不是梦"?我已经失去做梦的年龄了,盼望还有,但多少年都已经不做梦了……

如果说七十算真正进入老年的话,那么八十就算是进入暮年了。暮年还有未来吗?

但也不能说完全没有啊……

要是我的心还没有完全日暮呢?

我抬头,仰望天空,我看不见远方和诗;但见天花板上还有星星,星光在闪烁,照亮了斗室;墙壁上还有花草,花草葱绿,充满着生机……

我还看到墙壁上那一幅油画,油画是林鹿老师送的,也是她画的。我看到油画里的阳光和枫叶了:阳光耀眼,枫叶一片金黄……

2020-03-04 深夜至 05 凌晨于锦里西宅斗室中

王怡牧师的狱中诗歌《与妻》

与妻

2019 年 12 月 26 日

约定落日一万天,执手目成那时情。

此去经年杨柳岸,万里桥边读经人。

情为何物问耶稣。生死相许在客园。

福音谁传到拒霜?不信鸳鸯头不白。

看到王怡牧师的狱中诗歌：王怡牧师的《与妻》，写于2019年12月，宣判前。那天是蒋蓉师母的生日。

从诗可知，当局完全欺骗他，让他以为妻子还安然住在之前的住处，其实蒋蓉师母一同被捕，被指定监视居住6个月，解除指监又取保候审一年，再之后，直到今日，依然在严密的监控之中，没有自由，特别是不允许与秋雨圣约教会的弟兄姊妹有任何联系。

约定落日一万天：落日，在成都的春夏秋大部分时间大约是晚上8点，王怡牧师在教案发生前，曾和师母约定：每晚8点全家一起祷告。

执手目成那时情：执手相看泪眼，然而主所赐的爱情依然坚固。

此去经年杨柳岸：当年不知刑期，一万天，经年，都是很长的时间。杨柳岸晓风残月，应是良辰美景虚设。因为相爱的人被迫分离。

万里桥边读经人：昔日王怡牧师和蒋蓉师母住在国嘉华庭小区，临近府南河的一座桥，桥边有"万里号"。万里桥边读经人，指的是妻子。我不在时，你要好好信主，好好读经，唯有主是你的安慰。

情为何物问耶稣：问世间情为何物，直教人生死相许。情为何物，世间无解。因世间之情，以生死为限。然而，耶稣的爱情，祂在客西马尼园，定意为祂的心上人去死，这是真正的爱情，也是一切爱情的所依所本。

福音谁传到拒霜？拒霜园，国嘉华庭小区旁边的小园子，指代蒋蓉师母住处。

谁将好消息与她去分享呢？谁能给她带去安慰呢？

不信鸳鸯头不白。世人谓，不羡鸳鸯只羡仙，以为是极美的爱情，对生死的超越。然而鸳鸯纵有白头之约，依然受罪之束缚。唯有在主里的自由，使我们纵然白头不能相见，不能相守，依然可以彼此思念，彼此相爱，并且这一爱情，直到天上，直到永远，无人可以夺去。

（注：此文据说是秋雨教会的长老李英强的解说，谢谢李英强。）

小弟弟写了公开信：想念书亚哥哥

在王怡牧师49岁生日特别聚会中，同为牧师的儿子，同受苦难的弟弟朗读了他写给王怡牧师的儿子小书亚的两封信，他希望小书亚能够看到他写的这两封信。以下是信之二摘要：

书亚哥哥：

今天是你15岁生日，我爸提醒我要给你写信，我也想和你说说话。

三年多来，我们所有人都没有你的消息，越没有，越想念：你的日子要怎样过呢？

书亚哥哥，我们还是没有见过面，也不知道什么时候能见着，我祷告盼望这一天快快来到，我不希望要再等6年，到你爸爸从里面出来后。

书亚哥哥，上学期我和同学们学了一门课程《中国家庭教会历史》，我爸让我们听你爸爸讲的视频，作为教材，每课都让我们写报告。

讲到我现在的学习，我特别为你现在的学习难过，无法想象。我们知道你现在和妈妈生活，每天被警察押去上学，没有自由，无法和外界接触。

你能读经，唱诗，祷告吗？你能接触到属灵信息吗？你能和身边的老师同学谈论神吗？也许你只能在心里默想。想到这些，我不敢往下想了。

我们同学有一起讨论过你在学校会怎样做？

有说，你会故意给老师唱反调；有说，你会考试时批考题；我觉得你会默默地忍受，无声地反抗。

但，换作我是你，我不知道自己会怎么办。

书亚哥哥，我也会像你一样被押去洗脑教育吗？我害怕，不知道怎样面对。

但想到你已经熬过三年了，就给我有盼望。

书亚哥哥，你爸爸在《中国家庭教会历史》中说到1900年教难时，神为中国教会保存了种子。

这次，神保存我们这些小种子会发芽吗？我想到圣经中的约瑟。神先差约瑟下埃及，为要拯救雅各家脱离饥荒。

我祈求主：让你和爸爸和我们大家相见的时候，如约瑟与父亲相见时一样。

我更祈求主：让被押上学洗脑的你，如约瑟在波提乏家在监狱中一样，有耶和华的同在，凡事亨通。阿们！

同为牧师的儿子，同受苦难的弟弟

2022年3月9日

最近，我读了秋雨圣约教会的张新月妹妹写给她的丈夫李英强的情书集。张新月：80年生的，基督徒，两个孩子的妈妈，全职家庭主妇，秋雨教会会友，李英强的妻子。

新月曾说神藉着她的女儿卡尔松在牧养她。现在，神又藉着新月四年前写的情书在牧养我了！我一口气不歇气地读了新月的情书集！她真诚又率真，从心中流出的话，充满了灵力，新月姐妹的书信有秋雨的弟兄们达不到的力量，母亲和一女一儿在家中顶梁柱入狱后的日常种种，点点滴滴，只会发生在那个特殊的阶段，特别的处境，新月和小孩子的软，比硬更硬，福音的一个奥义就在于此。

四年前，我初读她的文字就感动，当即围绕着她娘仨，画了三幅画。这次细读，更认识了她的丈夫李英强弟兄！英强以恩典为动力的服侍，背后是有深深爱着上帝的妻子和儿女的支持的，他们一家人在圣灵的恩典中，很清晰知道在做什么，对应该付出的代价有充分的准备，有人给英强取个外号"外星人"，但是，从他的妻子的眼中看他是很容易流泪的人，我还特意去看了把英强感动得流泪的儿童读物《我的爸爸叫焦尼》！

经过新月妹妹的授权，我特别选择她的两篇书信，是新月写给蒋蓉和书亚的，增补在书中。新月的情书集，也即将出版单行本。

"王怡，我现在知道他就是为这个事（福音）而生的。"

蓉蓉姐，

不知你对这个称呼是否满意？别人面前，我都叫你师母，孩子面前，我叫你蒋蓉阿姨，我们两个的时候，我什么都不称呼你。

你好几次都说，你小时候好希望有个姐姐，虽然我比你小，但是我说过，我还是可以做你的姐姐，因为你虽然比我大好几岁，但我时常觉得你像个小妹妹。因为你任何时候都迁就我，就像个乖乖的小妹妹。

三个月过去的这个主日，突然想给你写封信。

你好吗？问号前面，这三个字，让我泪如雨下。原来直到今天，我都不能好好的想起你。

有不少人写关于你的文章，我看了，觉得都没有我心目中的你好，但是你怎么好的，我具体也说不上来。

不过，我可以说一下事实，或许你听到也会高兴一下，得意一下，这可是个秘密，我没有告诉过任何人。

那就是，在我将近四十年的生命中，我没有羡慕过任何人，但是我羡慕过你，我也没有嫉妒过任何人，但是我偶尔会嫉妒一下你。

比如，当我们一起逛街，好不容易看到一件漂亮衣服，你一穿，哇，你自身的美，大大超越了那件衣服的时候。

比如，有人得罪你伤害你，你难过，在我面前抹眼泪，但是过几天就忘了，又掏心掏肺对人家的时候。

比如，你很平常地对我说："王怡，我现在知道他就是为这个事（福音）而生的。"

很多这样的时刻，我都在心里掂量自己，为什么李英强现在不是牧师，而我现在不是师母？是有原因的。

你快出来吧，这是12-9以来我祷告最多的事，我每天都在等一个消息，关于你的。

还有太多太多，见面再说。

爱你！新月妹 2019.3.31

书亚宝贝，今天是你十二岁的生日

书亚，我的孩子。

骑妈妈的电瓶车，带弟弟妹妹玩的大哥哥，我勇敢坚强的孩子，被上帝之手亲自坚立的儿子，一想起你，就心碎又为你骄傲的新月阿姨，很想你。

书亚宝贝，今天是你十二岁的生日，你长大了！那天在电子科大见到你的时候，我暗暗吃惊，发现几个月不见，你不仅个头长高了，神情也变了，像个男子汉！

我想那些之前觉得你文文弱弱的人，一定会刮目相看，你的爸爸妈妈，也一定会对你刮目相看，我确定。

书亚，你知道吗，这是上帝给你的一个超级大礼包，约瑟的故事，你一定很熟悉，没错，就是那样的。

因为耶稣基督爱我们，祂给我们的，只有好事，没有坏事，有时候人看来最坏的事，完全有可能是最好的事。这一点，爸爸妈妈肯定告诉过你。所以，让我们大大的感恩，并喜乐吧！

书亚，告诉你一个事情，也请你怜悯我的软弱，为我祷告。

我知道今天是你的生日，但是一早上环绕在我心头的念头，只有一个：如果作恶没有代价，我分分钟都想"杀"人。

我从来没有如此恨那些每天看守你的人。

很疯狂吧？后来我自己也觉得很疯狂，所以我在神面前有认罪，当我这样想的时候，其实已经杀人了。

可是，后来祷告后，我认识到，我杀他们干什么？他们不过是上帝手里的一些棋子而已，很可怜的。

这里我想给你讲一个事，有一次我和你妈妈聊天，说到一些事，你妈妈突然说："归根结底，是谁把耶稣杀了的呢？是上帝。"是的，书亚，归根结底，是谁把书亚看守的呢？是上帝。归根结底，是谁把书亚的爸爸妈妈带走的呢？是上帝。

因为没有祂的允许，我们一根头发都不会掉在地上，何况这么大的事呢，你说是不是？

所以我杀人的念头，真是愚蠢又疯狂。我们不恨那些人，他们根本不知道自己在做什么，一想到末日审判他们将要遇到的，我不禁非常同情他们。你呢？

弟弟妹妹们在老家很好，照顾好自己，给爸爸妈妈一个超级棒儿子！

生日快乐！

永远爱你的，新月阿姨。2019.3.9 11:20

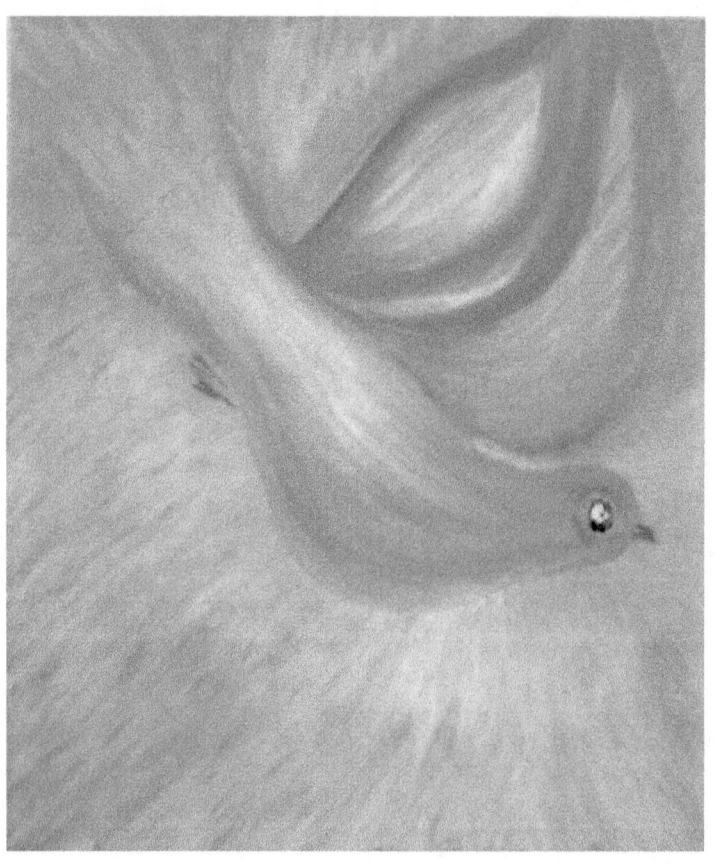

69 画名：《火中鸽子，盼望疗愈》，布面油画；20x20in，2008

第十五章
秋雨教会的良心犯家属事工和上访者团契记事

分享人：张国庆（资深媒体人，专栏作家，秋雨圣约教会的良心犯家属事工和上访者团契带领人）。这两项事工是秋雨依据圣经精神的创举，对当前教会如何服务社会提供了独特的见证，感人至深又发人深省。

张国庆分享关心良心犯家属基金的事工的历史

（林鹿根据录音整理）

关心良心犯家属基金的事工，是天堂的异象，在世界上是独有的，只在中国，朝鲜这样的国家才会有。

上帝赐给这个国家一个好牧师，分享是为了纪念王怡牧师和蒋蓉师母。

我们就是为福音大发热心的人，这项事工是教会平信徒事工的一部分。

这是福音事工，不是政治运动。

国宝说："你不要去做。这对你不好，对教会不好，对监控你的警察也不好。"

米迦书六章 8 节："世人哪！耶和华已指示你何为善。他向你所要的是什么呢？只要你行公义，好怜悯，存谦卑的心，与你的神同行。"

2009 年我刚到教会，不到半年。认识的人都很少。

为什么我是这项平信徒事工的提案人？

背景是茉莉花运动，去广场散步，密密麻麻的警察在广场，当局逮捕了很多人，包括冉云飞。

我当时做了一个文化公司，2011 年之前，没有关心政治，把我内心触动了。

八九年，我被抓了，大学毕业，我是家里唯一一个出来工作的。国企的下岗，整个家庭的经济支柱断了一半。

弟弟怎么办？爸爸妈妈怎么办？

我知道肯定没有一个人会帮助我们的家。也确实没有一个人来帮助我的家人。

外婆眼睛都哭瞎了。身体哭瘫痪，春节回家，外婆才渐渐康复，但让我外婆减寿，这是我对外婆的最大的亏欠。

出狱的时候，我闻到回锅肉的香味，我跟来领我回去的同事说："不行，给我抄两斤回锅肉。"

我吃得狼吞虎咽。

内心中呼喊：一定要做这项事工

2011年之后，内心激动，你要出来做这项事工。面临生存的危机，内心中呼喊：一定要做这项事工。

我在默想：上帝让你去做良心犯家属的服侍。

我手上还有一点钱，有几个朋友，我建议每个人出五万元，这项事工不要公开，只悄悄做。

我这个想法后，联系家庭经济情况比较好的家庭，我跟秋雨之福教会的王怡牧师透露一下。

王怡牧师说："且慢，你先别动。我们一起祷告一个月，看看心中有哪些感动，读经文时，会有哪些经文触动我们。

一个月之后，王怡牧师说："有什么经文打动你？"

我说："弥迦书6:8"世人哪！耶和华已指示你何为善。他向你所要的是什么呢？只要你行公义，好怜悯，存谦卑的心，与你的神同行。"

王怡牧师说："我读到的经文是：'人若知道行善却不去行，这就是他的罪了。'"（雅各书4:17）

我担不起这个责任。还是私下里做吧！

王怡牧师带到教会的会上，是全票通过，就正式确定下来，当时已经是3月底四月初了。

2011年5月1日礼拜天，王怡在全教会众公布：我们今天有一个事工公布，公告：我们要爱邻舍如同爱自己。要传福音给普世的人。神的旨意行在地上，如同行在天上，我们要见证上帝在哪里。从此之后，教会就设有一个良心犯家属基金奉献箱，专款专用。

这是向全世界宣布，教会就要公开来做，不是悄悄来做，这是一个惹是生非的事工。

在这个过程中，有一个不同寻常的晚上，蒋蓉做了一个噩梦，梦见全家被抓了，小书亚倒在地上。

蒋蓉梦中失声痛哭。王怡觉得不对头，惊醒，问："蒋蓉你哭什么？"

蒋蓉说："梦见全家被抓了，小书亚一个人在地上，这是不是一个不好的预兆？"

对他们一家人，这是不寻常的夜晚。

怎么区分良心犯？

因言获罪，或因信仰被抓。我们援助的是良心犯的家属，不是良心犯。

家里的顶梁柱被抓了，不能让他们受到不应有的歧视。

如果不是上帝爱，我们吃了豹子胆也不敢做。上帝要做，城在山上，是不能隐藏的。为困苦穷乏的人辩屈。

专门做良心犯家属，每个月吃一次犯。事工扩展到了云南，贵州，重庆。基金用在家属的孩子的学业，亲人有无生病，有没有自然灾害，伸出手来，律师免费的援助，资金的支持。

人都很好奇，国宝也问："钱从哪里来？是否有境外敌对势力的支持？"

我们就是这样来做的！

基金的资金来源是教会内有感动的信徒，不接受任何海外组织的奉献，根据教会的章程，没有非基督徒的奉献，非常规范化，按照支出，每分钱用在刀刃上。

比如，良心犯还在妇乳期，看见我像个大救星一样，把孩子放在我身上，往医院走，2013年，马上就解了燃眉之急。几百到一千元，确保专用在孩子身上，完全把孩子从困境中解救出来了。

医疗需要，父亲脑梗，给了8千元，急迫的医疗和生活费解决了。

有几个孩子上大学的学费，每年一万二千元的学杂费，五百元的医疗费，否则会中途退学，如果承担不起学费，但都毕业找到工作，成为有公益爱心的人。

我们去重庆去找潘军，开车去到涪陵的深山，我们漫山遍野找不到，在大路小路乱转。祷告，在最后的时刻，在天快黑的时候，

看见他家的房子摇摇欲坠，马上就会倒塌，在这个困境中，以为儿子反动，但有朋友来看他们，对家人说：帮助你们每个月的生活费，老两口热泪盈眶，提供1000多元人民币，整整四年，直到儿子出狱。

例子不胜枚举，我们就是这样来做的！这只是事工的一个侧面。

每年新年的第一天，我们都要与良心犯家属一起度过，在家属要去探监时，没有车，不识字，找路都找不到，我们就派人派车，陪伴到监狱的门口。我就到过七八个监狱。关在不同的监狱，这个服侍，如果病重，病逝，

她的妈妈病重在床的时候，很多人懒得去管，我们参与探访，家属去世，我们第一时间到现场去作最后的送行。

事工的目的

我们希望把这些家属带到耶稣基督面前。

良心犯出狱后，也臣服在耶稣基督面前。良心犯寻求公义，但还是罪人，应该认识爱的真谛。

这项事工主要在四川，后来有感动，就到了重庆、贵州、云南、湖北，拓展服侍的区域，前后服事了有 40 位到 50 位的良心犯。

有好多位公共知识分子，好多归于耶稣基督名下。

比如张先生，是最老的右派，在夹皮沟 20 多年的劳改，听说良心犯家属事工，在那一刻化解了，受洗归主。

包括冉云飞，他进去的时候，还是公共知识分子，这项事工对冉云飞有很大的感动，开始查经班，大受感动，受洗归主，本来是冥顽不化的。

有人来秋雨教会，突然被激发了好奇心，听说良心犯家属的事工，每月有个例会，就参加了团契，受到震动，内心从来没有受冲击这么大，因为感动，就受洗归主。这个人回到达州，创立了好土地布道所，是带领人，达州有 10 多弟兄姐妹，受洗信主。

不接受非基督徒的奉献

还有一次，我们不接受非基督徒的奉献。山东的公务员的汇款单：1000 块钱，请你们笑纳。

我们打电话，就要问："你是基督徒吗？"

"我不是信徒。我还没有建立真正的信仰。"

我们把钱退回去了。

三个月后又寄来，他说："过去我总是怀疑、抗拒，我总是走不近耶稣基督的身边。我就不想去受洗。你们的严谨、细致，令我感到匪夷所思，现在，我已经是基督徒了，请收下。"

原来，他是体制内的公务员，科长，我现在已经是基督徒了。我已经愿意领受这个代价。因为你们也在领受这个代价。

另有一人，路见不平一声吼。包括南方周末都为他发声，他在第二次劳教时，妻子就离开了。

后来，他听说有这项良心犯家属事工，就放声大哭，他说："如果早几年就有这项事工，我的家就不会破。"

我们的原动力就是从这些人这些感受来的。

做这个事工，会受逼迫

我本人遇到最大的困难，我的公司就莫名奇妙的，2013年银行不年检，就被关闭了。2013年我的公司就被迫关闭了。生活来源被掐断了，不好跟教会申请，2013-14年，把老本都吃完了，我每周要奉献200元。

以至于一度我向我妹妹借钱，手足无措，上帝开了一扇窗，2014年，和朋友重新悄悄注册，很快就又被关闭了。

社会开放，有了写文章打赏的功能的开始，我通过写作，直到今天还是可以过全面小康的生活。

物质上的逼迫，但主要是精神的逼迫。

国宝说："老大，过去没有听说过你，一夜之间就这么出名。2011年你的名字就跳出来啦，为什么你要搞得对你的监控，你的每一笔款，我们都了如指掌，但王怡牧师是清白的，没有贪不义之财，只有付出。

我们做不了这样长久，十多年来，如果警察来一次，内心，没有你的荣耀，都是上帝在后，做我们的保证，是福音事工。

不要成为自己炫耀的本钱。没有任何值得炫耀的。坚持这么久，荣耀归于上帝。

上帝的恩典，荣耀，这个事工带给社会的益处。

不了解的时候，以为这事工是与政治有关，但了解之后，一点没有政治性，不带有政治性的事工，不想成为一个平台。

本质上讲，良心犯家属事工是上帝的事工，带给普世教会的影响，很多人说有政治性，有的形成内外的压力，双重夹击。有人想让我们退后，放弃这项事工！

但不会影响我们爱主的心志，我们必须要做这项事工，行公义，好怜悯，与主同行。

良心犯家属事工之一：仰华牧师家的上帝蓝图

我今天在这里讲述的这个家庭，是用心灵和诚实采写的真实故事，他们如大野罡，简单、非凡、充满生命的传奇，天使也会为他们击节感叹，但在当下，他们正遭受严酷的责难和无端的憎恶……

仰华：从惊离到笃信

仰华原名李国志，从爷爷辈算起，已是第三代基督徒了，从小耳濡目染，李国志似乎天生就应当是"好葡萄树结好果子"，但事实并非如此，李国志从小倔强，是基督徒家庭中那类"身在曹营心在汉"的不信派，李国志对信仰的判断标准其实很简单，既然社会中有那么多不公不义，上帝为何视而不见呢？况且自己的那些盼望和祈求，上帝好像也没能成全，那位爷爷的上帝，爸爸的上帝，更像是唯物主义教科书中所说的精神的寄托。

李国志的父亲是贵州省毕节地区纳雍县乡村基督教会的长老，是一位敬虔的基督徒，纳雍历史以来就是化外蛮荒之地，上世纪八十年代，地方政府还很左，对乡村基督教的逼迫十分酷烈，李国志常见行政执法人员冲进家门，见人就抓，见东西就砸，李父数次被打得伤迹累累，直至今日，只要天气阴冷潮湿，父亲的腰身和脊背仍会隐隐疼痛……这更加加深了李国志对上帝的岐见，那位被尊称为"永在的神，全能的父"的上帝，连自己的子民都保护不了，怎么叫人信得进去呢？

但发生在家族中的一件事，彻底扭转了李国志的生命观。

李家共育有六个小孩，尤以大姐健康活泼，处事得体，服事热情，是家中的好帮手，但在一个月黑风高的夜晚，白天还好端端的大姐，突然间就疯了，症状极其可怕：摇头晃脑，语无伦次，动辄就跑到村子的坟堆中去又哭又闹，手舞足蹈之时，还会在歇斯底里的情绪下当众脱光衣服，村民煞是惊惶。看医生，查不出病因，吃草药，也没见啥成效。

纳雍的弟兄姊妹们听说了李家的突变，纷纷聚集过来，同心合一地为精神失衡的大姐祷告，李父对照《圣经》，判断女儿怕是被鬼附身了，就一边祷告，一边为女儿唱基督教赞美诗。说来也奇怪，只要赞美诗一唱响，大姐就会从疯癫状态中露出恐惧神色，大口地喘粗气，哀求大家不要再唱了，但宁静片时，又会恢复疯疯癫癫的样子。

纳雍的一位牧师说，既是如此，上帝必会施恩怜悯，定旨成全他那圣善美意，那就让我们一起来为李家大姐的属灵医治禁食祷告吧！一天、两天……直到第五天，奇迹终于出现了，大姐突然口吐白沫，渐渐缓过神来，气息很快上升，脸上泛起了红晕，当她看到这么多熟习的弟兄姊妹惊喜、爱怜地围着她时，竟然茫然不知所措，前些天所行所事也片刻不知，唯一能感觉到的就是，当身体被某种超然的力量依附后，立即产生了异常强烈的排异，而疯癫正是这一排异显露出来的外在症状，那时她根本不能自己。

大姐很快就康复如初，不久嫁为人妇，如今已是几个孩子的幸福母亲。

这次恩典的医治，也是一次荣耀的见证，就像耶稣基督当年在大马士革的路上打开大数人扫罗的心一样，纳雍人李国志开始以谦卑受造的心去教会慕道，他渐渐着得了明白，既然上帝说了"申冤在我，我必报应"，我们就不必为眼前的得失和苦难心怀不平，虚空的虚空仍是虚空，而公义的审判却是永恒的。

1989年，13岁的李国志受洗归主，那时他已立志终身做一名传道人，此后几年，跟随父亲一起传道的李国志，很快完成牧养角色的转型，他离开纳雍老家，踏足于毕节、遵义甚至大花苗的乌蒙山传讲基督福音，也像扫罗因着恩典改名为保罗那样，李国志也重新给自己取了个属灵的名字：仰华，就是仰望、信靠耶和华的意思！

身无分文的婚宴

1998年，受贵阳一家基督教诊所团契小组的邀请，仰华来到这里做带领人，他漂泊的心，开始寻求婚姻的祝福，因为他在这里遇见了未来的妻子王洪雾。

王洪雾聪慧贤淑，长相甜美，也是一位特别爱主的姊妹，这正是仰华思想中渴慕已久，终其一生想找的"才德夫人"。随着接触机会增多，思念之心渐浓，但当仰华鼓足勇气向王洪雾表白时，却被她一口回绝了。

无论从哪方面讲，仰华都不符合王洪雾的择偶标准，甚至一条都够不上，无论年龄、身高、长相、学历、气质、收入，仰华的差距实在太大，即使王洪雾降低录取标准，仰华也很难够格。她托人给仰华带信，做弟兄姊妹可以，做恋人、夫妻断乎不能，一定要死了这条心!

那一时期，陷入思念之苦的仰华，内心愁烦，食不甘昧，差不多也到了"为伊消得人憔悴"的地步，有人把仰华的情况转告给王洪雾，她只是心疼地笑笑，说适应一段时间就好了。

且不说王洪雾不接受仰华的表白，她的母亲，哥哥、姐妹差不多也是集体反对，而王洪雾社会上的那些朋友，更是痴笑仰华"癞蛤蟆想吃天鹅肉。"但唯有团契小组的弟兄姊妹一边倒地支持他们俩合好，他们告诉王洪雾，恐怕在贵阳这地方，再找这么用心爱主、这么用心服事，这么用心爱人的弟兄，恐怕难了!

谋事在人，成事在天。就在仰华几近绝望、死心，准备离开贵阳去一个叫鸭池河的地方传道时，王洪雾情感的顽石才开始分化，圣灵的感动徐徐而来——经过一年多的团契生活，王洪雾确实察觉到了眼前这位其貌不扬的仰弟兄，因着信仰的坚韧，有着比其他弟兄更多、更令人尊重的品质，时间的精炼，她开始看到仰华身上散发出来的基督馨香。

尽管仍有迟疑与犹像，王洪雾在踌躇与徘徊中还是打开一丝心门来，她决定试着与仰华接触接触，等等主的祝福，她再决定是否嫁他!?

仰华带着这种莫名的盼望欢天喜地去了鸭池河，刚开始，那地方只有两个聚会的慕道友，一年后，参加福音团契的人就多达一百多人，差不多再现了柏格里当年的福音盛况："一片荒地，极端经营，竟至崇墉栉比，差别有天地。"

2000秋冬时节，仰华给远在江苏徐州学习的王洪雾挂电话，说王姊妹，回来我们结婚吧! 王洪雾后来回忆说，仰华的电话着实让她吓了一大跳，她刚辞职学习，仰华也是一穷传道人，两人一无依靠，二无积蓄，三无婚房，境况比"月光族"还惨，用什么结婚啊? 仰华安慰她说，上帝尚且养活麻雀，我们何至缺乏? 就凭这样的信心，王洪雾信以为真地回来了。

现实比想像的难堪，眼看2001年元旦婚期将至，身无分文的仰华硬着头皮跑到酒店去预订婚宴，一切都谈得差不多了，店方说先生如果能确定，先预付三百块钱作押金吧。尽管仰华心理有所准备，但"巧妇难为无米之炊"，他还是十分尴尬地呆住了，因为他荷包里连300块钱都拿不出……当他垂头丧气回到简陋的住地时，恰好同道好友，也是后来贵阳活石教会共同发起人的苏天富弟兄来访，听说他的窘境，马上从包里凑足三百块钱交给他，这才应了急。

接下来是婚房，既然结婚，总不至于住在现在这个遮风挡雨都成问题的地方吧? 但要找个稍像样的房子，租金按季度交，少说也要几千块钱，他们无论如何是拿不出这笔钱来了，于是仰华和王洪雾同向上帝祷告，期盼施恩垂怜。

事就这样成了。那期间，刚好浙江一个宣教团队要离开贵阳，而房子的租金已预付了一年，当他们听说仰华正为婚房发愁时，就主动将这套房子使用权免费转给他们，这套房子后来也成为他们婚后礼拜的团契点，也是贵石教会的前身。

2001年元旦，仰华、王洪雾的婚礼如期举行，简朴、清雅，但恩典丰盛，他们在婚礼上起誓说："至于我和我的家，必定侍奉耶和华！"

生养：死亡线上的神迹

未信主前，王洪雾的妈妈就是一位典型的中国大妈，她常拿着子女们的生辰八字去算命，好在"祸兮福所依，福兮祸所伏"时寻得驱利避祸的解脱，贵州民间称这是"解扣"。而家中几个娃儿中，王洪雾的命数最差，好几个算命先生都告诉她母亲，你女儿命中缺土，不易受孕，运不带子。

但结婚月余，王洪雾就怀上了她第一个孩子，一家人惊喜莫名。

仰华开始考虑孩子的未来，他做传道人近十年，常常是餐风宿露、居无定所，吃尽了人生百味之苦，今后孩子做什么都行，就是不要做传道人。

家里的幸福感还没有持续多久，王洪雾就开始产道流血，这是流产的先兆，似乎算命先生的预卜几成谶言。

以后很长时间里，流血状况一直持续不断，但因着胎床稳固，胎儿还是保住了，但医生明确告诉王洪雾，孩子发育状况非常不好，即使生出来，也可能有缺陷，要提早做好心理准备。

孕期八九个月时，王洪雾身理反应异常剧烈，几乎吃什么吐什么，根本没法进食，医院只得输葡萄糖为其维生，身体已虚弱到不行。

2001年11月，产期已至，医生很少见这么虚弱的孕妇，给孩子做最后产检时，几乎也不见胎心，母子状况岌岌可危，医院上下顿时紧张起来。为了尽快顺产，医生特别安排王洪雾服用了增强宫缩的特效药，但由于长达十个月的孕期折磨，王洪雾入院时，体力差不多已完全透支，尽管医生从旁挤压，她自己也使出了浑身解数，孩子仍卡在产道出不来。

眼看母子不保，医生出来与仰华商议，准备采用特别方式处理掉孩子，好保住大人的命，仰华一听就哭了，他祷告说，慈爱的天父，我为自己的逃避和对孩子未来自私的安排向你悔罪，愿你恩典此时临在，保全母子平安，我们愿把沐恩（孩子名）的一生都交托给你！

迷糊状态中，医生与仰华的交流和仰华的祷告，王洪雾隐隐都听见了，就在那一刻，忽然有一股温暖无比的神秘力量莫名托在她后背上，气息将尽的她，疼痛感消失，内心大得平安，竟然在不到一分钟时间里，将孩子生产出来。

但新的问题很快又出现了，由于脐带在孩子的脖子缠了两圈，医生发现时，足足过去了五分钟，孩子脸色变紫，气息微弱，加上先前护士在助产时，挤压过重，孩子的头部已经变形。医生又与仰华商议，说即使孩子以后不会畸形发育，但也会有智力障碍，是要继续抢救还是处理掉？仰华说"生命在主手中，生命是人的光"，那时，仰华已做好累及一生，与孩子同行的准备。

奇迹重新出现，当护士推着小沐恩进ICU急症室时，仰华轻轻呼喊了两声沐恩的名字，出生以来一直紧闭双眼的沐恩，竟然吃力睁开眼睛，寻声向他望过来，仰华顿时释然，儿子是好样的。

16年过去了，帅气的沐恩发育正常，且聪明好学，还考过了钢琴十级。

分娩的痛苦，让王洪雾数年后仍心有余悸，她曾对身边的人说，此生绝不再生，就是给我百万、千万我也不再生，但孩子是上帝托付的产业，当沐恩长到9岁时，王洪雾却又动了生育的念头，她说正是《圣经》中那些在神的家中培养敬虔后代的话语，一步一步打动了她。

2009年，王洪雾再次怀孕，这一次反应更大，不但产道出血，还排出一个肉团一样的东西，王洪雾恐惧、惊惶、绝望到极，跪祷时哭得死去活来。

人的尽头是神的启头，就在那一时刻，一幅精美绝伦的图画突然在她眼前铺陈开来，画中有一个红红彤彤新生婴儿，健康、活泼，正乖巧地向她萌笑，那场景绝美、温馨，但很快又消失了。

这异像后，血渐渐止住了，但政府计生部门又找上门来，要么交社会哺养费，要么强制动员流产，仰华就一穷传道人，终其所有，也交不出社会哺养费的零头，而堕胎即杀人，牧师怎么能做违背上帝诫命的事呢？王洪雾只得辞去工作，远走异乡，艰难产下老二。

经风沐雨后，王洪雾真正感受到"上帝恩典是够用"的话语何等真切，她说我们这个家，就是上帝恩典之家，无论困境、逆境，上帝都与我们同在!

那家叫活石的贵阳教会

王洪雾说，仰华最让她感动和敬佩的就是凡事坚韧，自打背起十字架后，他就从没想过要放下，即使如今落在了监舍里，他也会像盐浸进水里，如光发于暗夜，谁能夺去他属天的自由呢?

仰华十多岁就出来传道，年轻、稚气但也勇敢，差不多走遍了大半个贵州，据活石教会一位谭姓弟兄回忆，那时的艰难可用煎熬来形容，尤其是在大花苗地区传福音，他们为了不给本已贫困的苗民们增添负担，连睡也是在野地，天当被子地当床，盖上茅草就入眠，早上起来脸上都有露水。

自从认识王洪雾后，因着家，仰华才算真正安顿下来，从大学生事工、诊所团契、鸭池河布道、家庭聚会，后又与同道好友苏天富牧师带领的团契小组汇合，2009 年，他们共同创办了贵州最大的家庭教会——活石教会，也就是几年功夫，在贵阳活石教会受洗的信徒超过 700 人。

2014 年，活石教会在贵阳湘雅村花果园国际大厦购下近 500 平米教产，一次聚会可容纳三四百人聚会，但教会礼拜天仍要开两堂才能满足信徒的崇拜，也是从这时起，树大招风的活石教会受到越来越大的逼迫。

也许，许多普世教会的信徒从来没听说过贵阳活石教会，但只要一说起尼哥底母查经班，也就不陌生了——2000 年前，尼哥底母是以色列人的知识分子和官长，也是法利赛人和犹太公会的成员，因着身份敏感，他白天不好意思去见耶稣，便借着夜色悄悄前来拜访，询问如何重生的问题？耶稣遇难后，正是位尼哥底母带着一百斤没药和沉香，与耶稣的门徒亚利玛太人约瑟一起，将耶稣安葬。

尼哥底母查经班由此源起，从贵阳活石教会向中国其它城市复制，成都、北京、上海等地教会纷纷仿效，一大批知识分子慕道而来，受洗归主。事实上，今天尼哥底母查经班，正在以文化运动，信仰运动的方式席卷中国！

谁能想象西南边陲的活石教会，会为中国社会的福音传讲和普世教会事工的兴旺带来这么大的启示和活力呢？

贵州省宗教局原分管基督教的处长张坦先生也是在这活石教会受洗归主的，近日，他作见证说，活石教会有一项弃婴领养事工，多年来，这个项目收养了1600多名弃婴，帮助建立了1600多个幸福家庭，也挽救了1600多条小生命。张坦为此感慨，只在这时，你才能从仰华牧师面对执法者的挑衅而充满怜悯的目光中，读出什么叫信望爱。

我为仰华牧师，也为张坦弟兄感恩。因为我们都晓得："靠着爱我们的主，在一切的事上已经得胜有余了。"

束手无策的祷告

基督徒把祷告看作是灵魂的呼吸，这种比喻的确很形象，信徒相通，往往是从祷告开始的。比如我有一次去成都中医大省医院旁的乡村基吃午餐，一个小胖丫头急匆匆地想插队，我善意提醒她后，她撅了撅小嘴红着脸退到后面。那次，虽然人山人海，但我吃饭时照例做谢饭祷告，当我睁开眼时，却见那个丫头温驯站在我旁边，笑眯眯地盯着我，她问：弟兄，你基督徒吗？嘿嘿，我也是。

原来小丫头是成都一家媒体的记者，因为近视，当天没戴眼镜，看错了吧台的位置，她急匆匆往前走时，我却把她当作插队的人对待了。还好，一个祷告不但消除了误会，还认识了一位曾经同行的姊妹。

但基督徒大多数时的祷告都不是这么轻松惬意的，更多是在逼迫、无助、失落、困境和哀痛时发出的，这种环境诱因下，个人已经无能为力解决所遭遇的问题，而社会却处在或冷膜或狂暴的不可调和的事态中，我称这类祷告，是束手无策的祷告。

2013年春夏时节，教会一位弟兄的父亲去逝，我们去成都东郊殡仪馆为他父亲送行。

这位弟兄的父亲还没有受洗，因为他是水利勘测设计院的国家公职人员，来参加他葬礼的亲朋好友也挺有意思，许多人懂风水，也有一些人信仰佛、道，当然还有组织上钦派的官员，当我们准备在这位弟兄父亲的灵柩前唱一首基督教赞美诗时，被他们硬生生地阻止了。

我们只得站在灵柩旁，默默地恒切地为此祷告。

教会的弟兄此时站出来为我们说话，他说爸爸去逝，我们本来就痛苦不堪了，教会的弟兄姊妹唱赞美诗为爸爸送最后一程，带给我多大的安慰啊，为什么就不能唱呢？

我们争取到唱一首唱美诗的机会，我记得那天演唱的是《奇异恩典》

刚唱完，众人轰地一声围了过来，我心想，咦，唱首歌，不致于要动手吧？正想着怎样应付他们时，他们却瞪大眼睛，一惊一乍地迫不及待地问起我们来，他们说你们信仰的是什么？是天主圣母玛利莲教吗？

显然他们是是而非，我解释说，我们信仰的是主耶稣基督，是基督教新教。

他们带着几分恐惧，几分惊异地说，就在我们唱歌的时候，他们看见一个白色的影子倏忽地飘走了……

我在教会参加过60多场葬礼，有三次遇到这样的灵异事件，以后我会专门为此写一篇纪实文章，来纪述这些奇妙无比的看见。

2015年清明节前夕，陈云飞因去新津为两位早逝的学子扫墓，被新津警方带走，不知关押在什么地方？3天后，陈兵邀约好陈云飞的二哥和我，一起前往陈云飞户籍所在的温江柳城派出所报案。

陈兵是急性子，警察说，既然人是在新津失踪的，你们就当向新津公安报案嚯。陈兵一听就火了，锤着派出所的工作台火气冲冲地说，就是新津警察抓走的，你们官官相护，我报案有意义吗？

温江警察又说，如果你感觉警察办案没能秉公执法，也可以到成都警察督察大队投诉呀。陈兵更恼火了，说你这不是在推脱责任吗？中国法制不健全，我找谁投诉都没用……此后你来我往，火药味越来越浓。

我感觉这样么血气纷争地闹腾必要惹出事端来，就站在旁边默默地祷告，祈求圣灵给我们"灵巧如蛇，驯良如鸽子"的智慧，好妥善处理双方纠纷。

祷告完毕，就有圣灵奇妙的话语穿过灵魂清晰地赐进心扉："面对警察，不是恨的挑战，是爱的挑战！"

这是何等宝贵的爱的密笈呢，如同鸽子衔来橄榄枝，我赓急出面调和，为双方打圆场，火暴暴的事态很快就平息下来了。

几年前，我所在教会的上访者福音团契来了位叫何艾琴的慕道友，她几乎就是冯小刚

《我不是潘金莲》电影的原形，因为离婚不公引发系列的生活磨难，她开始不屈不挠、没完没了地上访。我们去她家探访时，她家大门上大大地写着"阿弥托佛"几个字。

后来她因"寻衅滋事罪"被刑拘，在狱中，只要她念"阿弥托佛"，第二天就会被整蛊，极至伤筋动骨，痛苦不堪。但只要忏悔，求主赐福，则必有平安。

她很快从监狱中写信给我们，请求法律援助，我们一边为她祷告，一边请教会法律人团契火速驰援，就在她出狱机会近乎绝望时，奇迹终于临莅，被掳的得释放，被囚的出监狱，我在看守所接到她时，她泪流满面，当下决志信主。

后来我们再去她家探访时，看到"阿弥托佛"已被清洗，只留有丝丝印迹，令人感叹的是，她在斑驳的"阿弥托佛"字迹上面，又清晰地写了两个字"没有"，就是"没有阿弥托佛的意思"……很感恩，不久，老访民何艾琴就受洗归主。

我接下来在绝望中发出的祷告，就发生在这两天。

著名纪实作家，恨了一辈子也爱了一辈子的张先痴老爷子因病逝世，享年85岁。按原来的约定，我是追思礼的主持人和经文分享嘉宾，但因有司的阻止，我被迫留在家里，不只是我，我委托的林弟兄，也受此株连，不得出门。

2月23日当天，张先痴的夫人杨姐一早就从殡仪馆打电话给我，气愤地说，如果我们都不能来，她就准备把老爷子长期冷冻，直到我们出来主办追思礼为止。我劝她不要着急，赶急联系我们教会原来同工现已转往友邻教会服事的晏长老，恰逢上晏长老正在搬家，他又提供了本教会查长道的电话，叫我赶快联系。

打了查长老电话，关机，又打了他夫人的电话，几次无人接听。正极度焦虑时，杨姐又火气冲冲地打来电话，说他们准备在殡仪馆门口搭棚，要闹就热闹个够……倘若如此，必是一件群体事件。我有点脱虚，连忙给区会认识的另一位牧师去电话，请他们火线帮助，但这位牧师正在上课，表示来不及也去不了。

我束手无策，彻底绝望，只得低头哀伤，嘶哑地祷告：主啊，求你帮帮我！

话音未落，电话铃突然响了起来，原来是查夫人回过来的，她听我说了紧急情况，旋即转给丈夫，查长老安慰我说，张弟兄，愿你平安，万事互相效力，我马上去殡仪馆。

那天的追思礼拜既庄重肃穆，又热闹隆重，弟兄姊妹们的赞美诗唱得尤其嘹亮，张先痴的夫人杨姐大得安慰，一桩可能突发的群体纠纷，在主爱中完全消融。

上帝在前面，跟我们走吧！

我对吸毒人员的绝望，几乎到了心灵崩溃的边缘。

几年前，我在成都秋雨圣约教会做社会底层服事。有一天，王怡牧师给我打来电话，请我开车去接一位吸毒的慕道友，送他去成都三圣乡的"好撒玛利亚人流浪者客栈"休养戒毒。客栈的创办人是挪威老人玛丽，玛丽每月在欧洲打六份工，外搭上她的退休工资，艰难地支撑着流浪者客栈的日常运作。

我那时有点怙才骄物，认为自己服事过良心犯家属，上访者群体，服事一个吸毒者，只要多多为他祷告，并拿出足够的爱心去陪伴，就可以使他浪子回头。

我显然低估了吸毒者在肉体与灵魂上的双重陷落。客栈第一晚，这位弟兄的毒瘾就爆发了，他像拴着铁链的野狼那样嗷嗷乱叫，不断敲打客栈关闭的大门，最后连微薄的颜面也撕破了，竟然深夜翻墙出去购买毒品吸食，而且用的还是我临走时留给他的零花钱。

几次肇事又几次进出，流浪者客栈经他这么一闹腾，再也没了往日的平安，众人对他很是生厌。这位弟兄自觉辜负了我们殷殷的托付，便离开客栈，溜出去找了份保安的工作。他信誓旦旦告诉我们，以后一定会珍惜生活，尊重弟兄姊妹的帮助，拒绝一切毒品的诱惑。

那时他身无分文，我们又心生同情，为他在教会申请一笔慈惠补助，帮助他度过上岗后一个月的经济空仓期。为了防止他挪用这笔钱去买毒品，我们把钱直接交到他同事手上，叮嘱他每天的生活费用，可直接到他同事这里来时报时销。

虽然我们仍在他身后陪伴他，帮助他，不住地为他的悔改而祷告，但他还是花言巧语地把钱挪腾到了自己的腰包，不能克已地继续吸毒。他的同事告诉我们，他在公司根本没干多久，那点收入远远应付不了他吸毒的开支，他很快又蹿回社会流浪去了。

我们都很清楚，这位弟兄的沦落，与他早年的经历攸关——父母离异，成长期缺乏家庭温暖，而父亲新婚后，继母又待他刻薄，年少的他便负气出走，混迹于险象环生的江湖，被各类大哥带坏……正是这样的境遇，感动了我们另一位参与服事的弟兄，他出于同情和怜悯，再次把这位吸毒的弟兄找回来，并接到家中暂居。

我们都明白，面对一位沉溺至深的吸毒者，单凭爱心是不够的。听说云南昆明有位吸毒的弟兄，归主后戒毒成功，并以自己经历现身说法，专门接纳那些来主内慕道的吸毒人员，以团契相交，抱团戒毒。我们便策划筹措一笔经费后，送他过去戒毒半年，毕竟专业辅导才更具果效。

就在这期间,那位弟兄的毒瘾又犯了,身无分文的他,竟然把寄居弟兄家的相机和 iPad 平板电脑都偷走了,从此消失在我们的视线中……

我内心几乎绝望到崩溃,发誓再也不会服事吸毒人员。以后几年,我只要风闻他们的消息,就会条件反射地躲闪开,就像躲避瘟疫那般恐惧。

2019 年初春,我因写作和信仰被"寻衅滋事",关押到成都市看守所,与同监那些偷摸扒抢、吸毒贩毒的人员不同,我只有 T27 的代号,没有名字。

我所在的监室,大概有 1/5 的在押人员都与吸毒贩毒有关。有天上午,一位身材瘦长,看上去弱不经风,人称嗨哥的家伙在我背后窃窃私语,并用黑话与囚禁中的道友分享吸大麻的仙飘,K 粉的爽劲,溜冰的快感……惹得道友如临其境,羡慕不已,并恳请嗨哥出去后,一定要带着他们去道上狂嗨!

我听得头皮发麻,那段服事中本已遗忘的酸心往事,又兀自浮现眼前,我终究没能忍住翻江倒海的愤怒,转过身去,指着嗨哥咬牙切齿地说:狗东西,你给我住嘴!

嗨哥惊得一愣一愣,在这个常年封闭的囚室里,每个人每天都在找乐子打发漫长孤苦的时光,嗨哥与道友们过嘴瘾,也是如此,只是他没想到我会怒目圆睁地呵斥他。

嗨哥稍稍缓缓劲,又回到满不在乎的状态。他老成地警告我,T27,你胆敢乱来,我就报警。

死猪不怕开水烫,考虑自己还戴着脚镣手铐,开撕的心就渐渐冷却下来。

没几天,监室厕所的下水道堵塞了,这似乎是经常发生的事,但那天堵得特别厉害,一群人用长长的晒衣竿捅了又捅,捞了又捞,还是不能疏浚。正一筹莫展之际,K 粉老鬼嗨哥却突然站起来,他快步走到厕所边,侧下瘦长的身子,脸几乎贴在厕所便盆边缘,把长长的手臂伸进下水道里,抓扯了好一会,才将那些又臭又脏的堵塞物拽出来,厕所得以恢复畅通。

我惊得一愣一愣,我必须坦诚,我这位受洗 25 年的基督徒,此时此刻,打死也不会用手去掏厕所下水道里的那些恶心的秽物,而那个被我鄙夷不屑,视为人渣的嗨哥,却义无反顾地走到了我们前面,成为此时囚室中的义人。

我下意识升起一种感动和自省,每个人都会有自己的道德高地,那怕再邪乎的人,上帝的公义、良知和爱,都没有完全从他们身上灭绝,这正是人类彼此爱,互相宽恕的希望。

我在成都市看守所呆了一个多月，释放那天，我特别走到嗨哥身边，向他鞠躬致谢。他依旧惊得一愣一愣，但也很快明白并领受了我的致意。

我不知道还会不会碰上以前那位让我心灵崩溃的吸毒弟兄，倘若上帝给我们重逢的机会，我会毫不犹豫地跑上前，握住他的手，给他一个重重的拥抱。然后告诉他：上帝在前面，跟我们走吧！

经不起推敲的正义：上访者福音事工

正义一直被人类夹道欢迎，但正义是源于亘古的自然生发的还是得益于人类自身的觉醒与探索？这个问题恐怕连苏格拉底也无法深刻地回答。有人问苏格拉底：有正义的人，想不想胜过其它追求正义的人？苏格拉底说不会，善善不争，恶恶相斗，正义是不会内卷的。

一生追求正义的苏格拉底最终还是死于以正义之名的内卷。

我所在的成都秋雨圣约教会，曾开设有一项上访者福音事工，有次团契，上访者们不断抱怨自家的地被强征，自家的房屋遭强拆。我就告诉他们，你们说的都是事实，你们的要求也是正义的，但你们想过没有，你们的不幸也是配得的！

上访者们瞬间就不淡定了，称自己一直与人为善，遵纪守法，凭什么说这是当得的呢？难道没有天理王法了吗？

我反问他们，邻村邻居被强征强拆时，你为他们说过一句公道话吗？

他们互相看看，沉默不语。

我又说，仅仅只是这点，真还算不得什么。你们还要扪心自问，当年你老爸老妈或爷爷奶奶，打土豪分田地，夺人财物的快感与今天强拆强征者们的贪婪相比，恐怕也是过犹不及吧？要知道，那时的地主狗崽子，连上访的资格都没有呢！

对自己的事特别敏感，对他人的处境麻木不仁甚而落井下石，这大概就是思想家帕斯卡尔所说的"奇怪颠倒的人性"。

唤醒人们正常而有逻辑的思维，是很重要的。或许是我的话击中了上访者们内心蛰伏的灵魂，他们因愤怒而夸张的脸，瞬间便安静下来。

这个案例涉及到一个关乎正义的逻辑关系，国家正义与个人正义因着"政治不可私有，财产不可公有"而相互依存，不可分割，两者的实现互为前提。一旦这种关系发生了扭曲乃至颠倒，社会公转与个人自转的和谐张力就会被打破，最终从无序走向剧烈的冲撞。

我们的危险恰恰就在这里，这是我们要对国家主义和民族主义保持深刻警惕的原因。

我们教会举行过一场有趣的辩论赛：当一辆失控的列车，径直撞向乘客密集的车站时，将酿成一场惨烈的交通事故。但这时只要掰开岔道，飞驰的列车就会甩头撞向另一铁轨上的一位无辜路人。此刻，你会作何抉择？

我相信，绝大多数有公共正义感的人，都会选择掰开岔道，牺牲一人拯救众生，末了还可以弄个烈士称号，向全社会宣扬其舍已救人的美德。包括基督徒在内，在这种两难的选择下，往往也会陷在环境诱因中，行义过头地从众，尽管圣经中有这样的教导：流无辜人的血，就是自己儿女的血。

我要说的是，这其实也是一道公共心理测试题，我们显然不是要在单一的辩题上，去寻找完美无缺的道德判断，但你必须具备密集型的智力和洞悉世界本质的眼光，这个冠冕堂皇的辩题背后，其实隐藏着一股极其危险的公共倾向，即牺牲个人利益去成全集体利益，牺牲集体利益去成全国家利益——国家利益绝对至上的极权美学。

所有强拆强征和不公不义之事的发生，其实都是这么演变来的，没有例外。

倘若将这个概念的内涵延伸到公共社会后，你就会发现，今天许多夸夸其谈的爱国主义者，他们要么是昏头的无知的，要么是狡诈的别有用心的，那些靠爱国主义蹭流量发横财仕途蹿升的，差不多都属这类，他们往往还被当作时代的正能量荣登殿堂。

难怪涅克拉索夫会说，对祖国来说，没有比一切都满意的爱国者更可怕的敌人了。

正义的迷惑性就在这里，正义有着一张普洛透斯似的脸，变幻无常，当我们仔细研究这张脸并试图探寻隐藏其表面背后的秘密时，我们往往就会陷入法学家博登海默式的困顿，正义作为规范社会大厦的优良规则，往往在因人因事而异后，再也经不起正义真正的推敲了——尤其在中国，再往前走一步，你就可能寻衅滋事。

这样看来，任何人设的正义，倘若不经过保守主义的公共伦理，纳入到普世价值观中，都可能是水中月，镜中花。而且，那些价值扭曲，本末倒置的所谓正义，往往还会激发出"奇怪颠倒的人性"，最终在暴烈的群众运动中，摧毁社会文明的根基。

二战时的德国纳粹和中国文革都带有这样的反人类的特征，及至当今时代检举与告密盛行，仍旧是颠倒的人性使然。遗憾的是，我们的社会非但没有引起足够的警觉，反而把这被当作正义之举予以包庇、纵容和鼓励,社会道德浓度全面超标,网络风纪弥漫,私德审查官遍地,道德洁癖指数拉满。只是没有人认真思考过,递给别人的正义绞索,最后都会成为正义本身预备给自己的道德礼物。

说来说去,正义终究是一个关乎人性的问题,在一个扶起倒下老人都需要十分勇气的国度里,正义远不是"君子动口不动手"那么简单。休谟说,正义不是自然之德,而是一种人为之德,需要付出人格的力量。如果这样的劝勉都还不够,你还可以翻翻政治哲学家霍布斯的《论人性》,他认为,发生在一个无辜人身上的苦难,也可能发生在所有人身上,别无动于衷,应挺身而出。

惟愿公平似大水滚滚,使公义如江河滔滔。

与上帝不期而遇

1.

我曾以"上帝比警察大"为题,写过自己童年与上帝不期而遇的童真体验,许多读者私信我,称写得生动,看得过瘾,但结尾太过仓促,青年时期又有断代感,留有意犹未尽的遗憾。故而,本文是上文的存续,是心灵感激的记忆。

我必须表达一个观点,人真能找到上帝吗?相对于自以为是的芸芸众生,答案是令人失望的,即或穷尽科学手段,人也绝对找不到上帝,除非上帝亲自俯就你,就能不期而遇。

1986年5月,我像乡下人陈焕生那样在杭州武林门广场好奇悠转,一个擦身而过的老太神秘兮兮地塞给我一张纸片,然后用吴侬软语张皇地向我问安。我听不懂她的话,她也听不懂我拗口的川普,打开那张墨迹未干的纸片,是一份油印的福音单张。

那时的中国因着拨乱反正生气渐开,冰心在回忆文革时,充满了忏悔的心,她在散文中这样感叹:我的心肠在夜间也警戒我,上帝啊!我称谢你,因你训诲我……我想,冰心的上帝,恐怕也是老太的上帝吧。

我试着去新华书店买圣经,没有;回学校图书馆借阅,仍然没有?

我那时是学校校刊的学生编辑,每天都能呼吸到一些新的人文气息,西方圣哲们的思潮一波接着一波地浪过后,几乎把我们以前在政治课上原装的思想,全部更新了一遍。关乎上帝的信息无处不在,但又总是停留在文学只言片语的描述中,始终无法串联起安徒生似的童话。

我心里有个小秘密，我其实并不是真想认识上帝，都什么年代了，还信那个？只是我的灵感在悄声告诉我，要想"下笔如有神"，就必须融会贯通西方人文思潮。有说哲学的尽头是神学，我岂可放空这心灵的探幽？

临近暑期，母亲给我写来一封信，告诉我四外公遗物的清理情况，没找到圣经，但四外公服务的那间茶馆，如今不再经营了，政府已落实宗教政策，退还给了本地教会，老家的福音堂又重新"开张了"……

我隐隐悲伤的心顿时羞愧起来，我小时常在茶馆向四外公撒泼打滚放赖，每次都会把老迈的四外公折腾到虚脱，若上帝真的存在，对我印像肯定糟糕透顶了！

那之后我天天都在数算期末的日子，好回老家教堂去观摩神圣庄严的敬拜。

2.

与我一起走进老家教堂的，还有从四川师院和西南民院放假回来的易同学和吴同学，我与这两位同学的关系，有点像电影演员张国立、王刚和张铁林的那种铁三角。

只是走进教堂的刹那，我想我们都后悔了。

诺大的教堂里，只有八九位风烛残年的老人坐在里面，与当年茶馆经营时人声鼎沸的盛况相比，落寞荒凉了许多。老人们面色苍白，眼眶深凹，仰头呼吸时的喘息声、咳嗽声和喉咙痰液声交织在一起，让人有陆游在《雨声》中"老态龙钟疾未平"的伤感。

我们三个朝气蓬勃的年轻人，与垂暮之年的老人们，构成了两幅全然不同的时代画卷，新旧世纪交替的色彩，在彼此对望中，显出了岁月的沧桑与悲壮。

这哪有教堂的神圣和庄严啊？

这是我有生以来第一次到教堂礼拜，带着孔孟伦理、马列哲思和奥古斯丁们混合的情怀，与耶稣作一次期许有嘉的约会。但说实话，第一印像糟糕透了，甚至还因"乌托邦式的幻灭"，内心多有伤感唏吁。

那时安慰我的是歌德"礼貌会带来安定力量"的话语，所谓知书而识礼，既来之则安之，我们心绪难宁地靠后而坐，好离他们远点。吴同学已是大学预备党员，我们就礼让他坐到前面一排，故意拿他作挡箭牌。

那天讲道的田明辉牧师，耄耋之年，胡子花白。我打小就知道他，于我古镇旧事的记忆里,每逢横扫牛鬼蛇神的批斗大会,我都会看到他戴着尖尖帽,在一片狂躁的打倒声中,被五花大绑地押出去游街示众,他蹒跚的身影,就像那个时代风雨飘摇的中国背影。

我心里突然明白了,教堂这些社会遗老们,差不多与田牧师一样,都是在经历文革酷烈的政治风暴后,渡尽劫波的幸存者。

这种灵魂惊蛰,又让我悲凉的心陡然充满了怜悯与敬畏的目光。

田牧师似乎看透了我们的心思,那天讲道时,他特别引用了马太福音中"压伤的芦苇,他不折断;将残的灯火,他不吹灭"的经文,来表明生命在爱与恩典中至臻的价值……他怕我们理解不了这么精深奥妙的神学,又特别借用南北朝学士纪少瑜"残灯犹未灭,将尽列扬辉"的诗句,用中国式美学思维,来解析生命之于信仰,永恒始于盼望的意义。

那天我听得很认真,有"润物细无声"的感动。

3.

我们的时代与田牧师的时代,看似在和平过度,实则只是弦同音不同。

日光之下无新事,1989年夏,经历北京那场风波后,我入局3月多,理想幻灭,形容枯槁,走出看守所就被下放到大凉山偏远的牦牛坪矿区。

刚到矿区报到,就接到田牧师来信,他说知道我的境遇后,教会就为我的安危而彻夜祷告,愿被掳的得释放,被囚的出监狱,上帝应验了他们的祈求。

这是我人生低谷时,接到的第一封安慰信,那种感动无以言表!

我在矿区每月薪水有80多元,掰开两份用,一份给自己,还有一份寄给三位被学校开除后,在成都流浪的狱友。只是改变时代的人也容易被时代改变,有次我请假去成都探访他们时,引发了一桩迄今无解的灵异事件。

那是1992年夏,当我再次见到狱中那位激情彭拜的何同学时,经历2年流浪生活后,他差不多已经完成从学子到"人渣"的蜕变。

那时,何为了做一笔"跳楼"生意,约了一位纸厂老板到成都最豪华的锦江宾馆花园餐厅吃饭,何醉翁之意不在酒,他想用5万元现金骗取纸厂25万元的现货,然后以10万元低价跳卖,得手后便溜之大吉。

那天酒过三巡,江湖老成的纸厂老板毫无醉意,何却喝高了。他瞥见餐厅服务员芳芳长得秀气,就色迷迷地摸了把她的臀部,口里叫嚷哥哥今晚请看电影……芳芳吓得花容失色,痛斥何放尊重点，耍流氓要看地方。

借着酒劲，何恼羞成怒，以芳芳冲撞了他为由，落下1000多元餐费，甩身离去。

我听得咬牙切齿，大骂何狗彘不如、丧尽天良，将来必遭上帝惩罚。何仍是一副满不在乎的痞子气，称自己既是社会弃儿，就要让社会付出代价。上帝算什么东西？有本事就来收拾他。

我见他如此张狂，气得一啪桌子，愤然离开。

第二天晌午，何突然惊魂未定地找到我，称他已经把霸王餐给结了。见我根本不信，他就讲了连我都匪夷所思的缘由：昨晚他似睡非睡之际，一团耀眼的白光突然罩在窗前，有滚雷般声音划过，要他悬崖勒马。何异常惊恐战兢，天亮后就跟斗扑爬地跑到锦江宾馆，把餐费结清。

许多年后，我为一家矿泉水公司做品牌营销策划，新闻发布会就安排在成都锦江宾馆举行，答谢宴也选在花园餐厅。那天，我问那位气质优雅的大堂经理，这里有没有一位叫芳芳的服务员，她先是一愣，用很特别的眼神盯我良久。我感觉有些冒失，就给她讲了20多年前，何发生在这里的事。

她释然地笑了，说她就是芳芳，若不是何补回这笔钱，餐费就要从她工资里逐月扣除，这笔"巨款"差不多就是她那时近两年的工资。

4.

这事也给我一个警醒，理想幻灭后，人若没有信仰，就可能极速堕落成江湖杂痞，正像托马斯·索维尔在《知识分子与社会》一书中所说，在每一种道德体系中，都有一幅关于人性的画像。

我开始有一种强烈的慕道倾向。

我在大凉山呆了两年，陪伴我的是田牧师送的那本圣经，总觉得读得进却啃不动，与普罗大众一样，认为这差不多就是一部犹太人的苦难史。后来听冉云飞作过类似的见证，有人给他传福音，他撇着嘴颇为不屑，信仰的事我比你们都懂，圣经我读过五遍，比你们基督徒都读得多。直到后来在他家里开设了尼哥底母查经班，经过几轮对观福音查考，一向傲气的冉云飞终于低头检讨，他说自己真的没有读懂圣经。

田牧师与我那时正处于"保罗书信式来往"，我直觉中的问题实在太多，大半月一次书信交通，远水难解近渴。

好在那一时期岁月静好，在矿区做文书的我，事情并不太多，实际把大把时间都投入到文学创作中了去，相继在行业内发表了一些较有影响的作品，这引起了国家地矿部的关注，那时正逢部里《新生界》文学季刊创刊发行，地矿部文联长臂管辖，一纸调令就把我从大凉山借了过去，担任诗歌和散文编辑。

我们主编是剧作家，他见我常拿着圣经在办公室晃悠，就说在演员吕丽萍家，他也见过这本书。他认为年轻人学惯中西，有信仰有敬畏是好事。末了还特别提醒我，从地矿部后门出去，就是著名的西四大街，向西单方向折步200多米，就是老北京的缸瓦寺教堂。老布什来华访问时，就在这里晨祷。这么近，你星期天何不过去礼拜？

惊喜莫名，这正是我想要的。

从那之后，每逢星期天，只要人在北京，我都会早早洗漱出门，先在地矿部后门的煎饼摊上，买上一个双蛋的煎饼果子，边吃边走，齿颊溢香，差不多走到缸瓦寺教堂正门，刚好完成一顿可口可乐的早餐，擦擦嘴就赶紧混进教堂去礼拜。

后来我写过一篇一张煎饼下的基督约会的文章，对这一时期的信仰生活，像小电影那样，作了一次简约、清晰的回放。而感激总能打开美好记忆的心门，心门一开，寻找的，就寻见；叩门的，就给他开门。

1994年春，我回到成都，在一家报社做记者，复活节蒙召受洗归主。

不久，年事已高，身体衰弱的田明辉牧师，歇了在地上的工，荣归天家！

1989年：那个生命中刻骨铭心的中秋

1989年的中秋之夜很特别，下午经历一场突如其来的暴雨洗涤之后，天空变得出奇的洁净。晚上十点，一轮满月从老家西山沟幽绿的山脊渐渐高悬起来时，漫过看守所的高墙，把皎洁的月光探照到幽暗的监区大院，心绪与光影叠加在一起，形成暗无天日和别有洞天的两个世界。

我因所谓的北京风波被押解到老家看守所，人生第一次迈入灰色地带，赏月心境自然与李白不同，凭窗眺望，不蒂百感交集，举头望明月，低头怨故乡。

情景交融之时，那位与我有过节的田姓狱警正好从我窗前经过，整个看守所只有五个监室，我在三号，当田姓警察巡视返回时，我终于克制不住积压了好几天的情绪，咬牙切齿地伸出手，几乎是指到他的鼻尖说：杂种，等民主了老子找你算总账！

田姓警察怔怔地瞄我一眼，略带愧疚地埋头而过。

几天前，二号监室一位被怀疑杀妻的嫌犯，被关了整整一年，警方没找到任何证据，但就是死不放人，那哥们申诉无门，就跑到监室窗口大声喊冤，执班警官正好就是这位田姓警察。当他颐指气使地冲进来时，那位隔窗喊冤的哥们赶紧缩了回去。

我那时正站在窗口透气，田姓警察跑过来指着我恶狠狠地骂道：狗日的，你吼啥子？

我瞪他一眼，理直气壮地回答：你听错了吧，不是我吼的。

田姓警察更来气了：老子明明听见是你吼的，还想狡辩？

我也年轻气盛，冲他说：是你听错了，老子没有吼……一来二去，田姓警察气得有些吹胡子瞪眼。他打开监室门，指着我歇斯底里地咆哮：给老子滚出来。

我被他一把拽出监室，旋即就有几个专业的扫堂腿打在我的脚背上，他边踢边命令：混蛋东西，给老子跪下！

我有健美运动的扎实底子，稳住了。

田姓警察气急败坏，逼问我跪不跪？我内心甚为恐惧，但被他逼急了，血气一来，也冲他高声嘶吼：老子今天就不跪。

田姓警察突然退出大门，朝警讯室跑去，一会儿就拿出一根电警棍朝我奔来。

我老远就听见电警棍嘶啦啦地发响并冒出蓝色的火花，十分瘆人。田姓警察扬起警棍，指着我说：看你龟儿子嘴有好倔，跪不跪？

我依然不跪。他恼羞成怒，扬起电警棍就向我胸背杵来……这时整个监区都沸腾起来，那些被称为社会"人渣"的丘儿们，纷纷从监室窗口伸出手来，齐声高喊：不准打人，不准打人……

这是看守所成立以来从没发生过的事件，一群惊愕的警察闻声从大门鱼贯而入，好几个警官赶紧抱住气疯了的田姓警察。

我身上灼痛不止，已烙下22个紫色血印。

那天下午，每个监室都有人被带出去问讯，疑点很快排除。二号监室那位喊冤的哥们被戴上了脚镣手铐，以示惩戒。

我原以为田姓警察会主动来向我道歉，但等了几天，他巡监时装着什么也没发生。以致中秋之夜，我隔窗指着他破口大骂时，他也自知理亏地躲开去。

明月高照，于我零落的心境，却是一个无眠之夜。屈辱、愤恨，辗转反侧，整夜都在思想"君子报仇，十年不晚"那些事儿，一直煎熬到天亮，也没合上眼。

吃过早餐，人渐渐困乏起来，我靠在监室龙板上正想打盹，监室门攸然打开了，一位警官叫我的名字，催我收拾好东西，赶紧走人——好事来得太突然，我闷在原地，竟然好一会没回过神来。

同监室的兄弟伙纷纷围拢过来，祝贺我释放，我把自己的衣物分送给他们，只带了一双被磕掉半边鞋底的拖鞋"扫地出门"。

霉运总爱打堆，这双拖鞋也正是中秋这天被磕断的。

中秋节看守所打"牙祭"，同监的许子君同学饭量较大，每天都会在饭前半小时排队抢位。但中秋这天，他身体不舒服，就嘱咐我靠前占位，当差役把20多个盛着饭菜的碗摆好，监室门打开时，排在前面的自然会抢到量大菜足的饭碗。但由于我经验不足，挪腾劲儿过大，后面一位老兄恰巧踩在我的拖鞋上，我猛然一冲，鞋底顿时被撕掉一半。

极度的痛苦才是精神的最后解放者，这双半拉子拖鞋被我珍藏至今。

岁月是最好的心理疗师，1994年复活节，我受洗归主，从那时起，开始在圣经研习中去尝试"爱你的仇敌"。两年后，我春节回乡探亲，竟然在重庆酉阳县熙熙攘攘的人流中，远远瞥见我曾经恨之入骨的那位田姓警察。

我快步迎上去，猛然攥住他的手，问他：田警官，你还认识我吗？

他友善地笑了笑，说，有点熟呃，你是哪个呢？

我说那一年，有一位叫张国庆的人，在你管理的监区，被你用电警棍捅了20多下……他突然记起来了，神情紧张地怔在那里，手猛然松开来，语无伦次地说：呃…哦…那个时候呀，工作压力特别大啊！

我那时三十而立，他却是五十多岁的人了，已不是一个等量级的对手。我随即笑着安慰他，表明对他已没有任何仇恨了，因为遇到有经历的熟人，所以特别过来打个招呼！

田姓警官大为感动，使劲握着我的手，一边自责道歉，一边摇个不停，并主动邀请我到他家，他与夫人一起下厨，为我特别烹饪了一顿异常丰盛的晚餐。

这一次后，我以后回老家，再没去拜访田姓警察，不是我要故意要遗忘他，由于田姓警察长期工作在警界一线，职业压力大，精神紧张，常常失眠，我怕自己冷不丁地出现，又勾起他杂成、负罪的心绪。

想见不如怀念。正如格雷厄姆·格林在《权力与荣耀》中说：焦虑和自责，比单调、漫长的路途更令人疲倦！

信仰见证：请警察蜀黍吃顿饭

今年春节前，警察照例过来探访我，问我春节怎么安排？是留城是回家还是外出旅游……总之问得很仔细，并说，这是上面交待的，请原谅他的打扰。

每逢佳节倍思亲，这些年与警察打交道多了，也凭生出许多人之常情来，他们每次登门询问，我必是好礼好茶相迎，但春节前这一次，我感觉爱意仍没有表达清楚，送他出门前，我敞亮微笑对来访警察说，今年是新宗教条例实施的一年，政教关系必有大的纷争，你也知道我是一位坚定虔诚的基督徒，不会在信仰的价值观上作任何形式的妥协，所以，在你们正式逮捕我之前，我可否请你和你妻子、孩子来我家里共进一次爱宴？

警官显得有些惊愕，但也是暖乎乎的，借着楼道上昏黄的灯光，仍能看到他快闪出的泪花，他握着我的手，使劲摇晃说：老张，保重，我们要好好的！

这十年来，我完成了从一位文化商人向专栏作家和基督徒的双向转型，信仰中渗进了活力无限的新的文化因子，是来自十字架上的奥秘与爱，这已成为我生命中的记号和荣耀。

正因为如此，这十年来，与警察打交道的机会和次数越来越密集，也越来越频繁，你来我往，各自持守自己职业与信仰的底线，不卑不亢地搏弈，但信仰是件很奇妙的事，总会在敬畏中催生出一些超越壁障的智慧。

就像圣经中说："敬畏耶和华是智慧的开端，认识至圣者便是聪明。"这些年来，我特别总结出两条与警察打交道的准则：一是朋友来了有好酒，若是警察蜀黍来了，迎接他们的是——福音；二是面对警察，不是恨的挑战，是爱的挑战。

这两条警民关系法则不是凭空臆想出来的，与两次警民冲突密切相关。

2013年夏秋时节，我所在的成都秋雨之福教会反堕胎小组请来一位美国学者作生命与信仰的学术讲座，因众所周知的原因，辖区警方阻止了这次讲座，美国学者被困在宾馆，有20多名警察欲冲进教堂强行查看弟兄姊妹们的身份证。

那一刻，教会王怡牧师义正词严地将他们堵在门口，说这是私人领地，查身份证是非法的。我旋即与带领的警官谈判，问他们是否是查了身份证后就离开，那位警官表示可以。

王怡牧师说既是如此，凯撒的归凯撒，身份证是他们颁发的，查查也无妨。就在警察逐一核对近百位弟兄姊妹身份证时，我在旁边突然有感动，安慰大家说：朋友来了有好酒，若是警察来了，迎接他们的是什么？许多人惊异地抬起头，生涩发愣地看着我，我淡淡地笑了，说：迎接他们的是福 - 音。

那次冲突就这样平息了，我礼送那位带领的警官去电梯口时，他把我拉在一边，悄声说：请转告王怡牧师，真是对不起了。

后来，反堕胎讲座由王怡牧师主持继续进行，我们特别播放了一个堕胎与人流对婴儿和对母亲带来的身心灵伤害的电视片，我看到留下来听讲座的一位女警官，数次抹泪……

还有一次冲突缘于寻找维权人士陈云飞。

2015年清明节前夕，陈云飞因去新津为两位早逝的学子扫墓，被新津警方带走，不知关押在什么地方？3天后，陈兵邀约好陈云飞的二哥和我，一起前往陈云飞户籍所在的温江柳城派出所报案。

陈兵是急性子，警察说，既然人是在新津失踪的，你们就当向新津公安报案噻。陈兵一听就火了，锤着派出所的工作台火气冲冲地说，就是新津警察抓走的，你们官官相护，我报案有意义吗？

温江警察说，如果你感觉警察办案没能秉公执法，也可以到成都警察督察大队投诉呀。陈兵更恼火了，说你这不是在推脱责任吗？中国法制不健全，我找谁投诉都没用……此后你来我往，火药味越来越浓。

我感觉这样么血气纷争的闹腾必要惹出事端来，就站在旁边默默地祷告，祈求圣灵给我们"灵巧如蛇，驯良如鸽子"的智慧，好妥善处理双方纠纷。

祷告完毕，就有圣灵奇妙的话语穿过灵魂清晰地赐进心扉：面对警察，不是恨的挑战，是爱的挑战！

这是何等宝贵的爱的密笈呢，如同鸽子衔来橄榄枝，我赛急出面调和，为双方打圆场，火暴暴的事态很快就平息下来了。

信是所望之事的实底，是所信之事的确据。这些年来，我们与警察这种相处之道，一直贯穿于我们在教会的各样服事之中，尤其是在上访者福音事工方面，十分受益。信仰持守的美德和在逼迫者面前坦然无惧地爱的见证，就会将真福音从这个时代的黑暗深处高举起来，彰显出十字架璀璨的光芒和无上的荣耀！

那时，无论多么大的逼迫，因着信仰的美德，你都会我有平安如江河，喜乐油会代替悲哀，赞美衣会代替忧伤之灵。

今年以来，因着新的宗教条例的实施，我所在的成都秋雨圣约教会与全国各地信徒一样，多有被警方约谈、查户口、喝茶、警告甚至暴力执法，因着每个人的阅历、经验、心态和信仰根基不同，遇事的处理方式会有些许差异。

但你若深信那十字架上的恩典已经成了，就可以全然放下恐惧，放弃眼前得失，除去一切忧惧，刚强壮胆、带着诚实的爱满心欢喜地迎接各样挑战，把家变成布道所，把上门的警察纳为慕道友，把你信仰的坚贞和来自耶稣基督的爱，大声讲出来。当然，你还有足够真诚的话，也可以像我这样，向他们发出爱宴的邀请。

这就是认识真理，便得着自由！

札记：恩典将逼迫化为奇妙的祝福

我对《奇异恩典》这首赞美诗特别喜欢，歌词简洁明快，曲调优美动听，我常在婚礼上为新人们唱，也在葬礼上为安息的弟兄姊妹唱。本来我的声线干瘪，唱歌老爱跑调，但这首歌唱多了，熟能生巧，我竟然也能唱出些许专业美声的味道来。

只是我未曾想到有一天会为警察蜀黍们唱这首歌。

2019年初春，我因信仰和写作被"寻衅滋事"，刑拘那天，我被捕快们押解出门的那瞬间，内心突然涌上一阵莫名的感动，于是昂头扬声唱着这首歌，大步走向闪烁的警车。那天动静有点大，社区有许多人出来围观。

我是凌晨3点左右才送往成都看守所的，夜很深，那位抓捕我时凶神恶煞而此刻却充满倦意的年轻警官说，老张，今天唱的那首歌有点好听，是你们在教堂唱的赞美诗吗？我点点头，他又说，这里离看守所有二三十分钟车程，你给我们讲讲基督教是怎样的信仰吧！

原本五味杂陈的囚徒之旅，意外催生了一场简约生动的警民布道会，这种灵动美妙的感觉,使午夜阴森恐怖的成看所,在昏黄灯光的幻化中,显出了一些美轮美奂的教堂轮廓来。

那次蹲监的时间并不长,一个多月后我就打道回府。所谓"祸兮福所倚,福兮祸所伏",这次牢狱之灾就好像是上帝特别为我预定的生命警示,由于中国监狱制度改革后,入监前所有刑拘人员都必须体检,而从来都自觉是国防身体的我,却意外查出血压和血糖双双偏高。

入监后,看守所里的医务人员又单独给我检测两次,仍是如此。

洛克说,健全的精神寓于健全的身体。出狱那天我就为自己制定了一个健身计划,此后,每每置身于健身房,我生命的激情就会极大地迸发出来,透过体能训练和有氧运动,做回自己生活中的士师。

我很快就成为健身房打卡最勤的人,自然也成为爆发力、体能和肌肉成长最快的人。短短四五个月,体重就锐减 25 斤;腰围从二尺七也减至二尺三,啤酒肚彻底消失。腹肌、胸肌和二肱肌高高凸起,血压持续下降,最终稳定在 130mmHg 左右,饭后血糖甚至低至 5.4,这差不多就是一个健壮青年标配的体型。

就像《士师记》所说:"神拣选了世上愚拙的,叫有智慧的羞愧;又拣选了世上较弱的,叫那强壮的羞愧。"

度过劫波后,我第一时间给辖区片警打了电话,告诉他"被掳的得释放,被囚的出监狱"。他那时仕途渐开,已调往局里任职,虽然我知道他对我或多或少都有些愧疚,但仍然坚持请他来家里坐坐。

我之于他是先知。早在 2018 年春节前夕,他来我家作例行探访时,我就曾告诉他:今年是新宗教条例实施的一年,政教关系必有大的纷争,你也知道我是一位坚定虔诚的基督徒,不愿在信仰的价值观上作任何妥协,所以,在你们正式逮捕我之前,我可否请你和你妻子、孩子来我家里共进一次爱宴?

他顿时显得有些惊愕,但也是暖乎乎的,借着楼道昏黄的灯光,我看到他的泪花都快闪出来了。他握着我的手,使劲摇晃说:老张,保重,我们要好好的!

但事实非常残酷,如同谶语,一切都在预料中发生了。

几天后,他带着从我这里借的两本书来看我,一是藉此还书,二是履新职后,他来作一次告别。毕竟我们以警民关系相处相争相磨合有十多年,人非草木,熟能无情?

他颇为局促地站在我家门口,似乎总想回避我的目光,但我没有丝毫戾气和指责,仍像往常那样热情地把他请进门来。多年来，我和我的教会一直都奉行一条警民原则：面对警察，不是恨的挑战，而是爱的挑战。

这一次我们说了许多掏心窝的话，敏感的话，我也为他职业平安而祈祷。

这十年里，我与警察打交道的机会越来越多，也越来越频繁，我还特别为他们建了一个群，取名"信望爱"。逢年过节，我还会发几条圣经金句向他们问安，他们中许多人都会礼貌回复，并送上节日问候！这种互动是美的，有益的，可以增进彼此的了解和信任。

有一次，辖区派出所的一位领导带着民宗局的官员和一位三自教会的传道人来我家里，做意识形态的统战工作，要我顺服政府和在上掌权者……这些神学伦理在圣经中的确也有教导，但被他们刻意扭曲了，所以，他们恩威并施一番后，我就诘问那位所上领导，我在你的辖区生活了近20年时间，做过一件那怕半件违法犯罪的事没有？他像百度和谷歌那样搜索了一番，摇着头说的确是没有的。

我释然而笑，告诉民宗局的官员和那位三自教会的传道人，遵纪守法就是基督徒最美的顺服，而你们所要求的那类顺服，僭越了上帝的主权，违背了政教分立原则，当然不可待见。

他们窘迫地愣在那里，半响说不出话来。

保持理性、逻辑、信实和良知，在这个社会并不容易。我走出监狱后，仍作为重点维稳人员被全天候监居于家，以致这两年根本无法工作，生活环境和生活质量都大受影响。每每劳心刮肠时，谭作人和王庆华夫妇就会特别做上一钵嫩滑酥爽的红烧肉送到我家里，给我单调乏味、清汤寡水的生活带来许多慰藉。

我后来专门写了篇题为"谭夫人的红烧肉"的文章来纪念他们的爱心，我说，在你人生最艰难的时候，那些为你做过红烧肉的人，他们注定是你一生的恩人。

没想到这篇文章在博客中国发布后，引发了非同寻常的连锁反应。那一时期，我几乎天天都会收到全国各地寄来的礼物，有按时订送的快餐、肉食禽蛋、蔬菜瓜果、咖啡牛奶巧克力等等，诗人侯建刚还专车送来一只土鸡，由于礼物实在太多，这只肥大的土鸡至今仍躺在我冰箱的冷藏柜中，未曾动厨。

特别值得一提的是，其时正逢中国历史上肉价暴涨，价格畸高不下之时，大半年里，我竟然没花一分钱，生活却过得安逸而舒坦。美哉，这大概就是圣经所说的"万事互相效力，叫爱神的人得益处"吧！

那些给我寄送礼物的朋友，我绝大多数都不认识，但有一个人却很特别，他本是政府派来监守我的综治人员，曾经还住进我家里面对面监居我半月之久。但彼此相处一段时间后，他就从我宽恕、体恤、忍耐和友善中，寻找到一些潜滋暗长的感动，他每月只要一发工资，就会给我买一件伊利牛奶送我。

有一天，他突然给我打来电话，叫我去派出所接他。原来他酒后与人发生摩擦，被逮进了警局。我说你自己都是搞治安的，与警察是一伙，总不会熟人相欺吧？为何还要我去接你出来呢？

他说社会太黑了，我只相信你是好人……

我哑然而失笑，在一个世相颠倒的社会里，监控我的人开口向我求助，这的确很有喜感，原来谁也没夺走我们高贵的自由，而且因着爱，我们还可以成为逼迫者的祝福——福音的奥秘原来如此，出人意料！

上访者纪事：福音是苦难时代的恩典

事实上，靠着福音传讲和信仰带来的人心更新，在矛盾与冲突面临大爆发的中国社会，教会不但催生公民社会，也催生最为稳定可靠的社会维稳力量，越是信仰纯正的教会越会带来这样的盼望，上帝赐给国家一位好牧师，就是对这个国家最好的祝福。

社会暴烈与牧师隐痛

十年来，国内如火如荼的上访大潮，已衍生成为中国社会的热点问题。

揪心的事不断在这个国度发生，江西宜黄钟家姐妹拆迁自焚、成都唐福珍拆迁自焚、抚州上访者爆炸案、厦门陈水总焚车案、北京机场冀中星爆炸案、庆安人徐纯合枪击案……这些林林总总的残酷事件，让全社会都忧心不已。

整个中国，群体性的暴烈反抗，也呈越演越烈之势，每个国民的心脏，都将承受因社会不义，大众袖手旁观而带来的巨大震颤。

那一时期，已有一些社会维权人士参与到对这一社会底层困苦挣扎人群的服事，有一天，四川著名维权人士陈云飞、黄晓敏和李宇找到我，谈及他们为上访者维权的苦恼时，似乎不是在慎怪地方政府与民争利及至截访与逼迫，而是他们服事的上访者形形色色的精神状况和充满血气、猜忌的多变性情，使他们有了案牍之劳，身心俱疲，压力已到极限。他们说，张弟兄，教会是苦难者的避难所，是彰显上帝恩典与爱的地方，你们教会为何不参与这项社会事工呢？

我赓即把他们的想法转告给了教会王怡牧师，没想到这恰好触及他人生的一段隐痛。

作为四川大学法律专业曾经优秀的毕业生，王怡被分配到成都大学教授法学课程。一次，他骑自行车经过成都某法院时，一位上访者把蒙冤的资料交到他手上，请他帮忙打官司，那时王怡年轻气盛，极富同情心，伸手就把那位上访者的资料接了过来，准备以自己学有所长，为这个劳苦愁烦的乡下人讨个说法。

也许是绝望太久，见世态炎凉中竟然有好心人帮忙，那位上访者大喜过望，激动召唤住守在法院周边的其他上访者："大家快过来，这个老师可以帮我们申冤。"瞬间，无数的上访者如遇救星般围了过来，王怡顿时慌了神，他个人根本没有能力和精力去帮助如此众多的上访者啊，他赶紧丢下拿在手上的资料，骑着自行车飞也似地逃走！

这桩事一直被王怡视为人生亏欠，成为他内心挥之不去的阴影，他常常为此自责。

"人若知道行善，却不去行，这就是他的罪了。"既然早年有这么一次深刻的体验，那也是上帝陶造他行公义、好怜悯的方式，王怡牧师与教会长执会共同商榷后，2012年秋雨连绵之时，秋雨之福上访者福音团契开始了第一次聚会。

上访者福音团契震撼心灵的调查报告

上访者福音团契是教会在社会事工中的"奇葩"，且不说来慕道的上访者绝大多数没听过福音，就他们那身打扮，也是千奇百怪，形形色色。有的帽子上写着"反动标语"，有的身上写满了申冤口号，有的是举牌来的，有的一来就散发控诉材料……他们血气很重，相当一部份人还因常年逼迫，环境压抑，已伴有幻听幻觉的精神障碍。

一晚上家被强拆了，地被强征了，这事落在谁的头上，也不可能平心静气，毫无怒火。为了深入了解上访者的真实处境，我们一边家庭探访，融入他们生活，与他们结为可以信赖的朋友关系；一边拟定一份"上访者福音团契问卷调查表"，对前后参与团契的130多名上访者，进行了为期半年的追踪调查。

2013年4月20日，我一大早起床，对调查问卷汇总后的数据作最后的复查和核定，以便在当天下午的上访者福音团契上作详实的讲解，约莫8时许，四川雅安芦山大地震突然袭来，天摇地动中，我在跑或留的瞬间思想后，还是镇静坐下来，冷静完成了所有复核工作。

地震余波未平，这天下午又是一场心灵震撼——透过量化的数据，大致可以勾勒出这群上访者的真实境况。

他们中48%的家庭遭受过强征强拆、44%的人遭遇过各样的冤屈和不公；也有80%的人行过法律诉讼、还有68%的人试图通过行政诉讼的方式追讨权益，但几乎都石沉大海。不仅如此，他们中55%的人被行政拘留过、44%的人被殴打过、83.5%的人或多或少有精神障碍、52%的家庭受到了牵连、还有16%的人被刑拘乃至被逮捕过。这几乎就是一群愤怒无比，苦大仇深的底层民众，他们每个人都可能成为社会潜在的"定时炸弹"！

但希望尚存，我们汇总并筛选的一项问卷调查表明：他们中68%的人希望获得法律援助、52%的人需要心理咨询和精神抚慰、还有56%的人希望我们能常常为他们作公义的祷告。而希望能在资金上给予扶助的，却不到16%，这也显明，把上访者纯粹看作是权益最大化的追求者，是多么的谬误！

教会完成的这项调查，可能是迄今为止国内对上访者群体最直接、最详实的调究分析。

福音事工见证奇异恩典

从一开始，教会的法律人团契、精神方面的专家都介入到上访者福音团契事工中来，其实，我们也很清楚，除了福音，我们不可能带给他们更多、更好的盼望。即使法律援助，于现实社会仍是短板，中国法制建设虽然比文革时期有了很大的进步，但因着信仰和体制的缺失，法制尚不健全，尤其是权力制约机制匮乏时，法律根本不可能公正实施，如果单纯像社会维权人士们那样为上访者奔走呼号，大家可能陷入更深的绝望。

本质上讲，教会是社会的医院，是政府作为"佩剑"者维稳失控时，重新构筑全新社会稳定力量的中坚，否则，这个社会迟早要大难临头。

针对社会现实和上访者们的焦虑，为了增强他们对教会家的意识和温暖，教会20多个查经小组发起了"请上访者吃顿饭"的活动，每次团契结束后，教会都会为上访者们特别预备一餐爱宴。

我们还特别编制了"上访者福音团契赞美诗歌本"，选入的都是精短、感染人心、平和优美的歌曲，如《奇异恩典》、《耶和华靠近伤心的人》和《这一生最美的祝福》等共20多首赞美诗，每次团契前，教会有半小时的练唱，歌声带来的心灵安慰是巨大的，几个月后，大家就能够有模有样，有声有调地合唱一些赞美诗了。

有位上访者告诉我，每当心里不宁静或与政府爆发激烈冲突时，心里就会默默念唱这些歌，顿时就能平静许多。我说，这就是圣经中所说的"患难生忍耐，忍耐生老练，老练生盼望，盼望就不至羞耻。"

赞美诗练唱是每次团契的序曲，接下来是半小时的圣经短讲，主要由教会圣职人员或神学生主讲，为什么只安排半小时而不是更长呢？因为上访者几乎从来没有接触过基督教的信仰，把眼前利益看得极重，他们心性或暴烈或忧郁，存有巨大的抵触，简短的圣经分享，更利于他们集中精力，记住一些基要真理，这是一个"随风潜入夜，润物细无声"的传递过程。

当然，我们每次还会特别邀请一位专家、学者来做讲座，侧重是通过信仰与社会现实的剖析，从时事、体制、法律和社会转型等方面，厘清信仰之于社会公义的内在关系，社会若没有信仰的磐石，公义便无从谈起。

六年来，教会前后派出十多位牧师、传道人或神学生在上访者福音团契轮流讲道，也有27位专家、学者来此进行讲座，其中，有3位社会知名学者受这项福音事工的影响，灵里感动，受洗归主。

一位苦毒老弟兄的平安微笑

2013年7月20日，就在我们上访者福音团契聚会时，北京机场传出上访者冀中星爆炸案，我当时就感叹，如果冀中星来的是教堂而不是去机场，可能一切都会逆转，但他去了机场，就像他当初去了东莞一样不幸。

我们上访者福音团契也有像冀中星这样苦毒的弟兄，他叫罗开文，是位80高龄的老人。

1957年反右运动中，罗开文不幸成为一名学生右派，好不容易熬到改革开放，他靠心灵手巧，修钟表卖钟表，一跃成为成都最先富起来的那"部分人"，正当他以为赶上好时代，过上好日子时，因懂不起有关部门执法人员的送礼暗示，拗着性子置之不理，结果被以"投机倒把"等多宗罪名，抄了铺子，砸了饭碗，钱途一夜之间化为乌有。

六月飞雪，他开始走上漫长的上访、维权之路，但青天不在，处处碰壁，每一次挫折，都会加重了他仇恨的怒火，终于，他决定干件震惊中外的大事，好引发世界对他冤案的关注。

一次，成都举办一次大型会议，他藏着刀，特意靠近一位叫江南的美国主持人，以老迈之躯，抽刀就捅了过去，终酿血案……好在江南伤得不太重，当他得知罗开文老人苦难的人生后，立即向有关方面表示，他愿意原谅这位卑微的老人。

但法律无情，步入老年的罗开文，因此又有了几年牢狱之灾。

冀中星爆炸案传来时，罗开文已坐在我们团契中，那时，他仍然胸怀怒火，随时都在找机会以命相拼，乃至成都警察见到他，都会惹不起礼让三分。但几年团契下来，福音渐渐浸润人心，现在，只要公祷，他都会脱下那顶"反革命"帽子；见到警察时，也会笑盈盈地迎上去，向警察问安。

教会5·12为国家祷告日这天，有200多弟兄姊妹被警察抓走，其中罗老爷子就在其中，他并没有像以往那样剧烈反抗，以死相拼，他在警车上平和微笑，还饶有兴趣地给警察传讲他的故事和那更新生命的福音，完全是得着新生命的喜悦。

经上记着说："压伤的芦他不折断，将残的灯火他不吹灭"，主啊，你说的就是罗开文这样的弟兄吗？

这是一场社会救赎运动

罗开文并不是我们上访者福音团契事工中的特例。

要知道，上访者福音团契开始之初，来教会的上访者往往会没完没了地诉苦，杀气腾腾地控诉党国的罪恶，他们也常为某些事心急火燎地给我们发号施令，即使在每月一次的上访者团契上，他们仍是没有完全的平安，好几次炮轰、奚酸我们特别请来的传道人、法学专家、社会学者，甚至你在帮助他们进行案情分析、参与警方维权协谈、撰写相关诉讼材料时，他们也不会轻易说谢。

经过几年坚持不懈的团契生活后，今天的上访者已经有了比较温和的微笑，他们的心胸在爱与关怀中逐渐打开来，甚至容颜都发生了变化，有6位上访者受洗，还有3位来团契时已受洗的弟兄姊妹，也都转会到了我们这间教会，虽说相对于100多位参加过本团契的上访者来讲，受洗人数并不算太多，但这种灵魂深处的更新，却有着非凡的意义，代表一个旧时代的告别和新时代的开始！这其实就是社会和平转型的象征，是点亮的希望，上帝美善的祝福，已蕴含其中。

有一位叫范有春的姊妹，小时随妈妈去过天主教堂，文革时，她妈妈将十字架藏到了柴禾堆的最底层，有一天，范有春与小朋友们玩"躲猫猫"游戏，无意中将十字架从柴堆中扒出来，并拿到小伙伴们面前得意洋洋地晃动，说这是耶稣的十字架。

范有春的母亲吓到脸色惨白，大惊失色，当作众乡亲的面，将范有春脚根倒提，将她的头往粪池里杵了下去……改革开放后，范有春结婚，她妈妈小心翼翼把层层包裹的十字架拿出来，作为结婚礼物送她时，范有春吓得惊叫一声，一把将母亲的手推开——直到她来到上访者福音团契后，往事的心结才渐渐打开，2017年年6月受洗归主。

在中国信仰是何等的不易，但又是何等地种植人心呢！？

还有一位上访者叫何艾琴，她几乎就是冯小刚《我不是潘金莲》的电影原形，因为离婚引发系列的生活磨难，她开始不屈不挠、没完没了地上访。我们去她家探访时，她家大门上大大地写着"阿弥托佛"几个字。后来她因"寻衅滋事罪"被刑拘，在狱中，只要她念"阿弥托佛"，第二天就会被整盅，极至伤筋动骨，痛苦不堪。但只要忏悔，求主赐福，则必有平安相随。

我们后来实施法律援助，她在我们"愿被掳的得释放，被囚的出监狱"的祷告中，脱离数月的牢狱之灾，我在看守所接到她时，她泪流满面，当下决志信主。

后来我们再去她家探访时，看到"阿弥托佛"已被清洗，只留有丝丝印迹，令人感叹的是，她在斑驳的"阿弥托佛"字迹上，又清晰地写了两个字"没有"，就是"没有阿弥托佛的意思"……很感恩，2017年9月，何艾琴也受洗归主。

正如《玛拉基书》所言："但向你们敬畏我名的人必有公义的日头出现，其光线有医治之能"。六年前，上访者福音团契开始之初，选择真相下和解的访民不足15%，经过五六年的团契生活后，现在选择面已高达 95% 以上，仇苦的生命能重新翻转，就是给这个弯曲悖谬时代，最美善的祝福。

逼迫是化妆的祝福

上访者与地方利益关系密切，警方不清楚你们时常把这群社会上的"刺头"召到一起聚会是什么用意？而了解总是需要过程，磨合也需要足够的时间。每到敏感的日子，社会维稳不但只针对血气方刚的上访者，我家住二楼，楼下过道就停着警车，实施 48 小时不间断监控，甚至到超市购物都有特别陪护，那一时期，上访者团契时间，就成为我专场喝茶时间。

2014 年，教会上访者福音团契被警方阻滞了三次，6 月是敏感的一月，7 月又逢党建，上访者福音团契被阻滞，是有缘由的，作为教会信徒，我们顺服地方政府的权柄，停了两个月。后经与警方坚韧地协谈，8 月恢复了团契，但进入 11 月后，蓉城寒风嗖嗖，上访者福音团契再度受到"时局"困扰。

那一次，家里来了三位警察和街办书记，常来常往，大家不说也心知肚明，你方唱罢，我登场，我说，我们一起做个祷告吧，真是圣灵充满，祷告后，我拿出专为上访者设计制作的歌本，用粗陋的喉咙为他们演唱了《奇异恩典》和《耶和华靠近伤心的人》两首赞美诗，唱毕，我看见窗台的光打在他们眼角，晶莹幻动，书记也感叹说："真的好感人！"

事实上，多次与警方打交道后，我们在信望爱的的探索中，总结出两个原则：一是朋友来了有好酒，若是警察叔叔来了，迎接他们的是福音；二是面对警察，不是恨的挑战，是爱的挑战。

但这些事放到社会层面来看，公民圈和公知圈的朋友们又狐疑了，你们倡导快乐维权，和平维权，倡导宽恕和解和恒久忍耐，倡导爱的原则下的搏奕，那把上访者变成什么了？是不是打了左脸再让打右脸，然后还要去爱你的仇敌呢？你们这样做不是在帮助政府维稳吗？

我在一篇写唐荆陵先生的文章中对此有过简约的回应，我认为，当下中国，有两类人对时局最为清醒，一类是利益集团，一类则是像唐荆陵这样先知般的基督徒，他们都是时代反革命的力量，所不同的是，一个是私利的，一个是公义的；一个是持刀剑的，一个是守良心的；

一个是压制革命的,一个是化解革命的。这种不同,源于一个是拜巴力的,一个是敬畏上帝的。

这些年来,我们因着所服事上访者群体与警察打交道的时间越来越多,频率越来越密,有纷争、有逼迫也会有合作。有一时期,成都成华区公安局信访办就时不时给我来电话,说老张呢,麻烦你过来下嘛,某某上访者又到我们那里来"闹"访了,你过来安抚下他的情绪,协调下我们谈判嘛……

公权力与个体权益之争,确实需要一个无利益需求的第三方,作爱的填补,使我们成为弱者的倚靠,也成为强者的信托。

这样看来,在矛盾与冲突面临大爆发的中国社会,教会不但催生公民社会,也催生最为稳定可靠的社会维稳力量,越是信仰纯正的教会越会带来这样的和平的盼望;上帝赐给国家一位好牧师,就是对这个国家最好的祝福!这恐怕是不断偶像化的自由公共知识分子所没看到的,也是那些拆毁十字架,企图把国家变为"活着上帝"的公权力也没看到的。

张坦评介说:"上访者是中国独特的社会现象,也是秋雨之福教会最为独特的事工,他们将公义与爱,教会与社会结合在一起,是改革宗神学观在中国最典型的表现。"

我与王怡牧师有个生死约定 / 张国庆

六七年前,王怡还是成都秋雨之福教会长老时,我们就曾在他彩虹桥畔的家中,一大群人春夏秋冬挤在一块,饶有趣味地查考"对观福音"。那时,"一粒麦子"的经文就曾令我灵魂震颤,开始思考死亡之于生命的意义。

那之后,我开始在秋雨之福教会做慈惠服侍,每年大约要服侍六七场婚礼和四五场葬礼。往往上午在殡仪馆,下午就在婚礼现场;我的坐驾既为追思礼服务,也常做新郎新娘的专车。大家彼此问安,从没有任何忌讳。

不仅如此,那首传唱了几百年的经典赞美诗:奇异恩典,婚礼上唱,葬礼也上唱,悲伤的,便得着安慰,新婚的,就得着祝福。这种蕴藏于生命内在的奇妙莫名的感动,是世俗社会体验不到的美善。

有一天,我接王怡去成都东郊殡仪馆参加一位弟兄的追思礼,在路上,我们又谈到了"一粒麦子"的经文。

> "我实实在在地告诉你们，一粒麦子不落在地里死了，仍旧是一粒.
> 若是死了，就结出许多的籽粒来。"
>
> ——《约翰福音》12 章 24 节

  王牧沉思片刻，颇为感慨地说：世界有两种死，一种是麦子的死，另一种则是即使"赚了全世界，仍要赔上系命"的死。既是如此，有一种死是出生入死，还有一种死则是出死入生。

  属灵的人参透万事，王牧尖锐而机智的表达，的确很有启示，我内心突然有了某种异样的感动，转头对坐在副驾上的王怡说：我百年之后的追思礼，就用这短经文，主题就叫"一粒死在地里的麦子"，墓碑也只刻这行字。

  王怡很有意思地笑了笑，说真的很棒，那时只要他身体还能挪动，就一定亲自为我的追思礼证道。

  涅克拉索夫说，生与死是勇敢的两种最高贵的表现，我和王怡在这种轻松惬意的谈笑中，喜乐地达成了这项生死之约。

  死亡并非是人生的结束，它只是生涯的完成和转移，我们如此淡定的议论"后事"，这在人死如灯灭的中国传统文化看来，的确匪夷所思。

  又到一年一度的感恩节，感恩总是与收获联系在一起的。

  从这个角度讲，当下身处囹圄的王怡，正是我最想要在这个特别节日里表达感恩之心的人。虽然时局日艰，但因着信圣徒相通，我为一粒麦子的祷告，他一定听得真切。

  既是如此，愿灵风吹抚，平熄他心火激情，在烈火风暴中安顿肉身，像生根的麦子，静静落在警局、落在狱中、落在厚厚的审问笔录中、也落在各样的试探与威胁中……

  这是多么美好的上帝蓝图啊！因着这样的信实，我们就得着明白：为义受逼迫的人有福了，只要有爱，患难原来也可以成为承受恩典的方式。

  诗篇有说：我们一生的年日是七十岁，若是强壮可到八十岁。这样看来，我们如飞而去的日子尚早，我既与王牧在基督里有生死之约，就是命运的共同体。

  虽然有许多未来的事情，我们现在还不能识透，但我们知谁管着明天，也知谁牵我们的手！

Nov 26, 2020

张国庆授权使用他的文章

林鹿：国庆弟兄：你有在 12-9 之后写个人经历体验的记录文章吧？我想收集起来，还找得到吗？你有空再找找！？感恩你的笔哦！特请弟兄授权使用！

其中第一篇，是我根据你在张坦主持的澳洲尼哥底母查经班的分享录音整理，需要你过目审阅。审阅后发给我哦！

张国庆：可以使用哈！简单看了下。

林鹿：有危险吗？有需要改的吗？这两项事工应该告诉更多的人知道。

张国庆：习惯了，无所谓，我们从没有干过坏事，理直气壮，从这个角度讲，他们更怕我们。

没有什么可改的。谢谢你们。

Nov 26, 2022

70 画名:《等待》,布面油画,24x30m,2017

附录四 书评
附录三 部分人物背景
附录二 本书相关时间线索、感谢徐炎整理
附录一 林鹿：色彩斑斓二十年

附录 1
林鹿：斑斓色彩二十年

　　1979年天津16岁的林鹿从成都去天津南开大学就读。离开故乡的林鹿第一次尝到飞翔、探索、释放、延伸的滋味。

　　1999年·菲律宾 前往菲律宾马尼拉就读教育管理硕士学位。在留学期间，林鹿开始画画，用色彩来记录心灵日记。

　　2003年·去北京成了一名"北漂"。她在阜成门租房，在一家出版社天天打卡上班，在北京方舟家庭教会聚会，直到2004年6月回到成都继续教书。

　　2005年4月成都，开始秋雨之福团契。

　　2006年8月，林鹿应美国内华达州立大学邀请，前往美国教书，并定居美国。

　　2008至2010年，林鹿在洛杉矶读圣经研究硕士学位。那时，林鹿选修了很多门专业心理辅导课程，帮助她走出自闭。林鹿才认识到导致她自闭的真正原因。林鹿5岁时，父亲在文化大革命中被迫害而不幸去世了。父亲的早逝对她的心理影响很深，父爱的缺失在林鹿的童年中凿出了一个巨大的黑洞。

对于林鹿来说，画画是为了表达她的心情和感受，是用色彩来记录生活，是另一种方式的日记。她离开家乡漂泊多年，她的画不仅记录了她的足迹和经历，更是一路而来的心路历程。不同时期、不同地点的情绪状态、收获和感悟，都被她用色彩凝聚成比语言更有冲击力的画作。

她说自己画画总是"无欲无求"的状态，就是想记录经历过后瞬间的感动。也许正是这种单纯的态度，才使林鹿的画有了意想不到的震撼效果。人们能从林鹿的画中看到她的单纯和善良，她的勇气和信念，也能看到她的成长，看到她从封闭自己到释放内心的心灵寻找过程。

她经历过低谷，最后终于与灵魂的伴侣相遇相爱。林鹿是幸福的，她用18年的时间独处，虽然孤独，虽然经历了无数挫折和沮丧，但她最终走出了阴霾，还原了最真实的自己，也能够勇敢、大胆地去爱与被爱。

附录2

本书相关时间线索（感谢徐炎整理）

1989年5月15日，林鹿接受福音。菲律宾庄爱仁庄爱义姐妹向林鹿传扬福音，林鹿见到她们的笑容，此时"圣灵显现，如同旧约里的摩西看见荆棘燃烧的火！"

1997年1月23日，林鹿在成都金河大酒店一楼受洗。

1999年9月，林鹿入读菲律宾中央大学研究生院，2003年3月毕业。

2000年8月，林鹿入读亚洲神学院，在神学院的图书馆开始画油画，由此步入艺术创作的行列。

2005年1月，余杰介绍王怡认识了同在成都大学教书的林鹿。

2005年4月1日，林鹿开始在王怡家正式带领一群知识份子查经聚会。时有王怡夫妇，学者李亚东、范美忠，作家冉云飞的妻子，诗人流沙河的妻子吴茂华，陈中东王海文夫妇（聚会之后转到他们家），周茂健陈理夫妇等。其中王怡、陈中东、周茂健后来成为秋雨之福教会的长老，而陈理则是重要同工之一。林鹿带领大家查了《创世记》12章，并期待以后有合适的人来带查《但以理书》（暗指王怡）。那时，王怡查经很安静。

2005年8月16日，蒋蓉和黄维才受洗。黄维才后来成为秋雨之福团契、秋雨之福教会最重要的同工之一。

2005年底，林鹿和王怡一起，为团契取名为"秋雨之福"。她后来回忆："2005年团契之美，秋雨之福初期令人难忘"。

2005年12月25日，王怡、陈中东、王海文、流沙河的妻子吴茂华女士、小曾姐妹、陈革姐妹、周茂建和陈理夫妇一共八人受洗。由邓晓斌牧师施洗，余杰、陈墨和范美忠等见证了这一神圣时刻。受洗时，弟兄姐妹环绕着那个水池反复唱那首是呼召也是果实的赞美诗《爱，我愿意》。王怡受洗后，加入讲道，和林鹿轮流带领团契。而受洗的陈中东，则是后来秋雨之福教会预备长老。

2006年4月16日，冉云飞的太太王伟在林鹿家楼顶花园受洗，时冉云飞发表《在内人受洗仪式上的讲话》，自认为自己"行事准则，以及对至爱亲朋，包括对社会的努力，不在许多基督徒之下，找不到亲近主的理由"。7月份发表《在中国，我为什么不敢作一个基督徒》，再次表示"有些基督徒还不如我做得好"云云。

2006年8月25日，林鹿离开成都，前往美国内华达大学执教。之后再没参与团契的服侍。在她离开之时，秋雨之福团契已有9人的同工团队。

2008年5月，因为在服侍机构中的冲突和伤害，林鹿从美国服侍的机构辞职。第一次的全职服侍，却以伤害收场，她感到"人与人之间没有爱"。之后的五年，沉默，隐忍，不辩解。2018年5月林鹿曾回到成都，经历分堂阵痛的蒋蓉，流着泪对她说："那些我用心血去爱的人，怎么一下子变成了敌人呢？受伤之后，谁以后还敢再去爱呢？"林鹿又写到王怡："对待有分歧的弟兄姐妹，也是以沉默处之，他不愿意成为控告者。"

2008年5月12日，汶川大地震。这一天，王怡在地震中被彻底翻转，辞去成都大学教职，预备牧师全职。地震中，林鹿写信说："羞愧没有和你们同在"。

2008年5月25日，秋雨之福教会成立。此时林鹿已成为局外人。之后，她与秋雨之福教会积极参与公共领域和公开化的异像拉开了距离，并一直保持沉默。

2008年7月15日，王怡来北加州看望林鹿，向林鹿分享得到上帝呼召而要辞去大学教职预备全职的愿望。因在服侍中受伤的经验，林鹿向他泼了冷水。王怡安静地听了，没有争论。

2008年12月，王怡辞去成都大学教职，开始传道侍奉。

2009 年 5 月，因三藩市一位同工的一次失误，把林鹿的名字放在了公共参与纪念 64 的一个签名中。沟通和澄清后，她让对方撤下了自己的名字。

2010 年，因为无法戒烟而作出见证，陈中东辞去教会长老职务。

2011 年，因为在查经理解上的分歧，并无法顺服长老会的决定，作为秋雨之福重要同工，亦是周茂健长老的妻子陈理，预备离开秋雨之福。而丈夫选择了和妻子站在一起，他们离开而另组了教会。

2013 年 6 月 8 日，在秋雨之福慕道友冉云飞家，专门开设针对知识份子的"尼哥底母查经班"。

2014 年 5 月，林鹿第一次回到秋雨之福教会。在回成都前，她邀请王怡为她的儿子主持婚礼，因需要合乎教会制度程式而被拒绝。

2016 年 6 月，作家冉云飞先生受洗，受洗后发表《我的信主见证：一个不肯对自己绝望的罪人》。

2017 年，整整一年多，秋雨之福处在"分堂"风波中。

2018 年 5 月 5 日，林鹿回到成都，邀请郭阿姨的儿子晓青参加冉云飞主持的"尼哥底母查经班"。第二天，林鹿第二次回到秋雨之福教会。坐在走廊处的林鹿在教会中拍照，被弟兄拦阻，并被提醒领圣餐需要和长老约谈。中间听到女生宣教过程被羞辱的过程。林鹿两次的回家，都是悄悄地去，默默地离开。

2018 年 4 月，原秋雨之福教会预备长老陈中东去世。

2018 年 12 月 9 日，12.9 教案爆发。包括牧师、师母、长老、执事和小组长，大量同工和会友被刑事、行政拘留。林鹿不再回避，重新关注秋雨之福。

2019 年 1 月，林鹿接受普利策奖获得者张彦采访，指出"教会公开化是秋雨之福对中国家庭教会最突出的贡献。"

2019 年 5 月 2 日，林鹿参与普渡大学中国基督教与文学艺术研讨会，第一次以文学和艺术的方式，讲述秋雨之福。

2019 年 6 月 11 日，蒋蓉被保释，一直被监视居住，至今无人能联系。

2019 年 12 月 30 日，秋雨圣约教会牧师王怡被当局重判 9 年。

附录3

部分人物背景

1. 杨凤岗：博士，普度大学 Purdue University 社会学教授、环东宗教与社会研究中心主任。

2. 邢福增（Dr. Ying Fuk-tsang）宗教历史的学者，从事中国基督教及当代中国政教关系研究多年，现任香港中文大学崇基学院神学院院长。香港中文大学文学学士、哲学硕士、哲学博士。

3. 余杰：自由作家，历史学者。基督徒，美国公民。与妻子刘敏育有一子。

1973年生于四川成都，2000年获北大文学硕士学位。1998年出版处女作《火与冰》，2000 - 2012年1月，居住于北京，从事独立写作，2003年12月受洗成为基督徒，参与创建北京方舟教会，从此深切介入争取宗教信仰自由的活动及公共神学之研究。2005年，当选为独立中文笔会理事、副会长，与刘晓波一起努力突破中共对民间结社自由之限制。2012年1月移居美国，继续从事批判中共独裁体制的政论写作及研究，为自由亚洲电台、《开放》杂志、"纵览中国"网站等媒体之特约撰稿人。

4. 邓晓斌：温州人，2003年在北京方舟家庭教会传道，带领林鹿去方舟教会聚会，《母爱星空雨》发行人。2005年12月25日，和余杰一起来到成都，为王怡等八位弟兄姐妹施洗。

5. 王怡：作家，诗人。王怡，原秋雨之福教会主任牧师、宣教士，秋雨圣约教会主任牧师。原成都大学法学教师（1996-2008），北京九鼎公共事务研究所研究员，独立中文笔会理事、副秘书长，着名的宪政学者、基督徒作家和诗人。

1973年6月出生于四川三台。2004年开始慕道，2005年开始家庭查经聚会，后取名为"秋雨之福团契"，同年信主受洗，并成为团契带领人 2008年5月，成为秋雨之福教会带领同工。同年12月辞去成都大学法学教职，蒙召全职服侍，任秋雨之福教会预备长老。2009年7月在秋雨之福教会被选立为教导长老（官方数据库介绍为6月），2011年10月被按立为牧师。2000年后，开始网络写作。2003年，成为中国民间维权运动中一位重要的阐释者和介入者，在《中国新闻周刊》等主流媒体开设专栏，倡言"民权运动元年"。2004年，被《南方人物周刊》列入"影响中国的50名公共知识分子"，是名单上最年轻的一位作家。2005年6月，作为中文独立笔会和会长刘晓波的代表，出席在斯洛文尼亚举行的"国际笔会"第71届年会，在闭幕式上作演讲《我们不是作家，是人质》。这是1989年后，第一位来自中国大陆的作家出席国际笔会年会。

2005年10月，应邀参加在瑞士举行的"第21届国际南北传媒节"。《瑞士周刊》以"王怡，互联网上的英雄"为题进行了特别报导。2004-2005年，介入多件中国家庭教会维权案件的调查、诉讼和研究，参与组建"中国基督徒维权律师团"。2005年底，个人博客"王怡的麦克风"，在德国之声举办的世界博客大赛中，获得"记者无疆界特别奖"。2006年，先后应邀在台湾东吴大学出席"两岸知识分子论坛"；在悉尼科技大学出席"中国社会转型与政治文明国际研讨会"；在华盛顿参加"中国宗教自由状况高峰会议"；在纽约参加"纪念文革发动四十周年国际研讨会"。

2006年4月，作为三位来自中国家庭教会的基督徒知识分子之一，应邀在白宫与美国总统布什会晤。这是1949年后，家庭教会的信徒第一次公开与外国首脑会谈。2006年11月，应法国外交部"未来人士计划"邀请，对法国的宗教自由和政教关系进行一个月的访问。2008年10月，应邀在华盛顿出席"全球基督徒法律人大会"，获颁"促进宗教自由杰出贡献奖"。2013年9月，作为家庭教会的牧师，在英国《金融时报》的报道中，被列为"25位值得关注的中国人"之一。

信主前出版随笔集《载满鹅的火车》、《不服从的江湖》，法学论着《宪政主义：观念和制度的转揲》及自印文集《美得惊动了中央》等。信主后在主流媒体开设"电光倒影"专栏，2009年该专栏获得腾讯"中国传媒年度专栏奖"提名。信主后，出版和着作了《天堂沉默了半小时》（2008年）、《我有平安如江河》（2009年）、《自由的崛起：15-17世纪加尔文主义对西方五个政府的影响》（合译，2010年）、文集《与神亲嘴》（2008）、《灵魂深处闹自由》（2012）、诗集《秋天的乌托邦》、《大教堂》（2014年）、《基督教古典教育》（2015年，合着）、牧函集《灵魂总动员》、《天使的联邦》、《观看中国城市家庭教会》（2012年，合着）、灵修笔札记《大声的默想》、《福音的政变》（2017）等数十余种书籍。

2008-2017年，应邀在海内外各种教会、机构和大学的研讨会、特会和讲座中担任讲员。

2018年12月9日，王怡及秋雨圣约教会的100多名成员遭到传唤逮捕，随后教会被官方取缔。2019年12月30日，四川省成都市中级人民法院在其网站公布王怡因煽动颠覆国家政权罪和非法经营罪获刑9年，剥夺政治权利3年，没收财产5万元。（以上信息来自秋雨圣约教会官方数据库，秋雨之福归正教会介绍手册（2010年版）等公开材料）。

6. 蒋蓉：王怡的妻子。2005年8月受洗归主，2007年3月9日生子。2008年12月，王怡辞去了大学工作，开始全职传道，蒋蓉随即也辞去所有工作，成为全职家庭主妇。2018年12月18日，被以涉嫌"颠覆国家政权罪"指定居所监视居住；服刑6个月后，2019年6月11日，被取保候审释放。蒋蓉和儿子王书亚至今被秘密监视居住。

7. 王正方和陈亚雪：王怡的父母。2018年12月9日以来，被在家监视居住，每月可以与蒋蓉、王书亚见面一次，有双方的监视人员在场。新冠病毒流行以来，监狱改为远程网络探视，非常盼望不久能探监，尽快解除监视居住。

8. 王书亚：王怡蒋蓉之子。

9. 黄维才：诗人。在秋雨之福团契与蒋蓉同时受洗。从2008年8月开始，教会以同工黄维才的名义，在成都文庙西街1号6楼租房聚会，她是秋雨教会最早的执事之一。

10. 周茂建：1958年出生于四川成都，曾做过搬运工、制版工、设计员、生产科长、业务员、办公室主任和工会主席。参加过红小兵、红卫兵、共青团，做过勤务组和团支书。2005年11月开始在秋雨之福团契聚会，2005年12月受洗。2006年开始在教会服侍，并在同年起，在圣约神学班、华文圣经学院、真道培训学院等机构接受神学课程和培训16门。2008年经成都恩福教会传道人彭强牧师按手，选立为治理长老。因在事工和神学理解上与长老会存在的张力，2011年与妻子陈理一起离开秋雨而另组教会。（以上说明参2010年成都秋雨之福归正教会介绍手册，秋雨之福教会周报等公开材料）

11. 陈理：女，2009年毕业于深圳中福神学院，获道学硕士学位。和担任秋雨之福治理长老的丈夫周茂建一起，是秋雨创建时期的重要同工。作为师母，曾长期担任秋雨之福团契、秋雨之福教会主日学教师，受洗班、初信班、恩言团契和小组查经等负责同工。因在事工和神学理解上与长老会存在的张力，2011年与丈夫周茂建一起离开秋雨而另组教会。（以上说明参2010年成都秋雨之福归正教会介绍手册，秋雨之福教会周报等公开材料）。

12. 吴茂华：作家，编辑，秋雨之福团契早期成员，2005年11月成为基督徒，自由撰稿人，着有非虚构生活实录《草木之秋：流沙河近年实录》，是着名诗人、学者流沙河的妻子。

13. 冉云飞，1965年生于重庆酉阳，长居成都。着名学者、作家、杂文家。人称"冉匪"，自称"一个码字的乡下蛮子"、"大学本科，监狱硕士"。"2008年度百位华人公共知识分子"之一，曾获全国及省级奖数次，有作品入选高中语文阅读教材，被媒体誉为是"民间教育家"。供职于《四川文学》杂志社。着有《尖锐的秋天：里尔克》、《陷阱里的先锋：博尔赫斯》、

《吴虞和他生活的民国时代》等。2015 年受洗，成为秋雨之福教会的会友。受洗后的冉云飞继续参与尼哥底母知识分子查经班的活动，并攻读华西圣约圣约神学院基督教研究硕士学位。2018 年在秋雨圣约教会开设"基督家与中国文化"讲座（以上参秋雨圣约教会主日周报、网络等公开信息）。

14. 陈墨：文革时期的地下文学"野草诗社的地下诗人，64 年《落叶集》。

15. 李亚东：2005 年 8 月，参加"秋雨之福"查经团契。同年 11 月，决志信主。从此关注基督教文学和艺术。1962 年生于甘肃甘谷。现在四川师大文学院教中国当代文学。写作《"在这个冬天，我们靠一些词语取暖"——我读王怡的诗》、《地下文学的"深水鱼"——〈落叶集〉考释》、《恶水上的桥—基督徒姜原来及其剧作》。

16. 范美忠：四川隆昌人，1972 年 11 月 2 日出生。1997 年毕业于北京大学历史系，因范跑跑事件而出名。着有《民间野草》、《莫若以名》。

17. 赵刚：加州大学尔湾分校物理博士；费城西敏宗教学硕士 (MAR)，华神神学硕士 (ThM)；目前在中国大陆从事神学教育。

18. 张彦 (Ian Johnson)：美国作家和记者，《纽约时报》、《纽约书评》等刊物的撰稿人，《亚洲研究期刊》的编辑顾问，前普利策奖得主。张彦长期关注中国宗教议题，最新力作《中国的灵魂：后毛泽东时代的宗教复兴》，The Souls of China: The Return of Religion After Mao。2020 年 3 月，张彦被取消记者签证，被迫离开中国。Ian Johnson is a Beijing-based writer and independent scholar. His Chinese name is Zhang Yan. Johnson writes regularly for The New York Review of Books and The New York Times and gives speeches on China in Europe and North America.

19. 何大草：本名何平，成都人，作家，毕业于四川大学历史系。代表作有《如梦令》《李将军》《白胭脂》《一日长于百年》《一千只猫》《春山》等。

20. 肖肖：美国大学海外留学协会特聘教学顾问，专栏作家，画家。

21. 廖亦武：诗人、作家，笔名老威，出生于中国四川省盐亭县，为中国有名的诗人、流亡作家与底层历史记录者。代表作：《死城》《大屠杀》《中国底层访谈录》《我的证词》《子弹鸦片》《上帝是红色的》《轮回的蚂蚁》。现居德国柏林。

22. 阿信，原名邢宏伟，独立学者，毕业于四川大学。主要作品有《用生命爱中国——柏格理传》（郑州：大象出版社；2009 年）；并与余杰合着《人是被光照的微尘》（台北：

台湾主流出版，2016 年）。译著有（瑞典）路得·安士普·奥德兰德《客旅：瑞典宣教士在中国西部的生死传奇》（北京：团结出版社，2013 年）；（英）艾琳·克蕾斯曼《山雨：富能仁传》（北京：团结出版社，2014 年等。

附录 4
书评

1 赵刚（加州大学尔湾分校物理博士，神学教育者）《看见背后那做工的》
2 郭暮云（中国大陆家庭教会牧师）《难得的史料》
3 朱久洋（画家）《林鹿的行为艺术》
4 黄庆曦（基督教研究者）《恩典是必然而至的雨》
5 徐炎（基督教研究学者）《一群知识份子精神和信仰转向的心灵史》
6 阿信（独立学者、作家）《行了当行的路》
7 郭海波（秋雨圣约教会会友，律师）《这份情谊弥足珍贵》
8 戴志超（秋雨圣约教会传道）读到了这本书，是一个惊喜

赵刚 / 基督教神学教师：《看见背后那做工的》

读到林鹿的回忆感觉很亲切，因她的灵命成长背景和我有些像，大约都是华人信徒的福音派或基要派背景。

我与王怡牧师虽然算老乡，但真正熟悉起来是他成为牧师以后。在和他的交流中，的确感到有一种家庭教会信仰背景的痕迹，现在从林鹿姊妹的回忆录里得到了解释。

家庭教会的属灵遗产对我最重要的喂养是对生命的看重，这是林鹿的回忆录给我最大的共鸣。

今天我介绍神学入门时，我总会强调活在上帝面光中的生命对基督徒是何等重要。林

鹿的回忆录正是为此做了美好的见证，不管谈到的是她自己，是王怡牧师或蒋蓉师母，还是其他人。

林鹿令人惊叹之处不仅在于用简练的笔调呈现出一个个在上帝面前的真实生命，更在于不动声色地让我们看见在这一个个残缺但又不失丰满的生命背后那做工的上帝。祂才是生命真正的主宰。祂才是真正让生命成长的那一位。

是的，是生命总会成长，栽在永活泉源旁边的生命最终更会走向同样的终点，无论中间的过程可能多么千差万别。

这不正是保罗在《哥林多前书》第15章中所描述的种子或麦粒的情形吗？

所以，我求上帝也祝福这一粒麦子，让不同的读者可以从形态的差异中看见不朽生命的共同本质，从而把一切荣耀都归给独一的上帝。

郭暮云（中国大陆家庭教会牧师）：《难得的史料》

林鹿的书看完了，很感动。她的见证和文字很真实！

很多人看见王牧的冠冕，很少人知道他属灵生命起初的脉络。林鹿就是这很少人其中之一。所以这是难得的史料。

书中所提廖亦武先生的评价很真实，盼望更多人有机会看到这书，特别是那些基督徒。

朱久洋（画家）：《林鹿的行为艺术》

一粒麦子死了，就能结出许多粒来。林鹿就是那一粒死去的麦子，她用一点一点的文字和那一幅幅拙拙的绘画，记录了这粒麦子的死以及结出那许多粒来的点点滴滴。籍着这些真实而又樸素的故事，使我们看到上帝在这块苦难大地上的所作所为，祂使多少灵魂出死入生，又使他们经过"流泪谷"，叫这谷变为泉源之地；并有秋雨之福盖满了全谷。

从另一个角度看，林鹿又像是一位出色的行为艺术家，她用自身被翻转的生命影响并翻转了另外一些人，使这些人从一个无神论者转变为有神论者，并把这一过程用文字与绘画的方式记录下来，使这一事件本身成为了一台戏，演给了众人与天使。

黄庆曦 / 基督教研究者：《恩典是必然而至的雨》

> 他当独坐无言，因为这是耶和华加在他身上的。
> 他当口贴尘埃，或者有指望。
> 他当由人打他的腮颊，要满受凌辱。
> 因为主必不永远丢弃人。
> 主虽使人忧愁，还要照他诸般的慈爱发怜悯。
> 因他并不甘心使人受苦，使人忧愁。
> ——耶利米哀歌 3:28-33

坐在六月的低气压里读林鹿新作，莫名想起多年前的一首校园歌曲。歌词说到，"诗人都藏在水底，灵魂们都是一条鱼，也会从水面跃起"。品读中，我仿佛看见沉默许久的一个灵魂，于闷热中跃出水面。顾不上清理泥藻，她说，"自我隐藏，在 12·9 之前，是谦卑低调。若在 12·9 之后，就是爱的淡漠了"。

表达是疗愈的起始。不仅如此，嵌入其中的访谈和属灵反思，使得表达超越了个人的低语，成为公共性的见证文本。由此，作者开启了一段天路回程，蒙太奇般，呈现交织在生命中的痛与累，怕与爱。

基督教常讲祷告的勇士，却未曾听闻有回忆的勇士。然而回忆也是需要勇气的，这是在我阅读《秋雨麦粒》的过程中，常怀的感叹。

勇于回忆，是因为灵魂已经舒展。

林鹿在 12·9 之后开始回忆，相比之下，教案过去大约半年之后，我开始有意无意地避免回忆。只是，梦境常常在不经意间提醒自己，那些需要长久记念和效法的人与事。

瘟疫蔓延的年初，梦里忽见王怡牧师回到讲台，面对会众如常宣讲，却听不见内容。我拉住周围人试图确认：他是谁？他已经自由了吗？反复询问无果后，有声音回答："他是他应该成为的那一个。"泪眼中醒来，长久默然。

想到保罗写给哥林多教会的信，"先知讲道之能终必归于无有，说方言之能终必停止，知识也终必归于无有。我们现在所知道的有限，先知所讲的也有限，等那完全的来到，这

有限的必归于无有了。"(林前 13:8-10)

一直以来，王怡是有争议的牧者和学者，他所牧养的教会也在海内外争议不断。从我的交往和了解来看，必须说，王怡是真正意义上克服了恐惧的中国人。他以生命诠释他所讲的道。在整个国度范围，哪怕是一些不完全认同王怡的牧者和学者，也感佩于此。

感佩虽真，在书中，林鹿也一再慨叹：王怡是孤独的。"在高楼林立的盆地城市，完全不同于在北美的属灵环境。一盏灯放在灯台上，油却在干耗着，没有得到及时的补充和滋养。"

孤独和孤立，确乎是属灵环境所致。国内信仰群体缺乏历史中稳定的灵性传承，有积淀的传统教会又难以牧养具备宽广视野和公共关怀的知识分子。当一个这样的知识分子成为传道人，他可以去劝慰别人，然而当他自己疲惫受伤的时候，该怎样获得疗愈呢？林鹿戏称自己是蒋蓉信主初期"属灵的小保姆"，而对待成为牧师后的王怡，以及作为诗人的王怡，她也有着深深的同情和理解。

那些大会或小会上，他可以振臂一呼，但这些大会小会忽略了个体关怀，缺乏量体裁衣的关怀，不涉及爱的具体实行，在王怡最需要的时候，却没有谁到现场陪伴。他需要被牧养、被关怀，不要把他想得太复杂，也不应过度拔高。他的心会哭泣，他会流泪，他需要写诗歌来疗伤，诗歌是有疗愈之功效的，简单的关怀，却反而更不易得到。

而信息的不对称，恐怕也是造成孤独孤立的重要原因。王怡曾说，他牧养不了常看《新闻联播》的人。由于长期的资讯隔离，我们与生活中遇到的大部分人，已经无法对公共事件和历史事实产生普遍的共情与共鸣。同样的断裂，也发生在教会内部和众教会之间：一代人并不共享一样的生命经验和价值序列。

回顾历史，我们不得不承认，神学往往是在回应时代处境中逐渐被塑造的，生存体验及其诠释的差异，暗中形塑着神学的建构。而会众所接收的信息来源和类别，往往在很微妙的地方，影响着神学领受、教牧果效和属灵文化的形成。从这个角度，或许不难解读如今中国教会在政教关系、文化使命和公共神学等方面，为何难以达成共识。对此，我们都需要更多的恩典，更多的谦卑和忍耐。

对待过往，林鹿自有艺术家的敏感纤细。她自忖"从回忆的艰难中看见了善待和珍惜的不足"，而"我们本可以爱得让回忆细节密密实实"。怀着这样的遗憾，她珍惜每一帧记忆，笔下的交往细节因此于平实中闪现动人之光。12·9教案后，对任何一个与秋雨之福有过生命交集的人来说，回忆难免是汹涌而复杂的；即便如此，对作为见证者和写作者的林鹿来说，回忆应当"如其所是"。遵循着情感上的节制和价值上的审慎，她"不虚构，平实记录，不去修饰，不去装点，有就有，没有就没有。"对王怡和蒋蓉的回忆，同样没有英雄化、浪漫化的滤镜，而是尽可能还原他们真实可感的面貌，因为，"我们都是需要被怜悯的残破不堪的罪人"。

同样作为姊妹，我被书中细腻的女性视角所打动。作者并未抽象地、大而化之地谈论一类人或另一类人，反倒以白描式的丰富细节，赋予每一个人物各自独特的面容。

在谈到蒋蓉时，作者一再提醒我们，不要忘记她的个体性。

如同预言般，看见她个人站立在上帝面前，她有个人性，不在于她与丈夫的关系中，蒋蓉是独立的"这一个"！

这个世界常常忽略蒋蓉独立的个体性，她的个体身份，总给她一个附属的标签。

对于甘愿隐没在丈夫身后的蒋蓉，人们总是顺手接过她贤妻良母的模糊身份，然而面对独特的那一个，上帝所救赎的个体，"她"呼唤另一个人因爱而凝视，在凝视中生出恩慈。蒋蓉的隐忍和伤痛，以及她在主里的顺服和刚强，是林鹿不惜笔墨去描绘的，也打开了我心中不愿触碰的牵挂。

技巧上的灵动俊逸，对照着情感上的深邃凝重。

在艺术上，林鹿是洒脱不羁的，但在情感或情怀上，她却厚重甚至沉重。这其中的张力，在画作上呈现为一种奇异的表现力，挥墨如焰，似乎就是生命内在冲突的必然出口。我诧异的是，这样一种看似矛盾的特质，在林鹿随性的书写中，也得到了几近自然的克服。或许正因其"真"，才得以翻越情感和理性的崇山峻岭。更易为信仰者所理解的是，单纯如孩童般跟随圣灵的微声，使这一切成为可能。

另一重张力，则存在于私人化写作与公共性见证之间。

相比王怡和秋雨选择的公开化，林鹿代表着另一种属灵姿态：安静、隐藏。在个体性的与神相交中，绘画、写作，以及祷告，给生命以足够的支撑和敞开。对2008年之后的秋雨之福，她自称"局外人"，"旁观着禾场的丰收"。她坦承，随着王怡名望越来越大，她回避了真正的交流。"他所坚持的公开化，恰恰是我有意无意中回避、躲避和逃避的"。这种张力，或许一方面来自性情与呼召的不同，另一方面，则来自个体内在生存经验，以及对这些经验的理解和诠释。

上帝对各人各教会的带领，在独一中蕴蓄着丰富；在同一个人的不同时期，也有测不透的引领。正如前后数次"签名"事件所反映的分歧，我一直认为，除了事关福音内核与教会身份的部分外，王怡的行事方式、并他和秋雨面对公共议题的许多做法，不见得是唯一的正确道路，也并非不能在神学甚至美学层面来讨论。遗憾的是，华人舆论中普遍的缺光少盐，不仅让学术性的交流探讨付之阙如，也凸显了人性和教会文化中的反智与寡恩。

相比之下，林鹿站在了上帝主权恩典的一边——拣选在祂，一切都出于祂至高的旨意。在自己所不了解、不同步的地方，她选择等候和祝福。"从地上看天上的事情，必然摸不着头脑，会误判，会怀疑别人的动机。"后来，回溯王怡和蒋蓉慕道时被家庭教会因"安全考虑"而拒绝的经历，在生存经验层面，她认同了他们后来推动公开化努力的合理性，及至肯定教会公开化是秋雨之福对中国家庭教会最突出的贡献"。

更难得的是，林鹿没有回避导致她沉默和绕开政治的童年经历，她以克制的语调，回访了文革中遭遇失亲之痛的自己，撕开过往时代的狰狞一角，也撕开了自身长久包覆的安宁。这在任何人看来，都过于残忍，然而令人感叹的正是这样一种直面，一种近于忏悔的力量。藉此，她更深地理解了王怡主动的白色殉道，也更深地怜恤被监视居住的蒋蓉。在林鹿的叙述中，我们可以领略到，不同于世俗意义上的回忆录，基督徒非虚构的见证性写作，不是简单重复个体命运与时代悲剧之间的存在主义式纠葛，"重负"在"神恩"中不再是荒谬无意义的杂音，而是生命走向基督的必然序章。

于是，当12-9教案发生，她的心和笔都被拉拽回来，再也无法沉默。

更多复杂的张力，散落在全书的细微处。若基督徒的人生是史诗，那么某种意义上，这些张力也构成了个人和共同体成长历程的丰富织体，其中恩典所流经之处，最是动人心弦。

在个体生命的线索中，她看到早年家庭教会留下的种种痕迹，有敬虔主义的正面影响，也有律法主义带来的伤害。但在神恩里，苦毒没有滋长的余地。原先教条压制下的心灵破损被圣爱抚摸，而得以修复。作为团契的创建者之一，曾经与秋雨的张力，也因着一份体谅和恩慈，得以化解——"我认准的是：无论何时何地，我和秋雨之福团契的人见面，仍是灵里的亲人。"

在书中，林鹿既勾勒出一幅秋雨之福早期的群像，也有细腻的个体写真。虽然在很长一段时期，由于肉身的距离而远离各自的生命经验，然而圣徒相通和恩典包裹的情谊，并没有被时间和处境打散。这是早期团契之爱的果实，也源于上帝超然的引领保守。

圣约群体中"多而一,一而多"的反合性构造,被林鹿以"扇子"的意象表达出来。这是令人意外的精妙比喻。

折叠的扇子,每个弟兄姐妹都是一支扇骨,独特的、不一样的,有个性和属于这一个的生长背景,被一双手集中在扇骨的另一端,被圣灵联合在一起。圣灵的爱把独立的"这一个",以真理之爱连接。不需被迫改变,做自己就好了。每个人深根建造,供应源头是神。

12·9之后,林鹿几乎每天与王怡的母亲联系,不厌其烦地关心老人和孩子的安危好歹。类似这样的个体关怀贯穿这本著作始终,也是我们瞥见当代知识分子蒙恩之路的重要切面。这或许源自作者与生俱来的敏感,或许"体验型的人"更容易进入他者的悲欣。虽然我笃定地相信,教义是骨架,但许多秉持正确教义的基督徒,往往不具备与真理匹配的生命温度和厚度,这在强调宗派精神和神学知识的教会群体中,已屡见不鲜。林鹿对信仰的领受,很大程度上并非来自命题式的真理——正如她对教会学习"要理问答"的疑虑——而是长久委身于与神、与人的关系中,被滋养、浇灌,并自然倾倒的爱和怜悯。或许正是因为浸润于真实的生命关系,她能够带着恩典对待那些神学和宗派传统上的差异。一个被恩典所更新和塑造的个体生命,才能够以健康的方式与基督身体中的其他个体连结,进入更宽阔的格局,成为祝福的管道。这也令我几番掩卷感慨。反思中国家庭教会的属灵氛围和共同体建造,从个体和群体、多样性与合一性的关系角度,透过早期秋雨所呈现出来的动人之处以及后来的种种不足,我们可否进入更深的思考呢?

无论"秋雨之福"还是"麦子结粒",都需要经由"流泪谷"和落地之"死",才得以抵达。如林鹿所言,"主是最初的独一无二的麦粒",我们所种的若不死就不能生,这是深耕和反思的季节,上主在个体生命与群体中的破碎、熬炼、拆毁、重建,仍在继续,而基督是初熟的果子,也是唯一的根基。这样的意象,引我们走上十字架的道路,也带来复活与得胜的盼望。

夜深之际,方显燃灯者的宝贵。透过举世的破败和乱局,我们也愈发祈望十字架上的光芒。对在艰难、忧患、绝望中的同道们而言,出于信心的盼望是灵魂的锚。一种以基督最终和已然得胜为前提的终末观,是守夜人无可替代的安慰。

愿我们都在基督里,成为应当成为的那一个。

徐炎（基督教研究学者）：
《一群知识份子精神和信仰转向的心灵史》

1

1987年，菲律宾基督徒庄爱义姐妹在厦门大学学中文，并在附近的巡司顶教会聚会——这一间教会最着名的传道人杨心斐阿姨，因拒绝参加"三自会"和放弃信仰而为主坐监十五年。1989年5月，当庄爱义和姐姐庄爱仁一起来到成都西南民族学院学习彝语之前，杨心斐为之介绍了成都家庭教会的传道人郭静娴阿姨。而郭阿姨，在四十年代的鼓浪屿的一次中学生营会上，由厦门的传道人陈胜利向她传了福音。

六十年后，她回忆说："若不信主，我不可能活到今天。"郭阿姨也有着另外一个公开的职业身份：内科医生。林鹿的信仰就是从成都双桥子三间房小学旁边郭静娴阿姨家里开始的。

1989年的5月15日，这对菲律宾姐妹来到郭家，用电影《耶稣传》向林鹿传了福音。林鹿当时心里说："主啊，你若是呼唤我，我愿意跟随你。"

事隔十五年之后，在成都大学执教的林鹿，透过冉云飞和余杰的介绍，认识了在同一所大学教书的王怡。之后，林鹿向王怡夫妇传了福音。2005年，夫妇俩先后受洗。六年之后，作为学者和作家的王怡，被按立秋雨之福教会牧师。2016年6月，在王怡牧师的影响下，着名作家冉云飞先生受洗。

是的，就是这一系列的关键字：营会和坐监，厦门和巡司顶教会，纪录片和电影，医生和传道；还有一连串的名字：杨心斐、陈胜利、郭静娴、林鹿、王怡、冉云飞，以及尼哥底母团契和后来的秋雨之福教会……这一连串的点和线、线和面的勾勒，构成个体、事件和场景，乃至整个中国家庭教会史在某一个时段中延续的切片式缩影。甚至在一定程度上，表现了中国家庭教会的身份、福音宣教和教会道路的某种属灵特征。

2

在这个家庭教会的缩影中，还隐藏着一群知识份子精神和信仰转向的心灵史维度。这些知识份子包括诗人陈墨，画家林鹿，学者李亚东，事件人物范美忠，作家冉云飞和她的太太王伟,作家余杰和他的太太刘敏,诗人流沙河和他的太太吴茂华,翻译家阿信,牧师苏文峰,后来流亡海外的作家廖亦武……好几位都是当代文化圈的名人。他们中的大部分已经归主,有的至今还在精神的徘徊中上下求索(如范美忠、陈墨、廖亦武),也有的已经离开人世(如流沙河)。

这些名字的背后,多少隐藏了知识份子对群体性精神事件的思考。尽管从根本的信仰之意义上,他们亦微不足道。毕竟知识份子的信仰,只是万国万民归主的一个很小的部分;然而,从一个福音与文化关系层面,这种纪录和思考显得特别重要。要稍微一瞥这些知识份子最初的那股散漫却可爱,非系统却热切渴求的查经热忱,可一窥这个时代中知识群体的信仰预热和人文自由气息的某种略显笨拙的相容,正如林鹿在回忆参加尼哥底母查经班时所写:

"每个人都会联系自己,不急着向前赶路,这些词都有很深的寓意,把领悟的分享出来,滚雪球一般,越滚越大。这不是常规的查经,没有特别的时间限制,我的随意和随性,不拘束的查经风格,自成一体,我只是随流而下,让大家参与,互动,每次都会意犹未尽。

参与查经的大都是知识人,大家首先感受到圣经经文的无穷魅力和智慧深意,内心沁润在经文的深邃中,被神的话陶醉和滋养了。查了创世记12章,只查了几个段落,我就跳到了约翰福音,大家对我的没有系统也没有异议。"

2013年6月,成都秋雨之福教会"尼哥底母查经班"在冉云飞家开启。我之所以引用林鹿所写的对查经场景的描述,在于这些细节的描绘乃是中国知识份子起初与基督教信仰"相遇"阶段的某个切面,是当初知识份子信仰转向事件中被按下的某个瞬间。

89以后的知识份子,如何在整个时代转型中开始分流:自由主义、新儒家、左派、基督教。从知识界一方而言,这些活动呈现了他们从国家宏大乌托邦叙事脱茧之后的精神走向。作为某种公共精神的历史细节,对于向来注重自我心灵写照的知识份子们,在主流意识形态话语的态势下,亦当被"写入"当代知识份子的心灵史中。就这样,福音和文化、教会和知识份子联在了一起。

而从教会一方而言,这种带有一定自发性的查经方式,其活泼和可爱之处折射了从一个松散的知识份子团体到团契的雏形,之后在神学领受中不断被规范。作为形成中的秋雨之福,大体上由一群知识份子而起,之后经历诸多事件和教会内外的争议,也都与他们身上带有的原初身份,或多或少有一种内在的关联。书中这一切面性的描绘和象征,对于当代中国家庭教会尤其城市新兴教会和伴随的改革宗神学而言，都有着特定的属灵意义，容待后人有更多的梳理和阐释。

3

　　一九八九，不仅成为当代历史的禁区，亦成为知识份子基督徒彼此之间的某种看不见的禁忌，以及神学视野上的分野。面对秋雨之福在政教关系上的所谓"激进"之态，支持、介入，还是旁观、沉默？这不仅是特殊历史和敏感事件的不同处理态度，也带来在神学理解和领受上的张力。

　　像诸多的海外特别是基要派背景的基督徒一样，林鹿无意去处理福音与社会政治的关系，自然也并不完全赞同公开化。虽然已经离开了秋雨之福，然而作为早期团契的创建人之一，正如她所说，"无论何时何地，我和秋雨之福团契的人见面，仍是灵里的亲人。"面对秋雨的各种神学实践，她亦有意地拉开了距离，如她自己所言：回避，绕城，隐藏而留在了彼岸。

　　然而，令人惊讶的是，作者却在回忆录中正面书写对秋雨之福教会态度的认知变化，由此带来复杂的悔改的心路历程：从最初有意不踏入公共领域，并与教会的公开化保持距离而不予置评的沉默，到发出"教会公开化是秋雨之福对中国家庭教会最突出的贡献"的评价。其强烈的属灵反思和态度上细腻的忏悔意识，再次呈现了某种文字原初意义上的见证之光。这是让我读之常常为之而感动的原因之一。

4

　　多年来，我一直关注教会中的各种思想张力与冲突以及由此带来的理解，特别是知识份子与福音及教会关系的教会文化思考。

　　《秋雨麦粒》中，除了作者自身经历的伤害，其他几个关于教会中的具体冲突案例，延伸到教会文化，带给我的是制度和情感、个体与群体的关系的思考。

　　就理想的形态而言，制度化的过程本身就是基督身体建造的部分。外在制度规范的教会治理与内在情感的团契关系建造并不相冲突，而是两相契合。然而有限的有形教会特别是改革宗教会体制化的推进，有时难免有冰冷之感。

笔者以为重要的原因之一，就是在一个自由主义和专制文化的两极底色中，无论是作为教会体制的整体还是遭受伤害的个体，一不小心都容易从两个极端反向中而拉伸了自由与顺服。个体与权柄之间的张力，于教会而言，有可能在强调教会权柄和个体顺服的时候，却忽略人具体肉身的软弱，亦即需要话语引导、团契陪伴等怜悯和关怀，而使得这一合理的制度建造略显刚性。

于个体而言，则更容易在即时的冲突和伤害中，一方面强化了个人自由主义语境下的期许，另一方面又容易在一种专制文化底色上把教会的合理建制，同化为负面的历史经验，甚至在话语上反向抱怨、指控教会专制。就圣道领受而言，一旦教牧教导带来的挑战而形成的个人内在的挣扎和冲突，无法在恩典和圣道领受中完成消化，就容易从个体生命的内在张力中溢出，必然形成外在的关系性冲突。因为制度化的目的之一，是为了整个教会身体建造，不断归正圣道，反过来也是为了每一个人的生命益处。

秋雨从一开始，就走了一条建制化的道路而堵住了家庭教会中的众多乱象。这一公开化的神学阐述和实践，也许是他们对家庭教会除了公开化之外的另一贡献。在这一个历程中，除了陈理夫妇的出走和"分堂"事件中连主任牧师自己都无法掌控的局面外，几乎没有出现过什么其他整体上的混乱。然而，一如王怡所言，秋雨在建制化和公开化的教会建造的摸索过程中，并没有任何可借鉴的本土经验样板。因此，在一个注重整体话语规模而传讲基督教世界观教牧教导的教会，在自由主义和专制文化底色下的教会建造，其内在张力与冲突，就几乎是不可避免的。而这恰恰是家庭教会的历史带来的。这在林鹿这本回忆录当中，多少能够读到教会建制过程中留下的痕迹。所以，当我读到作为早期同工的一些回忆文字的时候，一方面能够清晰地看到这种归正过程的必然性；另一方面也能理解，在这个成长的阵痛过程中，作为个体在这事件中所经历过的挣扎和眼泪。

书中没有回避几个经历伤害的个案。尤其作为早期重要的同工，受伤离开前的教会师母，写给另一位师母的信，短短的几句，情深至切。即便领受不同，张力所至之处，仍然在爱中坚持，即便曾经有过某种制度化过程中带来的个体与教会之间难以避免的伤害，却在经历过饶恕和恩典中仍然含泪吐出：

"秋雨留给我更多的是美好，是无数饥渴慕义的灵魂。我最要好的人在秋雨，最怀念的人在秋雨，最关心的人也在秋雨。我和秋雨有深刻的生命连接。"

这是秋雨之福作为一个属灵团契存在的全部内涵，也是"麦粒"内部生长当有的最重要的向度，诚如保罗所言，"我若能说万人的方言，并天使的话语，却没有爱，我就成了鸣的锣、响的钹一般。我若有先知讲道之能，也明白各样的奥秘、各样的知识，而且有全备的信，叫我能够移山，却没有爱，我就算不得什么。"（哥林多前书13: 1-2）我知道作为一个个体，在恩典中和被自己所爱的教会伤害过的经历进行和解，是多么艰难的一件事。但在这些书写的文字中，我读到了这个出自恩典的力量。

面对各种诽谤、污蔑和攻击，我相信王怡牧师在这一点上，不仅具有超然的敏锐和洞见，还有一种恩典视野下的怜悯。读他最后的《声明》，也是他个人自始至终都保持沉默的原因之一吧？

5

《秋雨麦粒》带给我的另一个思考，则是事件与历史、个体与整体的关系。我试图把张力与冲突放在教会建制，教会宗派和整个中国家庭教会的语境下来思考。这样在一个比一个大的光圈中，就超越了个体之间、个体与教会之间的矛盾和张力，至少在理性上有一种更为宽广的历史理解。我以为无论个体经验还是治学，当有这样的普遍怜悯，也许就是一般所谓的历史同情心吧，而基督徒更当有在上帝恩典中的同情与理解。《秋雨麦粒》中提及的几个个案，我都更愿意视为宗派理念之间冲突的案例，比如教会是否查小要理，女性是能否传道等等。

然而具体到教会关怀和怜悯，却不能用这样的整体式的眼光大而化之，甚至以制度和历史的正当性、神学正确、教会异象等种种理由，消弭个体与个体、个体与教会之间不可避免的张力，从而忽略其中的个体处境里的挣扎、眼泪和苦楚。笔者以为此时，乃是需要从教牧关怀上的体谅、理解和帮助，乃至等待、忍耐，甚至有时需要回避教会制度过于刚性的力量，而让个体的陪伴、安慰和拥抱来减轻这些伤害。

林鹿写到了几则事件，温暖的文字中满怀关怀、理解、怜悯和帮助的力量，弥足珍贵。

这也让我觉得，也许教会走向成熟的一个标誌，就是可以同时在制度和关怀这两个层面去很稳健、妥善地处理这些内部张力？换句话说，既能考虑教会整体的益处，又不忽略个人的眼泪、软弱和挣扎——况且这些眼泪和挣扎，不仅是切实的个体生命经验，而是被上帝的恩手掂量后，必能从这些经验中，被圣道感动而生出属灵的洞见和反思，从而带来对教会的祝福。

倘若回到文学的读后体验，林鹿的记忆带我们不断在现在和历史、生离与死别、现实与梦幻中反复穿梭，流连忘返。回忆中采取倒叙、插叙的叙述，文字的时光机像一部老电影一样娓娓道来。吸引我的有很多奇异的梦，均有一种感性的直觉的属灵隐秘的意味。这些梦和书中的绘画作品、经验事件一起，成为一个关联个体内在生命和教会系统的内在纽带。

如对家人的回忆的痛楚，却勾起了全部的记忆回到历史细节的场景，尤其是亲人的生死，在平静的文字中总有一股历史创伤的揪痛：

"爸爸的最后一个星期里，经历了非人的折磨，爸爸内心的感受，我们都一无所知。爸爸1925年出生，1968年10月23日，43岁去世。"

有揪痛，也有期盼。生命的的肉身就活在这未然和已然的生存张力之中。文字中的事件，大多在自然的叙述中，有一种属灵的超验指向和象征。1941年太姥爷去世后，作者描述了一张旧照片上的情形：

"墓地下葬后的照片中，二十多位女子身穿礼服，表情端庄凝重；短发、戴着眼镜的女学生手中拿着一本《圣经》，臂上戴着哀悼套袖。一个简陋的木制十字架上，写着太姥爷的名字和年龄。土坟刚刚堆砌完工，极简陋，土疙瘩干干地散落在坟上。"

然而，生死之思的属灵穿透，使我们读到："古代的但以理被扔进狮子坑，监视的人能像狮子们那样看见天使吗？天使封住了狮子的口，狮子闻到了属灵的香气。"

由信仰而企及的生死洞察，同化了当下的处境而具有了某种属灵内在思想。从文革的苦难记录，回忆民国的某个瞬间，又进入到现在的逼迫处境。仿佛电影的蒙太奇，既是今昔联想，又是生死之越。这些记忆透过属灵穿透，奇妙地把个体的历史经验和当下的教会联系起来了。文笔一转，接下来便是跨入到蒋蓉现在被囚的监视处境：历史的沧桑变幻中，"但是不可少的只有一件，马利亚已经选择那上好的福分，是不能夺去的"（路加福音10:42）。作者在含泪的回忆中，确认了蒋蓉师母所经历苦难中的福分。

林鹿记载了大量包括知识份子之间的信徒交往。这些交往与世人的交往和一般知识份子的文人轶事有所不同：从相遇到相知，从相知到相交，从相交到相爱的团契，再从团契到教会。中间也有彷徨，有伤害，有挣扎，有眼泪，也有疾病和死亡。在一种时光的伤感中，夹杂着恩典嵌入时间的烙印和对苦难领悟下的让人动容的感恩力量。

一位从事文学研究的主内学者曾对我说，在他看来，任何文学都是一种神学的隐喻。王怡把整个基督徒的信仰人生视为一种是"诗意盎然"的隐喻。在王怡看来，神学和文学是统一的。我读到林鹿的文字，的确能够从这些文字中读到这一独特的神学的意蕴。对于一个基督徒而言，神学不仅仅是理念层面的，也应该是他（她）与上帝的关系、与人的关系、与自然的关系中丰富的情感委身的表达。在神学院求学过的林鹿，在她身上自然地融合了基督徒和艺术家的身份。

林鹿的叙事，如果在时间的维度还是一种历史线条的话，那么，其基督徒的信仰的超验角度，则彻底把纪实性的回忆，推到了一种纯粹见证的高度："这个世界只是旅馆，我们真正的家在天上。"当我读到这句话的时候，我以为这就是最纯粹的富有情感温度的见证文学。它显明了永恒之光的期盼带来的那份在一切张力的生存境遇中的，不卑不亢的，坦然处之的内在生命的淡然与平安。

还是用林鹿自己的言语和祈祷来结束：

"为什么这颗星星在这里，那颗星星在那里？'我观看你手所造的天，并你所摆设的月亮星宿，便说：人算什么，你竟顾念他？'星星多如海边的沙粒无法数算。为什么这颗星星在这里，那颗星星在那里？人给不出意义，意义只有神能赋予。

'星罗棋布'，在棋盘上的一角，神摆上了秋雨的棋子。神给了秋雨一个点，一个位置，秋雨在这里或在那里，秋雨顺着他的手指而动。在棋盘上，使秋雨孕育成形、成长、伸展、结果。神随他的意思调遣秋雨，打散秋雨，裂变秋雨。"

主佑秋雨！

阿信（独立学者）：《行了当行的路》

一个晚上读完林鹿的作品《秋雨麦粒》，中间好几次鼻子发酸，感慨万千。

已经好多年没有这样一口气迫不及待地读完一本书了。

写作和作人一样，需要自神而来的公义和勇敢。

林鹿是带领王怡、蒋蓉夫妇信主的主的使女，是秋雨之福团契最早的带领人，是成都秋雨之福教会名字的取名人。对于希望瞭解成都秋雨之福早期历史及王怡蒋蓉夫妇信主历程的人来说，这本书提供了异常难得的第一手资料。

林鹿是画家，这本书语言简洁，以多视角方式娓娓叙述，文字画面感极强。

林鹿忠实地记录这段彩云般的见证，用行动关爱王怡、蒋蓉，行了当行的路。对林鹿写作此书，深表敬佩。

荣耀归于上帝。

2020年7月16日

郭海波（秋雨圣约教会会友，律师）
《这份情谊弥足珍贵》

这本书，我是边读边回应

我获得《秋雨麦粒》一书后，因工作及其他阅读安排，搁浅了阅读。在好友大概第三次敦促后，我终于决定于当天2021年10月9日星期六开始阅读，刚好昨天读完了哈耶克的《论自由文明与保障》一书。我也好兑现与作者通过好友的承诺，要写读后感，这本书写的是我委身的教会，我在其间受洗、结婚、女儿也在其间出生、受洗，王怡牧师对我信仰生命、职业选择、婚姻观都起着至关重要的影响，可以说是在我人生转折点上的导师。我相信作者在写、我在读这本书的时候，我们有一种生命之交，也是圣徒相通，对王怡牧师、蒋蓉师母及弟兄姊妹有同样的情感、牵挂，这个生命共同体，同欢乐、共患难。我愿意坚守在秋雨，等着牧师师母的团聚。

"秋雨之福盖满了全谷"

本书记录了作者自2006年8月离开后，与秋雨是"灵里的亲人"，直到2018年12月9日，我认为是这位"灵里的亲人"才真正理解和认同秋雨，其间与牧师师母也有私下相见和交通、互送礼物。这确实是一段漫长的心路历程，能够让一位遥在自由国度的作家提笔记录苦难中的秋雨，我想作者也倾注了许多的情感、精力去拉回珍藏多年的记忆，包括文革对作者父亲、对作者的影响深远，这段经历，对于深层次的理解和认同中国家庭教会公开化的道路，可能是不得不进行的直面。在教会都"独树一帜"的当下，对王怡牧师及秋雨的公开化颇有争议，甚至批判和攻击，能够书写秋雨、王怡、及"伞骨"，首先是在心里力排众议的，公开鲜明的表示支持、理解、同情，是对秋雨及国内教会莫大的鼓励，因为公开表达对秋雨的支持都是国内教会慎重的。作者这份情谊弥足珍贵，这本书一下子拉近了作者和我们之间的物理距离和灵里的距离。

作者认为秋雨对世界最大的意义在于公开化。观看过杨教授与王怡牧师的对谈，也与查老师多次交通，前者说秋雨之福教会这群人"成了一台戏，演给世人观看"，"供人们指点和评说"；后者"难道不是华夏同胞自1840年中英战争以降从封闭走向开放、从俗世走向神圣的心灵史的象征？"都是对秋雨和王怡牧师公开化的极高赞誉，而这本书也必然是这种赞誉的一个载体，供后人研究评说，身在这个被研究的教会中的会友，虽被符号化了，但依然不减作为上帝在中国拣选基督徒、并且安置在这件教会的荣耀感，当然也甘受由此带来的苦难，与牧师、与家庭教会一同受苦，也得莫大的安慰。当然，公开化是秋雨的一个独特性的异象，王怡牧师的证道和著作在神学、神学院、基督教教育、关怀社会等其他方面的作为，我也相信也会有一个历史评判。

"秋雨之福"名字是作者的取名建议，牧师多年来将生命委身于这间教会，用生命建造，对名字也包含着很多情感。作者说这些秋雨初期的文化人，对歌词之美很敏锐。后来冉云飞家的尼哥底母查经班也基本上是文化人，开始是王怡牧师带领、后来是李英强带领，在后来就是冉自己带领了，从这个查经班里受洗的人也多。

"樱桃梦" 与往低处行

作者回国后的行程，确实是灵里亲人的必然行程，与师母牧师的交集，也扩展了我们对他们基督国度视野的理解，理解他们不留在美国，因为全天下都是主的国度，都需要仆人，以致他们看见上帝特别要在中国使用他们一家。蒋蓉师母在教案中，和王怡牧师背负同样的罪名，这真是夫妻合一的别样印证了。蒋蓉师母在教案前，来去匆匆，我感觉到牧师家庭承受的危险逼近的压力不断增大。师母在分堂过程中受伤很深，愿神藉着大多数的会友的跟随和陪伴能够安慰师母和牧师，实际上，更多的是牧师在每次证道中能够抓住会友心中的忧伤、疑虑和纠结，能够安稳人心。可是，牧师是孤独的，除了上帝，谁能安慰他呢？

12-9以来,我不止三次梦见牧师和师母,总是他们经历惊险后相聚的喜乐,梦也在安慰激励着我,我们在等待着牧师平安归来。他们已经实现主的旨意,已经背负主的十架。

如作者的"樱桃梦"一样,未也有这样的潜意识,因着对中国前景的判断。当然,很多人包括我,因为护照被移民局宣布失效了,出不去是不得已的,但是潜意识不会轻易改变。除非上帝来改变我的潜意识,让我产生出与牧师一样的委身中国的心志;让我甘心乐意接受现实和福音的使命,也让对牧师师母和弟兄姊妹的等待、陪伴更真实。我们成都几百的会友、成千的信徒,现在却无法见到师母……连消息都极少,但是出口转内销的少数信息,也够我们高兴许久了。实际上,说牧师师母在陪伴着我们,更合适。

牧师师母是逆行者,王怡牧师、蒋蓉师母骑着电瓶车,是这座城市最美的风景,多少开豪车的反而要艳慕他们这样的平安喜乐甜蜜。牧师在写作、演讲、记忆等方面有极高的天分,所以在神学、法学、诗歌、政治哲学等领域造诣非凡,显然上帝要使用这样的人,成为对我们、对中国的祝福。师母亦是才华出众,在她的祷告中可以瞥见其思想和表达,在对弟兄姊妹的爱中可以看见她对上帝的爱之深。若非他们回来,我们(受其牧养的信徒)又岂能照见自己信仰是否真实呢?

从作者自己开始公开化

作者对签名一事的坦诚、客观、更新,我认为道出了许多海外华人基督徒的内心恐惧,在国内的我深深感动,我也认为这也是国内很多教会及信徒的难言之隐。不过,我们也可以看见海外个别教会和很多信徒、人士的关注,我们也深切感受到基督里的爱。我们也如小羊一样,祈求主的庇护、宽恕、安慰、激励,知道我们灵里刚强、肉体却软弱。无论如何,在教案中,在教案后,弟兄姊妹肉体虽软弱,仍相互扶持、坚守信仰,在神命定的逼迫和荣耀里,会友无从逃避。我们必须对自己的信仰在上帝面前负责。

作者父亲在文革中被殴打致死,暴政对作者的伤害是很严重的,我愿伤痕已蒙主医治,至少这解释了作者对公开化的理解经历。在89之后,更甚,这一代人对政治讳莫如深,犹如现在罗昌平因评价电影《长津湖》而被刑拘。恐怖一直在散布着,现在的我们仍然看不到希望。只是在彼岸的朋友,不要回来,不要留念,享受那里的自由,让国内的亲人过国内的生活。

中国文化最缺乏坦诚公开，从虚假历史、到侮辱英烈罪，那些错误或罪行，现在的普世价值，都禁止公开言说，连律师评论公共事件都要禁止了。中国社会的超越性声音、理性声音，都在被禁止。而情绪化、暴戾的言行，却可以畅通无阻，没有人有隐私、没有人有尊严、没有人有自由，文革2.0逐渐深入。

所以牧师父亲公开化的道歉，也是因为牧师公开发表了《我与父亲》，都是极其难得的，荣耀归于上帝。

包括作者，以及苏小和等自由的人，你们在代替我们说话。我们也祈求灯塔不要熄灭，你们的声音不要止息。

陈中东"要走正确的路"

我第一次见陈中东，是在他的追思礼拜上，因为王怡牧师去为自己曾经的同工作追思证道。读了本书，才更深的理解牧师。王怡牧师说若以后承受不了刑讯逼供在电视上认罪了，"你们知道，我在你们中间的日子始终为人如何。"陈中东的那句"我相信我的弟兄"，与牧师所需要的信任，如此契合，怎能不动容呢？

陈中东弟兄临走前对海文说，"要走正确的路"。读到了海文对中东的告别信，说他们的女儿在父亲节受洗，说给了她父亲最好的礼物。我哭了。也为海文从过去的悲痛中走出来感恩。

"要走正确的路"，这句话也是对我们活着的人说的，最近我第三次听说了，在中国的乌合之众都随大流，而少有人选择走正确的路。正确的路，注定是孤独的、甚至是危险的。王怡牧师清楚，在国内教会处境日渐恶化，国际关系日渐紧张，有些话再不说就没机会了。

"神的灵在哪里，哪里就有自由。王怡在监狱中，比在外边的人更自由了！"

读《秋雨麦粒》，真像灵修。愿神将我的忧伤、愤恨、苦闷、恐惧，转化为祈祷、宽恕、仁爱、平安和喜乐。

2021年10月21日

（郭海波，秋雨圣约教会会友，原秋雨上访者团契同工之一，律师。）

戴志超（秋雨圣约教会传道）
读到了这本书，是一个惊喜

《秋雨麦粒》，读到了这本书，是一个惊喜，在上帝预备的时刻。

一代人的爱与怕，用眼泪、笑容、嘶喊和赞美酝酿。

又将进入沉重的时刻。

我们畅聊着中国、明天、生命及道路，

戏剧仍在上演……

一粒麦子，将结出许多的籽粒。

许多的欢乐，与世界无关。

黑暗能把我们怎么样呢？

它会激发我们里面的光明。

认识耶和华荣耀的知识要充满遍地,好像水充满洋海一般。
哈巴谷书 2:14

71 画名:《日落之处的赞美》,布面油画;24x36in,2019

| 编者的话 | 还原此时此地 |
| 罗晓义 | |

本书，曾是林鹿所著的自传《红皮箱》中的一章，因为内容的独特性而独立出来；林鹿一一采访了早期秋雨之福团契成员，一一征得他们的许可，经过补充和扩容，形成《秋雨麦粒》。

我跟随林鹿的回忆，走近书中人的挣扎与盼望，痛苦和喜乐。王怡的母亲转给林鹿的那些简单、没有任何雕琢的文字，瞬间变得温暖而有力。作者只是将微信文本如实地放在某个角落，竟使人震撼和感动。

王怡会开心地穿上了林鹿送的旅游鞋；蒋蓉会哭泣；陈姐妹离别前给蒋蓉写了一封情真意切的信……记忆的珍珠，细节性的描述，白描式的叙事，围绕秋雨相关的人和事，围绕着对人的关怀。

林鹿随性、自由的、个人性的非虚构写作，正是用一种不被限制的、不加任何修饰、忠于事实的写法，还原"此时此地"的场景，引导读者进入情境之中。

72 画名:《我们把琴挂在那里的柳树上》,布面油画;16x20in,2020

我们曾在巴比伦的河边坐下,一追想锡安就哭了。我们把琴挂在那里的柳树上;因为在那里,掳掠我们的要我们唱歌,抢夺我们的要我们作乐,说:给我们唱一首锡安歌吧!我们怎能在外邦唱耶和华的歌呢?诗篇 137: 1-4

后记

三十一年了

到大西洋海边,我把鞋脱下来,手里拎著鞋,赤脚沿著海岸线走。海浪拍打著海岸,打湿我,我双脚抓住沙滩,站立不动。

一波海浪湧上来,退回去,又湧上来,又退去,循环往复。卷起的裤脚里装满了海沙。

我羡慕游泳的人,但我不敢入水,我不敢逾越安全界限。

2020年8月31日,我终于游泳了。海浮力极大,我随浪起伏,游泳的时候,我在想著王怡蒋蓉。

耶稣说:"耶路撒冷的女子,不要为我哭,当为自己和自己的儿女哭。"(路加福音23章28节)我不为王怡蒋蓉哭,我当为自己哭。

1989年5月,我在路上遇见高中同学晓青,晓青邀请我去他母亲郭阿姨家,我遇见了庄姐妹,那天我信主了。

多年前,晓青对我说:"等我退休了,再认真对待信仰,或者等到我临死之前,再忏悔,现在我要及时行乐……"

2020年9月11日,晓青又说:"我一直都是为自己苟且活著,跟王怡没法比。我现在每天能做的事,就是忙著求神饶恕我这个罪,那个罪,我罪孽深重啊!"

2022年10月31日,和亚东在微信聊天,对话仍在继续。

亚东：我有时倦怠，受不了了，信仰路上的倦怠，神经绷得太紧，会出现反弹。我说内心，不断治愈。

我：信仰路上的倦怠？是否还是童年创伤后遗症的深层次问题：无法信靠？无法接受自己。

亚东：是的是的，不爱自己。从小被嫌弃，这是明确的信仰方面，也不能完全摆脱"天地不仁，以万物为刍狗"的阴影。

从小跟父母关系：被虐待
单位跟领导关系：被虐待
生活在这个国家：被虐待
因而跟天父关系：欠安全

我想是这样，我不能太"律法主义"，不能"宜将剩勇追穷寇"地"破碎"自己。

我：不是上帝无法接受你，是你自己无法接受自己。世上只有一个你，先让成熟的你爱这个受伤的自己，你对自己太严苛了！应该温柔地对自己！台湾咨询师周慕姿写《羞辱创伤》一书时，提到她的咨询师对她说："有一只小鸭，在走路跌倒的时候，你不是打它一巴掌说：怎么那么笨，连走路都会跌倒！而是在它走路这样子歪歪扭扭的时候，就扶一下它的屁股，跟它说，这样走就对了。

原来我可以对自己这么温柔吗？我值得被我自己这么温柔的对待吗？

我开始练习跟自己说'没关系'。这三个字好难。

以前，我好难跟自己说：'犯错了没关系、没有办法完成别人的期待没关系、有的时候没有办法是大家觉得最棒的也没关系。'我开始跟自己说：'不要那么有用，也没关系，有时候比较没有用，也没关系。'"

亚东：谢谢你，这段话。活着很艰难，还是能活着，就是躺平，不抱什么期待。认命了，交托了，也就不累了，的确松弛了。

（2022年11月24日微信聊天）

亚东：给你看我写的一篇短文：变态心理

一雨多少天。偶尔停了，也彤云密布、惨白着脸。然后很快，又哭哭啼啼。

就这样惯了。几乎忘了，还有别的时候。甚至不想。就这样，死心塌地过。

——人必须，自我调适！

然后有天，比如今天，一大早起来，竟院中金黄。是那种，曾有过的太阳——你会怎么想？

当然高兴，或者惊喜。是那种，久已呼吸不畅终于能大口大口呼吸的酣畅。每个汗孔张开。

还有温暖。你敞开大门，冲到马路上，选个地方让全身被金光笼罩住，久久地，暖洋洋。

"太阳出来了喂，喜洋洋……"，心里头唱响。

与此同时，冒出委屈：

你到哪里去了？！这些日子你去哪儿了？！为什么一点都不露面？！——"你知道我在等你吗，你如果真的在乎我……"

的确是，有委屈。甚至感到，有点残忍……我是终于，可以大口大口呼吸了。可是有些人，没活到现在。没活到此刻。是那种，《奥斯维辛没有什么新闻》：

从某种意义上说，在布热金卡，最可怕的事情是这里居然阳光明媚温暖，一行行白杨树婆娑起舞，在大门附近的草地上，还有儿童在追逐游戏。

这真像一场噩梦，一切都可怕地颠倒了。……

其实想说的，是跟上帝关系。

那以色列人，云柱火柱相伴。他们习以为常，因而不以为意。好比少年轻狂，身在福中不知福。这是一种情况。

还有一情况，常见的剧情：上帝给你自由，让你自作主张，你玩得很嗨，想不到天父……。

现在敲黑板：你遇到不顺，想要回家。需要帮助。你寻寻觅觅、栏杆拍遍，"天意从来高难问"。

是这样子：你不寻时，"祂叫日头照好人，也照歹人；降雨给义人，也给不义的人"；

你若寻时，祂不露面。会发现"窄门"，非一般"窄"。

当真窄门，非一般窄。觉得自己像，"骆驼穿过针的眼"。
你要死心了，祂突然出现。是这样子，像是捉迷藏。
这个是我，想要说的。
我：你怎么说自己是变态心理呢？
亚东回复：受伤之人，谁不变态？也是自嘲，病梅而已！此篇可以加进去。（指本书的增补纪念版）
我：人与人最需要敞开坦诚！敢于说自己倦怠的，其实是诚实的力量！你敢于袒露自己的倦怠，与其他的弟兄姐妹不同，就形成一种张力，也照顾到很多习惯于潜水的弟兄姐妹，有普遍性，你也是以自己的软弱来服事人，稀有而珍贵啊！
亚东：听了两遍你读的《快乐王子的眼泪》，实在好啊！
我：王子，寓意王怡！
亚东：知道啊！王怡写得好，你读得好，唱得好，一气呵成！这个就是朗诵的精品！

梦中，一小放映厅，播放了我拍摄的电影。
普通的镜头，朴素的叙事，不虚构，不修饰，不装点。
有就有，没有就没有，没有惊心动魄。
放映结束了，没有掌声。

跋：秋雨来了个贾弟兄 / 贾学伟

黎明时分，月亮出来了，带着劫后余生的仓皇神色，在城市上空怯怯地露个面，又隐没在铁一般沉重的云翳后面，照不亮成都的梦境，温暖不了人的心房。

依旧是霜重露浓，周天寒彻。我把共享单车潮湿的座椅揩了又揩，心还是被记忆碎片触发，是的，"每颗心上某一个地方总有个记忆挥不散，每个深夜某一个地方总有着最深的思量。"

其实也不是回忆。

我今天最琐碎的日常生活细节，喝水、吃饭、如厕、洗衣、洗澡、充电、照明、敬拜、团契、祷告……无一不是依然在那个12月9日里。那个日子，时间凝固成空间，我至今依旧在其中生活、动作、存留。

它是我的红海，也是我的他备拉；是我的以琳，也是我的米利巴；是我的西奈山，也是我的基博罗哈他瓦……我不知道自己如今走到了哪一站，不知道自己会随时倒毙在何处，我只知道如炳森所讲，这一趟旅程，启程于逾越节，恩典成就的日子；结束于奶与蜜之地，天国在地上的倒影。我不管在旷野的何处，都踏在这个时空的起初与末了。这足够了。

其实也需要回忆。

我没那么坚韧。两年已经太久，眼睛被时间蒙上，我怕自己离弃了起初的爱心，已经遗忘了太多，当再次相见时，认不出你的模样，记不得你的教导。更甚者，是故意遗忘，忘了就可以假装一切重新美好起来，忘了就可以重新看这个世界如花似玉，可以重新与她如胶似漆，警察就喜悦了，麻烦就没有了。

但如何能够遗忘呢？如何可以转身离去呢？王怡牧师说，出于内心某种隐秘的不情愿，基督徒是被圣灵绑架着来到主的面前。

我读了这句话一次，就深深地被触动，永远也忘不掉，他的表达和我内心感受如此契合，以致于我从文字中能听到自己杀猪般地挣扎嚎叫声，死活不愿意到那个扎心一刀的肉案上。

教案之前，我是一个肤浅、冷漠的人。我刚信主不久，反反复复听王怡牧师历年的讲道，才懵懵懂懂明白了什么是恩典，我的认识不过如此。我的情感世界，也只会被春愁秋恨、男欢女爱打动，依然是名不尴不尬的文艺中老年。我对自己委身的教会，又怕又离不开，怕的是有好多性情狂暴满嘴学问的人，神仙打架都可能把我这个刚长出来的幼苗踩死。

我的办法就是惹不起躲得起。主日去会堂，我几乎不坐电梯，独自走楼梯到江信大厦二十三层，敬拜一结束拔腿就跑，到北大街独自吃碗铺盖面。会友必须委身到小组，我就例行去查经，只和小组几个人来往。"人人有服侍、家家有祭坛"，我就加入爱筵小组，埋头削南瓜皮、切回锅肉、端着大锅大盆来往跑。

我在人群中，又远离一切人。我留给教会的是我的影子，我的心在哪里，我也不知道，工作？婚恋？将来？似乎我都不太操心。我信主太晚，在罪中已经长成一棵七歪八扭、疙疙瘩瘩的弯腰老柳树；又信得没那么晚，不能听了就信、信了就死、死了就在乐园，所以我对人生的期待很低，能在余生的痛苦纠结中，把这棵老柳树稍微扶正些，正常生活就感恩不尽了。

我厌恶自己以前的工作，觉得自己以后不会再写一篇文章了，新闻职业不仅让我参与到一个巨大的谎言制造行动，喉咙成为敞开的坟墓，也用庞杂纷乱的信息扰害了我的思想和心神，粗鄙滥俗的新闻语言毒化了我对文字的审美，失去感受的敏锐。

靠着离开北京时积蓄的一点钱，我在成都整天东游西逛，以后谋生可以干体力活、做小生意，一个人一张嘴，怎么都好对付。唯一值得安慰的是：我喜欢读圣经，一切和圣经有关的东西都能引起我的兴趣，那些明白如话而又古老神秘的句子，让我暗中神魂颠倒。

我已经无法想象，如果没有发生教案，我的生活继续下去会是什么样？也许，我在教会还是独来独往，影子式的存在着；我会开一间皮革护理店，好吧，其实就是擦皮鞋的时尚化修辞；我对圣经的热爱，还是一种隐秘的欢愉，不会有任何人知道；我依然不会进入婚恋，女人爱上一个老丑穷傻的男人不容易，我也对这种美丽又杀伤力十足的被造物心有余悸，爱得足够昏了头、忘记她的危险时才会去表白……

遗憾的是，我的命运我不能做主；幸运的也是，我的命运我不能做主。

2018年12月9日，那个耶和华神所预定的日子出人意料地如期而来。我一切的谋算也灰飞烟灭。我的生活天翻地覆。

成都冬天的湿冷，还是年年岁岁相似，显出日光之下并无新事。后来，当我在审讯室内看到天国的真实，蓦然发现，其实天府之国和西奈旷野也古今相似，冷雨就是热风，沃野千里就是干旱疲乏之地，无论在何处，神的子民在其中被熬炼，神的国度在其中扎根生长。在神那里，世界在规定时间规定地点交代规定的事，"生有时，死有时；栽种有时，拔出所栽种的也有时；杀戮有时，医治有时；拆毁有时，建造有时；哭有时，笑有时；哀恸有时，跳舞有时……"

在那个冬天，成群的人涌进我在九眼桥的房子，拍照、盘问、做笔录，煞有介事地告知我，教会被当作非法组织取缔了，每天都来查问，我甚至都弄不清他们的身份，懵懵懂懂地被来回摆布。

整个教会气氛一片肃杀，随时都有人被抓走，随时都有人被驱赶。喘息之余，我也不知道能做些什么，凭着零星的消息，去派出所打听弟兄姊妹们的下落，邀请被驱赶的、逃亡的弟兄到家里住，不停地刷手机，看看有什么新消息，在接下来的主日，像一条老狗一样顺着原路回到江信大厦，被一群人挡着不让上去。从此，我们聚会的地方就花样百出了。

我心中有一团火燃烧起来，有一口气挤压在我的胸膛，有千言万语在喉间冲撞：我必须说些什么，神预备我为在媒体作了十多年喉舌，岂不是此时要我说话吗？在一个真相企图被重重掩盖、竭力扼住人们喉咙的时刻，我沉默就是再一次大大得罪神，如同我以前的制造谎言。

我一篇接一篇地写下去，发着抖，流着泪，那些文字从指尖水一样地倾泻，似乎和我无关。我能做的，就是不停地哈气暖和冻僵的手指，寻找发出文字的平台，注册一个又一个账号,和弟兄姊妹见面了解近况,梳理教会接连发出的代祷信息……我觉得自己在高速消耗,也许半年后就该为自己的追思礼拜写讣告了,但却欲罢不能,如同耶利米,"我若说:我不再提耶和华,也不再奉他的名讲论,我便心里觉得似乎有烧着的火闭塞在我骨中,我就含忍不住,不能自禁。"

警察后来反复问过我为什么待在成都,这个问题他们注定找不到真正的答案,因为连我自己也不清楚。我反复自问自答:成都和我有什么相干呢?这个城市天气如此糟糕,食物辣得可怕,道路像迷魂阵。我偶然地来,才一年多时间,在这里没有过往,看不到未来,只剩一个饱受惊吓和骚扰的现在,一间被取缔的教会,一位下落不明的牧师。

我心里不断问自己,脚下却像生了根扎在成都。我好像活成了两个人,也像一头被拽着走路的猪,心里不断向后挣扎,看不见的灵却死命拖着我往前行,按住我不要乱跑。

转眼到了五月,我已经从九眼桥被扫地出门,从宝马香车谁家树的繁华都市,搬到几乎听得见狼嚎的马家沟,人生算是栽到沟里了。

我并没有在写作上衰竭而死去,我的懒惰散漫救了我的命,最终的一团火慢慢熄灭,我又开始东游西逛,却有另外的重担加给我:带领我所在的查经小组。

这对我确实是重担,我从来对影响到别人的命运感到惊慌失措,我自己眼前的路都是黑的,自己所说的话自己都不信,如何带领别人?那些肆意闯入别人生命横加干涉的人,在我看来极其粗暴和鲁莽。我自己的生命都是不可承受之重,别人灵魂的重担会压垮我,我从师范大学毕业却拒绝当老师,我迟迟不愿意、不能够进入婚姻,也是在隐隐逃避这样的重担。我没有办法面对妻子、孩子期待、信赖和依靠的眼睛,说出任何一个有确据的词语,一个有意义的句子。一个没有根基的生命随时会倾覆在深渊中,何必拖上更多的人灭亡呢?

但我又一次被圣灵绑架到主的面前,挣扎着嚎叫,吐出来的话语却是:好吧!一个好好的小组,警方不费一枪一弹就消失了,这件事我不服。如果这是我当行的、却被我拒绝了,我将又一次因着自己的冷漠大大得罪神。我在恐惧战兢中开始了。

一直到现在。

靠着圣经上句句定准的话，我得着了前行的确据和勇气。我的话语虚浮无力，主的应许却实实在在，"在人这是不能的，在神凡事都能。"

期间，警方知晓了我在服侍，威吓引诱，也未能让我放弃。我很想多分享些，神如何藉着在小组中点点滴滴的服侍，极大地破碎、建造我的生命，但又不能。

我也想详细说说这间教会两年来，在各种艰难中如何持守信仰，如何与被捕入狱的牧师长老同在；同工们如何在内外重压下竭力忠心，为主摆上；众弟兄姊妹如何飞蛾扑火一样地"不可停止聚会"，好叫基督的身体、他荣耀的教会得着彰显。

这一切我也不能。

争战还在进行。争战远未结束。羔羊婚筵还在预备中。天上庆典的号角尚未吹响。

但我似乎又得着了。

在世人看来，我的生活越过越糟糕，从城里人活成乡下人，三天两头在局子里进进出出，老境将至而一事无成，有些知识才情却用在搞封建迷信上……但正是借着我知识的受伤和愚拙，我才与那位流血的基督有了分了；借着我肉身拥有的一切剥夺，我才与道成肉身、降卑的基督有分了；当进入审讯室最深的黑暗坟墓中时，出来后就是扯掉发臭裹尸布的拉撒路，复活的人永远与基督同在，以基督的心同心。

我一生中，从未像此时在真理的磐石穴中深沉地安息，半生被无意义的疯狗在后面追逐，我逃亡、寻找，今日终于有了永远的稳妥；从来被死亡、肉体、世界深深勒得喘不过来气的生命，如今在基督的恩典中有了无限的自由和喜悦。

虽然这只是耶和华的山上滴落的一丝甘甜。

我也明白了王怡牧师之前的许多"奇谈怪论"，比如：教会必须竭尽全力，去做一切吃力不讨好的事，不断地失败。凡是能在这个世界以内得到奖赏和回报的事，或企望在基督再来之前兑现的诉求，都将削弱教会见证复活的能力。这是复活的超越性的悖论，教会越在一个死亡的世界中死，便越在一个复活的世界中。

我也明白了他为何让自己失败得如此彻底。大学教师，有影响力的公共知识分子，诗人，作家，最终剥离得只剩下"坐牢的牧师"。正因为如此，这个世界才显出彻底的悲哀来，不信复活的人关押了信复活的人，就散发出死亡的气息，不信永生的人关押了信永生的人，就显出自己的腐烂真相。一切美好的、良善的被隐没在黑暗中，就显出这个世界的虚空本质。

教案两年了，我也开始踏上这条失败之路，前行者有我的牧师，更前行者有我的主耶稣。在他们所行之路上，一切短暂而美好的事物纷纷落下，我紧随其后，在未来的两年，一边流泪，一边撒种，一边欢呼，一边捡拾……

2020 年 12 月 8 日晚动笔，9 日结篇

（贾学伟，生于 1975 年 8 月，河南人，未婚，2017 年复活节在北京受洗，随后来到成都定居，委身在秋雨圣约教会，此前在媒体工作，现在自由写作，服侍教会。2022 年 12 月出版 12-9 秋雨教案周年纪念回忆录《沉默如雪崩而来——无脚鸟之歌》）

73 画名：《送别》，布面油画；40x36in，2004

耶和华是我的牧者,我必不致缺乏。
他使我躺卧在青草地上,领我在可安歇的水边。
他使我的灵魂苏醒,为自己的名引导我走义路。
我虽然行过死荫的幽谷,也不怕遭害,因为你与我同在,
　　　　　你的杖、你的竿都安慰我。
在我敌人面前,你为我摆设筵席,
你用油膏了我的头,使我的福杯满溢。
我一生一世必有恩惠、慈爱随着我,
我且要住在耶和华的殿中,直到永远。
　　　　　　　　　　(诗篇23篇)

74 画名:《福杯满溢》,布面油画; 24x36in, 2011

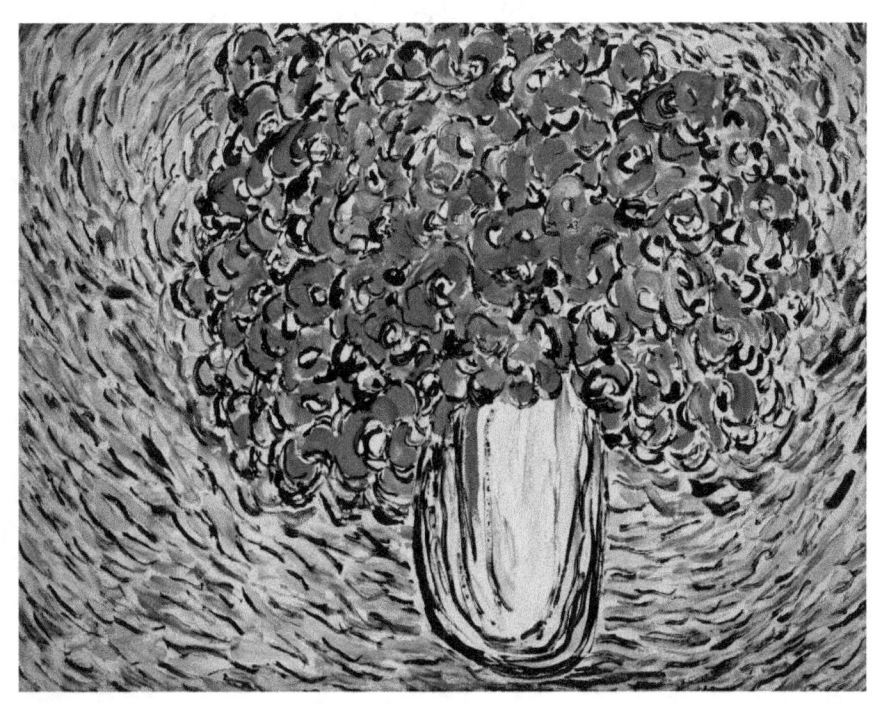

秋雨紀念相冊

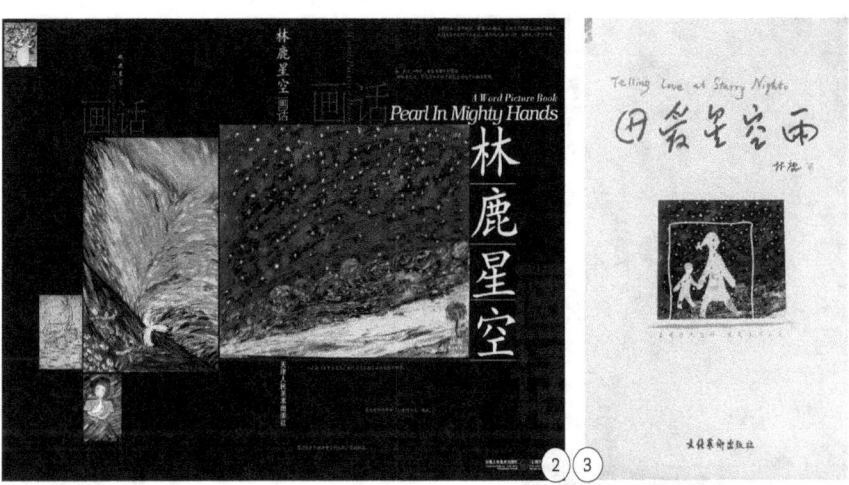

1 2005年林鹿，成都大学教室
2 林鹿著《珍爱星空雨》封面
3 林鹿著《林鹿星空画话》封面
4 2005年8月诗篆黄维才和林鹿在幸福梅林
5 2005年12月25日，王怡受洗

6　2005年12月25日郑乐国为王怡施洗
7　　2005年12月25日受洗后敬拜
8　2005年12月25日受洗后敬拜
9　2005年12月25日分领圣餐
10　　将萱的黑白照片
11　　2008年7月15日王怡夫妇加州 Petaluma

12 林鹿的爸爸
13 林鹿的家庭树
14 林鹿的太姥爷赵子周牧师
15 2018年5月9日王怡家作客
16 2018年5月9日蒋蓉的手磨咖啡
17 2018年8月24日贵阳花溪（庆琛摄）
18 2018年5月9日蒋蓉骑车送林鹿去亚东家
19 2008年12月24日怀孕中敬拜的蒋蓉
20 2018年5月9日蒋蓉展示小书亚的画
21 2019年小书亚在理发店内
22 2019年小书亚搭建乐高积木

SOARING SEEDS
BLESSINGS OF EARLY RAIN FELLOWSHIP IN CHENGDU

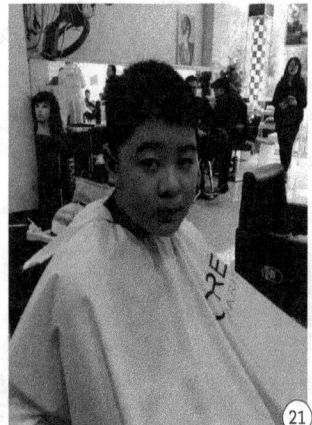

23 2019年3月9日,小书亚12岁生日蛋糕
24 2018年,王怡全家福
25 2018年,王怡和父亲合影
26 王怡父母家,墙上的画
27 2018年王怡父母王正方和陈亚雪合影,海南三亚
28 王怡和蒋蓉的红衣服:王怡蒋蓉结婚纪念照
29 2018年王怡父母金婚纪念日,海南三亚
30 2013年12月29日王怡父子在巴尔的摩旅馆内
31 2018年8月24日,资阳花溪
32 2008年,蒋蓉推车小书亚
33 2020年,戴着手铐的王怡

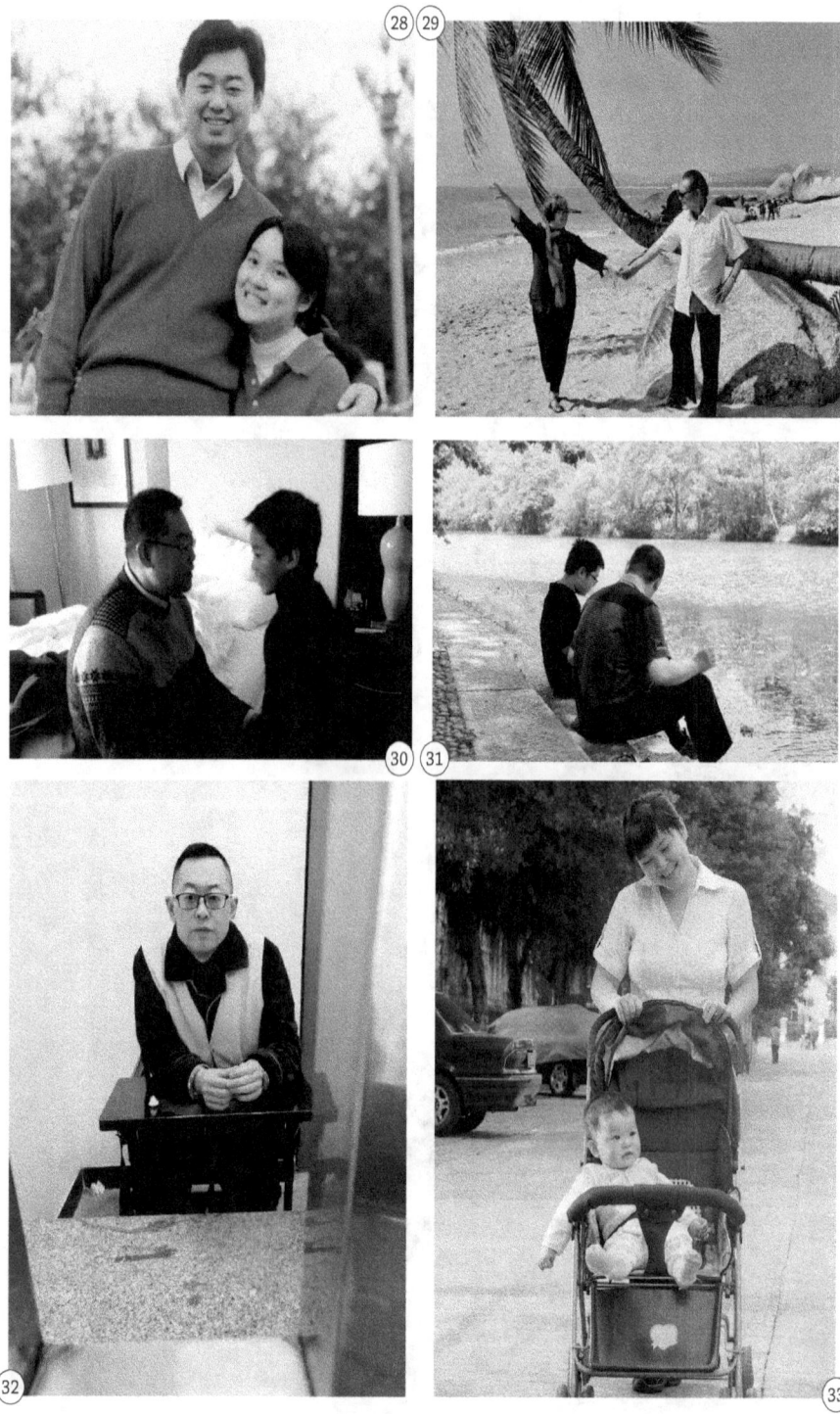

34 2005年12月25日，陈中东受洗
35 2009年8月16日，陈中东带诗班
36 2006年10月21日，三对夫妻举行婚姻更新礼
37 2010年7月25日，陈中东请辞长老
38 2009年7月，三人唱诗
39 2018年4月，中东追思会上，王怡祷道时流泪
40 2018年，敬奉陈中东墓碑
41 2006年复活节，秋雨之福第三次洗礼，沫蕊家
42 2018年5月，冉云飞分享圣经
43 1989年12月西南民族学院庄姐宿舍
44 2018年5月，秋雨圣约教会，冉云飞和林蕊
45 郭阿婆
46 2004年，庄姐妹在彝族妇女中
47 2003年，庄姐和彝族小学生们

48 1990年，在北京看望哥哥的赵红
49 张惠 2018年8月23日，贵州黄平古镇（庞城镇）
50 2005年7月，蒋蓉黄绍才林鹿，画展上
51 2005年7月，画展开幕，唱赞美歌的孩子
52 2005年7月，成都文舒俱乐部，《摸那妹衣家辫子》画前
53 2005年7月30日，成都，为星辰激动画展

54 1997年1月23日，成都金河大酒店朱老师陪林鹿受洗
55 2003年，马尼拉，以纯师母和林鹿
56 2002年，马尼拉，林鹿个人感恩画展上
57 2000年马尼拉亚洲太平洋广播
58 2002年 菲律宾 Baguio City 碧瑶校园内的同学
59 Amelia Lim, United Bethel Christian Academy of Manila (UBCA)
60 2002年马尼拉 Art show 林鹿感恩画展上

61　2006年、母亲节聚会，林鹿家
62　王怡和亚东玩秋千
63　2005年11月5日，秋雨之福团契在李访人旅居聚会
64　2005年秋雨之福团契在成都卓锦梅林聚会
65　王怡和廖亦武在玩秋千
66　2018年5月9日，王怡送我竹笔筒

67 2008年5月12日,汶川大地震后,成都人民公园
68 2006年8月15日,邢晓诚来北京机场,送我赴美
69 2018年5月,成都大学,与范美忠重逢
70 2006年4月8日,林鹿家聚会
71 王怡和冉云飞
72 王怡在成都街头骑着电动车带着儿子小书亚

73 2005年4月1日，在王怡蒋蓉家的第一次聚会
74 2020年7月2日，林鹿在刚收获的麦地里奔跑
75 2017年6月1日，成都白夜王怡的诗歌朗诵会：吃蜜得饱
76 王怡的诗歌朗诵会：吃蜜得饱
77 2020年6月27日，麦田里的林鹿
78 2020年6月27日，麦田

SOARING SEEDS
BLESSINGS OF EARLY RAIN
FELLOWSHIP IN CHENGDU

林鹿原创日记油画索引

1 画名：《一粒麦子》，布面油画；40x30in, 2018
2 画名：《麦子的舞蹈》，布面油画；24x36in, 2018
3 画名：《新月和两个孩子》，布面油画；24x36in, 2019
4 画名：《冉云飞》，布面油画；16x20in, 2020
5 画名：《亚伯拉罕献祭》，纸板油画；22x28in, 2001
6 画名：《水变酒》，布面油画；20x24in, 2005
7 画名：《蒋蓉受洗纪念，2005年8月》，布面油画；24x24in, 2005
8 画名：《暗与光：吃蜜得饱，诗人王怡》，布面油画；24x36in, 2020
9 画名：《耶稣受洗：天开了》，布面油画；24x36in, 2005
10 画名：《蒋蓉独自面对上帝》，布面油画；24x36in, 2020
11 画名：《海啸漩涡》，布面油画；24x36in, 2017
12 画名：《蓝碗里的红樱桃》，布面油画；24x24in, 2013
13 画名：《门诺少女丝巾》，布面油画；18x24in, 2017
14 画名：《父亲去世50周年》，布面油画；17.5x24in, 2018
15 画名：《父亲的遗物》，布面油画；22x28in, 2016
16 画名：《窗前的妈妈背对著我》，布面油画；24x36in, 2017
17 画名：《太姥爷赵子刚牧师》，布面油画；10x15in, 2018
18 画名：《查理和露西李曼夫妇》，布面油画；24x36in, 2017
19 画名：《王怡去香港被拦阻》，布面油画；16x20in, 2017
20 画名：《十字架的道路要牺牲》，布面油画；30x40in, 2012
21 画名：《麦粒》，布面油画；22x28in, 2010
22 画名：《小书亚理髪》，布面油画；40x30in, 2019
23 画名：《十字架的道路》布面油画；16x20in, 2017
24 画名：《红皮箱》，布面油画；20x24in, 2016
25 画名：《怀念歌者陈中东》，布面油画，24×30in, 2020
26 画名：《哀伤的海文》，布面油画；16x20in, 2019

29 画名：《她走了，去水中》，布面油画；24x36in，2019

30 画名：《忧鬱的赵红》，布面油画；16x20in，2020

31 画名：《窗》，纸板油画；24x36in，2016

32 画名：《高中同学晓青》，布面油画；8x10in，2017

33 画名：《菲律宾莊氏姐妹》，布面油画；24x29in，2015

34 画名：《信主纪念日．1989年5月15日》，布面油画；24x24in，2019

35 画名：《郭静娴阿姨》，布面油画；16x20in，2016

36 画名：《郭阿姨的十字架》，布面油画；24x30in，2011

37 画名：《约伯的苦难》，布面油画；30x40in，2017

38 画名：《耶和华从旋风中回答约伯》，纸板油画；20x30in，2001

39 画名：《星空之歌》，纸板油画；13.5x17.5in，2002

40 画名：《马槽之歌》，纸板油画；24x36in，2001

41 画名：《大喜的信息》，纸板油画；24x36in，2001

42 画名：《独自在花园里》，纸板油画；16x20in，2002

43 画名：《月下的思念和安慰》，纸板油画；20x28in，2002

44 画名：《承永建老师》，布面油画；16x20in，2020

45 画名：《摸耶稣的衣裳繸子》，纸板油画；20x28in，2000

46 画名：《天地之间》，布面油画；40x30in，2018

47 画名：《海边的敬拜》，布面油画；24x48in，2016

48 画名：《夏天的海边》，布面油画；20x20in 2017

49 画名：《李亚东》，布面油画；16x20in，2020

50 画名：《怜悯的秋雨》，布面油画；20x24in，2007

51 画名：《麦妹》，布面油画；16x20in，2019

52 画名：《有罪的女人》，纸板油画；24x20in，2000

53 画名：《小曾》，布面油画；16x20in，2019

54 画名：《犹太人的灯台》，布面油画；24x28in，2017

55 画名：《智慧的童女，你预备好了吗？》，布面油画；24x36in，2017

56 画名：《密关火炼》，布面油画；16x20in，2019

57 画名：《受难星期五》，布面油画；22x28in，2010
58 画名：《华盛顿的秋天，树叶没有名字》，布面油画；30x40in，2011
59 画名：《挪亚方舟》，布面油画；40x36in，2017
60 画名：《日全食．2017-8-21》，纸板油画；30x40in，2017
61 画名：《2008-5-12 母亲节阵痛》，布面油画；24x24in，2008
62 画名：《地震中的孩子，你们在哪里？》，布面油画；22x28in，2008
63 画名：《破裂．512 大地震》，布面油画；20x20in，2008
64 画名：《震后废墟》，布面油画；40x36in 2013
65 画名：《王怡在看守所里默想以斯帖》，布面油画；20x24in，2018
66 画名：《天起了凉风》，布面油画；24x36in，2010
67 画名：《青龙湖之夜》，布面油画；40x40in，2005
68 画名：《诸天述说神的荣耀》，布面油画；30x40in，2016
69 画名：《火中鸽子，盼望疗癒》，布面油画；20x20in，2008
70 画名：《等待》，布面油画；24x30in，2017
71 画名：《日落之处的赞美》，布面油画；24x36in，2019
72 画名：《我们把琴掛在那里的柳树上》，布面油画；16x20in，2020
73 画名：《送别》，布面油画；40x36in，2004
74 画名：《福杯满溢》，布面油画；24x36in，2011
75 布面丙烯：《耶稣用钉痕的手抱着我》；16 x 20 in; 2022;
76 布面油画：《潘霍华：我是谁？》；16 x 20 in; 2021.
77 布面油画：《忏悔和纪念》；16 x 20 in; 2021;
78 布面油画：《张展》；16 x 20 in; 2021;
79 布面油画：《卡尔松和小弟的兔子》；16 x 20 in; 2019;
80 布面油画：《坦克》；16 x 20 in; 2021;
81 布面油画：《受难星趣五》；20 x 20 in; 2022;
82 布面油画：《各各他的一滴泪》；24 x 36 in; 2022.

75 布面油画：《耶稣用钉痕的手抱着我》，16 x 20 in, 2022；

76 布面油画：《潘霍华：我是谁？》；16 x 20 in; 2021.

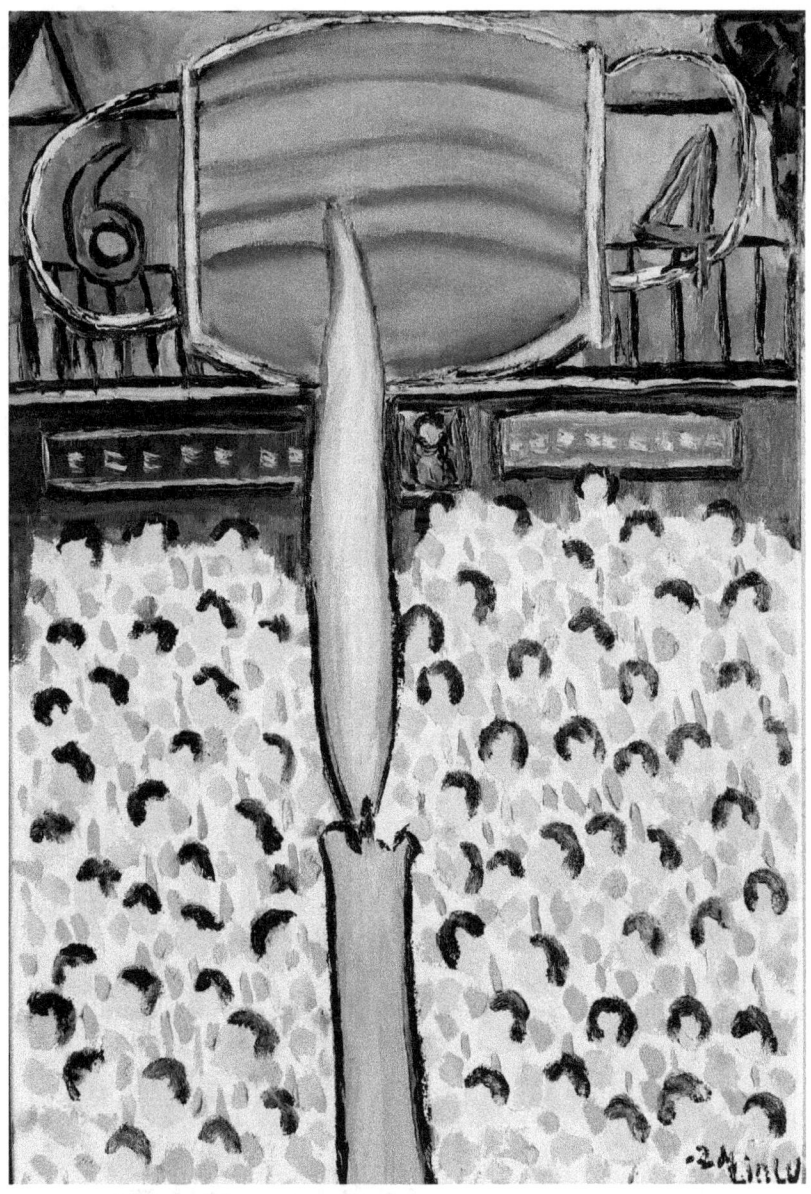

77 帘画油画：《抗将和纪念》；16 x 20 in; 2021；

78 布面油画：《张展》；16×20 in; 2021;

79 布面油画：《卡尔松和小弟的兔子》；16 x 20 in; 2019；

80 布面油画：《报亮》；16 x 20 in; 2021;

81 布面油画：《受难星返五》；20×20 in; 2022;

453

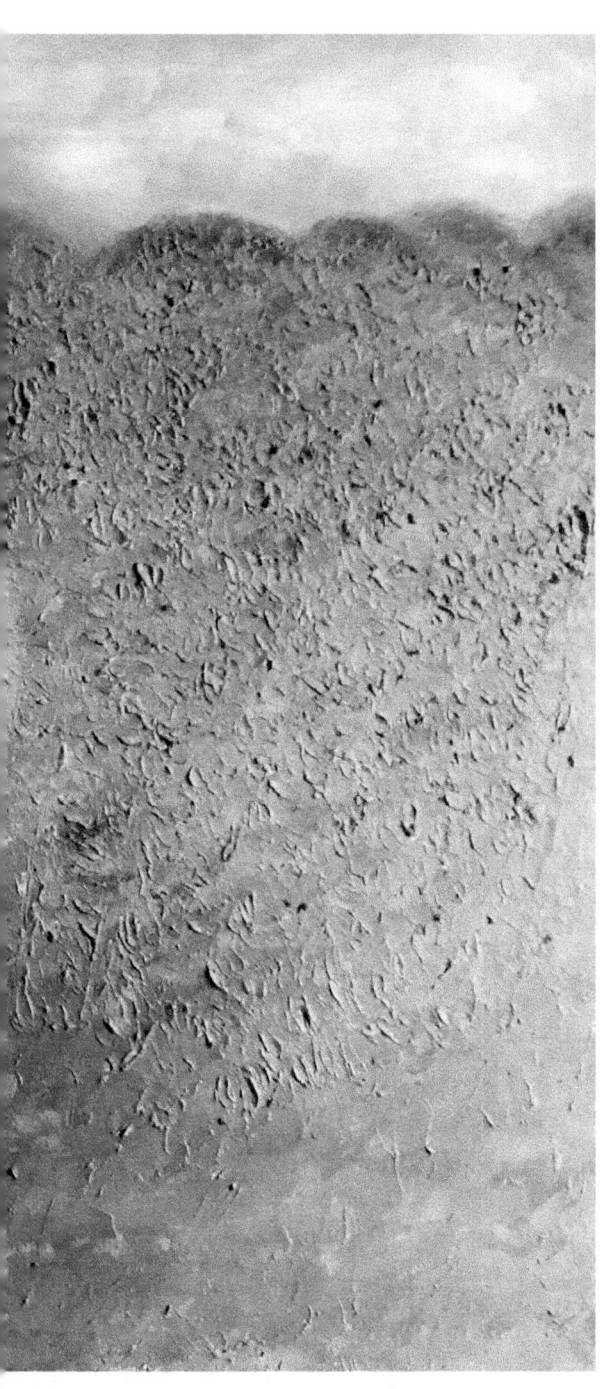

82 布面油画：《各各他的一滴泪》；24 x 36 in; 2022.

www.ingramcontent.com/pod-product-compliance
Lightning Source LLC
Chambersburg PA
CBHW070043080526
44586CB00013B/889